Unserem Mitautor, Kollegen und Freund
HERBERT GUTSCHERA
in dankbarer Erinnerung

Rainer Lachmann
Herbert Gutschera
Jörg Thierfelder

KIRCHENGESCHICHTLICHE GRUNDTHEMEN

Historisch – systematisch – didaktisch

Unter Mitarbeit von Thomas Breuer / Heidrun Dierk /
Manfred L. Pirner und Godehard Ruppert

Mit 25 Abbildungen

Vandenhoeck & Ruprecht

Theologie für Lehrerinnen und Lehrer (TLL)

Herausgegeben von
Rainer Lachmann und Gottfried Adam

Band 3

Bibliografische Information Der Deutschen Bibliothek

Die Deutsche Bibliothek verzeichnet diese Publikation in der
Deutschen Nationalbibliografie; detaillierte bibliografische Daten sind
im Internet über <http://dnb.ddb.de> abrufbar.

ISBN 3-525-61422-5

© 2003 Vandenhoeck & Ruprecht in Göttingen.
Internet: www.vandenhoeck-ruprecht.de
Alle Rechte vorbehalten. Das Werk und seine Teile sind urheberrechtlich geschützt.
Jede Verwertung in anderen als den gesetzlich zugelassenen Fällen bedarf der
vorherigen schriftlichen Einwilligung des Verlages. Hinweis zu § 52a UrhG: Weder
das Werk noch seine Teile dürfen ohne vorherige schriftliche Einwilligung des
Verlages öffentlich zugänglich gemacht werden. Dies gilt auch bei einer
entsprechenden Nutzung für Lehr- und Unterrichtszwecke.
Printed in Germany.
Satz: Dörlemann Satz, Lemförde
Druck und Bindung: Friedrich Pustet, Regensburg

Gedruckt auf alterungsbeständigem Papier.

Inhalt

Vorwort 7

Einführung: Kirchengeschichte im Religionsunterricht
(G. Ruppert / J. Thierfelder / H. Gutschera / R. Lachmann) ... 11

I. Entstehung und Ausbreitung des Christentums
(Herbert Gutschera) 43

II. Die Konstantinische Wende *(Herbert Gutschera)* 59

III. Mönchtum *(Jörg Thierfelder)* 71

IV. Kreuzzüge *(Jörg Thierfelder)* 93

V. Christliche Judenfeindschaft – Judenverfolgung
(Jörg Thierfelder) 107

VI. Hexenverfolgungen *(Herbert Gutschera)* 121

VII. Mystik im Mittelalter *(Heidrun Dierk)* 133

VIII. Papsttum im Mittelalter *(Herbert Gutschera)* 146

IX. Reformation *(Jörg Thierfelder)* 157

X. Gegenreformation *(Herbert Gutschera)* 183

XI. Pietismus *(Jörg Thierfelder)* 199

XII. Aufklärung *(Rainer Lachmann)* 219

XIII. Kirche und soziale Frage im 19. Jahrhundert
(Thomas Breuer) 238

XIV.	Weltmission in der Neuzeit *(Herbert Gutschera / Jörg Thierfelder)*	252
XV.	Ökumenische Bewegung *(Rainer Lachmann)*	271
XVI.	Kirche und Nationalsozialismus *(Thomas Breuer / Manfred L. Pirner)*	298
XVII.	Kirche im Sozialismus *(Manfred L. Pirner)*	324
XVIII.	Anhang *(Rainer Lachmann)*	342
	1. Abkürzungsverzeichnis	342
	2. Namenregister	345
	3. Sachregister	354
	4. Autorenverzeichnis	358

Vorwort

Die Reihe »Theologie für Lehrerinnen und Lehrer« (TLL) wächst mit der vorliegenden Arbeit um einen weiteren Band, der sich nach den »Theologischen Schlüsselbegriffen« (1999) und den »Elementaren Bibeltexten« (2001) diesmal mit »Kirchengeschichtlichen Grundthemen« befasst. Im durchgängigen Bemühen um didaktische Elementarisierung nimmt sich dieser dritte TLL-Band damit eines Inhaltsbereiches der Theologie an, der anders als die dogmatischen und vor allem biblischen Inhalte bisher in didaktischer Hinsicht eher stiefmütterlich behandelt worden ist. Der curriculare Befund bestätigt dies im Wesentlichen. Dass die Kirchengeschichte dennoch religionspädagogische Aufmerksamkeit verdient, will und kann der vorgelegte Band mit seinen siebzehn Grundthemen beweisen. Gewissermaßen als kirchengeschichtlicher Mindestkanon stellen diese Grundthemen eine repräsentative Auswahl dar und enthalten – als markante Knoten- und Wendepunkte der Kirchengeschichte – immer zugleich aktuelles Potenzial, das im Blick auf die Fragen und Probleme der Schüler und Schülerinnen entdeckt und vergegenwärtigt werden kann. Das schließt nicht zuletzt die »dunklen Stellen« der Kirchengeschichte mit ein, die gerade in ihrer bleibenden Anstößigkeit den von uns ausgewählten Themenkatalog dadurch bereichern, dass sie an skandalösen Beispielen aus der Geschichte der Kirche (selbst-)kritischen Umgang mit Kirche und Kirchen in der Gegenwart anstoßen können. Neben anderem war das ein Grund, weshalb wir mit Kirche im Nationalsozialismus und Sozialismus auch Themen aus nächster geschichtlicher Nähe nicht ausgespart haben. Leitendes Anliegen sowohl bei der Auswahl der Themen wie bei ihrer Erarbeitung war darüber hinaus ihre ökumenische Ausrichtung. Sie lässt sich nicht nur an der gemischt konfessionellen Zusammensetzung des Autorenteams ablesen, sondern machte sich auch in der »versöhnten« Zusammenarbeit bemerkbar, die unsere Auseinandersetzung mit den konfessionell ja durchaus nicht immer unstrittigen Grundthemen tatsächlich ab und an durch den so viel beschworenen ökumenischen Geist »beseelt« sein ließ. Vielleicht kann man den siebzehn Kapiteln des Bandes noch etwas von diesem Geist abspüren!? Einige dieser Kapitel basieren auf bekannten Vorarbeiten wie »Brennpunkte der Kirchengeschichte« (1976) und »Geschichte der Kirchen« (1992; überarb. Neuauflage 2003) der Autoren *H. Gutschera* und *J. Thierfelder*.

Religionspädagogisch entspräche das ökumenische Anliegen den Prinzipien der TLL-Reihe, die in ökumenischer Aufgeschlossenheit einen offenen und gleichwohl deutlich christlichen RU vertritt, der auch im Blick auf die kirchengeschichtliche Elementarisierungs- und Erschließungsarbeit am Maßstab evangeliumsgemäßer Lebensförderlichkeit gemessen werden will. In diesem Sinne versteht sich auch unser dritter Band als wissenschaftlich fundierte religionsdidaktische Hilfe für einen RU, der sowohl pädagogisch wie theologisch verantwortet ist.

Ähnlich den beiden ersten TLL-Bänden wendet sich dieser kirchengeschichtliche Band wiederum an Lehrer und Lehrerinnen, Religionspädagogen und Religionspädagoginnen, die in Grundschule und Sekundarstufe I unterrichten, bezieht aber diesmal ausdrücklich die Sekundarstufe II mit ein, da in ihr viele der kirchengeschichtlichen Grundthemen curricular »angesiedelt« sind. Einmal mehr ist bei diesem TLL-Band ganz besonders an Lehramtsstudierende, Referendare und Referendarinnen und Religionslehrkräfte in den ersten besonders vorbereitungsintensiven Dienstjahren gedacht. Ihnen allen soll mit diesen kirchengeschichtlichen Grundthemen solide und verständliche Basisinformation geboten werden, die im Bedarfsfall schnell abgerufen und erarbeitet werden kann. Dabei ist es nicht nötig, alle Kapitel in der vorgegebenen Reihenfolge im Zusammenhang zu lesen, vielmehr ist jeder Artikel in sich verständlich. Die »Literaturhinweise« am Ende jeden Beitrags wollen in ihrer bewusst knappen Auswahl lediglich Möglichkeiten zu vertiefender Weiterarbeit aufzeigen und erheben deshalb nicht den Anspruch auf Vollständigkeit und umfassende wissenschaftliche Repräsentanz. Die mit Pfeilen gekennzeichneten Verweise im Text beziehen sich auf einschlägige Informationen in den beiden ersten TLL-Bänden und wollen damit in wechselseitiger Ergänzung und Vernetzung die religionsdidaktische Zusammengehörigkeit von »Theologischen Schlüsselbegriffen«, »Elementaren Bibeltexten« und »Kirchengeschichtlichen Grundthemen« markieren. Möglichst effektiver und praktikabler Verwendung sollen schließlich Namenregister und Sachregister dienen.

Alles in allem wünschen die Autoren und Mitarbeiter dem vorgelegten Buch aufgeschlossene Leserinnen und Leser sowie kritisch kreative Nutzer und Nutzerinnen und verbinden diesen Wunsch mit der Hoffnung, dass das Interesse und die Freude an kirchengeschichtlichen Themen und Zusammenhängen religionsunterrichtlich wächst und dadurch die Kirchengeschichte insgesamt didaktisch wieder an Bedeutung gewinnt. Unser dritter TLL-Band will für seinen Teil dazu beitragen, und wir danken deshalb allen, die uns durch ihre Mitarbeit geholfen haben, dass er so, wie er jetzt vorliegt, erscheinen konnte: der Mitautorin und den Mitautoren, der »Perle« am Schreibcomputer, den Bamberger Hilfskräften, Assistenten und Assistentinnen für das Korrekturlesen und Erstellen der Register und nicht zuletzt der und den Verantwortlichen im Verlag Vandenhoeck & Ruprecht, die den »Kirchengeschichtlichen Grundthemen« zur Veröffentlichung verholfen haben.

Bamberg / Ludwigsburg / Denkendorf
im Juli 2003

Rainer Lachmann / Herbert Gutschera / Jörg Thierfelder

Zu unserem großen Erschrecken ist kurz vor der Veröffentlichung des vorliegenden Bandes unser Mitherausgeber und -autor PROFESSOR DR. HERBERT GUTSCHERA bei einem Autounfall tödlich verunglückt. Wir trauern um einen kompetenten und liebenswerten Kollegen, der gewichtige Beiträge zur Kirchengeschichtsdidaktik verfasst hat. Ihm widmen wir dieses Buch!

Jörg Thierfelder / Rainer Lachmann

Einführung: Kirchengeschichte im Religionsunterricht[1]

G. Ruppert / J. Thierfelder / H. Gutschera / R. Lachmann

> Der Historiker ist ein rückwärts gekehrter Prophet.
>
> Friedrich Schlegel (Fragmente)

Wozu ist Kirchengeschichte gut?

Ein neues Kapitel der Kirchengeschichte wird aufgeschlagen: Anfang des Jahres 2000 bittet zum ersten Mal ein Papst um Vergebung für historische Sünden der Vergangenheit – *Johannes Paul II.* entschuldigt sich im Namen der Kirche vor Gott für Fehler und Sünden der Gläubigen gegen die Toleranz, den Geist der Ökumene, den Frieden sowie die Menschenrechte. Auch der Präfekt der Glaubenskongregation, Nachfolgerin der Inquisitionsbehörde, Kardinal *Ratzinger* spricht im Petersdom das »Mea Culpa« (= »meine Schuld«) für die historische Intoleranz der Kirche mit. Als er um Vergebung bittet, fliegt vom barocken Baldachin über dem Altar des Petrusgrabs eine Taube los – sie fliegt durchs Kirchenschiff und dann auf und davon.[2]

1. Kirchengeschichte und Kirchengeschichtsdidaktik

1.1 Was ist Kirchengeschichte?

Während frommer Glaube die Idee des persönlichen Gottes mit unbefangener Sicherheit über das Leben der einzelnen Menschen stellt, sucht der Diener der Wissenschaft das Göttliche bescheiden in großen Bildungen zu erkennen, welche, wie gewaltig sie den einzelnen überragen, doch sämtlich

---

1 Überarbeitete und ergänzte Fassung des Grundsatzartikels von *G. Ruppert/ J. Thierfelder*, Umgang mit der Geschichte – Zur Fachdidaktik kirchengeschichtlicher Fundamentalinhalte, in: *G. Adam/R. Lachmann (Hg.)*, Religionspädagogisches Kompendium, Göttingen ⁶2003, 295–326.
2 Nach Publik-Forum 6/2000, 29.

am Leben des Erdballs haften. Aber wie klein er sich ihre Bedeutung auch gegenüber dem Unbegreiflichen, in Zeit und Raum Endlosen denken möge, in diesem immerhin begrenzten Kreise liegt alles Große, was wir zu erkennen fähig sind, alles Schöne, was wir je genossen, und alles Gute, wodurch wir je unser Leben geweiht. Für das aber, was wir noch nicht wissen und zu erforschen bemüht sind, eine unermeßliche Arbeit. Und diese Arbeit ist, das Göttliche in der Geschichte zu suchen.[3]

Gustav Freytag

Kirchengeschichte ist ein mehrdeutiger Begriff. Jedenfalls handelt sie von der Geschichte der Kirche und reflektiert diese gleichzeitig historisch-wissenschaftlich.[4] »Gegenstand« der Kirchengeschichte ist so »die Kirche« als »durch und durch geschichtliche Größe«.[5] Diese Definition ist in der Tat zutreffend, doch wird sie theoretisch leichter erstellt als faktisch durchgehalten. Maßgebend ist jeweils die Vorentscheidung, ob die Kirchengeschichte unter *theologischen oder geschichtlichen* Prämissen gesehen wird:[6]

(1) Evangelischerseits erwies sich *G. Ebelings* Formel von der »Kirchengeschichte als Geschichte der Auslegung der Heiligen Schrift« (1947) als anregend. *H. Bornkamm* hat diese Beschreibung erweitert und sprach von der »Geschichte des Evangeliums und seiner Wirkungen in der Welt«. Doch bei aller Anerkennung der geschichtlichen Dimension für das theologische Verstehen, bleibt eine gewisse »Verlegenheit wegen der Kirchengeschichte« (*G. Ebeling*). Selbst die ansprechende Formulierung von Kirchengeschichte als »Selbstverständnis der Kirche« (*E. Benz*) wirft mehr Fragen auf, als sie beantwortet.

(2) Katholischerseits wurde die Kirchengeschichte lange eng unter dem Kirchenbegriff subsumiert (*H. Jedin, E. Iserloh*) und geradezu unter heilsgeschichtlichen Aspekten interpretiert (*K. Rahner*). Solche

---

3   *G. Freytag,* Bilder aus der deutschen Vergangenheit, Bd. 1, Leipzig ^{42}1922 (Erstauflage 1866), 26.
4   Vgl. *J. Burkhardt,* Art. Kirchengeschichte, in: *V. Drehsen u. a. (Hg.),* Wörterbuch des Christentums, München 2001, 618 ff., bes. 618.
5   *K. Ganzer,* Art. Kirchengeschichte, in: Lexikon der Kirchengeschichte, Bd. 1, Freiburg i. Br. 2001, 799 ff., hier 799.
6   Vgl. zum Folgenden *J. Burkhardt,* aaO., 621 f.; ferner *H. Gutschera/J. Thierfelder,* Kirchengeschichte im Religionsunterricht, in: KatBl 97/1972, 357 ff., bes. 358 ff.; *H.R. Seeliger,* Kirchengeschichte in postmodernen Zeiten? Sechs Thesen zur Lage der Kirchengeschichte, der Kirchengeschichtsschreibung und des Kirchengeschichtsunterrichts, in: RpB 22/1988, 3 ff., bes. 10 f.; *G. Ruppert,* Zugang zur Kirchengeschichte. Entwurf einer elementaren Propädeutik für Religionspädagogen, Hannover 1991, 117 ff.

»Begründungen« der Kirchengeschichte werden heute weithin kritisch als nachträgliche Ideologisierungen gesehen. Dagegen stehen eher pragmatische Beschreibungen und Formulierungen, die vom »Nutzen« der Kirchengeschichte für Theologie und Kirche sprechen. Gelegentlich wird Kirche gar nicht mehr als Gegenstand der Kirchengeschichte betrachtet, »weil sie der Kirche über sich selbst erzählt« (*H. R. Seeliger*).

(3) Geschichtlicherseits sind kirchengeschichtliche Themen immer behandelt worden, allerdings unter Ausblendung jeglicher Glaubensvorgaben. Heute werden vor allem die »Wirkungen« der Religion in einem bestimmten gesellschaftlichen Kontext beschrieben oder auch nach deren Bedeutung und Wandel in der Geschichte überhaupt gefragt. Jenseits aller Theoriebildung ähneln sich historische und theologische Kirchengeschichtsschreibung häufig oder ergänzen einander. Dies gilt vor allem bei der neueren Konzentration auf pragmatische Fragestellungen, die sich auch didaktisch bewährt hat.

Im Übrigen nimmt die Kirchengeschichte das Geschehene nicht nur zur Kenntnis, sondern will es auch verstehen und verständlich machen. Gleichzeitig sind die Bemühungen um das Verstehen der Geschichte »gefährliche Erinnerungen«, weil sie individuelle wie kollektive Selbstverständlichkeiten in Frage stellen. Kirche bedarf dieser Erinnerung dringend, weil sie nur so verdeutlichen kann, »wie die Ursprungsintention sich allen gegenläufigen Tendenzen und späteren Manipulationen entgegen bewahren ließ, weil so deutlich wird, wie auch in Situationen scheinbarer Hoffnungslosigkeit und Ohnmacht Zukunftsfähigkeit zu sichern ist. Die Kirchengeschichte leistet diesen Erinnerungsprozess für die Kirche. Gleichzeitig ist diese Erinnerung ein identitätssteigernder Vorgang, weil die Identität der Kirche geschichtlich ausgeprägt wird. Insofern wirbt die Kirchengeschichte sogar für die Kirche, weil sie Identität schafft und zu Identifikationen einlädt.«[7]

Die Kraft geschichtlicher Erfahrung, das Potenzial unserer Vergangenheit können wir nur nutzen, wenn wir die Möglichkeiten geschichtlicher Erinnerung nutzen. Das Gedächtnis des Einzelnen ist zu begrenzt; *Geschichte ist eine Art »erweitertes Gedächtnis«.* Zudem neigen wir individuell wie kollektiv dazu, bestimmte Vorgänge und Ereignisse auszublenden: So wird das Schmerzvolle häufig vergessen, Leid umgedeutet, indem man das Tragen des Leids zu menschlicher

---

7 G. Ruppert, aaO., 128.

Größe erklärt; so entsteht die Gefahr, neben den Durchgekommenen und Arrivierten die Opfer und Oppositionellen zu vergessen. Hierher gehört auch das Vergessen und Verschweigen der Geschichte der Frauen sowie der Kirchengeschichte außerhalb der Grenzen Europas. – Wichtig erscheint noch der Hinweis, dass die Kirchengeschichte ein »Element der Selbstentdeckung« in sich birgt: »Um sich selbst zu erkennen, müssen die Christen die verschlungenen Wege erforschen, die ihre Gemeinschaft in der Geschichte gegangen ist, die heftigen Familienstreitigkeiten nachvollziehen, aber auch den Reichtum an vielfältigen Erfahrungen schätzen lernen, der auf diesen Wegen gewonnen wurde.«[8]

Kirchengeschichte hat sich im Rahmen geschichtswissenschaftlicher Theoriebildung um Objektivität zu bemühen, den Blickwinkel nicht auf eine Siegergeschichte einzuschränken und die kritische Funktion einer »gefährlichen Erinnerung« wahrzunehmen, um zu sichern, dass die in Argumentation *und* Erzählung er-innerte Geschichte uns das Verstehen der Gegenwart und das Bestehen der Zukunft eröffnet.[9] Auf diesem Hintergrund lässt sich Kirchengeschichte dann einfach so beschreiben: Sie »reflektiert das historische Werden und die Entwicklung der Kirche Jesu Christi im zeitlichen und räumlichen Kontext. Um die Kirche in ihrer heutigen Gestalt zu verstehen und sich ein Urteil zu bilden, benötigt man Kenntnisse über Kontinuität, Komplexität und Relativität kirchengeschichtlicher Entwicklungen.«[10]

1.2 Kirchengeschichtsdidaktik

Die Kirchengeschichtsdidaktik steht in der Spannung zwischen kirchengeschichtlicher und religionspädagogischer Theoriebildung und reflektiert die aufgezeigten Kirchengeschichtsverständnisse im Kontext religionsunterrichtlicher Konzeptionen.[11] So wurde *Ebelings* Verständnis der Kirchengeschichte als »Geschichte der Auslegung der Heiligen Schrift« konstitutiv für den religionsunterrichtlichen

---

8 *H. Chadwick/G.R. Evans (Hg.)*, Das Christentum (Bildatlas der Weltkulturen), Augsburg 1998, 12.
9 Vgl. dazu *G. Ruppert*, Zugang zur Kirchengeschichte, 121 ff.
10 *B. Steimer*, Vorwort, in: Lexikon der Kirchengeschichte, 7*.
11 Vgl. zu den »didaktischen Grundtypen des Kirchengeschichtsunterrichts« nach 1945 neben anderen *J. Thierfelder*, Kirchengeschichte bedarf der Verstärkung, in: *H. Rupp/H. Schmidt (Hg.)*, Lebensorientierung oder Verharmlosung?, Stuttgart 2001, 127–141, bes. 128 f. u. 132 ff.

Umgang mit der Kirchengeschichte in der Konzeption des Hermeneutischen RU. Hier sollte der Kirchengeschichtsunterricht nicht nur der erinnernden Rückbindung an die biblische Tradition dienen, sondern auf Schülerseite existenzielles Fragen und Verstehen anstoßen. Katholischerseits bedingte die Subsumierung der Kirchengeschichte unter den Kirchenbegriff einen didaktischen Ansatz, der den Unterricht eng mit der Ekklesiologie verband und ihn in sie einordnete. Dieses ekklesiologisch orientierte Konzept erfuhr verschiedene Ausprägungen, wobei »es dann allerdings häufig zur Engführung eines personalisierenden oder hagiographischen Ansatzes« kam.[12] Dem entsprach auf evangelischer Seite die aus pietistischer Tradition kommende Beschäftigung mit Lebensbildern herausragender Gestalten als »exempla fidei et pietatis« (lat. Beispiele, Vorbilder des Glaubens und der Frömmigkeit), die nach 1945 besonders im Konzept der Evangelischen Unterweisung gepflegt wurde und letztlich bis zur religionspädagogischen Wende Ende der sechziger Jahre für die Kirchengeschichtsdidaktik kennzeichnend blieb (→ s.u. 2.1, 16ff. u. 5.8, 33f.).

Mit dem Aufkommen problemorientierter Konzepte wurde dieser personalisierte, nicht selten erbaulich-erweckliche Umgang mit der Kirchengeschichte scharf kritisiert und es bedurfte längerer Zeit, bis der personfixierte Ansatz als neues lebensgeschichtlich-biografisches Konzept unter stärkerer Einbindung »in die komplexen geschichtlichen, sozialen und kulturellen Zusammenhänge« kirchengeschichtsdidaktisch wieder hoffähig wurde.[13] Die problemorientierte Sicht maß die Behandlung kirchengeschichtlicher Stoffe an ihrer Relevanz für die Schülerinnen und Schüler. In der Gegenwart interessierende Problemstellungen, die Rückfragen an die Vergangenheit auslösen, bestimmten – häufig kritisch, skeptisch oder auch provokativ – die Auseinandersetzung mit kirchengeschichtlichen Themen.

In der heutigen Kirchengeschichtsdidaktik lässt sich eine integrative Sicht der unterschiedlichen Ansätze konstatieren: Der traditionserschließende, problemorientierte und lebensgeschichtlich-biografische Zugang zu kirchengeschichtlichen Grundthemen ermöglicht mehrperspektivische Umgangsweisen, um »die geronnene Vergangenheit« zu vergegenwärtigen und »die Gegenwart – als je neue Ge-

---

12 *G. Ruppert*, Art. Kirchengeschichte, Kirchengeschichtsdidaktik, in: Lex RP 1, 1043–1048, bes. 1045.
13 Vgl. *P. Biehl*, Die geschichtliche Dimension religiösen Lernens, in: JRP 18/2002, 135–143, bes. 139f.

genwart – bestehen zu können«.¹⁴ Dabei zeichnet sich in der jüngsten Kirchengeschichtsdidaktik ein Trend ab, die herkömmliche Bezeichnung »Kirchengeschichte im Religionsunterricht« auszuweiten und »von der geschichtlichen Dimension religiösen Lernens« zu sprechen.¹⁵ Das entspricht dem Prinzip des »erinnerungsgeleiteten Lernens aus der Geschichte«, das nicht nur einen wichtigen anthropologischen Aspekt ausmacht, sondern auch in den drei »abrahamitischen Religionen« als wesentliches Strukturmerkmal zu gelten hat.¹⁶ Nicht zuletzt eröffnet solch »anamnetisches Lernen« dem RU Möglichkeiten »zu neueren, ganzheitlichen Lernformen«, die aktives und interaktives Tun und Handeln erlauben. In diesem Zusammenhang ist vor allem die im letzten Jahrzehnt aufgekommene »Kirchenraumpädagogik« zu nennen, die gerade dem erinnerungsgeleiteten Lernen viele kirchengeschichtliche Lernchancen bietet (→ s.u. 6.2, 36f.).

> Der wahre Christ ist der beste Bürger unter allen.
> Seine Religion ist die beste für den Staat.
> Durch sie schlafen die Regenten in Ruhe.
>
> *Christoph Friedrich Ludewig*
> (»Der Christ in der Welt«, 1768)

2. Voraussetzungen für den Kirchengeschichtsunterricht

2.1 Entwicklungspsychologische Voraussetzungen und didaktische Konsequenzen

Für den (Kirchen-)Geschichtsunterricht wird man fragen, ab wann ein kritischer Geschichtsunterricht überhaupt möglich ist, ab wann also Schülerinnen und Schüler fähig sind, historische Strukturen zu erkennen, zu analysieren und aufzuarbeiten.¹⁷ Vorher geht es vor allem um narrative Geschichtsvermittlung, die freilich durchaus an historische Prozesse und Ereignisse heranführen kann. In der Primarstufe können Personen der Kirchengeschichte wie *Elisabeth von Thüringen* oder *Martin Luther* im Zentrum einer narrativen Unter-

---

14 *G. Ruppert,* aaO., 1046.
15 *P. Biehl,* aaO., 134.
16 Vgl. *S. Leimgruber,* Erinnerungsgeleitetes Lernen, in: *G. Hilger u.a.,* Religionsdidaktik, München 2001, 340–348.
17 Vgl. dazu *H. Süssmuth,* Geschichtsdidaktik, Göttingen 1980, 130f.

richtseinheit stehen.[18] Der eigentliche Unterricht in Kirchengeschichte wie in Geschichte wird erst in der Orientierungsstufe möglich sein.

Der Unterricht in Geschichte wie auch in Kirchengeschichte wurde früher stark von den Untersuchungen von *Walter Jaide* und besonders *Heinrich Roth* (1955) sowie *Waltraud Küppers* (1961) zur Entwicklung des geschichtlichen Bewusstseins bei Kindern und Jugendlichen beeinflusst.[19] *Roth* stellte fest: »Wir fälschen nicht, wenn wir in die Mitte der Geschichte den handelnden, rettenden oder versagenden Menschen stellen ...«[20] Nach *Küppers* verstehen und bevorzugen Schülerinnen und Schüler eher die geschichtliche Persönlichkeit und Handlung, weniger überindividuelle Stoffe wie staatlich-politische Zusammenhänge. Daraus ergab sich die Forderung nach »Elementarisierung der Geschichte«. Hier wurde also eine personalisierte Darstellung von Geschichte gefordert.

Der Kirchengeschichtsunterricht mit seiner traditionellen, oft theologisch begründeten Vorliebe für »exempla fidei«,[21] nahm diese didaktischen Folgerungen gerne auf. Kritiker von *Roth* und *Küppers* fragten die entwicklungspsychologischen Voraussetzungen und die didaktischen Folgerungen an. Andere sahen die Gefahr, dass ein solcher Geschichtsunterricht zu einem »personalisierenden Geschichtsbild« führe, was wiederum die politische Apathie fördere: »Geschichte er-

---

18 Im baden-württembergischen Lehrplan für den evangelischen Religionsunterricht in der Grundschule von 1984 gibt es für das 3. Schuljahr eine Pflichteinheit »Frauen, die sich trauen«. Da kann z.B. Elisabeth von Thüringen behandelt werden. Für das 4. Schuljahr liegt eine Wahleinheit zu Martin Luther vor.
19 Vgl. *W. Jaide*, Über die Entwicklung des historischen Verständnisses, in: Schule und Psychologie 2/1955, 9ff.; *H. Roth*, Kind und Geschichte. Psychologische Voraussetzungen des Geschichtsunterrichts in der Volksschule, München 1955; *W. Küppers*, Zur Psychologie des Geschichtsunterrichts. Eine Untersuchung über Geschichtswissen und Geschichtsverständnis bei Schülern, Bern 1961; ferner: *G. Ruhbach/E. Sturm*, Umgang mit der Kirchengeschichte (Fernstudienlehrgang für evangelische Religionslehrer, Studienbrief 15), Tübingen 1974, 54ff.; *G. Ruppert*, Geschichte ist Gegenwart. Ein Beitrag zu einer fachdidaktischen Theorie der Kirchengeschichte, Hildesheim 1984, 17ff.
20 *H. Roth*, Kind und Geschichte, 110.
21 Zu denken ist hier an »die katholische Tradition der Hagiographie wie die pietistische Hervorhebung des persönlichen Zeugnisses und die liberale Pädagogik der Lebensbilder«. *G. Ringshausen*, Geschichtsunterricht und Religionsunterricht, in: *K. Bergmann u.a. (Hg.)*, Handbuch der Geschichtsdidaktik, Seelze-Velber ⁵1992, 649ff., bes. 650. Zu den Konsequenzen für die Religionsdidaktik vgl. etwa *H. Kittel*, Vom Religionsunterricht zur Evangelischen Unterweisung, Hannover ²1949, 16: »Kirchengeschichtlicher Unterricht muß exempla fidei bieten.«

weist sich hier als ein zeitlich linear verbundenes Handeln eines einzelnen, die ›Übermacht des Historischen‹ wird zur Ohnmacht vor den Taten ›großer Männer‹.«[22] Eine sinnvolle Konsequenz aus dieser Diskussion ist sicher nicht die Alternative: Person oder gesellschaftlich-politische Zusammenhänge. Eine ausschließliche Behandlung dieser Zusammenhänge könnte ja bei den Schülerinnen und Schülern den Eindruck erwecken, »dass der einzelne im Grunde gar nichts ›machen‹ kann, sondern lediglich eine hilflose, ja ahnungslos-manipulierte Marionette im Geschichtstheater abgebe«.[23]

Man wird vielmehr beim Anfangsunterricht in Kirchengeschichte stärker die historische Persönlichkeit in der Erzählung in den Mittelpunkt stellen. Es ist die Zeit, in der »das Nacherleben spannender und außergewöhnlicher Ereignisse und die Faszination durch Personen im Vordergrund« stehen. Mit wachsendem Alter werden die gesellschaftlich-politischen und kirchlichen Zusammenhänge stärker zu berücksichtigen sein: »Mit zunehmender eigener Persönlichkeitsentwicklung werden für den Jugendlichen dann der Gesichtspunkt der Verantwortung für Gegenwart und Zukunft und als Voraussetzung für entsprechendes Handeln die Kenntnis geschichtlicher Zusammenhänge wichtig.«[24] Es wird zu überlegen sein, »wie einmal Personen zunehmend in ihrer gesellschaftlichen Bindung sichtbar gemacht werden können ..., zum andern wie dieser personale Einstieg dann durch einen gesellschaftlich-politischen ersetzt werden kann, ohne deshalb Geschichte abseits der Verantwortung und Entscheidung des einzelnen als gesellschaftliche Zwangsveranstaltung zu deuten.«[25] Auch in den mittleren und höheren Klassen der Sek I sollte freilich nicht auf die historische Persönlichkeit verzichtet werden, weil die Jugendlichen Leitbilder brauchen, mit denen sie sich identifizieren können. Vermittelte Leitbilder, »Modelle« gelingenden Lebens, sollen in einem Rezeptionsvorgang angeeignet werden.[26] Geeignet sind hier etwa Unterrichtseinheiten über »unbequeme

---

22 *L. von Friedeburg/P. Hübner*, Das Geschichtsbild der Jugend, München 1964, 23.
23 *H. Gutschera/J. Thierfelder*, Brennpunkte der Kirchengeschichte. Lehrerkommentar, Paderborn 1978, 8.
24 *B. Lohse*, Geschichtsinteresse von Jugendlichen. Eine empirische Untersuchung an bayerischen Gymnasien, Hamburg 1992, 319.
25 *E. Paul/F.P. Sonntag*, Kirchengeschichts-Unterricht, Zürich 1971, 39.
26 Vgl. dazu *D. Mieth*, Inhaltliche Prioritäten ethischen Lernens im Kontext religiöser Erziehung, in: *G. Stachel u.a. (Hg.)*, Inhalte religiösen Lernens, Zürich 1977, 68 f.; ferner: *G. Biemer/A. Biesinger (Hg.)*, Christ werden braucht Vorbilder. Beiträge zur Neubegründung der Leitbildthematik in der religiösen Erziehung und Bildung, Mainz 1983.

Christen«;²⁷ generell gilt, dass distanzierte und widersprüchliche Personen eher Identifikationsmöglichkeiten schaffen als penetrante und harmonisierte.²⁸ Scheitern, Versagen und Schuld gehören zum Menschsein; sie können nicht aus der historischen Vermittlung herausgefiltert werden. Und selbst kirchlich ist nicht immer klar, ob wir es mit einem Heiligen oder mit einem Ketzer zu tun haben. Zum Beispiel Savonarola:

1498 wurde der Dominikanermönch und Bußprediger *Girolamo Savonarola* als »Häretiker, Schismatiker und Verächter des Heiligen Stuhles« in Florenz mit zwei Ordensbrüdern auf dem Scheiterhaufen verbrannt. Der Hingerichtete konnte in seinem »Gegenspieler«, Papst *Alexander VI.*, nicht mehr den Stellvertreter Christi erkennen. Dazu schreibt ein katholischer Kirchenhistoriker: »Es gibt ein heiliges Widerstandsrecht in der Kirche ... Savonarola war kein Ketzer, er war ein Heiliger.«²⁹ – Anfang 1997 beantragte der Dominikanerorden offiziell bei der Diözese Florenz seine Seligsprechung.

2.2 Voreinstellungen und Vorwissen

Die Voreinstellungen der Schülerinnen und Schüler zur Kirchengeschichte sind nicht so eindeutig, wie gerne behauptet wird. Einerseits bringen viele in den Kirchengeschichtsunterricht jenes besondere Verhältnis zur Geschichte mit, das mit »Unbehagen« an der Geschichte, »Einbuße an Geschichtsbewusstsein« oder »Desinteresse an der Geschichte« bezeichnet wird. In einer Gesellschaft, die vielfach der Meinung huldigt, dass historische Einsichten für gegenwärtige Daseinsbewältigung und Zukunftsorientierung nutzlos seien,³⁰ finden sie keinen Anreiz, sich mit der Geschichte zu beschäftigen. Traditionen erscheinen eher hemmend bei der eigenen Entfaltung. Andererseits ergeben Befragungen von Schülerinnen und Schülern auch andere Ergebnisse. Da wird ein deutlicher Bedarf an

---

27 Der Lehrplan für Evangelische Religionslehre in Baden-Württemberg sieht etwa in Klasse 10 der Hauptschule eine solche Unterrichtseinheit vor, bei der wahlweise Männer und Frauen wie *Dietrich Bonhoeffer* oder *Rigoberta Menchu* behandelt werden sollen.
28 Vgl. *H.P. Siller*, Unabgeschlossene Überlegungen zu einer theologischen Pragmatik des Vorbilds, in: *G. Biemer/A. Biesinger (Hg.)*, Christ werden braucht Vorbilder, 48f.
29 *A. Franzen*, Kleine Kirchengeschichte, Freiburg i. Br. ⁶2000, 241.
30 *D. Haas* u.a., Kirche – woher – wohin. Unterrichtsmodelle Religion, Lahr 1976, 9.

geschichtlicher Information angemeldet: »Mich interessiert es auf jeden Fall, etwas über die Menschen von früheren Zeiten zu erfahren und ihre Lebensweise, Gebräuche, Interessen zu untersuchen.«[31] Im Unterricht wird man also durchaus auch auf Beachtung kirchengeschichtlicher Themen stoßen. Mangelnde Anteilnahme ist vielfach das Ergebnis eines Unterrichts, der auf Gegenwarts-, Alltags- und Ortsbezüge verzichtet. Grundzug einer Kirchengeschichtsdidaktik sollte daher sein, »Geschichte nicht ›in sich‹ oder ›an sich‹ vorzustellen oder zu betrachten, sondern der Schüler muss sie ›für sich‹ verstehen lernen.«[32] Kirchengeschichtsunterricht sollte über das historisch Vorgefundene hinaus mit Fragen und Antworten heutiger Schülerinnen und Schüler zu tun haben. Um nicht zum Beispielarsenal oder zur Stützfunktion kirchenamtlicher Positionen verkürzt zu werden, muss Kirchengeschichtsunterricht nicht nur seinen Anknüpfungs-, sondern auch seinen Zielpunkt in den Lebenserfahrungen der Schüler haben. Nur im Anschluss an diesen Erfahrungshorizont wird ein Zugang zu Glaubenserfahrungen ermöglicht, die in der Geschichte gemacht wurden und sich mit heutigem Fragen, Denken und Fühlen berühren.

Zuweilen stößt man im Unterricht aber auch auf massive Ablehnung, weil die Schülerinnen und Schüler Vorbehalte gegen die Kirche haben, gegen eine Institution, die keine Rolle in ihrem Lebensvollzug spielt oder mit der man vielleicht frustrierende Erfahrungen gemacht hat. Dazu gibt es eine Ablehnung des Institutionellen überhaupt. Dies kann sich demotivierend auf den Unterricht auswirken.

Das Vorwissen der Schülerinnen und Schüler in Kirchengeschichte ist eher minimal. In der Geschichte ist ja »die Zahl der Instanzen, die historische Kenntnisse vermitteln, erheblich angewachsen; vor allem das Fernsehen und die Illustrierten erreichen dabei einen Grad der Perfektion, nicht selten auch der Suggestion, mit dem die Schule nicht konkurrieren kann«.[33] Auch nimmt die Zahl der gut gemachten Sachbücher über geschichtliche Themen zu. Ganz wenige Kenntnisse kann man in Bezug auf die Kirchengeschichte voraussetzen. Im Vergleich zur Geschichte wird die Kirchengeschichte in den Massenmedien nur marginal behandelt. Sachbücher für Kinder und Jugendliche über Personen und Vorgänge aus der Kirchengeschichte, z. B. zum Bau von Kathedralen oder zu

---

31 *B. Jendorff*, Kirchengeschichte – wieder gefragt!, 28.
32 *G. Ruppert*, Geschichte ist Gegenwart, 101.
33 *J. Rohlfes*, Umrisse einer Didaktik der Geschichte, Göttingen ²1972, 20.

Widerstandskämpfern wie *Dietrich Bonhoeffer*, können die Defizite etwas kompensieren.[34] Vor allem aber wächst die Zahl der Publikationen mit außerordentlich kirchenkritischen Akzenten, die bei Jugendlichen mit minimalen Kenntnissen und mitgebrachten Vorbehalten besonders leichtes Spiel haben. Angesichts dieser Sachlage muss der Kirchengeschichtsunterricht sehr viel stärker als der Geschichtsunterricht sich seine Voraussetzungen erst schaffen, d. h. Kenntnisse und Einsichten in kirchengeschichtliche Ereignisse, Fakten und Situationen vermitteln, um dann mit den Schülerinnen und Schülern in ein Gespräch darüber einzutreten.[35]

Zweifellos ergibt sich aus diesen Sachverhalten auch die Forderung nach einer intensiven Zusammenarbeit mit dem Geschichtsunterricht. Das ist schon von daher möglich, weil die neueren Lehrpläne stärker als bisher auf zeitliche Koordination und interdisziplinäre Kooperation von Geschichts- und Kirchengeschichtsunterricht drängen.

Bei der Behandlung der Reformation bringt eine fächerverbindende Zusammenarbeit nicht nur eine stoffliche Entlastung, sondern auch die Möglichkeit vertiefter Erkenntnis, wenn einerseits der Kirchengeschichtsunterricht die Kenntnis des Bauernkriegs voraussetzen kann, andererseits der Geschichtsunterricht eine sachgemäße Darbietung der reformatorischen Entdeckung *Luthers*. Und eine Behandlung von »Kirche im Dritten Reich« im RU kann durch gleichzeitige Bearbeitung des »Dritten Reichs« im Geschichtsunterricht nur profitieren. Gerade eine solche abgesprochene, fächerverbindende Behandlung des Themenbereichs »Drittes Reich« verstärkt wohl die Motivation der Schülerinnen und Schüler, die sich immer wieder darüber beklagen, in verschiedenen Fächern stets dasselbe zu hören.

---

34 Vgl. *D. Macauly*, Sie bauten eine Kathedrale, Zürich 1974; *R. Wind*, Dem Rad in die Speichen fallen. Die Lebensgeschichte des Dietrich Bonhoeffer, Weinheim 1990.
35 *D. Haas* u. a., Kirche – woher – wohin, 7.

> Im Sagenkreis des Deutschtums wird dereinst ein großes
> Durcheinander entstehen zwischen Kyffhäuser und Kaufhäuser.
>
> *Karl Kraus* (Aphorismen)

3. Strukturierung des Kirchengeschichtsunterrichts

Um der Aufgabenstellung und Zielsetzung des RU gerecht zu werden, muss ein Unterricht in Kirchengeschichte die kirchengeschichtlichen Stoffe auf die Erfahrungen und Problemstellungen der Schülerinnen und Schüler beziehen, und zwar so, dass sowohl sie selbst zur Sprache kommen wie auch der kirchengeschichtliche Stoff sachgemäß erschlossen wird.

Am besten kann ein solcher Kirchengeschichtsunterricht in eigenständigen Unterrichtseinheiten oder Kursen verwirklicht werden, die einerseits wirklich der kirchengeschichtlichen Situation gerecht zu werden vermögen und sich andererseits öffnen im Blick auf die Fragen und Probleme der Adressaten. Die Themen »Reformation, Katholische Reform/Gegenreformation« oder »Kirche im Dritten Reich« bieten sich für eine derartige Bearbeitung an. In einem solchen Kurs kann es »zu einem wirklichen ›Eintauchen‹ der Schüler ins geschichtliche Element kommen«,[36] was eine zentrale Voraussetzung für geschichtliches Verstehen ist. Dies ist viel weniger der Fall, wo kirchengeschichtlicher Unterricht vor allem in der Behandlung von Lebensbildern besteht[37] oder Kirchengeschichte so eingebracht wird, dass jeweils eine kirchengeschichtliche Situation und ein biblischer Stoff aufeinander bezogen werden. Hier gerät Kirchengeschichte in die Gefahr, zu einer »›Beispielsammlung‹ von Hinführungs- und Anschlußstoffen für biblische Texte« zu werden.[38]

Der neuerdings zu Recht geforderte regionalgeschichtliche Kirchengeschichtsunterricht[39] wird sich nur in einem Kurs realisieren

---

36 *M. Widmann*, Geschichte der Alten Kirche im Unterricht, Gütersloh 1970, 9.
37 Z.B. in der Evangelischen Unterweisung, vgl. *H. Gutschera/J. Thierfelder*, Kirchengeschichte im Religionsunterricht, 370.
38 *P. Biehl*, Die Kirchengeschichte im Religionsunterricht. Kritische Anmerkungen zu einem »didaktischen Modell«, in: *H. Schultze (Hg.)*, Wege zum Verstehen. Beiträge zur Unterweisung in Schule und Kirche, Hamburg 1965, 138.
39 Vgl. dazu *H. Halbfas*, Wurzelwerk. Geschichtliche Dimensionen der Religionsdidaktik, Düsseldorf 1989, 239ff., und *B. Jendorff*, Heimatkundliche Kirchengeschichte. Ein erster Schritt, Volk Gottes kritisch zu erkunden, zu beurteilen und in ihm zu handeln, in: ru 24/1994, 70ff. – Vgl. auch entsprechende Ansätze

lassen. Hier geht es um »mit der Lebensgeschichte des Schülers verknüpfte Geschichte«.[40] Die Perspektive des »kleinen Mannes« kommt zur Sprache, überhaupt die der »Kirche von unten«. Es bieten sich – eventuell in kirchenpädagogischer Ausweitung und Vertiefung (→ s.u. 6.2, 36f.) – Unterrichtseinheiten (UE) an über die Kirche(n) am Ort, ihre Baugeschichte, ihre künstlerische Ausgestaltung, Ausstattung und liturgische Nutzung, über die Geschichte der je eigenen Kirchengemeinde und weiter die Verortung kirchengeschichtlicher Epochen in der Region, z.B. Reformation in Städten und Regionen (→ IX. Reformation).[41] Der Kirchengeschichtsunterricht kann auch einen guten Beitrag leisten zu der heute vielfältig betriebenen Erforschung der nationalsozialistischen Zeit. Wenn über Verfolgung, Widerstand und über Alltagsleben »vor Ort« geforscht wird, darf der Einfluss der Kirchen, und zwar in positiver und negativer Sicht, nicht fehlen (→ XVI. Kirche und Nationalsozialismus).[42] Solche Unterrichtseinheiten müssen schon deshalb als Kurs durchgeführt werden, weil sie geradezu auf eine fächerverbindende Behandlung und damit auf eine Zusammenarbeit von evangelischem und katholischem RU sowie Geschichtsunterricht drängen.

Wird Kirchengeschichte immer wieder als Kurs eingebracht, dann findet sie auch, wenn nötig, in stärker problemorientierten Einheiten Berücksichtigung. Dies kann in mehrfacher Weise geschehen. Wo etwa ein gegenwärtiges Problem ohne historische Rückfrage nicht verstanden wird, bedarf es eines kirchengeschichtlichen Exkurses. Eine UE über die Entwicklungshilfe wird die Probleme unmöglich sachgemäß behandeln, wenn sie nicht auf den Zusammenhang und das verhängnisvolle Erbe von Mission und Kolonialismus eingeht (→ XIV. Weltmission in der Neuzeit).[43] Und eine Unterrichtseinheit über »Umstrittene Kirche« wird Gründe aus der Kirchengeschichte nennen müssen, die für Menschen heute die Kir-

---

der Geschichtsdidaktik, dazu: *D. Peukert*, Didaktik der Heimatgeschichte, in: *K. Bergmann u.a. (Hg.)*, Handbuch der Geschichtsdidaktik, 310ff.
40 *H. Halbfas*, Wurzelwerk, 255.
41 Materialien zur Reformation in Städten wie Reutlingen, Esslingen und Konstanz sowie zur Reformation in Regionen, etwa in Hohenlohe, in: entwurf 3/82. Vgl. auch *D. Petri/J. Thierfelder*, Esslingen wird evangelisch. Die Reformation in Südwestdeutschland am Beispiel der freien Reichsstadt Esslingen, in: Praxis Geschichte 3/1990, 18ff.
42 Viele Hinweise brachte die Zeitschrift entwurf 1–2/84 zum 50jährigen Jubiläum der Barmer Theologischen Erklärung von 1934.
43 Vgl. UE Hunger nach Gerechtigkeit, in: Das neue Kursbuch Religion 9/10, 230ff.

che umstritten machen. Kirchengeschichte kann aber auch so erscheinen, dass gegenwärtige Praxis durch kirchengeschichtliche Modelle hinterfragt wird. So sollen etwa in einer UE über Diakonie bzw. Caritas entsprechende Beispiele aus Mittelalter und Neuzeit behandelt werden (→ XIII. Kirche und soziale Frage im 19. Jahrhundert).[44] Da bei dieser Behandlung von Kirchengeschichte die Gefahr besteht, dass kirchengeschichtliche Zusammenhänge verkürzt werden, sollte die Möglichkeit des eigenständigen Kurses immer wieder wahrgenommen werden.

> Es gibt eine Idee, die einst den wahren Weltkrieg in Bewegung setzen wird:
> Dass Gott den Menschen nicht als Konsumenten und Produzenten erschaffen hat.
> Dass das Lebensmittel nicht Lebenszweck sei.
> Dass der Magen dem Kopf nicht über den Kopf wachse.
> Dass das Leben nicht in der Ausschließlichkeit der Erwerbsinteressen begründet sei.
> Dass der Mensch in die Zeit gesetzt sei, um Zeit zu haben und nicht mit den Beinen irgendwo eher anzulangen als mit dem Herzen.
>
> *Karl Kraus* (Aphorismen)

4. *Intentionen des Kirchengeschichtsunterrichts*

Die im Folgenden vorgelegten Intentionen beziehen sich nicht auf bestimmte Schulstufen. Sie sind als übergreifende Intentionen für den Kirchengeschichtsunterricht im Ganzen gedacht.[45]

1. Kirchliche und religiöse Traditionsphänomene aus der Erfahrungswelt der Schülerinnen und Schüler sollen aus und in ihrem Gewordensein erschlossen werden.

2. An Beispielen aus der Kirchengeschichte sollen die geschichtlichen Veränderungen, die durch das Evangelium bewirkt wurden, und die geschichtlichen Veränderungen, denen die kirchlichen Ver-

---

44 Vgl. UE Diakonie – Auftrag zum Handeln, in: Das neue Kursbuch Religion 7/8, 131 ff.
45 Die Intentionen wurden formuliert in Anlehnung an *E. Linnemann*, Die Funktion der Kirchengeschichte im Religionsunterricht. Didaktische Überlegungen und methodische Konsequenzen, in: *K. Wegenast (Hg.)*, Religionsunterricht unterwegs. Zu Theorie und Praxis eines umstrittenen Faches, Hamburg ²1972, 73 ff.

hältnisse, die Verkündigung des Evangeliums und das Verständnis des Glaubens unterlegen sind, herausgestellt werden.

3. Die Bedeutung der Tatsache, dass der Einzelne schon immer in einem vorgegebenen Überlieferungszusammenhang steht, soll bewusst gemacht werden. Mit diesem Überlieferungszusammenhang kann man sich kritisch auseinander setzen, doch ist man an ihn gebunden.

4. An Situationen aus der Kirchengeschichte soll das Ineinanderwirken von religiösen, geistigen, kulturellen, wirtschaftlichen und politischen Faktoren, von Machtverschiebungen und Gruppenbildungen dargestellt werden. Es soll bewusst gemacht werden, dass geschichtliche Entscheidungen durch solche Strukturen bedingt sind und der Entscheidungsspielraum der Person dadurch eingeschränkt wird.

5. An kirchengeschichtlichen Situationen soll verdeutlicht werden, dass der Einzelne an kirchengeschichtlichen Entscheidungen, wenn auch in verschiedenem Ausmaße, beteiligt ist und dafür Verantwortung zu übernehmen hat.

6. In der Behandlung kirchengeschichtlicher UE sollen Kriterien zur Beurteilung von kirchengeschichtlichen Prozessen erworben werden. Das entscheidende Kriterium ist dabei das Ursprungszeugnis der Schrift, denn: »Mit der Anerkennung der Bibel unterstellt sich die Kirche in jeder möglichen Zeit und auf dem ganzen Weg der Geschichte der Kritik ihres Ursprungs.«[46] Dies schließt die Einsicht ein, dass es in der Kirchengeschichte auch Fehlentscheidungen gegeben hat. »Der Mut, Weg und Irrweg zu unterscheiden, soll gestärkt werden.«[47]

7. Mit der Präsentation von Lebensbildern sollen den Schülerinnen und Schülern Identifikationsangebote gemacht werden. Dabei sollen die dargestellten Personen gerade nicht heroisiert, sondern mit ihren Licht- und Schattenseiten gezeigt werden.

8. Den Schülerinnen und Schülern soll ein ganzheitlicher Umgang mit der Kirchengeschichte ermöglicht werden, bei dem auch eigene Gefühle geäußert werden können.

---

46 *H. Gollwitzer*, Befreiung zur Solidarität. Einführung in die Evangelische Theologie, München 1978, 110.
47 *M. Widmann*, Die Geschichte der Alten Kirche im Unterricht, 8.

> ... so als habe die Geschichtsschreibung eine therapeutische Aufgabe. Glaubensschwäche gehört in das Gebiet der Seelsorge, nicht das der Historiographie.
>
> *Hans Kühner* (Tabus der Kirchengeschichte, o.J.)

5. Kriterien bei der Stoffauswahl

Der heutige RU kennt keinen Gesamtdurchgang durch die Kirchengeschichte mehr, wie dies früher teilweise üblich war. Es kommen nur ausgewählte Themen vor – das verschärft die Frage nach den Kriterien für eine Themenauswahl. Die im Folgenden genannten Kriterien wollen auch Defizite des bisherigen Kirchengeschichtsunterrichts kompensieren.

5.1 Repräsentative Themen

Wolfgang Klafki schlug in der Frage der Auswahlkriterien für den Geschichtsunterricht vor, in das nie umfassend darzustellende Ganze des geschichtlichen Zusammenhangs von exemplarischen Themen her einen Zugang zu gewinnen. Die Schwierigkeiten, die die Anwendung des Exemplarischen auf den Geschichtsunterricht mit sich bringt,[48] überwindet er, wenn er darauf aufmerksam macht: »Das ›Besondere‹ ist nicht ›Exemplar‹ eines Allgemeinen, sondern *Repräsentant*; es ist das *Repräsentative*. Dieses muß demnach als eine selbständige Form des Elementaren neben dem Exemplarischen Anerkennung finden.«[49] Im Sinn des zu Grunde liegenden lateinischen ›repraesentatio‹ versteht er darunter die beiden didaktischen Gesichtspunkte der Stellvertretung und Vergegenwärtigung.[50] *Peter Biehl* hat diese Überlegungen für den Kirchengeschichtsunterricht fruchtbar gemacht. Er befragt die Kirchengeschichte auf im genannten Sinn repräsentative Themen, also Themen, »in denen sich kirchengeschichtliche Zusammenhänge zu einer überschaubaren Einheit verdichten (markante Knoten- und Wendepunkte der Kir-

---

[48] »Das Einmalige und das Allgemeine treten im Historischen nicht auseinander, sondern das Historische *ist* das Ineinander von Einmaligem und Allgemeinen.« *G. Ruhbach/E. Sturm,* Umgang mit der Kirchengeschichte, 62.
[49] *W. Klafki,* Das pädagogische Problem des Elementaren und die Theorie der kategorialen Bildung, Weinheim ⁴1964, 368.
[50] Vgl. *W. Klafki,* aaO., 449ff.

chengeschichte) und die sich im Blick auf die Fragen der Schüler vergegenwärtigen lassen ...«[51]

Bei einer solchen Befragung käme u. E. ein Mindestkanon folgender kirchengeschichtlicher Grundthemen zustande:[52]

- Die Zeit der Verfolgungen im Römischen Reich
- Die Konstantinische Wende
- Das Mönchtum
- *Kreuzzüge*
- *Christliche Judenfeindschaft – Judenverfolgung*
- *Hexenverfolgungen*
- *Mystik im Mittelalter*
- *Papsttum im Mittelalter*
- Reformation/katholische Reform/Gegenreformation
- Aufklärung/Pietismus
- Kirche und soziale Frage im 19. Jahrhundert
- Weltmission in der Neuzeit
- Ökumenische Bewegung im 19. und 20. Jahrhundert
- Die Kirchen in der Zeit des Nationalsozialismus und des Kommunismus

5.2 Ökumenische Ausrichtung bei der Themenauswahl

Evangelischer RU konzentrierte sich früher bei der Behandlung von Reformation und nachreformatorischer Kirchengeschichte nahezu ausschließlich auf die Entwicklungen in den evangelischen Kirchen. Vielfach diente er »der konfessionellen Legitimierung und Selbstbehauptung«.[53] Die gegenseitige Annäherung der christlichen Kirchen sollte sich auch im Kirchengeschichtsunterricht zeigen. Zur Förderung des gegenseitigen Verstehens muss die Kenntnis der Geschichte der anderen Kirchen verbreitet werden. Dabei können die Schülerinnen und Schüler genuin christliches Erbe kennen lernen, das in anderen christlichen Konfessionen besser aufgehoben wurde als in der eigenen, und es kann zu einem ökumenischen Lernen im

---

51 *P. Biehl*, Kirchengeschichte im Religionsunterricht. Thesen, in: *K. Wegenast (Hg.)*, Religionsunterricht unterwegs, 62.
52 Vgl. *E. Paul/F. P. Sonntag*, Kirchengeschichts-Unterricht, 86 ff., und *H. Gutschera/ J. Thierfelder*, Brennpunkte der Kirchengeschichte. – Die in diesem TLL 3-Band zusätzlich behandelten Grundthemen sind *kursiv gedruckt!*
53 *M. Widmann*, Welche kirchengeschichtlichen Stoffe sind fundamental, repräsentativ und heute dringlich?, in: entwurf 4/76, 6.

Kirchengeschichtsunterricht kommen (→ XV. Ökumenische Bewegung).⁵⁴ Ökumene in diesem Sinn bezieht sich nicht nur, wie in unserem Sprachgebrauch üblich, auf »das Gemeinsame oder die Zusammenarbeit von evangelischer und katholischer Kirche«; sondern »Ökumene zielt auf die Zusammenführung, auf die Einheit und das Zusammenleben *aller* getrennten Kirchen und Christen.«⁵⁵

Von daher sollten im Kirchengeschichtsunterricht Einblicke gegeben werden in die Geschichte der orthodoxen Kirche, der Freikirchen, wie z.B. der Mennoniten und Quäker, und in die spezifische Geschichte der römisch-katholischen Kirche. Bei der Unterrichtseinheit »Kirche und soziale Frage im 19. Jahrhundert« (→ XIII.) muss der bedeutende Beitrag der katholisch-sozialen Bewegung gewürdigt werden, bei einer UE »Weltmission in der Neuzeit« (→ XIV.) müssen evangelische Schülerinnen und Schüler mit dem heute wieder so aktuellen Thema der Akkomodation in der Geschichte der ostasiatischen Jesuitenmission bekannt gemacht werden. Bei der UE »Ökumenische Bewegung« (→ XV.) ist eine Behandlung des Zweiten Vatikanischen Konzils vorzusehen. Entsprechend sollten katholische Schülerinnen und Schüler Einblick gewinnen in Themen wie Reformation (→ IX.), Pietismus (→ XI.), Aufklärung (→ XII.) und Geschichte der Ökumenischen Bewegung.

5.3 Behandlung der außerdeutschen Kirchengeschichte

In den Lehrplänen und Kirchengeschichtsbüchern ist, vor allem in Bezug auf die neuere Kirchengeschichte, immer noch eine starke Beschränkung der Perspektive auf Deutschland festzustellen. Schon bei der Behandlung der Reformation bleibt oft keine Zeit, sich mit der von Genf ausgehenden weltweiten Reformation von *Johannes Calvin* zu beschäftigen. Aspekte englischer und nordamerikanischer Kirchengeschichte werden nahezu nirgendwo berücksichtigt. Dass es eine Geschichte der »jungen Kirchen« in Afrika und Asien gibt,

---

54 Die gelebte Ökumene ›von unten‹ wird ohnehin in Spontaneität stecken bleiben ohne eine gründliche und engagierte Analyse des Gewordenseins der gegenwärtigen Situation der Kirchentrennung; vgl dazu: *G. Ruppert*, »Vom Nutzen und Nachteil der Historie für das Leben«. Ökumene und Kirchengeschichte, in: *F. Johannsen/H. Noormann (Hg.)*, Lernen für eine bewohnbare Erde. Bildung und Erneuerung im ökumenischen Horizont, Gütersloh 1990, 75ff.
55 *Kirchenamt der EKD (Hg.)*, Ökumenisches Lernen. Grundlagen und Impulse, Gütersloh 1985, 11.

erfahren Schüler selten aus dem Kirchengeschichtsunterricht.⁵⁶ Im Zeitalter der immer mehr zu *Einer* Welt zusammenwachsenden Erde müssen europäische und globale Aspekte auch im Kirchengeschichtsunterricht stärker berücksichtigt werden, damit einem Provinzialismus im geschichtlichen Denken gewehrt wird.

5.4 Angemessene Berücksichtigung der neueren Kirchengeschichte

Frühere Lehrpläne sahen z. T. eine extensive Behandlung der Geschichte der Alten Kirche und der Reformation bzw. des Mittelalters vor. Neuere Lehrpläne beinhalten verstärkt auch Themen aus der neueren Kirchengeschichte. Dies ist schon deshalb nötig, weil Kirchengeschichtsunterricht ja zum Verständnis der Gegenwart beitragen soll und die Gegenwart von Kirche und Gesellschaft stark geprägt ist von Entwicklungen der neueren Kirchengeschichte. Dies wird gerade am Themenbereich »Kirche und Nationalsozialismus« (→ XVI.) deutlich.

5.5 Aufarbeitung der »dunklen Stellen« der Kirchengeschichte

Eta Linnemann sprach in Bezug auf die früher übliche Auswahl kirchengeschichtlicher Stoffe für den RU zu Recht von einer »Tendenz zur Glorifizierung«. Diese Tendenz komme darin zum Ausdruck, dass »die Geschichte vom unaufhaltsamen Sieg des Christentums in drei Fortsetzungen« geboten werde (Ausbreitung in den ersten drei Jahrhunderten, Christianisierung der Germanen, Äußere Mission im 19. Jahrhundert), dass man eine »Heldengeschichte der christlichen Märtyrer« demonstriere und *Luther* »zum Haupthelden der Reformation« erhebe.⁵⁷ »Dunkle Stellen« der Kirchengeschichte wie Kreuzzüge, Hexenwahn, der Antijudaismus (→ IV., VI., V.) und seine furchtbaren Auswirkungen in der Alten Kirche, im Mittelalter, in der Reformationszeit und vor allem im Dritten Reich traten eher in den Hintergrund.

Die Konsequenzen einer solchen »Glorifizierung« können höchst gefährlich sein. Einmal wird in den Schülerinnen und Schülern Enttäuschung über die gegenwärtige Kirche produziert. Gegenüber den

---

56 Eine Ausnahme bildet *U. Becker/G. Büttner/H. Gutschera/J. Thierfelder,* Projekt Ökumene. Auf dem Weg zur Einen Welt, Düsseldorf/Stuttgart 1997, mit den Kapiteln »Afrikanisches Christentum«, »Basisgemeinden in Lateinamerika«, »Christen in den USA«, »Östliches Christentum«.
57 *E. Linnemann,* Die Funktion der Kirchengeschichte im Religionsunterricht, 67.

»Heldengestalten der Kirchengeschichte« muss die gegenwärtige Kirche schlecht abschneiden. Zum andern werden die Jugendlichen (und nicht nur sie) leicht zum Opfer antikirchlicher Propaganda. Der große Erfolg von Büchern, die solche antikirchliche Agitation betreiben, rührt doch auch von einem in dieser Hinsicht defizitären Unterricht. Von daher ist eine angemessene Berücksichtigung der »dunklen Stellen« nötig. Weder vorschnelles Aburteilen noch beharrliche Apologetik dürfen die Bearbeitung solcher Themen bestimmen. Selbstverständlich hat der Kirchengeschichtsunterricht auch die Aufgabe, Missverständnisse auszuräumen und sachlich unberechtigte Angriffe gegen die Kirche klarzustellen, doch sind Irrwege offen einzuräumen. Und sie können auch, theologisch gesehen, zugegeben werden, ist doch die Kirche keine fehlerfreie Größe und ebenso wie der einzelne Christ auf Vergebung angewiesen.

Will der Kirchengeschichtsunterricht auch wirkliches Verständnis für die »dunklen Stellen« wecken, muss er zu klären versuchen, wie es gerade im Kontext des Christentums zu diesen falschen Wegen kommen konnte. Beim Antijudaismus z.B. wird zu zeigen sein, dass und warum im NT antijudaistische Tendenzen spürbar werden.[58] Angesichts der Hexenverfolgungen werden die Zusammenhänge von frauenfeindlichen Tendenzen in der Kirche und Hexenwahn zu bedenken sein.[59] Man wird mit den Schülerinnen und Schülern fragen müssen, ob ein Zusammenhang besteht zwischen Absolutheitsanspruch und Intoleranz bzw. Gewaltanwendung. »Wenn Menschen die Wahrheit in eigene Regie nehmen ..., vielleicht gar meinen, die Existenz *der* Wahrheit hänge schlichtweg ab vom Einsatz für diese Wahrheit, dann folgt geradezu logisch Gewalttätigkeit gegen jene, die diese Wahrheit leugnen, verunehren oder gar bekämpfen.«[60]

5.6 Beseitigung geschlechtsspezifischer Defizite

Im bisherigen Kirchengeschichtsunterricht waren Frauen unterrepräsentiert.[61] Wo sie berücksichtigt wurden, erschienen sie eher in

---

58 Vgl. *G. Theißen*, Antijudaismus im Neuen Testament – ein soziales Vorurteil in heiligen Schriften, in: *J. Thierfelder/W. Wölfing (Hg.)*, Für ein neues Verhältnis von Juden und Christen, Weinheim 1996, 77–97.
59 Vgl. *H. Weber*, Kinderhexenprozesse, Frankfurt a. M. 1991.
60 *K. Fikenscher*, Gott – Glaube – Gewalt. Zusammenhänge und Deutungen. Ein Unterrichtsentwurf für die Sekundarstufe II, Göttingen 1987, 44.
61 Die Aussage gilt generell; dokumentieren lässt sie sich am leichtesten an Schulbüchern: »Die evangelischen Religionsbücher machen die Bibel und die Kir-

traditionellen Rollen, z.B. des Dienens und Helfens.[62] Diese Befunde entsprechen denen im Geschichtsunterricht. Danach handeln nur etwa 1% bis 3% der Texte und Bilder in Geschichtsschulbüchern von Frauen und weit über 90% des Materials ist männlich geprägt.[63] Die Gründe dafür sind zahlreich und vielfältig. In der kirchengeschichtlichen Grundlagenliteratur kamen Frauen eher am Rand vor. Angesichts der patriarchalen Dominanz in der Kirche haben die Männer auch tatsächlich viel stärker Einfluss auf die Entwicklungen genommen bzw. wurde der Einfluss der Frauen eben nicht dargestellt. Hinzu kommen androzentrische Redaktion und Interpretation.

Was *von Borries* für die bisherige Geschichtsschreibung konstatierte, gilt eben auch für die Kirchengeschichtsschreibung: »Die bisherige Geschichtsschreibung behandelt (fast) nur die Geschichte einer Hälfte der Menschheit und beschränkt sich auf entsprechende Auswahlkriterien und Bezugsrahmen.«[64]

Die Religionslehrer (RL) fordern nun zu Recht immer deutlicher die Behandlung von Frauengestalten der Kirchengeschichte im Unterricht. Nicht zuletzt geht es ihnen auch um ein angemessenes Identifikationsangebot für die Schüler und besonders für die Schülerinnen.[65] Bei einer vor wenigen Jahren durchgeführten Untersuchung zum Lehrplan für den evangelischen RU forderten die Religionslehrerinnen Themen wie: »Frauengestalten aus der neueren Kirchengeschichte, Frauenrechte/Gleichberechtigung, die Rolle der Frau in der Kirche – früher und heute, Frauen im Widerstand (Evangelische Kirche im 3. Reich)«.[66]

---

chengeschichte noch ärmer an Frauentraditionen, als sie ohnehin schon sind.« *D. Meyer/C. Reents/G. Ulrich*, Zum Bild der Frau in evangelischen Religionsbüchern, in: *F. Johannsen/H. Noormann (Hg.)*, Lernen für eine bewohnbare Erde, 50; vgl. auch *R. Oberle/M. Raske*, Übersehen und übergangen. Frauen in kirchengeschichtlichen Unterrichtswerken, in: KatBl 115/1990, 261 ff.

62 Vgl. die Behandlung von *Florence Nightingale* und *Eva von Thiele-Winkler* in der Kirchengeschichte des 19. Jahrhunderts.
63 Vgl. *B. von Borries*, Didaktik der Frauengeschichte, in: *K. Bergmann u.a. (Hg.)*, Handbuch der Geschichtsdidaktik, 325.
64 *B.v. Borries,* aaO., 328.
65 Angesichts der Bedeutung der Frauengeschichte für die Schülerinnen darf andererseits mit Blick auf die Rollenveränderung und Partnerbeziehung die Bedeutung auch für die Schüler nicht vergessen werden!
66 Vgl. die Auswertung einer Befragung von ca. 500 evangelischen Religionslehrerinnen und -lehrern in Baden-Württemberg, in: *Y. König*, Frauen und Mädchen im Religionsunterricht – Ansätze einer feministischen Religionspädago-

Nachdem sich also bis jetzt Lehrerinnen und Lehrer zu Recht über Mangel an Unterrichtsmaterial beklagten, mehren sich Darstellungen, die Material zur Bearbeitung entsprechender Themen liefern.[67] So werden im künftigen Unterricht sicher stärker als bisher Frauenorden, mittelalterliche Frauengestalten wie *Hildegard von Bingen* und *Elisabeth von Thüringen*, Frauen der Reformation wie *Margarete Blarer* und *Katharina Zell*, Frauen im Widerstand gegen das Dritte Reich wie *Gertrud Luckner*, *Elisabeth von Thadden* und *Sophie Scholl* Berücksichtigung finden.

5.7 Behandlung der kirchengeschichtlichen »Verlierer«[68]

Geschichte schreibt immer der Sieger – auch die Kirchengeschichte. Die Unterlegenen und Opfer spielen traditionsgeschichtlich keine große Rolle. Bisheriger Kirchengeschichtsunterricht berücksichtigte vor allem die Personen, Gruppen und Strömungen, die vermeintlich »siegten«. Die »Verlierer« wurden entweder gar nicht erwähnt oder polemisch abqualifiziert. Das entsprach den hauptsächlichen Vorgehensweisen kirchengeschichtlicher Darstellungen. Vor allem die so genannte »linke« Reformation – wie z.B. Thomas Müntzer, Sebastian Frank und die Täuferbewegung – fand vielfach keine adäquate Darstellung. Dagegen muss die Seite der »Verlierer« stärker berücksichtigt werden und so »eine Kirchengeschichte, die gerade unbewältigte und damit kritische und reformerische Möglichkeiten für die bestehende Kirche bereitstellt«.[69]

Dann müssten entsprechende weitere Themen benannt und Fragen gestellt werden – die nachfolgende Vorschlagsliste ist unvollständig:

- Eine Frau wird namenlos. (Mk 14,3–9)
- *Junia* heißt *Junias*. (Röm 16,7)
- *Marcion* verteidigt sich.
- *Arius* ›unterliegt‹.
- *Donatus* wird verdammt.
- Papst *Coelestin V.* resigniert.

---

gik, in: *B. Büttner/W. Dietz/J. Thierfelder* (Hg.), Religionsunterricht im Urteil der Lehrerinnen und Lehrer, Idstein 1993, 112.
67 Vgl. z.B. *A. Bauerle u.a.*, Frauen, die sich trauen – Elisabeth von Thüringen, in: entwurf 1/95, 67ff.
68 Vgl. *M. Widmann*, Geschichte der Alten Kirche im Unterricht, 6.
69 Ebd.

- *Savonarola* verstummt.
- *Hus* oder *Servet* oder *N.N.* wird verbrannt.
- Waldenser klagen an.
- Von Gott und der Welt verlassen: ›Hexen‹.
- Ein Täufer berichtet.
- Der Oberste der Templer wird verbrannt.
- *Galilei* widerruft.
- *Jeanne d'Arc* wird heilig gesprochen.
- *Edith Stein* stirbt ... mutterseelenallein.
- *Hans Küng* stellt Fragen.

5.8 Biografien im Kirchengeschichtsunterricht

Die Vorbehalte, die mit Recht gegen die zentrale Funktion des Lebensbildes im Kirchengeschichtsunterricht erhoben werden, dürfen nicht dazu führen, dass der Unterricht in Kirchengeschichte ganz auf biografisches Arbeiten verzichtet (→ s.o. 1.2, 15ff.). Denn über einzelne Persönlichkeiten kann ein Themenbereich erschlossen werden: anhand der Person des *Franz von Assisi*, gerade auch im Kontrast, die mittelalterliche Gesellschaft und Frömmigkeit; am Beispiel von *Dietrich Bonhoeffer* das Verhalten der evangelischen Kirche im Dritten Reich. Noch wichtiger ist, dass Schülerinnen und Schüler, um in der Adoleszenz zu einer eigenen Identität zu gelangen, sich mit Vorbildern identifizieren können. »Die individuelle Suche nach Identität in Biographien eröffnet Identifikationsmöglichkeiten.«[70] Notwendig für den Identifikationsprozess ist allerdings sowohl Imitation als auch Distanz.[71] Biografisches Arbeiten im Religions- und Kirchengeschichtsunterricht »fragt nicht nur nach dem Subjekt und weist ihm eine zentrale Stellung zu, sondern setzt es zugleich in Beziehung zu anderen, objektiviert subjektive Erfahrung an der Erfahrung anderer«.[72]

Personen aus der Kirchengeschichte wie *Benedikt von Nursia* und *Scholastica*, *Franz von Assisi* und *Klara*, *Abaelard* und *Heloise*, *Hildegard von Bingen* und *Katharina von Siena*, *Girolamo Savonarola* und *Martin Luther*, *Johann Hinrich Wichern* und *Caritas Pirckheimer*, *Dietrich Bonhoeffer* und *Alfred Delp*, aber auch *Oscar Arnulfo Romero*, *Desmond Tutu* oder

---

70 *C. Looks*, Biographien als Gegenstand von Religionsunterricht, Frankfurt a.M. 1993, 122.
71 Vgl. o. 2.2 und *W. Neidhart*, Vom Erzählen biblischer Geschichten, in: *W. Neidhart/H. Eggenberger*, Erzählbuch zur Bibel, Zürich/Lahr 1975, 19ff.
72 *C. Looks*, Biographien als Gegenstand von Religionsunterricht, 176.

Rigoberta Menchu bieten sich an.[73] Regionale Aspekte legen andere Personen nahe, etwa: *Ursula* in Köln, *Afra* in Augsburg, *Lioba* in Fulda. Wieder andere gilt es zu entdecken: vielleicht *Margarethe Harms*,[74] *Wilhelm Kieckbusch*[75] oder den Priester, die Pfarrerin aus dem Nachbarort, die Lehrerin im Ruhestand, die nicht abgeneigt sind, in die Schule zu kommen und ihre Geschichte zu erzählen. Altersspezifische Überlegungen können dabei durchaus eine Rolle spielen. Für Jugendliche, die in der Pubertät nach neuen Lebensmustern Ausschau halten, können Gestalten, die in der bewussten Umsetzung ursprünglich jesuanischer Impulse aus Gewohntem aufbrachen, lebensgeschichtliche Bedeutung gewinnen.

> Es sollte einen nachdenklich machen, dass im Deutschen »einen anführen« soviel heißt wie einen betrügen.
>
> *Georg Christoph Lichtenberg* (1742–1799)

6. Methodische Aspekte

Die Kirchengeschichte gilt weithin als »Stiefkind«[76] der Religionspädagogik: Ursache dafür dürfte einmal die häufig problematische Themenauswahl sein, die sich traditionell ausschließlich an der Sache und nicht an den Schülerinnen und Schülern orientiert, dann aber auch die methodische Einseitigkeit. Zu sehr beherrscht ein lehrerzentrierter Unterricht mit viel zu hohem sprachlichen Anteil das konkrete Unterrichtsbild des Kirchengeschichtsunterrichts.

---

73 Vgl. als kleine anregende Auswahl: *V. Hochgrebe/K. Hofmeister (Hg.)*, Lebendige Tradition. Hilfen für die Gegenwart, Würzburg 1994.
74 Vgl. *C. Looks*, Biographien als Gegenstand von Religionsunterricht, 90 ff.
75 Vgl. *C. Looks*, aaO., 125 ff.
76 *D. Haas*, Ein Stiefkind der Religionspädagogik. Überlegungen zur Kirchengeschichte im Religionsunterricht, in: *H. Maaß u. a. (Hg.)*, Leben im Dialog, Karlsruhe 1996, 89 ff.

6.1 Quellenarbeit[77]

Im Kirchengeschichtsunterricht ist Quellenarbeit von besonderer Bedeutung; keine andere Methode ermöglicht es in vergleichbarer Weise, die geschichtswissenschaftliche Beschäftigung mit der Vergangenheit und das Entstehen geschichtlichen Wissens nachzuvollziehen. Soweit es sich im RU einrichten lässt, sollte eine Begegnung der Schülerinnen und Schüler mit einem »Original-Stück« Geschichte ermöglicht werden, zumal Quellenarbeit methodische Fähigkeiten schult, autonomes und produktives Denken fördert und Kritikfähigkeit anbahnt. Diese Forderung muss jedoch nicht zu einer »Vertextung« des RU führen, denn in geschichtsdidaktischer Perspektive gibt es verschiedene Kategorien von Quellen: verbale, ikonische und haptische (gr. = »greifbare«). Wir haben also die Auswahl zwischen historischen Texten, Bildern und Gegenständen.[78]

Verbale Quellen sind nur begrenzt einsetzbar, zumal die Quellen, die im Unterricht verwendet werden, aus dem Zusammenhang gerissen und eventuell sprachlich präpariert sind. Um aber die Begegnung mit Quellen zu ermöglichen, sind als verantwortete Eingriffe der RL durchaus vertretbar: sprachliche Vereinfachung, Hervorheben von Wesentlichem, Streichen von Nebensächlichem und Ersetzen fremder Ausdrücke durch Synonyme.[79] Bei zu starken Eingriffen und Glättungen der Texte entsteht allerdings die Gefahr, dass sie nicht mehr zum Fragen anregen, Phantasie und forschendes Denken nicht mehr herausfordern. Ihre eigentliche Funktion geht damit verloren. Andererseits wird ein den Schülern fremder und ferner Text, etwa in der Hauptschule, wenig motivierend wirken. Die didaktisch begründete Auswahl gerade verbaler Quellen wird zur wichtigen Aufgabe der Unterrichtsvorbereitung; unterschiedliche Herkunft und Standortgebundenheit der Quellen sind dabei unbedingt zu berücksichtigen. Fragen nach der Absicht derer, die die Quelle verfassten, sowie nach der Perspektive, aus der heraus geschrieben wurde, sollten als Teil konkreter Arbeitsanleitungen vorgegeben werden. Entsprechende Leitfragen dürfen die Interpretation aber nur so wenig wie möglich vorher festlegen.

---

77 Vgl. *G. Ruppert,* Geschichte ist Gegenwart, 142 ff.; ferner zur konkreten Durchführung von Quellenarbeit und zur Methodik historischen Arbeitens: *Ders.,* Zugang zur Kirchengeschichte, 138 ff.
78 *H.-J. Pandel,* Quellenarbeit, Quelleninterpretation, in: *K. Bergmann u. a.* (Hg.), Handbuch der Geschichtsdidaktik, 475 ff.
79 Vgl. *E. Schmidt,* Grundriß des Geschichtsunterrichts, Bochum o. J., 106.

Ikonische Quellen können bereits sehr viel früher als verbale im Kirchengeschichtsunterricht eingesetzt werden. Allerdings sollte man eine Reduzierung auf eine rein illustrative Funktionalisierung vermeiden. Bilder eignen sich nicht nur zur Motivation und Weckung des Interesses am Anfang einer Unterrichtsstunde oder -einheit oder als Grundlage für eine Zusammenfassung am Ende, sondern besitzen als »Quellen der Erkenntnis« eine heuristische Funktion. Als künstlerische Verdichtung sind sie in vielen Fällen hervorragend geeignet, Positionen oder Ereignisse bildhaft in Erinnerung zu halten. Methodisch gibt es hier kaum Beschränkungen: Der Isenheimer Altar spiegelt Theologie und Spiritualität seiner Zeit, *Albrecht Dürer* bringt die reformatorische Position im Abendmahlstreit ins Bild, die Nazarener die Volksfrömmigkeit des 19. Jahrhunderts und eine Karikatur kann Ausgangspunkt einer Auseinandersetzung mit dem Kulturkampf oder der kirchlichen Zeitgeschichte sein.

6.2 »Lernen außerhalb des Klassenzimmers«

Unverzichtbar für einen lebensnahen Kirchengeschichtsunterricht ist das »Fragen – Begegnen – Forschen« und Entdecken an außerschulischen Lernorten.[80] Im Sinne »kirchlicher Heimatkunde« empfehlen sich gerade auch für die GS Lerngänge zur Ortskirche, zu einem in der Nähe liegenden Kloster, zu Wallfahrtsorten, Kreuzwegen und Kapellen im und auf dem Lande. Wichtig ist hier jeweils die »originale Begegnung« durch Erkunden, Begehen, Besehen und Be-Greifen (haptische Quellen!); denn dadurch kann der Unterricht in Kirchengeschichte zur vorzüglichen Seh- und Wahrnehmungsschule werden, durch die Geschichte im Lebensumfeld der Schülerinnen und Schüler lebendig wird und Interesse an der Vergangenheit der eigenen Lebenswelt erwacht.[81]

In diesem Zusammenhang gewann im letzten Jahrzehnt die »Kirchenraumpädagogik« oder – abgekürzt – »Kirchenpädagogik« zunehmende didaktische Relevanz. Am komplexen Medium »Kirche« will sie die vieldimensionale Sprache der Kirchenbauten religionsunterrichtlich nutzen. Sie erschließt Kirchen als Stein gewordene Dokumente der (Frömmigkeits-)Geschichte, als Bauwerke mit be-

---

80 *K. Wegenast,* Fragen – Begegnen – Forschen. Lernen außerhalb des Klassenzimmers, in: *G. Adam/R. Lachmann (Hg.),* Methodisches Kompendium für den Religionsunterricht. Bd. 1, Göttingen ⁴2002, 81–91, bes. 81 f. u. 89ff.
81 Vgl. zu einem gelungenen Projekt aus dem Bereich der GS: *H. Bielefeldt,* »... denn der Ort, auf dem du stehst, ist heiliger Boden«, in: KatBl 115/1990, 280ff.

stimmten Baustilen, als kulturelle Gestaltung des Glaubens und Bedeutungsträger elementarer Theologie sowie als Vollzugsort religiöser Praxis. Das eröffnet eine Vielzahl neuer didaktischer Aspekte und Akzentuierungen. Im Zusammenklang mit ästhetischen, symboldidaktischen und liturgischen Lernintentionen verhilft die Kirchenpädagogik auch dem kirchengeschichtlichen Lernen zu innovativer Beachtung, vertiefter Betrachtung und historisch sensibilisierter Begehung und Begegnung. Mit allen Sinnen können die Kinder und Jugendlichen den geschichtlichen Wurzelgrund der von ihnen besuchten und befragten Kirche erleben. Sie erfahren ihre Baugeschichte, »entziffern« die Baustile und Kunstwerke als Ausdruck je raumzeitlich bedingter Lebenseinstellungen und Glaubensweisen und entdecken – angesichts etwa einer modernen Lautsprecheranlage im barocken Kirchenschiff –, dass »Kirchen«-Geschichte nicht nur Vergangenheit ist, sondern als Kirche gegenwärtig bleibt und Zukunft hat. Damit kann die Kirchenraumpädagogik für den Kirchengeschichtsunterricht zur Brücke in die Gegenwart werden und – gemessen am Evangelium und seiner Zeiten überdauernden Kommunikation – zukunftsoffene Perspektiven vermitteln, die in durchaus kritischem Zugriff auch die gefährlichen und schmerzlichen Erinnerungen nicht ausklammern müssen. Denn Kirchbaugeschichte ist wie die Kirchengeschichte überhaupt immer auch Widerspruchsgeschichte – bis hin zum Widerspruch heutiger Kinder und Jugendlicher, die häufig mit Kirche und Kirchen nicht mehr viel anzufangen wissen und deshalb vielleicht noch am ehesten über kritische Auseinandersetzung kirchengeschichtlich und -pädagogisch zu interessieren sind.[82]

Außer den kirchenpädagogisch fokussierten Erkundungen gibt es gerade für den Kirchengeschichtsunterricht noch eine Fülle lohnender Ziele für Exkursionen: etwa Besuche in Archiven und Museen oder auch Studienfahrten zu Ausstellungen, die an epochale historische Ereignisse erinnern wollen und in der Regel gute Gelegenheiten bieten, um an Originalstücken und -schauplätzen Geschichte »leibhaftig« zu begegnen.

---

[82] Zur Kirchen(raum)pädagogik vgl. *C. Bizer*, Kirchgänge im Unterricht und anderswo, Göttingen 1995; *R. Degen/I. Hansen (Hg.)*, Lernort Kirchenraum, Münster 1998; *T. Klie (Hg.)*, Der Religion Raum geben. Kirchenpädagogik und religiöses Lernen, Münster 1998; *S. Glockzin-Bever/H. Schwebel (Hg.)*, Kirchen-Raum-Pädagogik, Münster 2002.

Eine besondere Form der Begegnung mit geschichtlicher Originalität und der Bearbeitung von Quellenmaterial bietet schließlich die Methode der *Oral History*.[83] Mündlich selbst erhobene Geschichte kann sehr gut gerade dort Lücken füllen, wo kein entsprechendes Material vorliegt. Hier werden Fragen gestellt nach Personen und Ereignissen, die sonst unbefragt bleiben. Die Methode besitzt eine große didaktische Relevanz, ist in der Durchführung aber fraglos anspruchsvoll. Thematisch sind hier nicht nur die Haltung der Kirchen zur Weimarer Republik, die Zeit des Nationalsozialismus, die so genannte »Stunde Null« oder die politische Haltung im Nachkriegsdeutschland wie im damaligen real existierenden Sozialismus (→ XVI. u. XVII.) interessant, sondern auch Alltags- und Familiengeschichte, etwa: Wie haben sich bestimmte politische, dogmatische oder ethische Positionen der Kirche auf die Biografie einzelner Personen ausgewirkt?

6.3 Narrative Methoden

Hier ist in erster Linie die Geschichtserzählung zu nennen. Allerdings wird sie heute in zweierlei Hinsicht kritisch beurteilt. Zum einen muss sie sich im Zusammenhang der geschichtsdidaktischen Diskussionen fragen lassen, inwieweit sie etwa zu einer bedenklichen Personalisierung des Geschichtsbildes beiträgt. Zum anderen birgt sie Gefahren der Indoktrination, wo sie Tatsachen, Quellen und Deutungen miteinander vermengt und die Vielschichtigkeit des historischen Bedingungsgefüges verkürzt.

Diese Kritik ist an vielen Beispielen zu verifizieren. Man sollte daraus aber nicht die Forderung ableiten, gänzlich auf Geschichtserzählungen zu verzichten; ihre leitenden Gesichtspunkte – Vergegenwärtigung, Begegnung und Veranschaulichung[84] – sind dazu didaktisch viel zu wichtig. Gerade die Erzählung kann Unmittelbarkeit, Vorstellbarkeit und Betroffenheit vermitteln, gerade sie ist in der Lage, »den Bann einer totalen Rekonstruktion der Geschichte durch abstrakt-instrumentelle Vernunft«[85] zu durchstoßen

---

83 Vgl. *G. Ruppert,* Geschichte ist Gegenwart, 143 ff.; außerdem *P. Biehl,* Die geschichtliche Dimension religiösen Lernens, 142 f.

84 Vgl. *G. Schneider*, Geschichtserzählung, in: *K. Bergmann u.a. (Hg.),* Handbuch der Geschichtsdidaktik, 493; *H. Gutschera/J. Thierfelder,* in: ru 10/1980, 47 ff.; *S. Leimgruber,* aaO., 344 ff.

85 *J. B. Metz*, Glaube in Geschichte und Gesellschaft. Studien zu einer praktischen Fundamentaltheologie, Mainz ³1980, 191.

und auch den Respekt vor der Geschichte des Leidens wach zu halten.

Da uns häufig gerade Quellen aus der Alltagsgeschichte oder aus der Geschichte der Verlierer und kleinen Leute fehlen, bietet die Geschichtserzählung die Chance, verschiedene Blickwinkel und Perspektiven aufzuzeigen. Auch kann die Betroffenheit vermittelnde Sicht der Opfer nicht durch Datenmaterial ersetzt werden: Die erzählte Geschichte aus dem christlich begründeten Widerstand im »Dritten Reich« bewirkt etwas anderes, als die noch so ungeheure Zahl der verhafteten und getöteten Menschen dieser Zeit. Gerade die den Erzählungen eigene Wirkung der Eindringlichkeit schafft unterrichtliche Motivation.

Mit zunehmendem Alter der Schülerinnen und Schüler verringern sich die didaktischen Möglichkeiten der Geschichtserzählung, aber selbst in der gymnasialen Oberstufe wird man kaum völlig ohne die Perspektiven und Wirkungen solcher narrativen Darstellungen auskommen. Allerdings können dann zunehmend auch komplexere narrative Medien wie Filme[86] oder literarische Stoffe[87] eingesetzt werden.

6.4 Weitere Methoden

Im RU hat das *Spiel* einen festen didaktischen Platz; es kann auch im Kirchengeschichtsunterricht eingesetzt werden. Am einfachsten sind Lesezenen, die von Schülerinnen und Schülern in verschiedenen Rollen gelesen werden. Das Hörspiel kann zu einem vertieften Verständnis eines historischen Sachverhalts beitragen. Das gilt auch für das Rollenspiel. Gerade bei kirchengeschichtlichen Konfliktszenen[88] oder Situationen umstrittener Entscheidungen kann man spielerische Methoden besonders gut einsetzen; die sog. »Konstantinische Wende« (→ II.) oder Luthers Haltung im Bauernkrieg (→ IX.) werden in ihrer ganzen Problematik u. U. viel tiefer erfasst,

---

86 Vgl. *W. van Kampen*, Film, in: *K. Bergmann u.a. (Hg.)*, Handbuch der Geschichtsdidaktik, 480ff.; für die Kirchengeschichte ist die Auswahl an Filmen nicht leicht: vgl. *N. Hörberg*, Die Not mit Filmen zur Kirchengeschichte, in: KatBl 115/1990, 270ff.
87 Vgl. z.B. *G. Ruppert u.a.*, Kirchengeschichtliche Inhalte in literarischen Werken, in: KatBl 115/1990, 293ff.
88 Vgl. z.B. *W. Böhl*, Erfahrungsbezogener Unterricht in Kirchengeschichte. Bausteine für eine Unterrichtseinheit zum Thema Arm und Reich im Mittelalter, in: KatBl 115/1990, 277ff.

wenn nach ihrer Behandlung im Unterricht ein Rollenspiel eingesetzt wird, in dem die verschiedenen Meinungen aufeinanderprallen. Eine intensive Vorbereitung durch die RL ist hierbei freilich unerlässlich.

Nicht wenige Schülerinnen und Schüler in der Sek I können mit *manuellen Methoden* stärker als über sprachliche für Geschichte motiviert bzw. zu einem intensiveren Verstehen angeregt werden. An der Erstellung einer mittelalterlichen Klosteranlage mit Hilfe von Ausschneidebögen z.B. kann man einen tiefen Einblick in das abendländische Mönchtum (→ III.) erhalten.[89] Denkbar sind auch Scherenschnittarbeiten, Arbeiten in Ton, Wachs, Nadel- und andere Werkarbeiten.[90] Bei solchen Methoden wird eine Zusammenarbeit mit dem Werkunterricht sinnvoll sein.

Aus der Vielzahl methodischer Möglichkeiten soll ausdrücklich noch die Anregung herausgehoben werden, gemeinsam mit der Klasse eine *Zeitleiste* zu erstellen. Sie sollte in allen Fächern, in denen historische Inhalte behandelt werden, ergänzt, illustriert, weitergeschrieben und in die nächste Klassenstufe mitgenommen werden. In der Zeitleiste werden die behandelten Personen und Ereignisse mit entsprechenden Eintragungen und Bildern markiert und damit ergänzend in einen Gesamtzeitrahmen eingeordnet. Nur so kann es gelingen, die spärlichen historischen Einzelinformationen und die exemplarisch behandelten Unterrichtsgegenstände wenigstens ansatzweise auch als Teil eines geschichtlichen Ganzen in den Blick zu nehmen. Eine Zeitleiste unterstützt visuell einen historischen Unterricht nicht nur an der Wand des Unterrichtsraumes; jede Schülerin und jeder Schüler sollte dazu angehalten werden, für sich selbst eine solche Zeitleiste in Heftformat zu erstellen, die sie dann »anschaulich« über einen längeren Weg schulischen Unterrichts begleitet.

Zusammenfassend ist festzuhalten: »Eine Vielfalt von Methoden und Perspektiven macht das Bild von der Vergangenheit deutlicher, konturenreicher und farbiger.«[91]

---

89 Vgl. *G. Kürn/I. Kürn*, Das Kloster – Modell einer Gesellschaftsform. Eine Medienmappe für den Unterricht der Sekundarstufe I, Stuttgart 1974.
90 Diese und weitere Möglichkeiten nennt auch *B. Jendorff*, Kirchengeschichte – wieder gefragt!, 69 ff. Eine Reihe von Methoden führt ferner an: *D. Haas*, Ein Stiefkind der Religionspädagogik.
91 *G. Ruppert*, »... uninteressant und langweilig ...«, 236.

7. Statt eines Schlusswortes oder: Was können wir aus der (Kirchen-)Geschichte lernen?

Aus einem Bericht über den Bauernaufstand in Lembach/Oberösterreich im Jahr 1626:[92]

Der erste Anfang hatte sich in Lembach im Mühlviertel nach einer Prozession, welcher die Bauern beigewohnt, dergestalt erhoben, weil die Soldaten allda die Bauernschaft mit Nadeln gestupft und gefoppt, item ihre Weiber daheim bei Haus geschändet und insonderheit ihre Ross, die sie zum Abzug vorzuspannen begehrt, entführen wollten ...

Der Erzähler kommentiert diese Quelle im Gespräch mit einem ziemlich schweigsamen Abt wie folgt:

Ich fürchte ..., wir haben aus der Geschichte nichts gelernt. Die Geschichte lehrt, heißt es immer, immer heißt es: Die Geschichte lehrt. Sicher lehrt die Geschichte, mein Abt, aber damit die Geschichte lehren kann, muss sich der Mensch in ihren Unterricht begeben, sonst kann die Geschichte nicht lehren. Vor allem muss man aus der Geschichte die richtigen und keine falschen Lehren und Schlüsse ziehen. Der Mensch muss Lehre annehmen. Man darf sich der Geschichte auch nicht nur ästhetisch nähern oder numerisch algebraisch, mit dem Jahreszahlenauswendiglernen ist es nicht getan, auch nicht mit dem Schönfinden des Vergangenen, nein, die Geschichte muss vor allem moralisch angeschaut werden. Das Moralische zu suspendieren, ist eine böse Unmenschlichkeit ...

Die Geschichte ist zu ernst, mein Abt, als dass man sie den Historikern überlassen dürfte ...

In mir, mein Abt, siehst du einen, der nicht der Ästhetik der Geschichte das Wort redet, sondern der Synästhesie.[93] Ich plädiere für den synästhetischen Geschichtsunterricht. Ich verlange einen Geschichtsunterricht, der alle Sinne anspricht, in den Hörsälen müsste man Pulverdampf erzeugen können. Eine Vorlesung über den Krieg müsste ein gewisses Risiko für Leib und Leben bedeuten ...

Vor allem und zuvor aber würde ich für die Aufnahme eines Geschichtsstudiums nicht nur ein paar gute Noten im Maturazeugnis verlangen, sondern Mitleid, Mitleid und Mitgefühl für den geschundenen Menschen, mein Abt, Leidensfähigkeit und Sensibilität würde ich verlangen, diese so seltene Gabe und Tugend der aktuellen Vergegenwärtigung des Geschehenen mit

---

92 Zum Folgenden vgl. *A. Brandstetter*, Die Abtei, Salzburg u. Wien 1977, 119 ff.
93 Am besten zu übersetzen mit »Sympathie« im Sinne der ursprünglichen Wortbedeutung »Mit-Leiden«.

allen menschlichen Leidimplikationen. Sensibilität und Sensorium, nicht nur Neugier und Sensationslust.

Recht verstanden, wird so die Erinnerung zur Gegenwart und die Kirchengeschichte »eine Anleitung zur Hoffnung«.[94]

---

94 *H. Bornkamm,* Grundriß zum Studium der Kirchengeschichte, Gütersloh 1949, 20.

I. Entstehung und Ausbreitung des Christentums

Herbert Gutschera

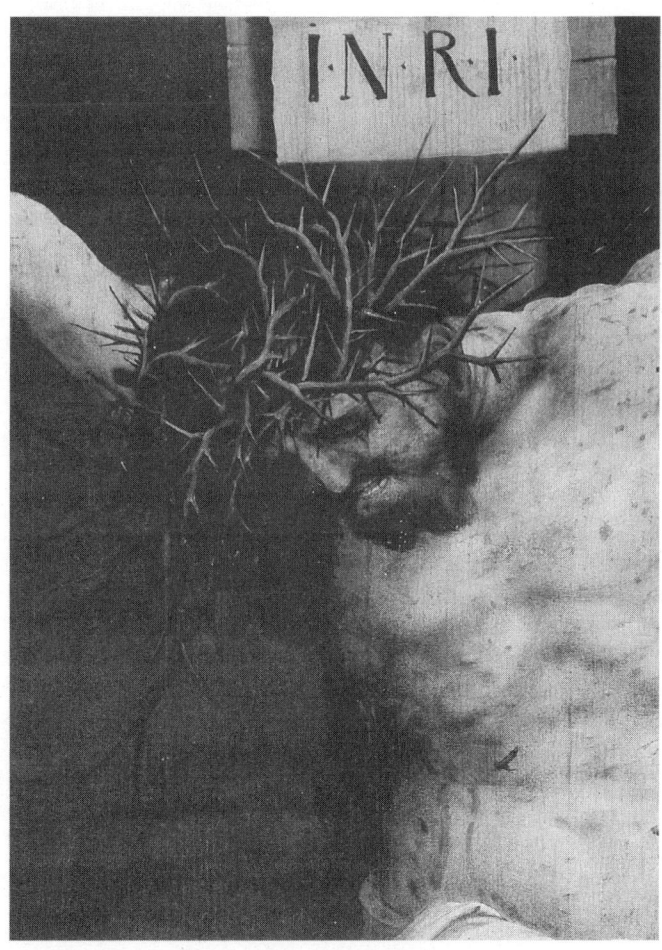

Mathis Gothart Nithart (»Matthias Grünewald«): Christus am Kreuz (Ausschnitt), um 1515.

1. Historisch

1.1 Anfang und Ende

Die frühesten Zeugnisse über *Jesus* entstanden 20 bis 100 Jahre nach seinem Tod – von ihm persönlich haben wir weder ein Bild noch persönliche Schriften.

Jesus von Nazareth, der Sohn *Josefs*, wird um 4 v. Chr. geboren und ist im April 30 oder 33 gestorben. Mit ungefähr 30 Jahren (vgl. Lk 3,23) beginnt er öffentlich zu wirken. Um ihn scharen sich Jünger, unter ihnen hervorgehoben: die Zwölf. Diese Zahl verweist auf die 12 Stämme, also auf ganz Israel. Die Jünger Jesu sind einfache Menschen, etwa Fischer, die mit ihm eine neue Gemeinschaft bilden. Jesus versteht sich als Vorbote Gottes und sagt dessen Königsherrschaft an: »Dein Reich komme!« (Mt 6,10) – Ja, es ist schon »mitten unter euch« (Lk 17,21 – *Luther*: »inwendig in euch«).

Dieser Jesus von Nazareth wurde als politischer Aufrührer verurteilt – er starb den Tod der Sklaven und Rebellen am Kreuz. Das war die von niemandem erwartete Katastrophe: »Da verließen ihn alle und flohen« (Mk 14,50). Alles schien zu Ende zu sein. Die mit ihm gegangen waren, konnten nur traurig zurückblicken. Sie sahen es so: »Er war ein Prophet, mächtig in Taten und Worten vor Gott und allem Volk … Wir aber hofften, er sei es, der Israel erlösen werde.« (Lk 24, 19.21)

Doch dann geschieht die Wende. Seine Jüngerinnen und Jünger begegnen Jesus als Lebendem und verkünden ihn als den »Christus« (hebr. Messias).[1] Diese erstaunliche neue Glaubenserfahrung lässt sie nach Jerusalem zurückkehren. Die dortige christliche Gemeinde wird zur Keimzelle der jungen Kirche. »Der Anfang in Jerusalem macht die Stadt zu einem bleibenden Bild der erhofften Vollendung christlicher Glaubensgeschichte. Diese Hoffnung verbindet die Kirchen zugleich mit dem Judentum.«[2] Knapp 20 Jahre später fasst *Paulus* die neue Situation mit ihren Widersprüchen knapp so zusammen (1 Kor 1,23): »Wir … predigen den gekreuzigten Christus, den Juden ein Ärgernis (gr. skandalon) und den Griechen (= Heiden) eine Torheit.«

---

1 »Jesus Christus« ist kein Doppelname, sondern das älteste Glaubensbekenntnis und besagt: »Jesus ist der Messias!«
2 *H. Gutschera/J. Maier/J. Thierfelder*, Kirchengeschichte – ökumenisch, Bd. 1, Mainz/Stuttgart 1995, 14.

1.2 »Jesus ja – Kirche nein!«

Dieses weit verbreitete Schlagwort ist nicht neu. Gebraucht wird es oft von Christen, die von ihrer Kirche enttäuscht sind, doch an Jesus und seiner Botschaft festhalten wollen. *Alfred Loisy* (1857–1940) formulierte: »Jesus verkündete das Reich Gottes – gekommen ist die Kirche.«[3] Dieser Satz wird meist anklagend oder bedauernd zitiert, doch kann er auch positiv verstanden werden. Er benennt die Differenzen, zeigt aber auch die Kontinuität zwischen Jesus und der weiteren Entwicklung. So kann man sagen: »Jesus von Nazareth war nicht der Gründer, wohl aber der Grund der Kirche.«[4] Er verkündet das »Reich Gottes« und gewinnt mit seiner Botschaft Anhänger. Diese verbreiten in seiner Nachfolge und in seinem Geist die Frohe Botschaft, das »Evangelium«: »Ehre sei Gott in der Höhe und Friede auf Erden bei den Menschen seines Wohlgefallens.« (Lk 2,14)

Dieser »Friede« (Schalom) konkretisiert sich in der Zuwendung Gottes zu »den anderen«, den kleinen Leuten, den Kranken, den Ausgestoßenen … Jesus geht so weit, dass er sich mit diesen Randständigen geradezu identifiziert (vgl. Mt 25,31 ff.). Eine neue Zeit kündigt sich an und damit das baldige Ende des Bisherigen. In diesem Sinne »rechneten« und handelten die ersten Christen – hier finden sich die Anfänge der Kirche.

Da ist zunächst die Urgemeinde in Jerusalem mit den Zwölfen und vor allem den »Säulen« *Jakobus*, *Petrus* und *Johannes*.[5] Jerusalem war »Hauptort und Muttergemeinde der ersten Christenheit« (*H. Küng*). Der »Herrenbruder« Jakobus wurde maßgebender Leiter und besaß großes Ansehen. Seine Verurteilung und Hinrichtung durch ein jüdisches Gericht, wohl im Jahr 62, bedeutete für die Urgemeinde den Anfang vom Ende. Offensichtlich verließen in der Folgezeit viele Judenchristen die Hauptstadt und zogen ins Umland, vor allem nach der Stadt Pella in der Dekapolis. Hier, sozusagen im »Ausland«, überlebten sie die Katastrophe des Römisch-Jüdischen Krieges mit der Zerstörung Jerusalems und des Tempels (66–70).

---

3 L'évangile et l'église, Paris 1902, 111: »Jésus annonçait le royaume, et c'est l'église qui est venue«; dt. Evangelium und Kirche, München 1904, 112 f.
4 *J. Roloff*, Von Jesus zur Kirche – Gemeindemodelle (1), in: Bibel und Kirche 65/2001, 203.
5 Vgl. zum Folgenden *H. Küng*, Das Christentum, Wesen und Geschichte, München 1994, 107 ff.; ferner *H.-J. Venetz*, Am Anfang aller Strukturen, in: Bibel und Kirche, 194 ff.

In Antiochia gab es eine bedeutende, überwiegend heidenchristliche Gemeinde. Sie erschien ihrer Umwelt nicht mehr als jüdische Gruppierung, sondern als eigenständige Gemeinschaft. Ihre Mitglieder nannte man dort »zum ersten Mal Christen« (Christianer; die jüdische Bezeichnung war »Nazarener« s. u.; Apg 11,26; dann noch 26,28 und 1 Petr 4,16). Das Verhältnis zwischen Heiden- und Judenchristen war von Anfang an grundsätzlich schwierig. Die damaligen Konflikte sind noch in Apg 6–7 in dem Bericht über die »Hellenisten« und *Stephanus* erkennbar. Die Streitigkeiten führten schließlich um 48 zum *Apostelkonvent in Jerusalem* (vgl. Apg 15 und Gal 2,1 ff.). Diese Zusammenkunft wird als »folgenreiche Weichenstellung«[6] angesehen, ja, »als das wichtigste Ereignis in der Geschichte der Urkirche«.[7] Nach heftigen Auseinandersetzungen mit den Jerusalemer Autoritäten (Jakobus, Petrus, Johannes) wurde die gesetzesfreie Heidenmission des Paulus anerkannt.

1.3 Zunehmende Entfremdung

Im Grunde wusste die Kirche von Anfang an um ihre Verbundenheit mit Israel: Wie Gott in der Vergangenheit an seinem Volke, so handelt er jetzt in Jesus von Nazareth. Daher sieht das Matthäusevangelium in Jesus den, der das Gesetz nicht »aufhebt«, sondern »erfüllt«. Er ist der neue *Mose*, der in seiner Lehre die erhabensten Grundsätze des Judentums wieder zur Geltung bringt (vgl. Bergpredigt, Mt 5–7).

Im Brief an die Römer (11,18) schreibt *Paulus*: »Nicht du trägst die Wurzel, sondern die Wurzel trägt dich!« Er musste »den sich zuspitzenden Familienstreit zwischen Christen und Juden schmerzlich am eigenen Leib erfahren«. Doch seine Warnung war vergeblich, das Christentum trennte sich im Laufe seiner Geschichte immer mehr von seinem Wurzelstock.[8]

Nach der Katastrophe des Jahres 70 mit der Zerstörung des Tempels und Jerusalems besann sich das Judentum erneut auf seine Grundlagen, besonders die Tora, und bestand mehr und mehr auf

---

6 *H. Noormann*, Von Jesus zur Kirche, in: *U. Becker/F. Johannsen/H. Noormann*, Neutestamentliches Arbeitsbuch für Religionspädagogen, Stuttgart/Berlin/Köln 1993, 254 ff., bes. 275.

7 So *G. Bornkamm* nach *D. Steinwede* (Hg.), Erzählbuch zur Kirchengeschichte, Bd. 1, Göttingen 1982, 27.

8 Vgl. *H. Gutschera/J. Maier/J. Thierfelder*, aaO., 24; ferner *D. Petri/J. Thierfelder*, Juden und Christen – Verfolger und Verfolgte, in: Praxis Geschichte 12/1999, H. 3 »Christen und Römer«, 32 ff.

Rechtgläubigkeit. Das bedeutete Abgrenzung gegen nichtkonforme Gruppierungen, und dazu gehörten auch die Judenchristen, wie der Textauszug aus dem gegen Ende des 1. Jh. neu formulierten Achtzehngebet zeigt:

> Den Abtrünnigen sei keine Hoffnung
> und das anmaßende Reich
> rotte schnell aus in unseren Tagen
> und die Nazarener und die Häretiker
> mögen augenblicklich zugrunde gehen.
> *Sie seien aus dem Buch des Lebens getilgt*
> *und nicht bei den Gerechten verzeichnet!* (Ps 69,29)
> Gepriesen seist du, Herr, der die Anmaßenden niederbeugt.[9]

Schon späte neutestamentliche Texte machen das *ganze* jüdische Volk für den Tod Jesu verantwortlich. Die Kirchenväter halten die verstockten Juden für von Gott verworfen. Der Synagoge sind im Gegensatz zur triumphierenden Ecclesia (Kirche) die Augen verbunden (vgl. 2 Kor 3,14–16), ihre Siegesfahne ist geknickt. Im Laufe der Geschichte gibt es immer wieder Judenverfolgungen, vor allem im Zeitalter der Kreuzzüge (→ IV. Kreuzzüge und V. Christliche Judenfeindschaft – Judenverfolgung).

Vielleicht kann man mit dem Juden *Schalom Ben-Chorin*, der ein einfühlsames Jesus-Buch geschrieben hat, von heute her die Gemeinsamkeiten und Unterschiede so beschreiben: »Der Glaube Jesu einigt uns ..., aber der Glaube an Jesus trennt uns.«[10]

1.4 Es bilden sich Gemeinden

Von Anfang an entstehen vielfältige Gemeindestrukturen. Neben den Wandermissionaren der ersten Stunde sowie den späteren, ganz anderen, geisterfüllten johanneischen Gemeinden gibt es drei sich überlagernde, aber auch ablösende »Kirchen«-Modelle:

(1) Da ist zunächst und vor allem die *»Urgemeinde«* in der heiligen Stadt Jerusalem. Dorthin kehrten die »Zwölf« zurück, angeführt von Petrus, dann auch geleitet durch die drei »Säulen«, an erster Stelle Jakobus, dann Petrus und Johannes.

(2) Paulus wird der große Heidenmissionar. Er wirkte vor allem in den großen Städten des Römischen Reiches. »Kirche« sind dort

---

9 Zit. nach *G. Stemberger (Hg.),* 2000 Jahre Christentum, Erlangen 1989, 154.
10 *Schalom Ben – Chorin,* Bruder Jesus. Der Nazarener in jüdischer Sicht, München 1967, 12.

diejenigen, die sich in Privathäusern um den Tisch des Herrn zum gemeinsamen Mahl versammeln und Gottesdienst feiern.

(3) Als sich die Erwartungen einer baldigen Wiederkunft Christi nicht erfüllten und die Kirche sich auf einen längeren Weg durch die Geschichte einrichten musste, entstanden mehr und mehr patriarchalisch geprägte Institutionen (vgl. Pastoralbriefe). Die Gemeinde mit dem Bischof als Gemeindeleiter wird als »Gottes geordnetes Hauswesen« verstanden und »geführt«, die Frauen haben in der Versammlung nichts zu sagen.

Das Modell der Pastoralbriefe setzte sich weitgehend durch. Doch zeigt die frühe Geschichte der Kirche, dass es andere Möglichkeiten gab und dass die Kirche auf neue Situationen flexibel reagieren und nicht eine bestimmte »Lösung« festschreiben muss.

1.5 Ausbreitung

Mit Paulus wird das Christentum zur Weltreligion. Seit der Zerstörung Jerusalems und des Tempels sind die Juden in alle Welt zerstreut – auch die Zeit des Judenchristentums geht zu Ende. Nun bestimmen die Heidenchristen das Geschehen. Das Christentum breitet sich von Ost nach West aus, von Kleinasien über Griechenland bis hin nach Rom, entlang den Verkehrswegen des Römischen Reiches. Christliche Gemeinden entstehen zuerst in den Städten, erst viel später auf dem Land.

Für den missionarischen Erfolg gibt es vielfältige innere Gründe. Am meisten Wirkung zeigte wohl die praktizierte Nächstenliebe der Christen als Sorge für Witwen und Waisen, Arme und Kranke, für Gefangene usw., die Gastfreundschaft gegenüber christlichen Schwestern und Brüdern. Die heidnische Äußerung »Seht, wie sie einander lieben«, ist geradezu Kennzeichen für die ersten Christen und ihr Ruhmesblatt.

1.6 Kanon heiliger Schriften

Es gab eine Sammlung heiliger Schriften, die nach der Zerstörung des Tempels (70 n. Chr.) für das Judentum gegen Ende des 1. Jh. verbindlich festgelegt und allein maßgeblich werden (Ort – Synode von Jamnia? – und Zeitpunkt sind unsicher). Auch für die Christen ist heilige Schrift zunächst und vor allem die hebräische Bibel, also unser AT. Dazu kommen nun für die Christen Zeugnisse über Jesus. Schon *Lukas* vermerkt in seinem Evangelium (1,1), dass es bereits

»viele« Berichte über die Geschehnisse um Jesus gab. Autoritative Schriften wurden gesammelt (vgl. den Hinweis in 2 Petr 3,15f.), die erst spät(er) als heilige Schrift angesehen werden.

Unter »Kanon« ist zunächst eine Liste, ein Verzeichnis, zu verstehen, das dann auch die Bedeutung »Maßstab« und »Norm« bekommt. Die kirchliche Festlegung wird gefördert durch die Auseinandersetzung mit *Markion* (Mitte des 2. Jh.), der einen eigenen Kanon benennt (Lukasevangelium und 10 Paulusbriefe). Bei der Kanonbildung spielt das allgemeine Glaubensbewusstsein eine wichtige Rolle: Aufgenommen werden Schriften, die für die gesamte (»katholische«) Kirche bestimmt sind. Dazu kommt die angenommene apostolische Autorität hinter der Schrift. So betont man im 2. Jh. bei den Verfassern der Evangelien nachträglich ihre »apostolische« Autorität.[11]

1.7 Christenverfolgungen

1.7.1 Sündenböcke

Der Kaiserkult war für die Bewohner des Römischen Reiches vor allem Ausdruck politischer Loyalität. Dagegen stand für Christen und Juden das erste Gebot. Die Juden hatten das religiöse Privileg, nicht zum Kaiserkult gezwungen zu werden. Da man die Christen zunächst als eine Art jüdische Sekte ansah, teilten sie dieses Sonderrecht des Judentums. Bald wurden sie aber als feindliche Geschwister erkannt und unterschieden. Schon im Jahre 64 beim Brand von Rom konnten sie als eigene Gruppe Kaiser *Nero* als Sündenböcke dienen.

Die Anschuldigungen gegen die Christen waren grundlos. Ihnen »Schandtaten« anzudichten, war nur möglich, weil sie selbst zu allerlei Verdächtigungen Anlass boten. Sie galten als asoziale Sonderlinge, die sich gesellschaftlich absonderten und im Untergrund irgendwelche okkulten Dinge trieben, vielleicht sogar Kannibalismus (Herrenmahl?) und Inzest (christliche Liebe?). Zwar ist die erste Christenverfolgung auf Rom beschränkt, doch erwies es sich für die Folgezeit als verhängnisvoll, dass Christen zum Tod verurteilt wurden, nur weil sie Christen waren.

---

11 Vgl. dazu *W. Marxsen*, Einleitung in das Neue Testament, Gütersloh ⁴1978, 285ff. (»Das Neue Testament als Kanon«).

1.7.2 Inquirendi non sunt (lat. »Man soll sie nicht aufspüren«)
Aufschlussreich für das offizielle Verhalten der Behörden ist um 112 das Schreiben des Statthalters *Plinius des Jüngeren*. Er fragt bei Kaiser *Trajan* (98–117) an, wie er die Christen in seiner Provinz Bithynien (Kleinasien) behandeln solle. Plinius berichtet, dass es in seiner Provinz viele Christen gäbe, die heidnischen Tempel weithin leer stünden und Fleisch der Opfertiere kaum noch verkäuflich sei. Der Statthalter spricht vom »Wahnsinn« eines »verkehrten maßlosen Aberglaubens« und geht hart gegen Beschuldigte vor. Doch war er sich nicht darüber klar, worin letztlich das Vergehen dieser Leute bestand.

In seiner Antwort verordnet der Kaiser ein differenziertes Vorgehen mit Augenmaß – das Schreiben selbst ist aber nicht ohne Widersprüche: »Man soll sie nicht aufspüren, wenn sie aber angezeigt und überführt werden, sind sie zu bestrafen ...« Dabei sollen anonyme Anzeigen nicht berücksichtigt werden – dies gäbe ein »schlechtes Beispiel« und sei »mit dem Geist unseres Jahrhunderts nicht vereinbar«.

Letztlich wird die Anfrage des Plinius, worin denn das Vergehen der Christen bestehe, nicht beantwortet. Vermutlich wurde es den Christen zum Verhängnis, dass sie die offiziellen Staatsgottheiten (weniger den Kaiserkult!) ablehnten. Die Christen galten als »Götterlose« (»Atheisten«!) und untergruben sozusagen die fraglosen Grundlagen des Römischen Reiches.

1.7.3 Entscheidungen
Im Jahr 247 feierte Rom sein tausendjähriges Bestehen – unter Kaiser *Philippus Arabs*, einem ehemaligen arabischen Scheich. Seine Münzen verkünden mit den Worten ROMA AETERNA die Größe der Stadt. Dabei steckte der Staat längst in der Krise. Germanen und Perser fielen in das Reich ein, zahlreiche Meutereien und Aufstände erschütterten die innere Ordnung, die Pest breitete sich aus. Mehr und mehr richtete sich die Stimmung der Bevölkerung gegen die Christen, die sich von den Jahrtausendfeiern ferngehalten hatten.

Mit vielen Römern hielt Kaiser *Decius* (249–251) diese Katastrophen für eine göttliche Strafe und verlangte von allen Reichsangehörigen die Teilnahme am Götterkult. Diese musste durch eine Bescheinigung (libellus) nachgewiesen werden (allgemeiner Bekenntniszwang).

Der tatkräftige Kaiser *Diokletian* (284–305) ging gegen Ende seiner Regierung aus ähnlichen Motiven wie ein halbes Jh. vorher Decius gegen die Christen vor. Im Jahr 303 erließ er vier Edikte, die sich zunehmend verschärften:

- Zerstörung der Kathedrale gegenüber dem Kaiserpalast in Nikomedia (nahe dem späteren Konstantinopel)
- Kultverbot, Beschlagnahme heiliger Bücher und Geräte
- Verhaftung der Kleriker
- Folterung bei Opferverweigerung
- Allgemeiner Opferzwang: Strafe der Bergwerke.

2. Systematisch

2.1 Vom Ideal der Urkirche und dem Verständnis der Kirchengeschichte

Am Anfang der Geschichte des Christentums steht ein Kreuz, das Kreuz Christi. Seine Anhänger, die Christen, haben es unausweichlich mit dem Kreuz zu tun. Damals wurde das Kreuz als *Skandal* empfunden. Den Messias als Gekreuzigten vorzustellen, war nach Paulus »für Juden ein empörendes Ärgernis, für Heiden eine Torheit« (1 Kor 1,23). Der Widerspruch des Kreuzes kennzeichnet die Christen zu allen Zeiten: »Fehlte dieses Ärgernis aber in einem Abschnitt der Geschichte ganz, so müsste man das als Ausweis ansehen für die saturierte Angepasstheit eines seinen Ursprung verleugnenden Christentums.«[12]

Mit anderen Worten: Christen kommen am Kreuz nicht vorbei – Kirchengeschichte ist in besonderer Weise Geschichte *unter dem Kreuz*.

In der Kirchengeschichte blickt man gern auf die *Urkirche* zurück. Dort und damals wurde das Evangelium ursprünglich gelebt. Alle Reformer, nicht zuletzt die Reformatoren, sahen in dieser Zeit das konstruktive Leitbild für die Kirche und den kritischen Maßstab für Fehlentwicklungen. Umstritten bleibt die Frage, ob die spätere Entwicklung zum »Frühkatholizismus« unausweichlich war oder als Niedergang (Verfallstheorie des Protestantismus) anzusehen ist.

Die idealen Verhältnisse der Anfangszeit werden in der Apostelgeschichte anschaulich geschildert, vor allem in den »Sammelberichten«:

---

12 W. Post, Art. Christenverfolgung, in: Herders Theologisches Taschenlexikon, Bd. 2, Freiburg i. Br. 1972, 7.

2.2 »Ein Herz und eine Seele«

(Die erste Gemeinde)
Alle aber, die gläubig geworden waren, waren beieinander und hatten alle Dinge gemeinsam. Sie verkauften Güter und Habe und teilten sie aus unter alle, je nach dem es einer nötig hatte. Und sie waren täglich einmütig beieinander im Tempel und brachen das Brot hier und dort in den Häusern, hielten die Mahlzeiten mit Freude und lauterem Herzen und lobten Gott und fanden Wohlwollen beim ganzen Volk. Der Herr aber fügte täglich zur Gemeinde hinzu, die gerettet wurden. (Apg 2,44–47)

(Die Gütergemeinschaft der ersten Christen)
Die Menge der Gläubigen aber war ein Herz und eine Seele; auch nicht einer sagte von seinen Gütern, dass sie sein wären, sondern es war ihnen alles gemeinsam. Und mit großer Kraft bezeugten die Apostel die Auferstehung des Herrn Jesus, und große Gnade war bei ihnen allen. Es war auch keiner unter ihnen, der Mangel hatte; denn wer von ihnen Äcker oder Häuser besaß, verkaufte sie und brachte das Geld für das Verkaufte und legte es den Aposteln zu Füßen; und man gab einem jeden, was er nötig hatte. (Apg 4,32–35)

Wahrscheinlich wird hier aber ein Programm vorgestellt, das in der Realität eher die Ausnahme darstellte. Die Apostelgeschichte erzählt im Kontext auch anderes. Direkt anschließend an die Berichte über die Gütergemeinschaft der Urgemeinde schildert Apg 5,1–11 den »Betrug des *Hananias* und der *Saphira*« in äußerst drastischer, ja erschreckender Form (zur Warnung von Gemeindemitgliedern?). Und in Apg 6,1–7 wird deutlich, dass es in der Gemeinde Konflikte gab, die von heute aus nicht leicht zu durchschauen sind.

2.3 »Persilscheine« – damals und heute

Geschichte, natürlich auch die Kirchengeschichte, schreibt immer der Sieger. Das gilt ebenso für die Zeit der Christenverfolgungen. Heidnische Quellen über diese Zeit besitzen wir kaum. Beide Seiten berichten parteilich, also einseitig. Im Rückblick auf die Verfolgungen erscheinen die Märtyrer als »Helden und Heilige« und werden als übermenschliche Heroen stilisiert. Ihr Leiden und Sterben wird erbaulich ausgeschmückt. Sie selbst sehen in ihrem Todestag den Geburtstag (dies natalis) zum ewigen Leben.

Im Übrigen sind die meisten Verfolgungen örtlich und zeitlich begrenzt. In gewisser Hinsicht bildet der allgemeine Opferzwang unter Kaiser Decius und vor allem unter Diokletian im 3. Jh. eine Ausnahme. Nach der ersten systematischen, aber kurzen Verfolgung gab es große Probleme in den Gemeinden: Viele Christen waren nicht mehr darauf vorbereitet, notfalls auch mit dem Leben für ihren Glauben einzustehen. So spalteten sich die Gemeinden über der Frage, was mit den »Abgefallenen« (lapsi) geschehen sollte. Konnte ein (einmaliger) »Fehltritt« (lapsus) entschuldigt werden? Waren die einzelnen Verfehlungen gradmäßig unterschiedlich zu bewerten? Oder war die Taufe nicht eine einmalige Glaubens- und Lebensentscheidung?

3. Didaktisch

Bei diesem Kapitel legen sich zwei didaktische Schwerpunkte nahe, einmal *die Frage nach Jesus* und seiner Kirche, zum anderen das Thema *Christenverfolgungen*. So auch die Darstellung in den »Brennpunkten« mit den Teilthemen »Von Anfang an die Frage: Wer ist Jesus?« und »Von Anfang an: Verfolgte Christen«.[13] Im Folgenden werden dazu vier unterrichtliche Teilthemen vorgeschlagen (natürlich können auch andere Akzentuierungen gesetzt werden). Das im Jahr 2000 erschienene Unterrichtswerk »Religion entdecken – verstehen – gestalten« für die Klassen 5/6 bietet als informativen Hintergrund zwei Kurse: »Gesucht: Ein Mensch namens Jesus« und »Die Sache Jesu geht weiter«.[14]

3.1 Zur Person Jesu und seiner »Bedeutung«

Alle gängigen Religionsbücher und verschiedene Unterrichtsmodelle enthalten einen Jesus-Kurs. Jugendliche interessieren sich durchaus für den Mann aus Nazareth, oft in unorthodoxer Weise. Seine Gestalt vermag sie zumindest partiell zu provozieren, vielleicht auch zu faszinieren. Von diesem Vorverständnis kann man ausgehen und beispielsweise Jesus-Bilder im Verlauf der Jh. besprechen.[15] Dabei zeigt es sich, dass jede Zeit ihr eigenes Jesus-Bild widerspiegelt. Die Darstellung projiziert also den jeweiligen Zeitgeist in und auf die

---

13 Vgl. *H. Gutschera/J. Thierfelder*, Brennpunkte der Kirchengeschichte, Paderborn 1976, 11 ff. und 17 ff.
14 Göttingen 2000, 67 ff. und 83 ff.
15 Als Beispiel seien die sehr gut ausgewählten »Christusbilder« genannt, 63 Folien »zwischen Provokation und Tradition« mit Erklärungen von *S. Gruber*, hg. von *J. Ruf*, Religionspädagogisches Seminar der Diözese Regensburg 1997.

Gestalt Jesu, d.h. alle diese Bilder sagen mehr über die jeweilige Epoche und den jeweiligen Künstler aus als über den Dargestellten selbst.

Es gibt vorzügliche »hintergründige« Christusbilder, die einen Zugang zur Bedeutung des Mannes aus Nazareth ermöglichen können. An dieser Stelle ist ein Ausschnitt aus »Christus am Kreuz« von *Matthias Grünewald* gewählt (s. Anfang des Kapitels).

3.2 Zur Situation der ersten Christen

Hier soll ein Bild der Urgemeinde gezeichnet werden (»ein Herz und eine Seele«), aber nicht verklärend geschönt. Im Teil 1 sind hierzu die notwendigen Informationen samt Bibeltexten abgedruckt.

3.3 Zu den Christenverfolgungen

Es bietet sich an, das Trajan-Reskript an Statthalter Plinius zu besprechen. Diese offizielle Stellungnahme wird für geraume Zeit repräsentativ für das Verhalten römischer Behörden gegenüber Christen und ist im Einzelnen doch weithin differenziert. Erst im 3. Jh. werden diese Regelungen durch drakonisch verschärfte Maßnahmen abgelöst (kurzer Textauszug und Interpretation vorstehend!).

3.4 Zur Situation der Verfolgten

Schließlich soll noch ein Blick auf die verfolgten Christen und ihr Leben »im Untergrund« geworfen werden.

Die Katakomben sind Begräbnisstätten unter der Erde. Kilometerlange Gänge auf verschiedenen Stockwerken verzweigen sich zu ganzen Labyrinthen. In Verfolgungszeiten konnten sich Christen hier auch verstecken. In den Wänden finden sich über- und nebeneinander die Gräber. Auf den einfachen Marmorplatten stehen Namen und Inschriften wie diese: »Gerontius, lebe in Gott«. Häufig begegnet das Christusmonogramm, oft verbunden mit den (griech.) Buchstaben A und O (vgl. dazu etwa Offb 1,8). Geheimzeichen und Glaubensbekenntnis zugleich ist der *Fisch*, griech. *ICHTHYS*. Dieses Wort steht für die griechischen Anfangsbuchstaben eines Glaubensbekenntnisses: »*Je*sous *Ch*ristos *Th*eou (Gottes) *Y*ios (Sohn) *S*oter (Retter)«.

Auch die folgende Inschrift ist wahrscheinlich eine christliche Geheimbotschaft:

R	O	T	A	S
O	P	E	R	A
T	E	N	E	T
A	R	E	P	O
S	A	T	O	R

Dieses Buchstabenquadrat wurde verschiedentlich gefunden, u. a. in Pompeji schon vor 79 n. Chr.! – Die Übersetzung ergibt wenig Sinn: »Der Sämann Arepo hält sorgfältig die Räder.« – Ordnet man die Buchstaben aber in Form eines Kreuzes (Mittelpunkt: N – nur einmal verwendet!), ergeben sich die beiden Anfangsworte des lateinischen Vaterunsers. Zwei Buchstaben bleiben zweimal übrig (A und O – zu ihrer Bedeutung siehe oben im Text).

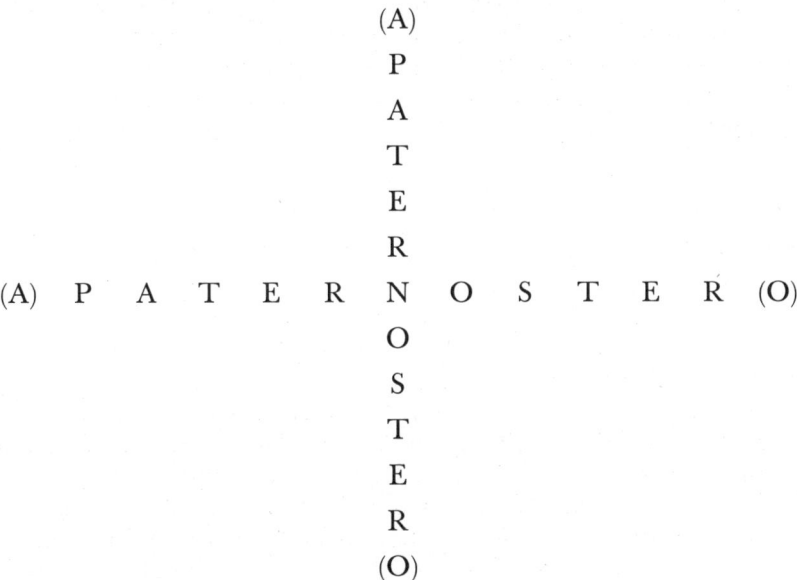

Weitere Zeichen sprechen vom Glauben der ersten Christen: die Taube mit dem Ölzweig, der Anker, der Lebensbaum. Man sollte mit den Schülern/innen die Bedeutung dieser Symbole besprechen.

Sie werden auch verstehen, warum bei der Darstellung biblischer Szenen ganz bestimmte Motive immer wieder auftauchen: aus dem AT die Arche *Noahs*, die Erzählung von *Jona* oder von *Tobit*; aus dem NT besonders die Wundertaten Jesu, vor allem die Auferweckung des *Lazarus*.

Auch wenn uns heute in unserem Land keine Christenverfolgung bedroht, sollte aus gutem Grund am Ende dieses Kapitels nochmals das Zeichen des Kreuzes stehen. Es kennzeichnet in eigentümlicher Weise den christlichen Glauben. Das kann mit Hilfe der ältesten Christusdarstellung geschehen, die bezeichnenderweise ein »Spottkruzifix« darstellt. Dazu sollten die Überlegungen von *W. Post* nochmals herangezogen werden – s.o. *2.1*.

Der so genannte Spottkruzifixus, gefunden an einer römischen Hauswand. Ein christlicher Schüler (oder Sklave) wird als »Eselsanbeter« verspottet. Die Kritzelei heißt: »Alexamenos verehrt seinen Gott.«

Christliches Leben bewegt sich zwischen den Polen »Widerstand und Ergebung« (*D. Bonhoeffer*), Distanz und Nähe – beides ist notwendig. Dabei gilt es jeweils »die Geister zu unterscheiden«. *Martin Luther King* hat dieses bleibende Programm unter dem Stichwort »Verwandelte Nonkonformisten« auf den Punkt gebracht. Bei diesem nach wie vor hochaktuellen Text könnte mit Schülern besonders auf das anschauliche Bild vom Thermometer und Thermostaten eingegangen werden.

3.5 *Verwandelte Nonkonformisten*

Stellet euch nicht der Welt gleich, sondern verändert euch durch Erneuerung eures Sinnes. Römer 12,2

...

Immer und überall ist die Liebe Jesu ein strahlendes Licht, das die Hässlichkeit unseres abgestandenen Konformismus enthüllt.

Trotz des klaren Auftrags, anders zu leben, haben wir eine Art Herdengefühl entwickelt und sind vom Extrem des primitiven Individualismus in das Extrem des primitiven Kollektivismus verfallen. Wir machen nicht mehr Geschichte; wir werden von der Geschichte geformt ... ›In dieser Welt muss der Mensch entweder Amboss oder Hammer sein‹, ... [was heißt], dass er entweder die Gesellschaft formt, oder sich von der Gesellschaft formen lässt. Wer kann bezweifeln, dass heute die meisten Menschen Amboss sind und nach dem Muster der Mehrheit geformt werden? Oder, um ein anderes Bild zu gebrauchen, die meisten Menschen, und ganz besonders Christen, sind Thermometer. Sie zeigen die Temperatur der Mehrheitsmeinung an. Aber sie sind keine Thermostaten. Sie ändern und regeln die Temperatur der Gesellschaft nicht. (...)

Wir müssen die Glut des Evangeliums der ersten Christen wiederfinden, die im wahrsten Sinn des Wortes Nonkonformisten waren und sich weigerten, ihr Zeugnis den Gewohnheiten ihrer Umwelt anzupassen. Willig opferten sie Ruf, Reichtum und Leben für eine Sache, die sie als richtig erkannt hatten. An Zahl gering, waren sie Riesen an Wirkung. Ihr mächtiges Evangelium setzte so barbarischen Sitten wie Kindermorden und blutigen Gladiatorenkämpfen ein Ende. Zum Schluss gewannen sie das römische Reich für Christus.

Allmählich aber hüllte die Kirche sich so sehr in Reichtum und Pomp, dass sie sich den strengen Forderungen des Evangeliums entzog und der weltlichen Lebensweise anpasste. Seither war die Kirche nur noch eine schwache, unwirksame Posaune, die unsichere Laute von sich gab. Wenn die Kirche Jesu Christi ihre Kraft, ihre Botschaft und ihre Glaubwürdigkeit zurückgewinnen will, so muss sie sich ausschließlich nach den Forderungen des Evangeliums richten.

Die Hoffnung auf eine sichere und lebenswerte Welt ruht auf disziplinierten Nonkonformisten, die für Gerechtigkeit, Frieden und Brüderlichkeit eintreten. Die Wegbahner der menschlichen, akademischen, wissenschaftlichen und religiösen Freiheit sind immer Nonkonformisten gewesen. Wo es um den Fortschritt der Menschheit geht, muss man den Nonkonformisten vertrauen![16]

LITERATURHINWEISE

D. Sölle / L. Schottroff, Jesus von Nazareth, München (2000) ³2001
G. Theißen, Der Schatten des Galiläers. Historische Jesusforschung in erzählender Form, München 1987
H. Chadwick, Die Kirche in der antiken Welt, Berlin/New York 1972
M. Widmann, Geschichte der Alten Kirche im Unterricht, Gütersloh 1970

---

16 *M.L. King,* Kraft zum Lieben, Konstanz 1968, 22 ff., bes. 22, 25 und 28 f.

II. Die Konstantinische Wende

Herbert Gutschera

Kopf (2,40 m hoch!) einer Kolossalstatue Kaiser Konstantins, 315 n. Chr. (?);
heute mit einigen anderen Resten im Hof des Konservatorenpalastes in Rom.

»Die konstantinische Fehlentscheidung führte über die Germanenbekehrung in die imponierende Sackgasse, die wir Mittelalter nennen.«[1]

(*Walter Dirks*)

Die Kennzeichnungen »Fehlentscheidung« und das Mittelalter als »imponierende Sackgasse« sind natürlich fragwürdig. Sicher ist aber, dass *Konstantin* eine neue Ära der Geschichte und Kirchengeschichte heraufführte, die bis heute nachwirkt. Freilich ist dieser Konstantin heftig umstritten. War er der »Befreier der Kirche« oder bedeutete die nach ihm benannte »Konstantinische Wende« ein Unglück für die Kirche?[2] So datiert etwa *Rudolf Hernegger* »die Entstehung der Staats- und Volkskirche« mit Konstantin.[3] Er sieht im Bündnis von Kaiser und Kirche einen Irrweg und eine »Verfälschung« des ursprünglichen Christentums. Damit greift er die Argumentation »linker« Reformatoren (nicht *Martin Luthers*!) und der Pietisten auf, die seit der Aufklärung auch in der Geschichtsschreibung gängig geworden ist.

1. *Historisch*

Vieles spricht dafür, dass die »Wende« nicht dramatisiert zu werden braucht. Mit Konstantin wird das Christentum den anderen Religionen im Römischen Reich gleichgestellt, bald wird es auch begünstigt. Erst Jahrzehnte später wird es unter Kaiser *Theodosius* alleinige Staatsreligion (391).[4] Konstantin hatte ein ausgeprägtes Sendungsbewusstsein und hielt sich für von Gott erwählt. In einem seiner Erlasse heißt es: »Meinen Dienst hat Gott gewollt und zur Ausführung seines Entschlusses für geeignet erachtet.«[5] Bei der entscheidenden Schlacht vor den Toren Roms 312 stellte er sich unter den Schutz des Christengottes und siegte.

1.1 *Zur Vorgeschichte*

Konstantin wird um 275 geboren und wächst am Hof Kaiser *Diokletians* in Nikomedia auf. Nach dessen Abdankung (305) geht Kon-

---

1 Zit. nach *A. Läpple*, Report der Kirchengeschichte, München 1968, 79.
2 *B. Kötting*, in: *R. Kottje/B. Moeller (Hg.)*, Ökumenische Kirchengeschichte, Bd. 1, Mainz/München 1970, 129.
3 *R. Hernegger*, Macht ohne Auftrag, Olten/Freiburg i. Br. 1963.
4 Vgl. *F.W. Kantzenbach*, Christentum in der Gesellschaft, Bd. 1, Hamburg 1975, 93 f.
5 Zit. nach *O. Köhler*, Kleine Glaubensgeschichte, Freiburg i. Br. 1982, 102.

Die Konstantinische Wende

stantin nach Britannien zu seinem Vater *Constantius*. Als dieser stirbt, wird er von den dortigen Truppen zum Augustus, also zum Mitkaiser ausgerufen (306). Seinen Mitregenten *Maxentius* schlägt er sechs Jahre später vernichtend, acht Jahre später auch den letzten Ostkaiser, *Licinius* (324), und ist Alleinherrscher. Er garantiert eidlich seinem letzten Rivalen das Leben, wenig später lässt er ihn aber, ebenso wie dessen elfjährigen Sohn, beseitigen. Hierbei mochten machtpolitische Überlegungen eine Rolle gespielt haben. Dass er aber zu dieser Zeit auch seinen eigenen Sohn und seine Frau töten ließ, erscheint völlig dunkel und rätselhaft. In vielen Biografien wird diese Tragödie im kaiserlichen Haus gar nicht erwähnt.[6] Im Jahr 325 ruft er das erste Konzil nach Nicäa ein. 330 wird das »neue Rom«, die Stadt Konstantins, d.h. Konstantinopel (das alte Byzanz), eingeweiht. Er stirbt im Jahre 337.

Überblickt man die Lebens- und Regierungszeit Konstantins, ragen zwei Entscheidungen heraus:

- Er setzt um des Römischen Reiches willen auf das Christentum.
- Er verlässt die Hauptstadt Rom und gründet ein neues Rom, *seine* Stadt, Konstantinopel.

Konstantin stellte sich unter den Schutz des Christengottes und bekannte sich in diesem Sinne auch selbst als Christ. Seinen Glauben »verstand er römisch als Kult und Gesetz, von dessen ordnungsgemäßer Erfüllung das Wohl des Reiches abhing«. Als offenbar Erwählter sah er sein politisches Handeln »immer in Übereinstimmung mit dem ›göttlichen Willen‹ – so behielt er ganz selbstverständlich Titel und Funktion des ›Pontifex Maximus‹ (= Oberster Priester) bei«.[7] Dass er sich erst kurz vor seinem Tode taufen ließ, war nicht unüblich (um in jedem Fall sündelos zu sterben!) und konnte verschiedene Gründe haben. So spricht manches dafür, dass der Kaiser mit seinem ausgeprägten Selbstbewusstsein sich nicht mit seiner Taufe der Kirche »unterstellen« wollte. Seine Persönlichkeit wird verzeichnet, wenn ein Kritiker wie *Hans Kühner* beklagt, dass diesen die Geschichtsschreibung mit »unvergänglichen Lorbeeren« bedachte, denn Konstantin sei »nie ein wahrhaft gewandelter Christ gewesen«.[8]

---

6   Vgl. dazu *B. Bleckmann,* Konstantin der Große, Reinbek bei Hamburg 1996, 88ff.
7   Vgl. *V. Drehsen u.a. (Hg.),* Wörterbuch des Christentums, Gütersloh/Düsseldorf 2001, 670.
8   Tabus der Kirchengeschichte, Zürich o.J., 105.

1.2 Das »neue Rom«: Konstantinopel

Wie seine Vorbilder *Augustus* und *Alexander der Große* wollte sich Konstantin durch eine Stadtgründung verewigen. Die neue Hauptstadt war »das dauerhafteste Denkmal, das Konstantin seinem Namen setzte«: Der Kaiser verlieh seiner Stadt »auf Gottes Befehl« (s)einen »ewigen Namen«.[9] Die Wahl von Byzanz bewährte sich in vieler Hinsicht. Die Stadt wurde im 7. Jh. v. Chr. als »Byzantion« von griechischen Kolonisten gegründet. Konstantin begründete sie »neu« als (christliche) Hauptstadt des Römischen Reiches (»Neu-Rom«).

Am 11. Mai 330 wurde die Stadt offiziell eingeweiht. Im Jahr 532 zerstörte eine Feuersbrunst die halbe Stadt. Kaiser *Justinian* organisierte darauf den Wiederaufbau in großem Stil; insbesondere »vollendete« er die Hagia Sophia. »Nicht alle Wege mehr führten nach Rom«[10]: Konstantinopel wurde der neue Mittelpunkt des (Ost)Römischen Reiches. Von 330 bis 565 bildete die Stadt am Bosporus mit wechselnden Namen (Konstantinopel oder Byzanz) das Zentrum des Oströmischen Reiches und der Orthodoxie.

Im Jahr 1453 eroberten die Türken die Stadt – seitdem heißt sie Istanbul. Die Hagia Sophia wurde zur Moschee, 1935 von *Kemal Atatürk* in ein Museum umgewandelt. Istanbul ist nach wie vor der Sitz des Ökumenischen Patriarchen, der innerhalb der Orthodoxie den Ehrenprimat innehat. Doch gibt es kaum noch Griechisch-Orthodoxe in der heutigen Türkei, deren Hauptstadt seit 1923 Ankara ist.

1.3 Das Konzil von Nicäa (325)

»Wir irren uns voran.« (*B. Guggenberger*)

Es gibt auch heutzutage noch Leute, jenen Athenern gleich, die ›für nichts anderes Zeit‹ haben ›als etwas recht Neues zu reden oder zu hören‹ (Apg 17,21); erst gestern oder vorgestern aus banausischem Gewerbe emporgestiegen und ohne jede rechte Vorbildung, tragen sie mit dem Anspruch auf Letztgültigkeit theologische Lehren vor, ja, womöglich sind es gar Hausdiener, solche, denen die Peitsche gebührt, und aus Sklavendiensten Entlaufene, die vor uns feierlich über Unaussprechliches philosophieren! Ihr wisst genau, wen meine Rede hierbei im Auge hat. Denn sämtliche Gegenden der Stadt sind voll von derartigen Leuten: die engen Gassen ebenso wie die

---

9 Vgl. *H. Dörries*, Konstantin der Große, Stuttgart ²1967, 55 u. 60.
10 *H. Dörries*, aaO., 57.

Märkte, Plätze und Wegkreuzungen; voll von denen, die mit Textilien hökern, an Wechseltischen stehen, uns Lebensmittel verkaufen. Fragst du, wieviel Obolen es macht, so philosophiert dir dein Gegenüber etwas von ›Gezeugt‹ und ›Ungezeugt‹ vor. Suchst du den Preis eines Stückes Brot in Erfahrung zu bringen, so erhältst du zur Antwort: ›Größer ist der Vater, und der Sohn steht unter ihm.‹ Lautet deine Frage: ›Ist das Bad schon fertig?‹, so definiert man dir, dass der Sohn sein Sein aus dem Nichts habe ...[11]

Es mutet uns fremd an: Im 4. und 5. Jh. wurden Glaubensprobleme leidenschaftlich in aller Öffentlichkeit diskutiert. Für die Christen damals waren das keine Randfragen – für sie ging es um ihre Erlösung und ihr Heil. Das lag ihnen mehr als alles andere am Herzen. Darüber wollten sie auch Rede stehen und Rechenschaft abgeben, ganz im Sinne der biblischen Aufforderung: »Seid stets bereit, jedem Rede und Antwort zu stehen, der nach der Hoffnung fragt, die euch erfüllt.« (1 Petr 3,15)

Die richtige Glaubenserkenntnis steht über allem – sie allein ist lebensrettend.

Von daher ist die Frage nach dem Urheber des Christentums schlichtweg zentral. In seinem Auftrag wurde die Taufe im Namen des Vaters und des Sohnes und des Heiligen Geistes gespendet. Doch wie ging diese Tauformel mit dem streng monotheistischen Glauben an *einen* Gott zusammen? Das Dilemma beider Positionen erschien unüberbrückbar:

- Wer ist Jesus – »Gottes Sohn«?
- Ist er Gott »gleich« oder diesem nur »ähnlich« (sozusagen ein Halbgott)?

An diesem Problem versuchten sich denkerisch damals viele Theologen. Bedeutsam wurden die Überlegungen eines Priesters aus Alexandrien, *Arius*. Er verfocht einen unbedingten Monotheismus und deshalb war für ihn der Sohn gerade nicht »eines Wesens mit dem Vater« (homo-úsios). Nur als Gottes Geschöpf kann er sich verändern und Mensch »werden«. Dagegen definierten die Konzilsväter die unbedingte *Wesensgleichheit* des Sohnes mit dem Vater. Noch heute beten wir mit den Konzilsvätern im *großen Glaubensbekenntnis*:

---

11 *Gregor von Nyssa*, Über die Gottheit des Sohnes und des Hl. Geistes; zit. nach *H.A. Oberman u.a. (Hg.)*, Kirchen- und Theologiegeschichte in Quellen, Bd. I, Neukirchen-Vluyn 1977, 182f.

> Wir glauben an den einen Gott ...
> Und an den einen Herrn Jesus Christus ...
> Gott von Gott, Licht vom Licht,
> wahrer Gott vom wahren Gott.
> Gezeugt, nicht geschaffen
> eines Wesens (= wesensgleich) mit dem Vater ...

Doch die Glaubensformeln lösten die Probleme nicht, die Streitigkeiten gingen weiter – Jahrhunderte lang (bis heute).

1.4 Eine »Fälschung«, die Geschichte machte: Die »Konstantinische Schenkung«

Nach einer alten, völlig unhistorischen Legende sei Kaiser Konstantin von Papst *Silvester* (314–335) vom Aussatz geheilt und getauft worden. (Konstantin ließ sich aber erst kurz vor seinem Tod im Jahr 337 taufen!) Der dankbare Kaiser habe sich revanchiert, indem er dem Papst und seinen Nachfolgern die Herrschaft über Rom sowie »alle zu Italien oder dem Abendland gehörigen Provinzen, Ort und Städte« übertrug. Deswegen habe auch Konstantin seinen Herrschersitz nach Byzanz verlegt, damit er nicht als »irdischer Kaiser« da herrsche, wo vom Himmel selbst das Oberhaupt der Kirche eingesetzt sei.[12]

Die Konstantinische Schenkung findet sich zum ersten Mal in den *Pseudoisidorischen Dekretalien*. Diese umfängliche Sammlung aus der Mitte des 9. Jh. wird einem ansonsten unbekannten *Isidorus Mercator* zugeschrieben und enthält in buntem Durcheinander echte Quellen wie Fälschungen. Damit sollte wohl kirchenpolitisch die Stellung der Bischöfe gestärkt werden, genutzt hat sie letztlich dem damals noch schwachen Papsttum. *Hans Küng* spricht von einer »Großfälschung zugunsten Roms« und fragt kritisch-differenziert, ob man diese und andere Fälschungen des Mittelalters wirklich mit Historikern wie *Horst Fuhrmann* einfach »aus der Zeit« heraus zu verstehen habe.[13]

Die Wirksamkeit dieser »Urkunde« war weitreichend. Mit ihrer Hilfe setzten die Päpste im Hochmittelalter politische und kirchliche

---

[12] Vgl. dazu *H. Fuhrmann (Hg.)*, Das Constitutum Constantini (Konstantinische Schenkung), in: Monumenta Germaniae historica, Reihe D 3, 1968; bes. 93 f.; *ders.*, Einfluß und Verbreitung der pseudoisidorischen Fälschungen. Von ihrem Auftauchen bis in die neure Zeit, Bd. 1–3, 1972–1974; *ders.*, Einladung ins Mittelalter, München ³1988, 200 ff.

[13] Vgl. *H. Küng*, Das Christentum. Wesen und Geschichte, München 1994, 426–432.

Ansprüche überwiegend durch. Erst zu Beginn der Neuzeit erkannten einzelne Humanisten die Konstantinische Schenkung als Fälschung.

2. Systematisch

2.1 Vieles ändert und verändert sich

Konstantin meinte, mit dem Christentum ist »Staat zu machen«. Heide sein passte jetzt nicht mehr zum Römer Sein. Allerdings kommt die »Konstantinische Wende« erst mit Kaiser Theodosius an ihr Ziel.

Die Ambivalenz der »Wende« bringt *F.W. Kantzenbach* auf den Punkt: Konstantin erweist der Kirche vielfältige Gunst – sie wird finanziell gefördert und beschenkt, der Kaiser lässt Kirchen bauen, der Klerus wird von Steuern befreit usw. – »das alles bricht jetzt als Segen über die Kirche herein. Dieser Segen verpflichtete.«[14] Dazu bemerkt *A. Franzen* in seiner Kleinen Kirchengeschichte: »Aus der Kirche der Elite ... wurde die Kirche der Masse ...« Mit »Elite« bezeichnet er »überzeugte, zum Martyrium bereite Gläubige«, »Masse« sind »politisch Ehrgeizige, religiös Uninteressierte und noch halb im Heidentum Verbliebene«.[15]

Diese Kontrastierung ist übertrieben schwarz-weiß gezeichnet. Richtig ist aber, dass sich die Lage grundlegend wandelte. Die Zeit der Märtyrer wurde idealisiert und verherrlicht. Die Märtyrer selbst galten als Helfer in allen Lebenslagen. Sie wurden an ihrem Grab verehrt, später auch ihre *Reliquien* (= »Überreste«, besonders Gebeine; Erinnerungsstücke) und Bilder. Dieser Märtyrer- und Reliquienkult nahm unglaubliche Formen an. An den Grabstätten wurden Totenmähler gehalten, die heidnische Traditionen weiterführten und oft zu ausschweifenden Gelagen ausarteten. Vereinzelt wurde dieser Missbrauch auch getadelt. Doch *Augustinus* ermahnte seine Gläubigen weithin vergeblich: »Die Märtyrer hassen eure Weinkrüge, hassen eure Kessel, eure Prassereien.«[16] Und der Kirchenvater *Hieronymus* zieht im Jahre 420 klagend folgendes Fazit: »Seitdem die Kirche unter christliche Kaiser gekommen ist, wuchs sie zwar an Macht und Reichtum, hat aber an sittlicher Kraft abgenommen.«[17]

---

14 *F. W. Kantzenbach,* aaO., 99.
15 Freiburg i. Br. ²1968, 71 ff., bes. 74.
16 Nach *F.W. Kantzenbach,* aaO., 102.
17 Vita s. Malchi 1; zit. nach *H. Jedin (Hg.),* Handbuch der Kirchengeschichte, Bd. II/1, Freiburg i. Br. 1985, 92.

Die kritische Reflexion zieht sich durch bis in die Neuzeit. Kurz nach dem 2. Weltkrieg schreibt der Erzbischof von Paris, Kardinal *Suhard*: »Die Kirche fürchtet Nero weniger als Konstantin ... Der Christ, auf den die Kirche wartet, ist nicht der ›konstantinische Christ‹, sondern der ›Christ der Apokalypse und der Parusie‹.«[18]

Aus diesen Stimmen wird die Sorge deutlich, dass mit Konstantin in der Tat eine fundamentale Wende erfolgte, die viele neue, zunächst oft unerkannte Probleme mit sich brachte.

2.2 Aus Verfolgten werden Verfolger

Im Jahre 396 wird *Augustinus* Bischof von Hippo Regius (in der Nähe von Karthago). Er fand eine schwierige Situation vor. Fast ganz Nordafrika wurde von einer »ketzerischen« Kirche beherrscht – den Donatisten. Die Katholiken bildeten dort eine Minderheit und erschienen »mehr und mehr als harmlos gewordene Sekte« (*K. Baus*).[19]

Die Donatisten, benannt nach ihrem geistlichen Führer *Donatus*, waren »Traditionalisten«, Konservative. Sie machten in Glaubensfragen keine Kompromisse und hielten sich rigoros an die »reine Lehre« – wie sie sie verstanden. Dazu kamen persönliche und gesellschaftlich-völkische Konfliktstoffe.

Zunächst suchte Augustinus das Gespräch. Er wollte nicht mit Gewalt vorgehen, sondern mit Argumenten überzeugen (»non vi, sed verbo«) – ohne Erfolg. So änderte er im Lauf der Jahre seine Überzeugung und meinte nun, Zwang sei nicht immer von Übel. Jetzt wollte er die »verirrten Söhne ... zur Rückkehr zwingen«. Die notwendige Begründung dafür fand er vor allem in der Bibel. Er bemühte das Gleichnis vom Festmahl (Lk 14,15–24), wo angeblich die Leute zu ihrem Glück »genötigt« werden (»compelle intrare«). Dem möglichen Einwand, Zwang sei nicht notwendig, begegnete er mit Jer 16,16: Gott habe zuerst »die Fischer« (Apostel) ausgesandt, dann aber »die Jäger, die sollen sie erlegen ...«[20]

Bei Zwangsmaßnahmen in Glaubensfragen berief man sich (so etwa die Inquisition) auf Augustinus. Dieser findet im genannten Gleichnis die Aufforderung, *»nötige die Leute zu kommen*, damit mein

---

18 Hirtenbrief vom 11. 2. 1947; zit. nach *A. Läpple*, aaO., 79.
  Apokalypse = (gr. »Enthüllung«, »Offenbarung«) Schrift, die in Bildern das Weltende enthüllt; besonders die Offenbarung des Johannes im NT. – *Parusie* = (gr. »Gegenwart«; »Ankunft«) Wiederkunft Christi am Jüngsten Tag.
19 In: *H. Jedin* (Hg.), aaO., 151.
20 Ep. 93 und 185; zit. nach *R. Kottje/B. Moeller* (Hg.), aaO., 142.

Haus voll wird«. So wurde aus der »Nötigung«, also der sanften Gewalt durch eindringliches Zureden, bald kirchlich-staatlicher Zwang. Augustinus »hat als erster in folgenschwerer Missdeutung dieses Sinnes (›compelle intrare‹) hier die biblische Grundlage für die Erlaubtheit von Gewaltmaßnahmen gegenüber Ketzern gefunden, wodurch er der geistige Vater der Inquisition geworden ist.«[21] – Ähnlich dezidiert *W. Nigg:* »Was immer man auch zur Entschuldigung Augustins vorbringen mag, es war damit das Schwert aus der Scheide gezogen ... All die bluttriefenden Henker, welche im Mittelalter aufs grausamste gegen die Ketzer gewütet haben, konnten sich auf die angesehene Autorität Augustins berufen – und sie haben es auch getan. Der Schaden, den die Äußerung dieses einen Menschen bewirkte, ist unübersehbar ... Die Parole *nötige sie, hereinzukommen,* bleibt der hässlichste Fleck am Gewande des überragenden Augustin, und er kann durch keine Apologie abgewaschen werden ...«[22]

3. Didaktisch

Für den Unterricht werden hier drei exemplarische Behandlungsmöglichkeiten genannt:

(1) Die »Wende« selbst kann mehr als mit vielen Worten »unübersehbar« an Hand dieser altchristlichen Passionsdarstellung erfahrbar werden.

Szenen aus dem Leben Jesu, römischer Sarkophag um 340 n. Chr.

Auf den beiden rechten Feldern schreitet *Jesus,* von einem Soldaten begleitet, vor *Pontius Pilatus.* Jesus, bekleidet wie ein vornehmer Römer, trägt lockiges Haar und wirkt jugendlich. Er blickt gelassen mit

---

21 *J. Schmid,* Das Evangelium nach Lukas, Regensburg ²1953, 200.
22 Das Buch der Ketzer, Zürich 1970, 109.

fast belehrender Handgeste auf den Statthalter. Dieser scheint sich eben die Hände zu waschen, um seine Unschuld zu bekunden. Nachdenklich stützt er den Kopf in die Hand; neben ihm sitzt ein zweiter Römer, vor ihm steht ein Diener, der in der Linken eine Schale und in der Rechten eine Kanne hält.

Links vom Mittelfeld die »Dornenkrönung«: Diese ist nicht als Akt der Verhöhnung und Demütigung dargestellt, sondern als wirkliche Krönung! Ehrerbietig und schonend legt der römische Soldat Jesus die Krone, die wie ein Lorbeerkranz gestaltet ist, auf den Kopf, dieser empfängt sie in ruhiger, fast majestätischer Haltung.

Ganz links die »Kreuztragung«: Nicht Jesus trägt das Kreuz, sondern *Simon von Kyrene*, begleitet und angetrieben von einem Legionär. Das Kreuz selbst ist winzig und eher schon Symbol und Siegeszeichen als Henkersgalgen.

In der Mitte ist das Heerzeichen Konstantins (das »Labarum«) mit dem Christusmonogramm dargestellt, darunter zwei siegreiche, schlafende Krieger und Friedenstauben.

Fazit: Diese altchristliche Passionsdarstellung zeigt deutlich, wie das Christentum sich nach dem Sieg über das römische Heidentum veränderte. Die Christen wollten und konnten ihren Herrn nicht mehr schmachvoll leidend abbilden. Sie vermochten nicht mehr nachzuvollziehen, wie blutig-grausam und erniedrigend der Kreuz-Weg Jesu wirklich war ...

(2) Für ein differenziertes Verständnis des »unterlegenen« Heidentums, aber auch dessen propagandistische Artikulation steht die Rede des Symmachus im Streit um den Victoria-Altar:

In Rom befand sich im Senat ein Altar mit einer Darstellung der Siegesgöttin *Victoria*, der vor jeder Sitzung geopfert wurde. Als dieses Symbol der römischen Weltherrschaft als letztes Relikt des Heidentums Mitte des 4. Jh. beseitigt werden sollte, gab es heftige Auseinandersetzungen. Der Sprecher der heidnischen Senatsgruppe, *Symmachus*, plädiert in einem ausführlichen Bericht für allgemeine Toleranz. Eindrucksvoll erinnert er an all das, was das Reich in der Vergangenheit groß gemacht hatte. Der Kaiser wird – rhetorisch gekonnt – von Rom selbst, gedacht als Person, angesprochen:

Erhabener Kaiser, beachte mein Alter und lass mir die Zeremonien der Ahnen; es wird euch nicht gereuen; ich möchte auf meine Weise leben – in Freiheit; der Kult der angestammten Götter hat den Erdkreis meinen Gesetzen unterworfen. Die dargebrachten Opfer haben Hannibal von den Mauern, die Gallier vom Capitol verjagt. Für die angestammten Götter bitten wir um

Frieden, denn alle Menschen meinen bei ihren verschiedenen religiösen Übungen ein und dasselbe. Wir blicken zu denselben Sternen empor, ein Himmel steht über uns, ein Erdkreis trägt uns. Was wiegt es da, mit welchem Bemühen ein jeder die Wahrheit sucht? Nicht nur auf *einem* Weg kann man zum großen Geheimnis gelangen.[23]

Bei diesem Streit waren vielerlei, auch finanzielle, Interessen im Spiel (etwa der Unterhalt des heidnischen Kults). Bemerkenswert und denkwürdig bleibt aber die offene Toleranz der Denkschrift, die in diesem Geiste auch der Nachwelt überliefert wurde und nicht der christlichen Zensur zum Opfer fiel. Die weitere Entwicklung des Christentums hin zur Staatsreligion konnte sie natürlich nicht verhindern.

(3) Zur beginnenden »Auseinandersetzung« zwischen »Staat« und »Kirche« (im Westen!) ist die Auseinandersetzung von Bischof *Ambrosius* und Kaiser *Theodosius* aufschlussreich. Sie weist über den zeitgebundenen Anlass hinaus und markiert schon Grundsätze, wie sie dann im Mittelalter von der Papstkirche (etwa im Investiturstreit) vertreten wurden.

Verschiedene Anlässe bewogen Bischof Ambrosius von Mailand, gegen den Kaiser Stellung zu nehmen. Da war einmal das Blutbad im griechischen Thessalonich – von Theodosius persönlich angeordnet, nachdem dort im Jahr 390 ein hoher Beamter bei Unruhen ermordet worden war. Ambrosius bestand auf der öffentlichen Kirchenbuße des Kaisers – ein unerhörter Vorgang – und berichtet später: »Der Kaiser schämte sich nicht, mit den Büßern in einer Reihe zu stehen ... Allen kaiserlichen Prunk warf er zu Boden und beweinte öffentlich in der Kirche die Sünde, die ihm von der List seiner Höflinge entlockt worden war. Mit bitteren Tränen bat er um Verzeihung ...«[24]

Einige Jahre vorher war es bereits zu einem Konflikt in Kallinikum am Euphrat gekommen. Dort war im Jahr 387 die jüdische Synagoge mit Zustimmung des Ortsbischofs niedergebrannt worden. Der Kaiser befahl, die Schuldigen zu bestrafen und die Synagoge wieder aufzubauen. Ambrosius widersprach heftig und erklärte sich mit den Brandstiftern solidarisch. Er betrachtet die Juden als treulos, abgefallen und sieht in ihnen die Feinde der Kirche. So schreibt er Theodosius in einem langen Brief: »Wirst du den Juden diesen

---

23 Relatio 3; zit. nach *R. Kottje/B. Moeller (Hg.)*, aaO., 145.
24 Nach Sanctus Ambrosius, hg. vom Collegium Ambrosianum, Stuttgart-Bad Cannstatt 1974, 44.

Triumph über Gottes Kirche gewähren? Diese Trophäe eines Sieges über Christi Volk? Diese Freuden, o Kaiser, den Treulosen? Dieses Fest der Synagoge, diese Schmach der Kirche?« Und er sorgt sich um dessen Seelenheil: »Eine schwerwiegende Sache ist es, wenn du deinen Glauben um der Juden willen in Gefahr bringst.« Ambrosius stellt die Sache des Glaubens eindeutig auch über staatliche Interessen: »Nichts ist größer als die Religion, nichts ist erhabener als der Glaube!« Oder mit anderen Worten: »Der Kaiser steht in der Kirche, nicht über der Kirche.«[25]

Ambrosius ist im Abendland der erste Verfechter der Unabhängigkeit der Kirche gegenüber staatlicher Gewalt. Er hat diesen Anspruch kompromisslos formuliert und mit großem persönlichen Einsatz durchgesetzt. Er war völlig intolerant gegenüber den Juden und wandte sich konsequent gegen alle so genannten Häretiker, die er geradezu verteufelte. Diese selbstherrliche Anmaßung hatte fatale kirchenpolitische Auswirkungen.

Ergänzung/Alternativvorschlag:
In »höheren« (»guten«) Klassen sollte möglichst auch auf die Ketzerproblematik am Beispiel *Augustins* eingegangen werden; vielleicht auch auf die »Konstantinische Fälschung« und ihre Wirkungsgeschichte (erste notwendige Informationen dazu vorstehend). – Ein weiteres Thema stellt die Geschichte des Oströmischen Reiches und der mit ihm verbundenen orthodoxen Kirche dar. Dieses eher unbekannte Kapitel der Kirchengeschichte verdient eine eigene Behandlung – in den »Brennpunkten der Kirchengeschichte« (Paderborn 1976) geschieht dies in knapper Form unter der Überschrift »Das Schisma«.[26]

LITERATURHINWEISE

B. Bleckmann, Konstantin der Große, Reinbek bei Hamburg 1996
H. Chadwick, Die Kirche in der antiken Welt, Berlin / New York 1972
M. Widmann, Geschichte der Alten Kirche im Unterricht, Gütersloh 1970

---

25 Ep. 40 und 17 sowie Sermo c. Auxentium 25; zit. nach Sanctus Ambrosius, aaO., 43, und *R. Hernegger,* aaO., 43.
26 Vgl. *H. Gutschera/J. Thierfelder,* aaO., 41–45 (mit Lehrerkommentar, Paderborn 1978, 47–49).

III. Mönchtum

Jörg Thierfelder

Zisterziensermönche bei Gebet und Arbeit. Illustration aus dem Kommentar zur Offenbarung des Johannes von Alexander Minorita, 2. Hälfte des 13. Jh.

1. Historisch

1.1 Entstehung des Mönchtums

Historisch fassbar sind die Anfänge des Mönchtums in Ägypten in der 2. Hälfte des 3. Jh. Doch gibt es zahlreiche Vorformen, für die, wie für das Mönchtum dann auch, die Askese charakteristisch ist. Eine direkte Herleitung des Mönchtums aus dem klosterähnlichen

Zusammenleben bei *Pythagoras*, den Asylhäusern bei den ägyptischen Tempeln, der Gemeinde von Qumran oder gar dem Buddhismus ist bisher nicht gelungen. Zweifellos wurde Askese praktiziert, ob in Qumran oder bei bestimmten philosophischen Schulen wie den Stoikern und den Kynikern. Man kann wohl sagen, dass das Christentum in ein ausgesprochen askesefreundliches Klima hineinwuchs.

Aufgabe der Bindung an die ›Welt‹, von Besitz und Heimat, Verzicht auf die Ehe, gesteigertes Fasten und Beten begegnen bereits im NT. Texte wie die Aussendungsrede (Mt 10,5–15) oder die Perikope vom reichen Jüngling (Mt 19,21) haben nicht nur eine große Rolle in der Geschichte des Mönchtums gespielt, sie weisen auch auf seine Ursprünge hin.[1] Die Alte Kirche schätzte das jungfräuliche Leben sehr. *Cyprian* (210/215 (?) – 258), der Bischof von Karthago rief den Jungfrauen zu: »Was wir einst sein werden, das seid ihr Jungfrauen jetzt schon. Ihr besitzt jetzt schon die Herrlichkeit der Auferstehung. Solange ihr keusch und jungfräulich lebt, seid ihr den Engeln Gottes gleich.«[2]

Im 4. Jh. erfährt das monastische Leben eine starke Verbreitung. Doch gilt: »Weder die Askese noch das Wort ›Mönch‹ (monachos) [gr. Einsiedler] sind Neuerungen des 4. Jahrhunderts, wohl aber der Erfolg der damit gemeinten Sache – und als klarstes Unterscheidungsmerkmal gegenüber der früheren Zeit – die äußere Absonderung einzelner Asketen und organisierter Gemeinschaften.«[3] Die große Verbreitung des monastischen Lebens im 4. Jh. hat sicher etwas zu tun mit der zu beobachtenden Verweltlichung der Kirche angesichts des Übergangs des Christentums zur Staatskirche.

1.2 *Antonius und das Eremitentum*

Vom Kopten *Antonius* (ca. 356 im hohen Alter von 106 Jahren gestorben) hat uns dessen jüngerer Landsmann *Athanasius* eine Lebensbeschreibung geliefert, die ein gültiges Vorbild herausstellen wollte. Die *vita Antonii* (lat. Leben des Antonius) ist das älteste Beispiel einer Heiligenvita. Beeinflusst von den Worten Jesu von der Nachfolge (vor allem Mt 19,21) verschenkte der wohlhabende Antonius seinen

---

1 *H.G. Thümmel*, Die Kirche des Ostens im 3. und 4. Jahrhundert. Kirchengeschichte in Einzeldarstellungen I/4, Berlin (Ost) 1988, 116.
2 Zit. nach *K. S. Frank*, Grundzüge der Geschichte des christlichen Mönchtums, Darmstadt 1981, 12.
3 *A. Schindler*, in: *R. Kottje/B. Moeller (Hg.)*, Ökumenische Kirchengeschichte, Bd. 1, München/Mainz ⁴1983, 199.

Grundbesitz und verkaufte seine übrige Habe. In drei Schritten zog er sich aus der Gemeinschaft der Menschen zurück. Zunächst lebte er in der Nähe von Dörfern, dann für 20 Jahre in einem verlassenen Kastell und schließlich mitten in der Wüste. *Antonius* führte das Leben eines Eremiten (von gr. eremos = Wüste, Einsamkeit) bzw. eines Anachoreten (von gr. anachorein = sich zurückziehen). Viele schlossen sich dem Vorbild des *Antonius* an. Es entstand eine lose Eremitenkolonie, die sich um Antonius als ihren Mönchsvater sammelte. Die Eremiten trafen sich zu gemeinsamen Gottesdiensten. Die Weisungen des *Antonius* und anderer Mönchsväter, die *apophthegmata patrum* (gr. = Aussprüche der Väter) wurden später gesammelt. Sie zeigen ein gutes Bild vom ägyptischen Anachoretentum. *Antonius* empfahl den Eremiten den Wechsel von Gebet und Arbeit. Die Arbeit diente nicht in erster Linie dazu, um seinen Lebensunterhalt zu verdienen. Mit der Arbeit gilt es »die rechte Gebetsspannung und -stimmung aufrechtzuerhalten«. Die Arbeit soll eine »gewisse Abwechslung in den Tageslauf« bringen, »die den Geist nicht so beansprucht, dass er von Gebet und frommen Gedanken abgehalten würde«.[4] Das Leben der Eremiten ist ein einziges Fasten, das zu bestimmten Zeiten noch verschärft werden kann. Mönchische Existenz stellt sich bei *Antonius* als ein harter Kampf mit den Dämonen dar, die den Eremiten in vielfältiger Gestalt bedrängten. Antonius im Kampf mit den Dämonen war ein beliebtes Motiv mittelalterlicher Malerei (z.B. bei *Hieronymus Bosch* und *Mathias Grünewald*). Moderne Psychologen dürften in den Dämonen Ausprägungen der eigenen (unbewussten) Wünsche sehen. In der *vita Antonii* des Athanasius heißt es dazu: »Sie [die Dämonen] passen ihre Scheingestalten den Gedanken an, die sie in uns finden ..., was wir aus uns selber denken, schmücken sie weiter aus.«[5]

1.3 Pachomius und das Koinobitentum

Neben dem Anachoretentum entstand in Ägypten ein neuer Typ mönchischen Lebens, das Koinobitentum (von gr. koinos bios = gemeinsames Leben), das geordnete gemeinsame Leben der Mönche. Es wurde begründet von *Pachomius*, der sich nach dem Ausscheiden aus dem Militär taufen ließ, zunächst Anachoret wurde und schließ-

---

4 *A. Schindler*, aaO., 209.
5 Zit. nach *H. Gutschera/J. Thierfelder*, Brennpunkte der Kirchengeschichte. Lehrerkommentar, Paderborn 1978, 61.

lich in Oberägypten nahe dem Ort Tabennisi das erste Kloster gründete. Er stand ihm als Abt (von aram. Abba = Vater) vor. Die Mönche lebten in einem durch eine Mauer von der übrigen Welt abgeschlossenen Gebäudekomplex. Die entscheidende Tat des Pachomius bestand darin, dass er den Mönchen eine *Regel* gab. Danach feierte man einmal in der Woche den Gottesdienst; gemeinsam wurden täglich zwei Mahlzeiten eingenommen. Es gab Schweigegebote. Die Handarbeit war zum Lebensunterhalt da. Die Mönche stellten Seile, Matten und Säcke aus dem Material her, das die umgebende Landschaft ihnen bot. Der Koinobit lebte in Armut. Er hatte keinen persönlichen Besitz und erhielt vom Kloster das, was er zum täglichen Leben brauchte. Im Gegensatz zur späteren Entwicklung gab es noch keine ewigen Mönchsgelübde und kein langes Noviziat (von lat. novicius = Neuling; Noviziat meint Probezeit im Kloster vor dem Ablegen der Gelübde). Es entstanden viele Klöster nach dem Vorbild des Klosters in Tabennisi. Beim Tod von *Pachomius* lebten schon 5000 Mönche nach seiner Regel. Es entstanden auch Frauenklöster.

1.4 Mönchtum in Syrien, Palästina und Kleinasien

Von Ägypten breitete sich das Mönchtum weiter aus. Es gab auch eigenständige Entwicklungen. Eigentümlich war z.B. die besondere asketische Übung des Säulenstehens in Syrien. *Symeon* der Ältere (ca. 390–459) stand über 30 Jahre auf einer 9 m hohen Säule. Er führte von dort oben Gespräche, hielt Ansprachen an eine Zuhörerschar, die oft Tausende umfasste und schrieb Briefe an bedeutende Persönlichkeiten. Er war als Asket höchst einflussreich.

Für das kleinasiatische Mönchtum steht *Basilius* der Große. Er verband als Erster die monastische Lebensform mit einem kirchlichen Amt. Noch heute stammt in der Orthodoxie der Bischof aus dem Mönchtum; der einfache Pfarrer ist hingegen verheiratet. Als Bischof spielte *Basilius* eine große Rolle bei den theologischen Auseinandersetzungen seiner Zeit. Er schuf die vor allem für das griechische Mönchtum geltende *Regel*. Er favorisierte das Koinobitentum, ist doch der Menschen nach seiner Anschauung von der Natur für das Gemeinschaftsleben geschaffen. *Basilius* war rigider als *Pachomius*. Ein Kontakt mit Angehörigen und dem anderen Geschlecht war untersagt. Die Mönchsgelübde sind nach *Basilius* ewig zu halten. Ein Noviziat ist nötig, damit sich der Einzelne prüfen kann. Viele Elemente der basilianischen Regel sind bis heute für das Mönchtum charakteristisch: Stundengebet, Förderung der Bildung, karitatives und seelsorgerliches Engagement, Hochschätzung der Arbeit im Sinne von Selbstversorgung und Selbstdisziplin. Basilius gilt als Vater des griechischen Mönchtums.

1.5 Anfänge des abendländischen Mönchtums

Im Westen entwickelte sich das Mönchtum aus frühen Formen christlicher Askese, die in Asketengemeinschaften in der Stadt oder auf Landgütern praktiziert wurden. Man findet auch Wanderasketen, die z.T. als »Landstreicher im Mönchsgewande« (*K. Heussi*) kritisiert wurden. Einflüsse auf den Westen hatte auch *Athanasius* mit seiner *vita Antonii*. Frühe Klöster entstanden im ganzen westlichen Mittelmeerraum, z.B. in Südgallien das Kloster Lerinum (heute Lérins an der frz. Riviera). Im Westen spielte das Eremitentum nie eine so zentrale Rolle wie im Osten. *Hieronymus* in Rom, *Ambrosius* in Mailand, *Martin* von Tours, *Johannes Cassianus* in Gallien haben das Mönchtum gefördert.

Schließlich gilt dies in besonderer Weise auch von *Augustin* (354–430), dem bedeutendsten Kirchenvater des Abendlandes.

Schon in seiner manichäischen Lebensphase (Manichäer sind Anhänger der Religion des Persers *Mani*, der im 3. Jh. n. Chr. lebte. Den Manichäismus kennzeichnen u.a. leibfeindliche Tendenzen.) hatte Augustin Askese geübt. Später wurde er von der *vita Antonii* beeinflusst. Nach seiner Bekehrung übernahm er zunächst für sich die monastische Lebensweise. Als Bischof von Hippo gründete er für die Priester ein Klerikerkloster, in dem diese sich zu gemeinsamem Leben und Eigentumsverzicht verpflichteten. Weitere Klöster entstanden nach dem Vorbild dieses Klosters. Die in diesen Klöstern geltende Mönchsregel war die erste abendländische Mönchsregel. Sie stammt nicht allein von Augustin, spiegelt aber den Geist seiner Klöster wieder. Sie wurde auch im Mittelalter von einigen Klöstern eingehalten, z.B. von den im 13. Jh. entstandenen Gemeinschaften der Augustinereremiten, in deren Erfurter Kloster *Martin Luther* 1505 eintrat (→ IX. Reformation).

1.6 Benedikt von Nursia

Die für das Abendland bei Weitem wichtigste Regel wurde die *regula Sancti Benedicti* (lat. Regel des heiligen Benedikt). Sie stammt von *Benedikt* von Nursia. Papst *Gregor der Große* schilderte dessen Leben im

Stil einer Heiligenvita. Der Kern dürfte historisch zuverlässig sein. Danach stammte *Benedikt* aus altrömischem Landadel in Nursia. Er studierte für kurze Zeit in Rom. Dann lebte er zunächst als Eremit, danach in loser Verbindung mit anderen Mönchen, um dann schließlich im Jahr 529 auf dem Monte Cassino (Kampanien) das berühmte Kloster zu gründen.

Die besondere Bedeutung der *regula Sancti Benedicti* liegt nicht in neuen theologischen Impulsen – *Benedikt* griff auf andere Mönchsregeln zurück –, sondern in der »von reicher Erfahrung getragenen Regelung von Einzelheiten des Klosterlebens«. »Mönchstheologie und praktische Anordnungen [werden] auf außerordentlich wirkungsvolle Weise« miteinander verbunden.[6]

Der patriarchalische Grundzug des Klosterlebens zeigt sich in der herausgehobenen Stellung des Abts. Ihm, dem »Stellvertreter Christi«, gilt die unbedingte Gehorsamspflicht des Mönches. Der Rhythmus von Gebet und Arbeit soll das Leben der Mönche bestimmen. Arbeit ist wichtig, denn »Müßiggang ist ein Feind der Seele«. Arbeit ist kein ethischer Selbstzweck. Arbeit ist – da wird der Einfluss der ägyptischen Väter spürbar –, »ein hervorragendes asketisches Mittel, um der Klostergemeinschaft und dem einzelnen Mönch zu jenem ausgeglichenen Geisteszustand und zu jenem innern und äußeren Frieden, zu jener Seelenruhe zu verhelfen, die zu Gottes Liebe und Gottes Erkenntnis freimacht«.[7] Zur Arbeit gehören die eigene Lektüre des Mönches, aber auch die Handarbeit. Die Benediktiner leisteten einen bedeutenden Beitrag zur kulturellen Entwicklung des Abendlands, z. B. mit ihren landwirtschaftlichen Betrieben, den Kloster- und Schreibschulen.

Gerade in den Stürmen der Völkerwanderungszeit gingen von der Regel stabilisierende Impulse aus. So waren die Mönche zur *stabilitas loci* (lat. Ortsbeständigkeit) angehalten. Die verbindliche Regelung des Eintritts nach einjährigem Noviziat und schließlich die Verpflichtung der ganzen Gemeinschaft auf die Regel waren weitere stabilisierende Faktoren. Benedikt bezeichnete seine Regel als »Vorschrift für Anfänger« und als Richtschnur für ein »gutes Leben«. Auf dem Weg zu einem »vollkommenen Leben« sind nach seiner Ansicht die Eremiten.

---

6 *A. Schindler*, aaO., 222 f.
7 *D. Kurze*, Die Bedeutung der Arbeit im zisterziensischen Denken, in: *K. Elm u. a. (Hg.)*, Die Zisterzienser. Ordensleben zwischen Ideal und Wirklichkeit, Köln 1980, 181.

1.7 Die Benediktinerregel setzt sich durch

Erst mit der Zeit setzte sich die *regula Sancti Benedicti* im Abendland durch. England war das erste Land, das sie für alle Klöster einführte. Von Englands Benediktinerklöstern ging eine Missionsbewegung Richtung Frankenreich aus. *Winfried* (gest. 754), der später vom Papst den Namen *Bonifatius* erhielt, gründete mit dem Kloster Fulda das erste Kloster auf deutschem Boden, das die Benediktinerregel einführte. *Benedikt von Aniane*, dem Kaiser *Ludwig der Fromme* die Oberaufsicht über alle fränkischen Klöster anvertraute, konnte auf den beiden Aachener Synoden von 816 und 817 durchsetzen, dass die Regel Benedikts für alle fränkischen Klöster verbindlich gemacht wurde. Mit der Vereinheitlichung des Mönchtums im Abendland ging auch eine Klerikalisierung des Mönchtums einher. Immer mehr Mönche wurden auch Priester. Weiter übernahmen – wie schon bei *Augustin* – Kleriker die monastische Lebensform. Bischof *Chrodegang von Metz* (gest. 766) übernahm bei seinem Versuch, eine Ordnung für die Kleriker zu formulieren, ganze Teile aus der Regel Benedikts.

Mit den Karolingern begann eine Politik der »Instrumentalisierung der Kirche« (*F. Prinz*), die sich auch auf das Mönchtum auswirkte. *Karl der Große* etwa gründete Klöster, denen er kolonisatorische Aufgaben übertrug. Die von ihm gegründeten sog. Königsklöster wie etwa Kloster Lorsch (heute Hessen) wurden mit Äbten seines Vertrauens besetzt. Im östlichen Frankenreich waren die Mönche missionarisch tätig. Daneben unterhielten die Klöster Schreibstuben, Kunstwerkstätten und Schulen. Der Idealplan des Klosters St. Gallen von 810 zeigt, dass das Kloster immer stärker zu einer Klosterstadt mit vielen Mönchen wurde, die alles zum Leben Notwendige selbst produzierten.

Das 9. Jh. brachte das gesamte abendländische Klosterwesen in eine schwere Krise. Äußerlich ist diese Krise fest zu machen an den massenhaften Verwüstungen, die Normannen, Ungarn und Sarazenen bei ihren Überfällen anrichteten. Schlimmer noch war die innere Krise. Der wachsende Reichtum machte die Mönche träge. Weiter erhielten jetzt viele Klöster Laienäbte, die gar keine Mönche waren und oft kein Interesse an der monastischen Lebensweise hatten.

1.8 Reformklöster im Mittelalter: Cluniazenser und Zisterzienser

Zu Beginn des 10. Jh. kam es zu neuen Aufbrüchen mönchischen Lebens. Das bekannteste Reformkloster ist Cluny in Burgund. Weitere Reformklöster waren Gorze und Brogne in Lothringen. Sie waren sich alle einig in der gewissenhaften Befolgung der Benediktinerregel, und zwar in der Auslegung des Benedikt von Aniane. Cluny wurde 909/910 von *Herzog Wilhelm von Aquitanien* gestiftet. Dieser sicherte dem Kloster die Freiheit von bischöflicher und weltlicher Gewalt sowie die Freiheit der Abtwahl zu. Cluny wurde deshalb direkt dem Papst unterstellt. Zentralismus und Ritualismus waren hervorstechende Merkmale der cluniazensischen Klosterreform. Alle Klöster, die Cluny neu gründete bzw. reformierte, unterstellten sich dem Abt von Cluny als »abbas abbatum« (lat. Abt der Äbte). Jeder Vorsteher eines Klosters musste sich dem Abt von Cluny per Handschlag verpflichten. Darüber hinaus fühlten sich die Klöster der sog. Consuetudo (lat. Gewohnheit) von Cluny verbunden. Dies war »die in Cluny gelebte Interpretation der Regel Benedikts, die nach und nach schriftlich festgehalten wurde«.[8]

Unter Ritualismus versteht man den unbedingten Vorrang des Gottesdienstes im klösterlichen Leben. Der monastische Gottesdienst war Teilnahme »an der ›laus perennis‹, am immerwährenden Gotteslob der Endzeit«.[9] Hatte *Benedikt von Nursia* noch Wert gelegt auf die Kürze des Gebets, so setzte sich *Benedikt von Aniane* für eine erhebliche Verlängerung des Gottesdienstes ein. In Cluny war der Ritualismus so ausgeprägt, dass für andere Tätigkeiten wie Hausarbeit, aber auch weitere geistige Tätigkeiten nur noch wenig Zeit blieb. Reform im Sinne Clunys betrieb in Deutschland vor allem das Kloster Hirsau. Der Hirsauer Reform traten etwa 100 Klöster bei. Cluny hatte eine ganze Reihe von bedeutenden Äbten. Durch die monastischen Reformbemühungen wurde ein geistliches Klima geschaffen, in dem auch Kirchenreformen möglich wurden. Unter Papst *Gregor VII.*, der schon früh mit cluniazensischen Reformgedanken in Berührung kam, brach der Investiturstreit aus.

Ende des 11. Jh. entstanden neue Reformorden. Sie nahmen die Benediktinerregel ganz ernst, hielten sich aber auch an Vorbilder der Urgemeinde. In der Nachfolge Christi und der Apostel galt es in

---

8   *K. S. Frank*, aaO., 62.
9   *R. Kottje*, in: *Ders./B. Moeller (Hg.)*, Ökumenische Kirchengeschichte, Bd. 2, München/Mainz ³1983, 63.

Armut und Einfachheit zu leben. Neben den Zisterziensern sind hier die Kartäuser und Prämonstratenser zu nennen.

Der Zisterzienserorden ging aus der Gründung des Klosters Cîteaux in Burgund im Jahr 1098 hervor. Neben der unverkürzten Benediktinerregel wird die Carta Caritatis (lat. Schrift der Liebe) zur Grundlage. Die entscheidende Prägung erhielt der Orden durch den jungen Adeligen *Bernhard* (1090/91–1153), der 1113 mit 6 Brüdern, einem Onkel und weiteren Gefährten Mönch geworden war. Später wurde *Bernhard* Abt des Klosters Clairvaux. In Streitschriften setzte er sich kritisch mit dem Reichtum und der Prachtentfaltung der Cluniazenser in der Kunst auseinander. Bernhard war einer der einflussreichsten (Kirchen-)Politiker seiner Zeit. Er predigte mit großem Erfolg für die Teilnahme am Zweiten Kreuzzug (→ IV. Kreuzzüge). Bernhards Frömmigkeit war stark jesuanisch ausgerichtet: Der Glaube sollte durch die Versenkung in das Bild des gekreuzigten Christus vertieft werden.

Typisch für die Zisterzienser ist das Filiationssystem (von lat. filiatio = Abstammung), nach dem ein Kloster (Mutterkloster), wenn es genügend Mönche hatte, ein neues Kloster (Tochterkloster) gründen konnte. Neben Cîteaux entstanden die vier Tochterklöster La Ferté, Pontigny, Morimond und Clairvaux. Diese Abteien wurden wiederum zu Mutterklöstern vieler weiterer Klöster. Alle Zisterzienserklöster bildeten einen Verband. Jedes Jahr trafen sich die Äbte der Klöster zum Generalkapitel in Cîteaux. Im Jahr 1350 gab es über 740 Zisterzienserklöster und zahlreiche Zisterzienserinnenklöster.

Das Leben in den Zisterzienserklöstern war sehr hart. Gemäß den Ordenssatzungen sollte das Kloster möglichst einsam sein. *Bernhard von Clairvaux* entwickelte für Clairvaux und Fontenay einen Idealplan, der allen Zisterzienserabteien zu Grunde lag. Die Klosterbauten sollten schmucklos sein, keine farbigen Glasfenster, sondern farblose Ornamentfenster in Grisaille-Tönen (von franz. gris = grau) haben. Erlaubt war nur ein Dachreiter, aber kein Kirchturm. Mit der Zeit wurden die strengen Anordnungen gemildert. Farbige Wandfenster wurden eingesetzt wie im Kloster Altenberg (heute Nordrhein-Westfalen) und die schlesische Zisterzienserabtei Grüssau setzte in der Barockzeit auf ihre Kirche zwei schmucke Türme.

Nach der Benediktinerregel waren die Mönche zur Handarbeit verpflichtet. Die vielen Arbeiten konnten sie aber nur zusammen mit den Konversen (= Laienbrüdern) bewältigen. Diese hatten die Hauptarbeit zu leisten beim Klosterbau, in der Landwirtschaft und bei den weiteren Unternehmungen der Klöster. Sie hielten die Gelübde, wenn auch eingeschränkt. Sie hatten weniger Rechte, durften z.B. nicht an der Abtwahl teilnehmen. Die vielfältigen Benachteiligungen der Laienbrüder führten in der Folgezeit immer wieder zu Spannungen. 1182 kam es in der Abtei Schönau bei Heidelberg zu einer regelrechten Revolte der Konversen, weil man ihnen nicht rechtzeitig neue Stiefel besorgte. Neuere Forschungen stellen die ökonomische Bedeutung der Zisterzienser heraus.[10] Sie beteiligten sich nicht nur in der Landwirtschaft, sondern auch im Bergbau und bei der Salzgewinnung. In vielen Reichsstädten kann man heute noch Pfleghöfe sehen, von wo aus die Zisterzienser die produzierten Waren vermarkteten.

1.9 Die Bettelmönche: Franziskaner und Dominikaner

Im Hochmittelalter entstand in den Städten Europas eine breite Schicht von Armen, und kamen gleichzeitig große religiöse Bewegungen auf, die die freiwillige Armut unter Rückgriff auf den »armen« Jesus und die »armen« Jünger propagierten. Diese Bewegungen kritisierten vielfach den wirtschaftlichen Wandel und auch eine Kirche, die reich geworden war. Die Kirche reagierte unterschiedlich. Einen Teil verfolgte sie mit unerbittlicher Härte, z.B. die Waldenser, andere integrierte sie wie die Franziskaner und Dominikaner.

Die Franziskaner und Franziskanerinnen gehen auf *Franz von Assisi* (1181–1226) zurück, den Heiligen mit der möglicherweise größten Faszination aller Heiligen. Der Sohn eines reichen Tuchhändlers in Assisi wurde bei einer Fehde mit Perugia gefangen genommen und ein Jahr eingekerkert. Das brachte ihn zur Umkehr. Beim Gebet in der Kapelle von St. Damian vor der Stadt hört er eine Stimme: »Geh und richte meine Kirche wieder auf. Du siehst ja, sie ist ganz zerfallen.«[11] *Franz* verstand den Auftrag ganz wörtlich, beschloss mit dem Geld des Vaters die Kapelle zu restaurieren. Dadurch geriet er in Konflikt mit seinem Vater, von dem er sich schließlich lossagte. Bei der Einweihung der Kapelle verlas der Priester die Aussendungsrede Jesu (Mt 10,7–20). Jetzt verstand *Franz* seinen Auftrag, nämlich das Evangelium nachzuleben und zu predigen und das heißt in Armut. Er fand große Resonanz. Mit einigen Gefährten zog er nach

10 Vgl. *J. Thierfelder/U. Uffelmann*, Die Zisterzienser. Ein Reformorden im Mittelalter, Stuttgart 1987 (mit Lit.).
11 Zit. nach *Mario v. Galli*, Gelebte Zukunft: Franz von Assisi, Luzern/Frankfurt a.M. 1970, 56 u. *H. Gutschera/J. Thierfelder*, Brennpunkte der Kirchengeschichte, Paderborn 1976, 105.

Rom, um die päpstliche Erlaubnis zur Predigt zu erhalten. Diese wurde ihm schließlich von Papst *Innozenz lll.* erteilt. Er bestätigte auch die erste Regel der Franziskaner. Sie bestand nur aus Bibelversen und ist verloren gegangen. Später erhielt der Orden der Franziskaner (OFM = Ordo Fratrum Minorum = Orden der Minderbrüder) seine endgültige Regel. Darin heißt es in Punkt 6: »Die Brüder sollen sich nichts zu eigen machen, weder Haus noch Platz noch irgendein Ding.«[12] Franz zog sich am Ende seines Lebens von der Leitung des Ordens zurück. Er lebte auf dem Avernaberg bei Assisi. Er soll die Wundmale Christi an seinem Leib getragen haben. In seinem Testament beschwor er seine Mitbrüder, doch ja nicht von der strengen Regel abzuweichen.

Die Franziskaner wirkten anfangs vor allem als Wanderprediger. Sie verdienten ihren Lebensunterhalt durch Arbeit. Später trat an die Stelle der Arbeit der Bettel. Franziskaner und Dominikaner werden darum auch Bettelorden genannt. Die Wanderpredigt wurde immer mehr durch die Predigt an festen Orten, vor allem in Städten, ersetzt. Dort wirkten sie oft als Priester. Franziskaner waren auch an den neu entstehenden Universitäten tätig. Bedeutende franziskanische Universitätstheologen waren *Bonaventura* (1221–1274) und *Duns Scotus* (um 1270–1308). Neben Männern wurden auch Frauen vom Ideal eines Lebens in Armut erfasst. So entstanden Frauenklöster. *Franz* ließ nur die Gründung eines Frauenklosters zu, San Damiano bei Assisi. Gründerin war die aus dem örtlichen Adel stammende *Clara* (gest. 1253), die später – wie Franz – heilig gesprochen wurde. Papst *Gregor IX.* schuf einen Frauenorden, der nach dem Tod Claras 1253 Clarissenorden genannt wurde. Seine Regel ähnelt der Franziskanerregel.

In der Folgezeit kam es im Franziskanerorden zu einem schweren Streit. Der Orden erhielt durch Stiftungen zahlreiche Klöster und Kirchen. Nach der Regel, die Franziskus in seinem Testament noch einmal eingeschärft hatte, galt die persönliche und gemeinschaftliche Besitzlosigkeit. Der Orden spaltete sich in eine strengere Richtung, die Spiritualen, und eine mildere Richtung, die Konventualen, auf. Während die Spiritualen es bei der alten Ordnung belassen wollten, versuchten die Konventualen mit Hilfe des Papstes Kompromisse zu schließen, z.B. so, dass die Güter des Ordens eigentlich Eigentum der Kurie seien und dem Orden nur zur Nutzung übertragen seien. Schließlich verhängte Papst *Johannes XXII.* 1317 die Inqui-

---

12 Zit. nach *G. Stemberger*, 2000 Jahre Christentum, Herrsching 1983, 331.

sition über die Spiritualen und erklärte 1323 die Auffassung, dass Christus und die Apostel kein gemeinsames Eigentum besessen hätten, für häretisch. Fast der ganze Orden lehnte sich gegen die Maßnahmen auf; nicht lange darauf kehrten die meisten zum Gehorsam gegenüber dem Papst zurück. Zeitweise waren die beiden Richtungen getrennt. Ab Ende des 19. Jh. sind sie wieder vereinigt. Franziskaner sind an der braunen Kutte mit weißer Kordel erkenntlich.

Die Dominikaner, abgekürzt OP (Ordo Fratrum Praedicatorum= Predigerorden), sind ebenfalls ein Bettelorden. Gegründet vom spanischen Kleriker *Dominikus Guzmann*, vom Papst 1216 bestätigt, betätigten sich die Dominikaner vor allem als Prediger. Im Jahrhundert der Auseinandersetzungen mit den Katharern nahmen die Dominikaner die Aufgabe wahr, die »Ketzer« zu widerlegen und sie zur Kirche zurückzuführen. Sie beschäftigten sich darum auch intensiv mit der wissenschaftlichen Theologie. *Albertus Magnus* und *Thomas von Aquino* waren Dominikaner. Schon Dominikus erhielt vom Papst die Erlaubnis, Ketzer zu richten; dies hieß zunächst, bestimmte Bußformen gegen reuige Ketzer zu verhängen. Als dann 1231 die päpstliche Inquisition eingeführt wurde (→ VI. Hexenverfolgungen), waren die Dominikaner auch als Ketzerverfolger tätig; daran erinnert ihr Spitzname domini canes (lat. Hunde des Herrn). In der Reformationszeit wurden die Dominikaner auch in der Ablasspredigt eingesetzt. Der Ablassprediger *Johannes Tetzel*, der es mit *Martin Luther* zu tun bekam, war Dominikaner (→ IX. Reformation). Auch im Dominikanerorden entstanden zahlreiche Frauenkonvente.

1.10 Krise des Mönchtums im 16. Jahrhundert

Das Bild des Mönchtums im Spätmittelalter ist zwiespältig. Da gibt es Aufbrüche und Verfall. Aufbrüche sind in der monastischen Mystik, etwa bei *Teresa von Avila* und *Johannes vom Kreuz*, zu sehen. Vielerlei Verfallserscheinungen führen zu einem außerordentlich negativen Bild des Mönchtums. Der Verfall der Ordenszucht in vielen Klöstern hatte die allzu zahlreichen Mönche vielfach zu einer Landplage werden lassen. In *Boccaccios* Decamerone erscheint der Mönch nahezu ausschließlich als geiler, geldgieriger und verschlagener Bettelmönch.[13]

---

13 Vgl. *F. v. Lilienfeld*, Mönchtum 2, in: TRE XXIII, 174.

Folgenreich war vor allem *Luthers* Position. Er setzte nicht bei den Missständen an, sondern bei den Mönchsgelübden. Dazu verfasste er eine Schrift »De votis monasticis« (lat. Von den Mönchsgelübden). *Luther,* der selbst Mönch war, sieht in der Anschauung, dass das monastische Leben ein sichererer Weg zur Seligkeit sei, eine Infragestellung des durch Christus allein gewirkten Heils. Darüber hinaus kritisierte Luther, dass – vor allem bei den beschaulichen Orden – der Sozialbezug verloren gegangen sei. Er konnte auch weiterhin sehr positiv über die monastische Lebensform sprechen, soweit sie in der Freiheit des Evangeliums geführt wird und sinnvolle Tätigkeiten wie Stundengebet, Schriftbetrachtung, Predigt und Seelsorge sowie caritatives Handeln umfasst.[14] Eine Folge von Luthers Einspruch gegen die Mönchsgelübde war, dass Mönche und Nonnen massenhaft ihre Klöster verließen. Luther selbst war der Letzte im Wittenberger Augustinerkloster. Erst 1524 legte er die Mönchskutte ab. 1525 heiratete er die ehemalige Nonne *Katharina von Bora.* Mitverantwortlich für die rasante Schnelligkeit bei der Klosterauflösung waren freilich auch die evangelischen Fürsten und Stände, die die Klöster samt deren Habe »für ihre – z.T. auch kirchlichen – Zwecke« einsetzten.[15]

1.11 Katholisches Ordenswesen in der Neuzeit – ein Überblick

Trotz dieser Krise konnte sich das katholische Ordenswesen in der Folgezeit wieder erholen. Die bunte Vielfalt blieb erhalten. Neue Aufbrüche gab es seither immer wieder. Für die katholische Reform und die Gegenreformation spielte der Jesuitenorden eine entscheidende Rolle (→ X. Gegenreformation). Im 17. Jh. entstand mit den von *Vinzenz von Paul* begründeten Vinzentinerinnen »eine neue, sozial aktive monastische Lebensform«.[16] Frauen schlossen sich hier zusammen, um Arme und Kranke zu pflegen. Die Säkularisation 1803/1806 brachte schwere Belastungen für die Orden, weil die Güter zahlreicher Abteien eingezogen wurden.[17] Auch das 20. Jh. kennt monastische Aufbrüche. 1933 bildete sich die Ordensgemeinschaft der Kleinen Schwestern und Brüder Jesu, die in Armut leben und sich in sozialen Brennpunkten engagieren, vor allem in der »Dritten

---

14 *F. v. Lilienfeld,* aaO., 176.
15 *F. v. Lilienfeld,* aaO., 177.
16 *F. v. Lilienfeld,* aaO., 179.
17 Vgl. *H.-O. Binder*, Säkularisation, in: TRE XXIX, 598–600.

Welt«. In Indien gründete Mutter *Teresa* (1910–1997) 1949 die Gemeinschaft der »Missionarinnen der Nächstenliebe«. Die Schwestern Mutter Teresas leben eine rigorose Armut, die an die Anfangszeit des Mönchstum erinnert.[18] Sie besitzen zwei Saris (typisch indisches Gewand), einen Wassereimer, ein Stück Seife und eine Strohmatte. Sie führen ein spirituelles Leben mit gemeinsamem Gottesdienst, Gebet und Meditation. Sie dienen unermüdlich den Armen und Sterbenden.

1.12 Edith Stein, »Tochter Israels und Tochter des Karmels«[19]

Die Doppelcharakterisierung weist auf die jüdische Herkunft *Edith Steins* einerseits und auf deren Zugehörigkeit zum Kölner Karmel andererseits hin. Die Karmeliter gehen auf eine Gemeinschaft abendländischer Einsiedler auf dem Berg Karmel (heute Israel) zurück, die 1210 eine Regel erhielten. Mitte des 15. Jh. entstand ein weiblicher Zweig. Die »Unbeschuhten Karmelitinnen«, zu denen *Edith Stein* sich zählte, bilden heute den weltweit größten kontemplativen Frauenorden der katholischen Kirche.[20]

Edith wurde als jüngstes von 11 Kindern einer Breslauer jüdischen Familie geboren. Sie studierte Philosophie, Psychologie, Geschichte und Germanistik und promovierte beim berühmten Philosophen *Edmund Husserl*. Vier Versuche sich zu habilitieren, scheiterten, auch wegen ihrer jüdischen Herkunft. 1922 entschied sie sich, Christin und Karmelitin zu werden auf Grund der Lektüre einer Lebensbeschreibung der spanischen Mystikerin und Karmelitin *Teresa von Avila*. Sie war dann zunächst Lehrerin in Speyer und ab 1932/ 1933 Dozentin in Münster. 1933 trat sie in den Kölner Karmel ein, 1934 wurde sie »eingekleidet« und erhielt den Namen »*Teresia Benedicta a Cruce*« (lat. die vom Kreuz Gesegnete). 1938 emigrierte sie in die Niederlande. Nach der Besetzung der Niederlande durch die Deutschen wurde sie 1942 zusammen mit ihrer Schwester *Rosa* im Lager Westerbork interniert. Am 9. August 1942 wurde sie in Auschwitz ermordet. *Edith Stein* war eine jüdische wie eine christliche Märtyrerin. Sie wurde ermordet, weil sie Jüdin war. Sie erlitt »ihr Schicksal in christlichem Geist und

---

18 vgl. *F. v. Lilienfeld*, aaO., 184.
19 Von Papst *Johannes Paul II.* bei der Heiligsprechung am 11. 10. 1998 verwendete Bezeichnung für *Edith Stein*.
20 Vgl. *U. Köpf*, in: ⁴RGG, Bd. 4, 823 (mit. Lit.).

Verbundenheit mit dem gekreuzigten Jesus«.[21] 1998 wurde sie heilig gesprochen.

1.13 Evangelisches Mönchtum heute

Der monastische Gedanke ging auch in den reformatorischen Kirchen nie ganz verloren. Auf dem Boden der anglikanischen Kirche wurden im 19. Jh. Mönchs- und Nonnenklöster gegründet. Sie wollten den christlichen Glauben so konkret und ganzheitlich wie möglich praktizieren. Vor allem nach dem Ende des Zweiten Weltkriegs entstanden in Europa Gemeinschaften, die in der Mehrzahl sich wieder auf die altkirchlichen Gelübde verpflichteten. Sie nennen sich *Kommunitäten* (frz. Communauté, engl. community), um sich von den katholischen Klöstern zu unterscheiden. Die berühmteste Kommunität ist die Communauté de Taizé in Burgund. Gründer und Prior bis heute ist der reformierte Theologe *Roger Schutz*, der sich 1940 in Taizé niederließ. Die ersten Brüder schlossen sich ihm 1942 an. 1949 verpflichteten sie sich zum gemeinsamen Leben in Ehelosigkeit, Gütergemeinschaft und Anerkennung eines »Dienstes an der Gemeinschaft«, der für die Einheit der Gemeinschaft Sorge tragen muss.

Die Brüder arbeiten nicht nur für die sichtbare Einheit der Christen, sondern sie verstehen sich selbst als eine ökumenische Gemeinschaft. In der Regel von Taizé heißt es: »Finde dich niemals ab mit dem Skandal der Spaltung unter den Christen, die alle so leicht die Nächstenliebe bekennen und doch getrennt bleiben. Habe die Leidenschaft für die Einheit des Leibes Christi.«[22] Sie stammen nicht nur aus verschiedenen Ländern, sondern auch aus unterschiedlichen christlichen Konfessionen, auch der katholischen. La lutte et la contemplation (franz. Kampf und Kontemplation) ist ihre Parole. Kontemplation heißt z.B., dass sich die Brüder, wo immer sie auch sind, dreimal am Tag zum Gebet treffen. Kampf heißt z.B. Einsatz für die sichtbare Einheit der Kirche oder Einsatz für soziale Gerechtigkeit. Einzelne Brüder leben zusammen mit Bewohnern von Slums. In Taizé treffen sich Menschen aller Altersgruppen zu Gottesdiensten und Gesprächen. Die Brüder haben vor allem die Jugend der Welt im Blick, gerade auch die kirchenfremde, die auf der

---

21 *M. Pankoke-Schenk*, Edith Stein, Sr. Teresia Benedicta a Cruce (1891–1942), in: *K.-J. Hummel/C. Strohm (Hg.)*, Zeugen einer besseren Welt, Leipzig/Kevelaer 2000, 115 (mit Lit.).
22 Zit. nach *H.Gutschera/J. Thierfelder*, aaO., 68.

Suche nach dem Sinn des Lebens ist. 1992 rief *Frère Roger* die Jugendlichen zum »Pilgerweg des Vertrauens auf der Erde« auf. Jeder soll an seinem Ort herausfinden, was er für Frieden und Versöhnung tun kann. Stationen auf diesem Pilgerweg sind die großen Jugendtreffen in den europäischen Metropolen, die Zehntausende von Jugendlichen anziehen.

2. Systematisch

2.1 Die Herausforderung des Mönchtums

Das Mönchtum ist zweifellos eine der wichtigsten Bewegungen in der Kirchengeschichte. Eine »Brunnenstube der ... Kirche« hat sie *Walter Nigg* zu Recht genannt.[23] Mönche bewahrten mit ihrem »Kontrastprogramm« die Kirche immer wieder davor, sich der »Welt« total anzugleichen. Das war schon z. Zt. der Konstantinischen Wende so, als die Massen in die Kirche drängten (→ II. Die Konstantinische Wende). Dies war aber auch so, als die reich und mächtig gewordene Kirche im Mittelalter an ihre Ursprünge erinnert werden musste. Dass der reformatorische Aufbruch im 16. Jh. von einem Mönch initiiert wurde, war gewiss kein Zufall.

In der Geschichte des Mönchtums gibt es gleich bleibende Phänomene. Die Mönche leben als Eremiten, Wandermönche oder Koinobiten. Die Mönche und Nonnen greifen immer wieder auf die Lebensform Jesu und seiner Jünger zurück. Gleich bleibend ist auch, dass es im Mönchtum verheißungsvolle Neuanfänge und schwere Krisen gibt. Meist ist es so, dass auf solche verheißungsvollen Neuanfänge durch bedeutende »Väter« und »Mütter« nach drei bis vier Generationen Ermüdungserscheinungen folgen. Neue Impulse werden nötig. Oft bestehen diese in der Rückkehr zu den Anfängen des betreffenden Ordens oder zu den Anfängen des Mönchtums überhaupt. Gleich bleibend sind auch die Mönchsgelübde, auch Evangelische Räte genannt. Sie stellen nicht nur heute, aber eben heute in besonderer Weise, eine Herausforderung dar. Persönliche oder gar gemeinschaftliche Besitzlosigkeit wie bei den Franziskanern wurde in Frage gestellt, wenn die Klöster mit Stiftungen überhäuft wurden. Das Gelübde der Keuschheit musste vor allem bei den Mönchen und Nonnen problematisch werden, die nicht aufgrund einer wirk-

---

23 Zit. nach *F. v. Lilienfeld*, aaO., 150.

lichen Berufung die monastische Lebensweise übernahmen, sondern weil sie z.B. versorgt werden sollten oder wollten. Das Gelübde des Gehorsams gegenüber dem Abt als dem Stellvertreter Christi wurde zum Problem, wo die Äbte als Äbte versagten. Angesichts der Gefahren, die eine solche Gehorsamsforderung überhaupt mit sich bringt, sprechen die Brüder von Taizé in ihrer Rezeption der Evangelischen Räte lieber von der Anerkennung eines »Dienstes der Einheit«.

Viele Menschen halten heute das Mönchtum wegen der geforderten Entsagungen für wenig attraktiv. Sie können darauf hinweisen, dass viele Orden schwere Nachwuchsprobleme haben. Doch bezeugen auch heute Mönche und Nonnen, dass sie in ihrer Lebensform nicht bloß Verzicht sehen, sondern vor allem Freiheit, Freiheit von weltlichen Bindungen, und eine neue Sinnfindung.

2.2 Sind Mönche/Nonnen bessere Christen?

Menschen gingen im Mittelalter ins Kloster, weil die monastische Lebensweise einen sichereren Weg zum Heil bot als die Lebensweise des »normalen« Christen. Dazu hatten die Mönche auch mehr zu »leisten«. Die mittelalterliche Theologie entwickelte eine Zwei-Stufen-Ethik. Danach sollten die »normalen« Christen »nur« die 10 Gebote halten, die Ordensleute aber überdies die Bergpredigt. Diese Ethik entspricht aber nicht der Bergpredigt, denn diese lässt keine Abstufungen zu, sondern wendet sich an alle Christen. Alle werden beschenkt und verpflichtet. Wer dies ernst nimmt, muss die Zweistufenethik ablehnen.

Martin Luthers Kritik am Mönchtum machte sich nicht an den Verfallserscheinungen des spätmittelalterlichen Mönchtums fest, die von vielen Kirchenkritikern damals beklagt wurden, sondern an einer Religion, die auf Leistung setzte und nicht auf Gnade. Die monastische Lebensform sei keine bessere Form christlichen Lebens, sondern eine andere Lebensform. Sie ist eigentlich eine Berufung, ein Charisma (gr. Gnadengabe), nicht eine vorzeigbare Leistung.

2.3 Das Mönchtum verbindet die Religionen

Religionswissenschaftlich gesehen ist das Mönchtum nicht auf das Christentum beschränkt.[24] Im Buddhismus, gestiftet durch *Buddha* (ca. 450–370 v.Chr.), wurde stets das Ideal des Mönchtums ge-

---

24 Vgl. dazu *W. Klein*, Mönchtum I, in: TRE XXIII, 144–150.

pflegt. Nach einem Noviziat wird der Kandidat aufgenommen. Der Kopf wird geschoren und man erhält ein einfach gelbes oder rotes Gewand und eine Almosenschale. Der Austritt ist jederzeit möglich. Aufgaben der Mönche sind die Rezitation heiliger Texte und die Meditation.

Im Islam hat sich das Mönchtum aus dem Asketentum entwickelt. Dieses widmete sich dem Gebet, dem Fasten und der Koranlektüre. Das Asketentum wurde später von der Mystik, dem Sufismus, durchdrungen. Aufgabe der Sufis ist u.a. die Predigt.

Gerade im katholischen Mönchtum von heute wird die Begegnung mit dem buddhistischen Mönchtum Tibets oder Japans gesucht. Ziel ist die gegenseitige Begegnung und Befruchtung z.B. zwischen zenbuddhistischer Meditation und traditioneller christlicher Kontemplation.[25]

3. *Didaktisch*

3.1 *Vorbemerkung*

Für viele Schüler/innen dürfte das Leben als Mönch bzw. Nonne etwas höchst Exotisches sein. In diesem Sinn begegnen ihnen Mönche und Nonnen in der Werbung. Doch könnte diese Lebensform, die so ganz der gängigen Jugendkultur widerspricht, auch auf Interesse stoßen. Empfehlenswert ist es, Gelegenheiten für eine originale Begegnung zu eröffnen. Viele Klöster und Kommunitäten bieten heute solche Möglichkeiten an, auch für Schulklassen (s.u.).

3.2 *Konzentration auf einen Orden*

Natürlich ist ein Längsschnitt über die Orden im Unterricht wenig sinnvoll. In Anwendung des exemplarischen Prinzips empfiehlt sich die Behandlung einzelner Orden. Gut aufgearbeitet für den Unterricht sind die Zisterzienser.[26] Hier bietet sich ein fächerverbindender Unterricht mit dem Fach Geschichte an. Schüler/innen können am Zisterzienserorden
• eine spezifische Form der Christus-Nachfolge kennen lernen, die sich vom Leben des Christen in der »Welt« unterscheidet

---

25 Vgl. *F. v. Lilienfeld*, aaO., 185.
26 Vgl. *J. Thierfelder/U. Uffelmann*, aaO.

- erkennen, dass das Mönchtum wie jede Einrichtung der Kirche ständig vom Verfall bedroht ist und der ständigen Reform bedarf
- einen Einblick in mittelalterliche Theologie und Frömmigkeit erhalten
- erkennen, welchen Einfluss das mittelalterliche Mönchtum auf alle Lebensbereiche hatte, z. B. Ökonomie und Kunst, und welchen Einfluss andererseits mittelalterliches Leben und Denken auf einen Orden haben konnte
- sehen, wie prägend ein einzelner Mönch, nämlich *Bernhard von Clairvaux*, für einen Orden sein konnte.[27]

Eine exemplarische Behandlung des Mönchtums kann auch erfolgen am Beispiel des Jesuitenordens (→ X. Gegenreformation). Die UE könnte die besondere Leistung dieses Ordens auf dem Gebiet der Seelsorge, der höheren Schulbildung und der Äußeren Mission herausstellen.[28]

Schließlich übt die ökumenische Kommunität von Taizé eine besondere Anziehungskraft auf Schüler/innen aus. Hier bietet sich eine Studienfahrt nach Taizé (Burgund/Frankreich) besonders an. Eine Einstimmung auf Taizé gibt das Kapitel »Taizé-Faszination für junge Leute«.[29]

3.3 Das Kloster

In vielen Lehrplänen für den RU wird das Kloster als Unterrichtsinhalt thematisiert. Dazu sind unterschiedliche Zugänge entwickelt worden. Attraktiv kann es sein, mit Hilfe von Bastelbögen das Modell eines Klosters zu erstellen. Als Grundlage bietet sich der vereinfachte Idealplan von St. Gallen an. Im Werden des Modells können die nötigen Informationen eingespielt werden.[30] Gerade beim Thema Kloster kann man auch Freiarbeitsmaterialien verwenden.[31] Ist ein Kloster in näherer oder weiterer Umgebung zu erreichen,

---

27 *J. Thierfelder/U. Uffelmann*, aaO., 15.
28 Vgl. *H. Gutschera/J. Thierfelder*, Brennpunkte der Kirchengeschichte, Paderborn 1976, 149–152.
29 Verf. *S. Gehrung*, in: Projekt Ökumene. Auf dem Weg zur Einen Welt. Ein Arbeitsbuch für den Religionsunterricht, hg. v. *U. Becker/G. Büttner/H. Gutschera/J. Thierfelder*, Düsseldorf 1997, 178–189.
30 Vgl. *R. Wertz*, Das Kloster, Stuttgart 1998; der Band enthält 48 Bastel-und Kopiervorlagen.
31 Vgl. *E. Feil-Götz u. a.*, Martin Luther und seine Zeit, Stuttgart 1999. Zu Luthers Klostereintritt wird mit Hilfe von Freiarbeitsmaterialien das Kloster dargestellt. Vgl. auch Möckmühler Arbeitsbogen Nr. 73.

sollte unbedingt ein Lerngang vorgesehen werden.[32] Ausführliche Vorbereitung und Nachbereitung sind erforderlich. Beim Lerngang selbst können Methoden der »Kirchenpädagogik« eingesetzt werden.[33] Für Schüler/innen ab der oberen Sek I wird ein mehrtägiger Besuch in einem Kloster die beste »Begegnung mit dem klösterlichen Leben sein«.[34] Eine Besucherin schrieb: »Wir sangen, beteten, meditierten, feierten Laudes, Vesper und die Messe, halfen am Samstagvormittag beim Putzen, Kochen und Aufräumen, besichtigten die Klosteranlage, setzten uns mit Leben und Werk des *Franz von Assisi* auseinander und lernten die Bedeutung von Kerzenlicht, meditativer Musik und Gemeinschaft ganz neu kennen.«[35]

3.4 Nonnen

Schon die Tatsache, dass in den Religionsbüchern oft nur von Mönchen die Rede war, zeigt, wie stark der Frauenanteil an den Orden verdrängt wurde. Dabei dürfte der weibliche Anteil am Ordensleben erheblich höher gewesen sein als der männliche. Nicht nur um der Gerechtigkeit willen sollten im RU die Nonnen stärker berücksichtigt werden, sondern auch um der Schülerinnen willen. Auch ihnen sollten im RU Identifikationsmöglichkeiten eröffnet werden (s. u.). Für den Kirchengeschichtsunterricht können aus dem Mittelalter herangezogen werden *Katharina von Siena*[36], *Teresa von Avila*[37], *Hildegard von Bingen*[38]. In Bezug auf die Neuzeit bietet sich *Edith Stein* an. Reizvoll kann auch die Behandlung von Ordensleuten sein, die einen besonderen Kontakt miteinander hatten. Zu denken ist an *Franz v. Assisi* und *Clara*. Eine besondere Herausforderung könnte in der

---

32 Vgl. *A. Hörner*, Das ehemalige Zisterzienserkloster Bronnbach/Main-Tauber-Kreis, in: entwurf 3/97, 72–75.
33 Vgl. *R. Degen (Hg.)* unter Mitarbeit von *C. T. Scheilke*, Lernort Kirchenraum. Erfahrungen – Einsichten – Anregungen, Münster 1998 u. *M. L. Goecke-Seischab/J. Ohlemacher*, Kirchen erkunden, Kirchen erschließen, Lahr/Kevelaer 1998.
34 Vgl. *H. Nicklas u. a.*, Begegnung mit dem klösterlichen Leben. Besinnungstage im Kloster der Franziskanerinnen in Sießen, in: entwurf 3/99, 86f.
35 *H. Nicklas u.a.*, aaO., 86.
36 Vgl. *H. Helbing*, Katharina von Siena. Mystik und Politik, München 2000.
37 Vgl. dazu *E. Lorenz (Hg.)*, Teresa von Avila. Ich bin ein Weib und obendrein kein gutes, Freiburg 1998.
38 Vgl. *U. Bejick/M. Pfeiffer*, Hildegard von Bingen. Unterrichtsvorschläge für das Gymnasium, in: entwurf 3/96, 50–64 (mit Lit.), *M. Diefenbach*, Hildegard von Bingen (Erschließung über Musik), in: *H. Dam (Hg.)*, Kirchengeschichte lebendig (Schönberger Impulse), Frankfurt 2002, 31–34 u. *H. Dam*, Hildegard von Bingen (Erschließung über Bilder), in: *ders.*, aaO., 24–28.

Behandlung von *Martin Luther* und *Katharina von Bora* liegen, beide ehemalige Ordensleute.

3.5 Mönche und Nonnen als Vorbilder

Eine besondere Faszination geht für viele Menschen von *Franz von Assisi* aus, dessen Leben und Wirken in besonderer Weise ein »Kontrastprogramm« war zum »normalen« Leben in der Gesellschaft. Möglicherweise kann besonders für Jugendliche in der Pubertätszeit, die auf der Suche nach Sinnfindung sind, Franz von Assisi zum Gesprächspartner werden.[39] Eine UE über Franz[40] kann zunächst seine Hinwendung zum einfachen Leben darstellen und auf biblische Vorbilder beziehen. Weiter werden Schüler/innen Leben und Forderungen des Franz als Kritik an der mittelalterlichen Kirche begreifen können. Möglich ist auch ein Vergleich mit dem Benediktinerorden (*stabilitas loci* bei *Benedikt* und die Wanderpredigt bei *Franz*). Schließlich wird man mit den Schüler/innen nachdenken können, welche Impulse von Franz für ein Leben in Frieden heute ausgehen (Friedenspredigt vor dem Sultan, Armut als Beitrag zum Frieden, neues Verständnis der Natur als Beitrag zum Frieden etwa beim Sonnengesang, das auf Franziskaner zurückgehende Friedensgebet).

Auch *Edith Stein* kann zum Vorbild werden. Wird sie in der Sek I behandelt, wird vor allem der Lebensweg der aus dem Judentum stammenden Ordensfrau behandelt werden. Für die Sek II wird man die Philosophin Edith Stein thematisieren können und den Gründen ihrer Konversion nachgehen. Dazu sollten dann anspruchsvolle Originaltexte von Edith Stein herangezogen werden. Mit besonderem Takt wird hierbei das Thema Judentum zu behandeln sein. Nicht eine Überlegenheit des Christentums sollte thematisiert werden, sondern vielmehr Edith Stein als eine christliche *und* jüdische Märtyrerin. Vorbildcharakter kann auch Mutter *Teresa* erhalten, die sich für die Armen und Sterbenden einsetzte. Grundsätzlich ist ihre Behandlung in der Grundschule möglich. Will man Mutter Teresa aber im Zusammenhang des Nord-Süd-Gegensatzes behandeln, sollte sie erst in der Sek I angesprochen werden.

---

39 Vgl. das Kapitel 6 »Weltherrschaft und Weltdienst: Innozenz III. und Franz von Assisi«, in: *H. Gutschera/J. Thierfelder*, aaO., 99–119.
40 Vgl. *H. Schmidt/J. Thierfelder,* 27 Unterrichtseinheiten für den Religionsunterricht im 7./8. Schuljahr, Stuttgart 1978, 249.

3.6 Mönchtum in anderen Religionen

Auch in anderen Religionen gibt es Mönchtum. Ein RU, der den interreligiösen Dialog im Auge hat, wird das Mönchtum in anderen Religionen vorstellen und mit dem christlichen vergleichen. Für die Sek II hat *J. Lähnemann* eine UE »Meditation und Gebet im Zen-Buddhismus und in der Communauté von Taizé« vorgelegt.[41]

3.7 Fächerübergreifende Behandlung

Das Thema Mönche/Nonnen eignet sich in besonderer Weise für fächerübergreifende Unterrichtsversuche. Neben ev. und kath. Religion können die Fächer Geschichte, Deutsch, Kunst, Musik u. Technik zum Zuge kommen.[42] Der Geschichtsunterricht wird dabei stärker die Bedeutung der benediktinischen und zisterziensischen Klöster für die Kultur im weitesten Sinn herausstellen. Der RU kann den Fragen nachgehen, warum Menschen im Kloster leben und warum Menschen bis heute die monastische Lebensform wichtig ist. Vom Fach Musik wird die spezifische Mönchsmusik, der Gregorianische Choral, eingebracht werden können. Mit dem Fach Technik kann an Klostermodellen gearbeitet werden (s.o.). Das Fach Kunst kann einen Beitrag leisten, indem es auf die vor allem in den Klöstern entstandene Buchmalerei eingeht.

LITERATURHINWEISE

K. S. Frank, Grundzüge der Geschichte des christlichen Mönchtums, Darmstadt 1981

H. Gutschera/J. Thierfelder, Brennpunkte der Kirchengeschichte, Paderborn 1976, Kap. 3: Weltabkehr und Weltverantwortung: Das Mönchtum

---

41 Vgl. Meditation und Gebet im Zen-Buddhismus und in der Communauté von Taizé – ein Unterrichtsprojekt für die Sekundarstufe II, in: *J. Lähnemann*, Weltreligionen im Unterricht, Teil I: Fernöstliche Religionen, Göttingen 1986, 221–290.
42 Die Lehrpläne für Baden-Württemberg sehen z.B. für HS, Kl.7, eine UE in Geschichte vor: Aufgaben und Leistungen der mittelalterlichen Klöster, eine UE in ev. Religion: Glauben und Leben gestalten – Klöster, eine UE in kath. Religion: Wie unsere Vorfahren Christen wurden.

IV. Kreuzzüge

Jörg Thierfelder

Christus als Anführer der Kreuzfahrer; Anfang 14. Jh.

1. Historisch

1.1 Begriffsklärung

Der Gebrauch des Wortes Kreuzzug ist inflationär. Die USA bezeichnet ihren Feldzug gegen Hitlerdeutschland und den Kampf mit dem internationalen Terrorismus seit dem 11. 9. 2001 als Kreuzzug. Geläufig sind auch Kreuzzüge gegen Armut und Hunger.

In der Forschung unterscheidet man Kreuzzüge im engeren von solchen im weiteren Sinn.[1] Im engeren Sinn ist ein Kreuzzug »ein

---

1 Vgl. *E.-D. Hehl*, Art. Kreuzzüge, in: ⁴RGG, Bd. 4, 1758–1762, bes. 1758.

Krieg, der vom Papst ausgeschrieben wird, in dem das Gelübde verlangt, der Ablass und die weltlichen Privilegien bewilligt werden, und der (das scheint wesentlich) auf die Erlangung oder Erhaltung eines ganz bestimmten, geographisch fest umrissenen Zieles gerichtet ist: auf die christliche Herrschaft über das Grab des Herrn in Jerusalem«.² Der erste Kreuzzug in diesem Sinn begann 1096. Die Gesamtzahl der Kreuzzüge ist in der Forschung umstritten. Mit dem Fall von Akko 1291 endete die Zeit der Kreuzzüge.

In einem weiter gefassten Begriff ist ein Kreuzzug ein Krieg, zu dem der Papst mit den gleichen Privilegien aufruft, der sich aber nicht nur gegen Muslime, sondern auch gegen andere Nichtchristen wie gegen Christen, die man zu Häretikern erklärte, richtet. Die historische Information beschäftigt sich vor allem mit den Kreuzzügen im engeren Sinn.

1.2 Vorgeschichte

Seit dem 4. Jh. gibt es Wallfahrten nach Jerusalem. Jerusalem war im Mittelalter neben Rom und Santiago de Compostela wichtigstes Ziel von Pilgerreisen. Auch nach dem 7. Jh., in dem das Heilige Land von den Moslems erobert wurde, pilgerten Wallfahrer ins Heilige Land, im Allgemeinen ohne Schwierigkeiten. Eine Ausnahme war die Christenverfolgung durch Kalif *Hakim*, der 1009 die Grabeskirche zerstören ließ. Seit Mitte des 11. Jh. begannen die Schwierigkeiten für die Pilger zu wachsen. Türkische Seldschuken, aus Mittelasien kommend, eroberten Teile Kleinasiens (bei Manzikert gab es 1071 eine schwere Niederlage der Byzantiner gegen die Seldschuken) und Palästinas mit Jerusalem. Es kam zu Überfällen auf Jerusalempilger. Trotz dieser Schwierigkeiten stieg die Zahl der Pilger weiter an.

1095 überbrachten Gesandte aus Konstantinopel auf dem Konzil von Piacenza einen Hilferuf des oströmischen Kaisers *Alexios I. Komnenos*. Sein Reich war bedroht von den Seldschuken. Er hoffte auf Hilfe westlicher Söldner gegen diese Bedrohung. Auf der Kirchenversammlung von Clermont rief dann Papst *Urban II.* zum Kreuzzug auf. Seine Rede existiert in mehreren Fassungen, von denen keine mit Sicherheit authentisch ist. Der Kernsatz hieß:

Deshalb bitte und ermahne ich euch, und nicht ich, sondern der Herr bittet und ermahnt euch als Herolde Christi, die Armen wie die Reichen, daß ihr euch beeilt, dieses gemeine Gezücht aus den von euern Brüdern bewohnten

---

2 *H. E. Mayer*, Geschichte der Kreuzzüge, Stuttgart 1965, 263.

Gebieten zu verjagen und den Anbetern Christi rasche Hilfe zu bringen. Ich spreche zu den Anwesenden und werde es auch den Abwesenden kundtun, aber es ist Christus, der befiehlt.³

Die Schilderung der bedrängten Lage der Christen war wohl übertrieben. Entweder kannte man im Abendland die wahre Lage nicht oder wollte man ganz bewusst Ressentiments gegen die Muslime wecken, um der Kreuzzugspropaganda zum Erfolg zu verhelfen. *Urban II.* sagte den Kämpfern den Nachlass kirchlicher Sündenstrafen zu. Die Antwort auf diesen Aufruf war *Dio lo volt* (provenz. Gott will es). Die Kreuzfahrer brachten ein rotes Stoffkreuz auf ihren Mantel an. In den nächsten Wochen und Monaten zogen Prediger vor allem durch die Länder Westeuropas und warben im Auftrag des Papstes für den Kreuzzug. Das ungeheure Echo auf den Aufruf dürfte auch *Urban II.* überrascht haben.

1.3 Der erste Kreuzzug und seine Folgen

Im Vorfeld des ersten Kreuzzugs kam es zu den ersten schweren Judenverfolgungen seit Jahrhunderten. Die Kreuzfahrer gaben nach einem jüdischen Chronisten folgende Parole aus:

Seht an, wir sind auf einer langen Reise zum Grab [von Christus], um uns an den Anhängern des Islam zu rächen, obwohl doch mitten unter uns die Juden sind, deren Vorväter ihn ermordeten und kreuzigten, ohne einen Grund zu haben. Laßt uns zuerst an ihnen Rache nehmen und sie unter den Völkern ausrotten, so daß der Name Israels aus der Erinnerung schwindet. Oder laßt sie unseren Glauben annehmen.⁴

Blühende Judengemeinden, vor allem im Rheinland, die Jahrhunderte lang in Ruhe hatten leben können, wurden ausgelöscht, Tausende von Juden umgebracht. Die religiösen Begründungen konnten Habgier und Sadismus nur schwerlich verbergen. (→ V. Christliche Judenfeindschaft – Judenverfolgung)

Die ersten bunt zusammengewürfelten, schlecht ausgerüsteten, größtenteils nicht ritterlichen Kreuzfahrer unter dem Volksprediger *Peter dem Eremiten* aus Amiens erreichten ihr Ziel nicht, sondern wurden in Kleinasien von den Seldschuken aufgerieben.

---

3 *Fulcher v. Chartres*, zit. nach R. *Pernoud*, Die Kreuzzüge in Augenzeugenberichten, München ²1972, 22.
4 *Solomon Bar Simson*, zit. nach E. *Röhm/J. Thierfelder*, Christen-Juden-Deutsche, Bd. 1, Stuttgart 1990, 24.

Erfolg hatten erst mehrere Ritterheere unter *Gottfried von Bouillon*, *Raimund von Toulouse* und *Bohemund von Tarent*. Sie brachen an verschiedenen Orten auf und vereinigten sich dann in Konstantinopel. Kaiser *Alexios* fürchtete wegen der riesigen Heere um sein Reich und Konstantinopel. Er ließ die Kreuzfahrer einen Lehenseid schwören. Unter schrecklichen Strapazen kamen die Kreuzfahrer schließlich in das Heilige Land. 1097 begann die Belagerung Antiochiens, das 1098 fiel. Während der Belagerung setzte sich *Balduin von Boulogne* ab und gründete die Grafschaft Edessa. *Bohemund* errichtete das Fürstentum Antiochia. Die anderen Kreuzfahrer zogen dann nach Jerusalem, das nach vierwöchiger Belagerung eingenommen wurde. Am 15. Juli 1099 gelang es *Gottfried von Bouillon*, in die Stadt einzudringen. Die einzigen Einwohner Jerusalems die mit dem Leben davon kamen, waren der Gouverneur und sein Gefolge, die freies Geleit erhielten. Die anderen Muslime und die Juden fielen einem entsetzlichen Blutbad zum Opfer. Ein Kreuzfahrer berichtete: »Es wurden aber in der Stadt so viele Feinde erschlagen und so viel Blut vergossen, daß die Sieger selber mit Ekel und Schrecken erfüllt werden mußten.«[5]

Der ›Felsendom‹, das drittwichtigste Heiligtum der Muslime, wurde in eine christliche Kirche (»templum Domini«) umgewandelt, ebenfalls die Al-Aqsa-Moschee (»templum Salomonis«). Die Kreuzfahrer gründeten das Königreich Jerusalem, den bedeutendsten Kreuzfahrerstaat. *Gottfried von Bouillon*, zum König gewählt, wollte sich im Blick auf den Messiaskönig Christus nur Vogt des Heiligen Grabes nennen. Erst sein Nachfolger, *Balduin von Flandern,* nahm den Königstitel an. Jerusalem erhielt einen lateinischen Patriarchen. Neue Kirchen wurden gebaut, so die St. Anna-Kirche neben dem Teich von Bethesda. In den verschiedene Kreuzfahrerstaaten entstanden zahlreiche Festungen. Etliche Ritter ließen sich für immer im neuen Land nieder. Später konnten sie sagen: »Wir, die wir Abendländer waren, sind Orientalen geworden.«[6] Andere Ritter kehrten nach Hause zurück.

Das Rückgrat der Kreuzfahrerstaaten bildeten die geistlichen Ritterorden. Zum dreifachen Gelübde des Mönchs (Armut, Keuschheit und Gehorsam) trat bei diesen Rittern das Gelübde des Kampfes gegen die Ungläubigen. Sie widmeten sich z. T. zunächst den Verwun-

---

5 *Wilhelm von Tyrus*, zit. nach Geschichte in Quellen, hg. v. *W. Lautemann/M. Schenke*, Bd.2, München, 1970, 369.
6 Zit. nach *R. Pernoud*, aaO., 125.

deten und Kranken, übernahmen dann aber immer stärker die Aufgabe des Schutzes der Pilger und damit militärische Aufgaben. Zu nennen sind die Johanniter (gegr. Mitte des 11. Jh.), die Templer (gegr. 1119) und der Deutsche Orden (gegr. 1198).

1.4 Neue Kreuzzüge

Die Verteidigung der verschiedenen Kreuzfahrerstaaten machten ständig neue Kreuzzüge nach *Outremer* (frz. Übersee) nötig. Der zweite Kreuzzug (1147–49), zu dem vor allem *Bernhard von Clairvaux* aufgerufen hatte, scheiterte kläglich. 1187 brachte die grundsätzliche Wende in den Kreuzzügen. Die Muslime, die bis dahin wegen ihrer Uneinigkeit leicht in Schach gehalten werden konnten, wurden unter dem Kurden-Sultan *Saladin* geeinigt. Saladin besiegte ein großes Kreuzfahrerheer an den Hörnern von Hattin am See Genezaret und nahm in Folge ganz Palästina ein bis auf einen kleinen Brückenkopf an der Küste. Auch Jerusalem wurde erobert. Nun wurde das Kreuz vom ›Felsendom‹ herabgerissen und durch den Staub gezogen. Der dritte Kreuzzug (1189–1192) brachte den größten Teil des Küstenstreifens wieder in die Hand der Kreuzfahrer. Der vierte Kreuzzug (1202–1204) gipfelte in der Plünderung Konstantinopels und der Errichtung eines lateinischen Kaiserreichs in Griechenland. Bis heute belastet diese entscheidende Schwächung des oströmischen Reichs die lateinisch-griechischen Beziehungen. Die beiden folgenden Kreuzzüge (1217–1221 bzw. 1248–1254) endeten beide in Ägypten in einer Katastrophe. Ein eigentümlicher Kreuzzug war der Kinderkreuzzug von 1212. Ungeordnete Bewegungen von Jugendlichen machten sich auf den Weg über die Alpen. Sie scheiterten an der Kluft zwischen ihren phantastischen Zielen und der rauen Wirklichkeit. Keiner dieser Jugendlichen sah die Heimat wieder. Viele starben an Krankheiten und Entbehrungen. Manche wurden, sogar von christlichen Reedern, als Sklaven verkauft.

1291 gingen mit dem Fall von Akko dann die letzten christlichen Niederlassungen in Palästina und Syrien verloren. Schon zuvor war das religiöse Interesse weitgehend verflogen. Die aufstrebenden Nationalstaaten Westeuropas und die Seerepubliken wie Venedig, Pisa und Genua verloren ihr Interesse. Und auch bei den einzelnen Kreuzfahrern ließ die Begeisterung nach. Ein französischer Baron, der bei der Rückkehr von *Outremer* sein Land verwüstet vorfand, wollte beim nächsten Kreuzzug seinen König nicht mehr begleiten. Seine Begründung: »Wenn ich tun will, was Gott gefällt, so habe ich hierzubleiben und meinem Volk zu helfen. Setze ich mich aber den Gefahren eines Kreuzzuges aus, obgleich ich erkenne, daß dies zum Nachteil und Schaden meines Volkes sein würde, so muß ich Gott erzürnen.«[7]

1.5 Bilanz

Betrachtet man Ertrag und Schaden der Kreuzzüge im Ganzen, so scheint der Schaden zu überwiegen. Gewiss wurde das gesamtabendländische Gemeinschaftsgefühl gestärkt. Gewiss profitierte der Okzident von der arabischen Welt. Medizinische und naturwissenschaftliche Kenntnisse, philosophisches Wissen, Dinge des täglichen Lebens wie Früchte- und Gemüsesorten, Rohrzucker und Baumwolle, Papier und neue Tucharten fanden so ihren Weg ins Abendland. Freilich geht man heute davon aus, dass jener Ost-West-Austausch viel stärker als bisher angenommen über Spanien und Sizilien lief. Zu beklagen aber ist das tiefe Misstrauen zwischen Islam und Christentum, das durch die Kreuzzüge verstärkt wurde, sowie die Entfremdung zwischen Ost- und Westkirche, die vor allem der Überfall auf Konstantinopel von 1204 mit allen seinen Folgen mit sich gebracht hat. Und schließlich bleiben die Kreuzzüge ein ewiger Makel für eine Religion, der das Schwert als Mittel der Ausbreitung verwehrt ist.

2. Systematisch

2.1 Wallfahrtsgedanke und Ablasswesen

Schon die Bezeichnungen, die die Kreuzfahrer ihrem Unternehmen gaben: der Weg nach Jerusalem, die Überfahrt, die Reise, die Pilgerfahrt machen deutlich, dass der Wallfahrtsgedanke eine Rolle spielte. Der Kreuzzug war im Grunde eine »bewaffnete Wallfahrt, die mit besonderen geistlichen Privilegien ausgestattet war und als besonders verdienstvoll galt«.[8] Wallfahrten wurden im Mittelalter vielfach von der Kirche als Bußwerk für begangene Sünden verstanden. Der Kreuzzugsaufruf von Papst Urban II. versprach freilich nicht nur einen Bußstrafenerlass, sondern den Nachlass zeitlicher Sündenstrafen, deren Schuld durch die sakramentale Absolution (lat. Lossprechung) bereits getilgt ist. Solche Sündenstrafen müssen,

---

7 Zit. nach *J. Williams*, Das große Buch der Kreuzritter, Reutlingen 1963, 131.
8 *H. E. Mayer*, aaO., 21.

wenn sie nicht hier abgebüßt werden, nach dem Tod getilgt werden. Der Papst sagte in seinem Kreuzzugsaufruf: »Wenn diejenigen, die dort hinunterziehen, ihr Leben verlieren, auf der Fahrt, zu Lande oder zu Wasser oder in der Schlacht gegen die Heiden, so werden ihnen in jener Stunde ihre Sünden vergeben werden, das gewähre ich nach der Macht Gottes, die mir verliehen wurde.«[9] In den Kreuzzügen ist ein Ansatz zu sehen für die spätmittelalterliche Ablaßpraxis. Nach dieser Praxis konnte die zeitliche Sündenstrafe schließlich in eine Geldbuße umgewandelt werden.

2.2 Heiliger Krieg

Mit dem Pilgergedanken ist die Theorie des Heiligen Krieges verbunden. Im NT wie in der Alten Kirche spielt diese Theorie zunächst keine Rolle. Im AT gibt es die Tradition der JHWH-Kriege, bei der vom Geist Gottes erfüllte Männer und Frauen in Krisenzeiten des vorstaatlichen Israels sich an die Spitze eines Heeres setzten und die Feinde besiegten. Seit *Augustin* wurde die Theorie vom Heiligen Krieg kirchlicherseits zum Kampf gegen die »Heiden« umgedeutet und ausgebaut. Terminologische Anklänge an den Kontext des JHWH-Kriegs finden sich in Urbans Kreuzzugsaufruf: »Wer einen Eifer hat für das Gesetz Gottes, der schließe sich uns an.«[10] Schon Papst *Gregor VII.* (1073–1085) versuchte das Rittertum für den Heiligen Krieg im Dienst der Kirche zu gewinnen. Dazu nahm er den Begriff der *militia Christi* (lat. Ritterschaft Christi), der in der Alten Kirche die mit friedlichen Mitteln kämpfenden Kleriker meinte, wieder auf und bezog ihn jetzt unter der Bezeichnung *militia S. Petri* auf den bewaffneten ritterlichen Kämpfer der Kirche. Dazu werden – in einer eigentümlichen Hermeneutik – die von Paulus verwandten Metaphern wie Schwert (des Geistes) oder Helm (des Glaubens) ihrer Metaphorik entkleidet und wörtlich genommen.

2.3 Jerusalem als Mittelpunkt der Welt

Die Kreuzzüge strebten den Besitz Jerusalems durch die Christen an. Der Gedanke, dass die Heilige Stadt im Besitz der Ungläubigen sei, wurde vielen Christen immer unerträglicher. Jerusalem war auf mittelalterlichen Radkarten stets der Mittelpunkt der Welt. Es ist ja

---

9 *Fulcher v. Chartres*, zit. nach *R. Pernoud*, aaO., 22.
10 *Wilhelm von Tyrus*, zit. nach *W. Lautemann/M. Schenke (Hg.)*, aaO., 366.

nicht nur die Stadt Davids, sondern – und das vor allem – die Stadt, in der Jesus Christus am Kreuz gestorben war und als der Auferstandene »gesehen« wurde. Und vom himmlischen Jerusalem ist in den apokalyptischen Texten wie der Offenbarung des Johannes die Rede. In mittelalterlichen Darstellungen von Jerusalem gehen oft irdisches und himmlisches Jerusalem ineinander über.

2.4 *Geistliche Ritterorden*

Die geistlichen Ritterorden, vor allem die Johanniter, leisteten einen wichtigen Beitrag zur Geschichte der christlichen Diakonie. Allein das Johanniterspital in Jerusalem hatte ca. 2000 Betten, in denen Kranke Aufnahme finden konnten. Die Krankenpflege war auf dem modernsten Stand der damaligen Zeit. Im Jerusalemer Johanniterhospital waren ausgebildete Ärzte angestellt, die die Krankenpfleger bei der Herstellung von Arzneien berieten. Waffendienst gehörte von Anfang an zum Dienst der Brüder an den Pilgern. Diese wurden nicht nur gepflegt, sondern auch geschützt, »damit sie zu den heiligen, durch die leibliche Gegenwart unseres Herrn Jesu Christi geheiligten Orten pilgern können«.[11]

2.5 *»Weltliche« Gründe*

Zweifellos war bei den Kreuzfahrern zunächst die religiöse Idee vorherrschend, nämlich Jerusalem aus der Hand der »Heiden« zu befreien. Auch spielte der Erlass der Sündenstrafen für viele Kreuzfahrer eine nicht zu unterschätzende Rolle. Doch haben auch »weltliche« Gründe eine Rolle gespielt, und zwar kollektiver wie individueller Art. Zahlreiche Ritter waren durch endlose Fehden verarmt und suchten nach neuer Betätigung. In vielen ritterlichen Familien erbte jeweils der älteste Sohn den ganzen Besitz. Die weiteren Söhne mussten sehen, wo sie blieben. Da traf die Propaganda der Kreuzzugsprediger auf offene Ohren: »Ich will davon schweigen, daß das Land, nach dem ihr strebt, viel reicher und fruchtbarer ist als dies unser Heimatland, und daß viele von euch in weltlichen Dingen dort ein viel reicheres Glück finden als hier.«[12]

---

11 Aus einer Bulle von Papst *Innozenz II.* von 1130, zit. nach *G. Uhlhorn*, Die christliche Liebestätigkeit, Bd. 2, Stuttgart 1884, 103.
12 Zit. nach *W. Hug/E. Rumpf/J. Grolle (Hg.)*, Menschen in ihrer Zeit, Stuttgart 1970, 28.

Dass nicht nur religiöse Gründe eine Rolle spielten, wussten auch schon damalige Chronisten. Einer drückte es so aus: »Doch hatte nicht bei allen die Liebe zu Gott ihren Entschluß veranlaßt, und nicht alle trieb die weise Überlegung dazu. Viele schlossen sich bloß an, um ihre Freunde nicht zu verlassen oder um nicht für träge zu gelten, oder aus Leichtsinn, oder um ihrer Gläubiger, denen sie schwer verschuldet waren, spotten zu können. Verschieden waren also die Beweggründe, aber alles eilte herbei.«[13]

2.6 Bewertung der Kreuzzüge

Schon während der Zeit der Kreuzzüge gab es vereinzelt Kritik. Nur wenige monierten, dass aus den Misserfolgen zu schließen sei, Gott stehe nicht hinter den Kreuzzügen. Eher warf man einzelnen Kreuzfahrern vor, ihren Dienst nicht würdig zu verrichten. In päpstlichen Schreiben wurden die Sündhaftigkeit aller Christen und der schlechte Zustand der Kirche als Gründe für die Misserfolge genannt; entsprechend dringend wurde der Ruf nach einer Kirchenreform.
Gegen Ende der Kreuzzugsära freilich werden die Misserfolge immer mehr zu grundsätzlichen Anfragen an Gott. Viele Kreuzfahrer verzweifelten beispielsweise, als Kaiser *Friedrich Barbarossa* auf dem 3. Kreuzzug im Fluss Saleph umkam, an Christus, weil er sich seines Heeres nicht annehme. Ein Templer formulierte gar zynisch nach Siegen der Muslime: »Gott, der ehemals wachte, schläft jetzt. Mohammed entfaltet seine ganze Kraft.«[14]
Eine grundsätzliche Kritik an den Kreuzzügen stammt von dem Katalanen *Raimundus Lullus* (1235–1316), der schließlich von Muslimen gesteinigt wurde: »Ich sehe, wie die Kreuzfahrer über das Meer ins Heilige Land fahren und sich dabei einbilden, daß sie dieses Land mit Waffengewalt erobern könnten. Und am Ende sind sie alle erschöpft, ohne an das Ziel ihrer Absichten gekommen zu sein. Auch glaube ich, daß diese Eroberung sich nur so vollziehen sollte, wie Du es gemacht hast, Herr, mit deinen Aposteln, das heißt mit Liebe, mit Gebet und Tränen. Darum sollten sich die heiligen Ritter auf den Weg begeben, sich das Kreuzeszeichen anheften, sich mit der Gnade des Heiligen Geistes erfüllen lassen und sich daran ma-

---

13 *Wilhelm von Tyrus*, zit. nach *W. Lautemann/M. Schenke (Hg.)*, aaO., 367.
14 Gedicht eines unbekannten Templers 1296 nach Siegen der Muslime, zit. nach *H. Gutschera/J. Thierfelder (Hg.)*, Die Kreuzzüge. Eine Diaserie, 44.

chen, den Ungläubigen die Wahrheiten des Leidens [Christi] zu predigen.«[15]

Martin Luther entzog mit seiner Zwei-Reiche-Lehre dem Kreuzzugsgedanken jegliche Legitimation. Dem weltlichen Regiment Gottes, das zum Schutz gegen die Macht des Bösen in leiblicher Hinsicht aufgerichtet ist, sind zwar Schwert, Recht, Gewalt und Vernunft gegeben. Doch dem geistlichen Regiment, das zum Schutz des Bösen in geistlicher Hinsicht verordnet ist, ist allein das Wort der Verkündigung in Gesetz und Evangelium erlaubt. Im geistlichen Regiment gilt der Grundsatz: »sine vi, sed verbo« (lat. nicht mit Gewalt, sondern mit dem Wort). Der katholische Theologe *Joseph Lortz* sprach von »eine[r] immanente[n] Spannung, ja Gegensätzlichkeit zwischen der Religion der Liebe und des Gekreuzigten einerseits und dem Versuch, diese Religion mit den Mitteln der äußeren Gewalt, ja des Schwertes auszubreiten, sie aufzuzwingen«.[16]

Eine christologische Kritik der Kreuzzüge müsste ansetzen an einem Vergleich zwischen dem Christus der Kreuzfahrerzeit, der, gleichwohl unbewaffnet, dem Kreuzfahrerheer voranzieht (vgl. Bild am Anfang des Kap.), und dem gotischen Schmerzensmann. In der Nachfolge dessen, der am Kreuz für seine Feinde betet, kann man schwerlich guten Gewissens zum bewaffneten Heidenkampf ausziehen. *Franz von Assisi*, der dem Sultan predigt, hat darum die Nachfolge glaubwürdiger verwirklicht als die Ritter, die sich mit ihrer Kreuznahme als Kreuzesnachfolger verstanden.

Im Christentum hat der heilige Krieg keinen Platz, auch wenn noch im 19./20. Jh. von heiligen Kriegen die Rede war. Als Preußen in den Befreiungskriegen *Napoleon* besiegte, sang man: »Gott mit uns, wir ziehn in den heiligen Krieg.«[17]

---

15 Zit. nach Les Croisades. La Documentation Photographique, Nr. 5-278, Paris 1967, 8 (Übersetzung: *B. Thierfelder*).
16 *J. Lortz*, Geschichte der Kirche (in ideengeschichtlicher Betrachtung), Bd.1, Münster 1962, 333.
17 *Z. Werner* 1813, zit. nach *F. Goedeking*, Kirche, Krieg und Frieden. Oberstufe Religion 9, SB, Stuttgart 1986, 18.

3. Didaktisch

3.1 »Dunkle« Stellen

Die Kreuzzüge werden mit der Inquisition und den Hexenverfolgungen zu den »dunklen« Stellen der Kirchengeschichte gezählt. Im früheren Kirchengeschichtsunterricht, der eine besondere Vorliebe für *exempla fidei* (lat. Vorbilder des Glaubens) hatte, kamen die Kreuzzüge gar nicht vor. Das war gewiss ein Fehler, denn gerade solche »dunklen« Stellen machen deutlich, dass die Kirche – wie der einzelne Christ – nicht sündlos ist, sondern der Rechtfertigung bedarf.

Im RU sollten die Kreuzzüge durchaus behandelt werden. Sie zu verschweigen, hieße jenen in die Hände zu arbeiten, für die Kirchengeschichtsschreibung nichts anderes als ein apologetisches Unternehmen ist. Es kann überdies sein, dass die Kreuzzüge, die in Filmen und historischen Romanen heute immer wieder vorgeführt werden, bei den Schüler/innen auf großes Interesse stoßen. Sie sehen in der Gegenwart, wie stark auch heute noch Religion und Gewalt eine unheilige Allianz eingehen. Die Gefahr, dass sie ein negatives Bild von Kirche erhalten und dieses auf die gegenwärtige Institution übertragen, ist groß. Dem kann dadurch entgegen gearbeitet werden, dass die Darstellung der Vorgänge möglichst differenziert geschieht. Auch kann an Beispielen, wie etwa der Schulderklärung von Papst *Johannes Paul II.* (→ V. Christliche Judenfeindschaft – Judenverfolgung) gezeigt werden, dass die Kirchen heute solche »dunklen« Stellen nicht apologetisch verklären, sondern als »Schuld« kennzeichnen. Die Kreuzzüge sollten jedoch erst in den oberen Klassen der Sek I bzw. der Sek II behandelt werden. Dann nämlich werden die Schüler/innen in der Lage sein, die Komplexität der Thematik zu erfassen.

3.2 Kreuzzüge als Unterrichtseinheit

Will man die Kreuzzüge als UE behandeln, so bietet sich nicht nur aus zeitökonomischen Gründen eine Kooperation mit dem Geschichtsunterricht an. Die geschichtlichen Hintergründe sowie die ökonomischen, sozialen und politischen Ursachen der Kreuzzüge können im Geschichtsunterricht behandelt werden. Der RU wird sich in besonderer Weise auf die Situation der Kirche im Hochmittelalter und auf die religiösen Ursachen einlassen. Eine achtstündige Unterrichtseinheit könnte folgende Schritte umfassen:[18]

1. Schritt: *Anlass der Kreuzzüge*
Hilferuf von Kaiser *Alexios Komnenos*; Kreuzzugsaufruf von Papst *Urban II.*

2. Schritt: *Religiöse Ursachen der Kreuzzüge*
Bedeutung Jerusalems für den mittelalterlichen Menschen; Befreiung Jerusalems aus der Hand der »Ungläubigen«; Wallfahrt nach Jerusalem, Nachlass zeitlicher Sündenstrafen

3. Schritt: *Ökonomische und soziale Ursachen*
Ökonomische und soziale Schwierigkeiten der ritterlichen Klasse; individuelle Gründe wie Abenteuerlust und Beutegier

4. Schritt: *Verlauf des ersten Kreuzzugs*
Kreuzzug der Armen und sein Scheitern; Judenpogrome im Zusammenhang des ersten Kreuzzugs; Kreuzzug der Ritter; Einnahme Jerusalems

5. Schritt: *Kreuzfahrerstaaten*
Entstehung von Kreuzfahrerstaaten im Anschluss an den ersten Kreuzzug; Ritterorden; Burgen und Kirchen der Kreuzfahrer im Heiligen Land

6. Schritt: *Beziehungen zwischen Christen und Muslimen in den Kreuzfahrerstaaten*
Beispiele von Grausamkeit und Ritterlichkeit; kriegerische Verwicklungen und friedliche Kontakte; *Franz von Assisi* als Außenseiter

7. Schritt: *Überblick über die weiteren Kreuzzüge*
Kreuzzugspredigt von *Bernhard von Clairvaux;* Schlacht an den Hörnern von Hattin als Anfang vom Ende; Plünderung und damit Schwächung Konstantinopels im 4. Kreuzzug; das Ende der Kreuzzüge mit dem Fall von Akko

8. Schritt: *Bilanz der Kreuzzüge*
Austausch zwischen Orient und Okzident; Misstrauen zwischen Lateinern und Griechen bzw. zwischen Christen und Muslimen; christlicher Skandal der Kreuzzüge; Kritik an den Kreuzzügen damals und heute.

---

18 Leicht überarbeitete Fassung einer UE aus: *H. Gutschera/J. Thierfelder,* aaO., 57 f.

3.3 Regionalgeschichtlicher Zugang

Die Kreuzzüge haben in Deutschland vielfältige Spuren in der Region hinterlassen.

Beispiele: *Landgraf Ludwig von Thüringen*, der Ehemann der *hlg. Elisabeth*, brach zum Kreuzzug auf und starb noch vor der Einschiffung. *Bernhard von Clairvaux* predigte den Kreuzzug 1146 im Wormser Dom. Einzelne Kirchen wie z.B. die von Denkendorf (Baden-Württemberg) hatten eine Verbindung zum Hlg. Grab von Jerusalem, so dass sie die Liturgie vom Hlg. Grab feierten. Die geistlichen Ritterorden hatten Zentren im Abendland, so der Deutsche Orden in Bad Mergentheim (heute Baden-Württemberg).

Diese Beispiele können zur Spurensuche verlocken. Wichtig ist, dass man im Unterricht nicht in der Region gleichsam »stecken bleibt«, sondern den Anschluss an die Kreuzzugsbewegung im Ganzen findet.

3.4 Problemorientierter Zugang: Religion und Gewalt

Die Kreuzzüge sind ein Beispiel für die Verbindung von Religion und Gewalt. Die kirchliche Verkündigung während der Kreuzzüge berief sich auf die JHWH-Kriege des AT.[19] Die Muslime riefen zum Dschihad gegen die Ungläubigen auf.[20] Die Gewalt der Kreuzfahrer lässt sich auch sozialpsychologisch begründen. Die Bemühungen des Reformpapsttums um den inneren Frieden im Abendland fand in den Kreuzzügen gegen die »Heiden« ein Ventil für die aggressiven Antriebe. Sicher ist auch – darauf weist *K. Fikenscher* unter Berufung auf den Religionswissenschaftler *Gustav Mensching* hin –, »dass gerade die monotheistischen Religionen einen auffallenden Hang zur Anwendung von Gewalt aus Glauben zeigen: Wenn es nur eine einzige allumfassende göttlich offenbarte Wahrheit gibt, dann ist alles, was davon abweicht, Irrtum oder Bosheit oder Sünde, kurz: absolut falsch« und muss beseitigt werden; wenn es nicht anders geht, mit Gewalt. Doch »Gewalt aus Glauben« ist christlich unmöglich, wenn anders christlicher Glaube Nachfolge dessen ist, »der den gewaltlosen Weg der Hingabe aus Liebe geht«.[21] Im Unterricht sollte für

---

19 Zum Jahwekrieg vgl. *M. Weippert*, Heiliger Krieg I: Alter Orient und Altes Testament, in: ⁴RGG, Bd. 3, 1562f. u. *J. Ebach*, Das Erbe der Gewalt. Eine biblische Realität und ihre Wirkungsgeschichte, Gütersloh 1980.
20 Zum Dschihad vgl. *J. van Ess*, Heiliger Krieg II: Islam, in: ⁴RGG, Bd.3, 1563f.
21 *K. Fikenscher*, Glaube und Gewalt, in: entwurf 2/ 2002, 11f.

diese Zusammenhänge eine Interpretation des Kreuzzugsaufruf von *Urban II.* vorgenommen werden. Hier kann die Gewalt in den Formulierungen vom »Heiligen Krieg« (»Bewaffnet euch mit dem Eifer Gottes«) und in der aggressiven, denunziatorischen Sprache (»Die Hunde sind ins Heiligtum gekommen und haben es entweiht«) aufgedeckt werden. Dem gegenüber können die Beispiele von *Franz von Assisi* und *Raimundus Lullus* (s.o.) gestellt werden, für die Christus selbst das Vorbild gibt für einen liebevollen und toleranten Umgang mit den »Heiden«.

3.5 Hermeneutischer Zugang

Die kirchliche Kreuzzugspropaganda bemühte die biblischen Texte in vielfältiger Weise zur Legitimation der eigenen Position. Dabei wurden Metaphern aus dem NT wörtlich verstanden. Dies kann im Unterricht auch an dem Kreuzzugsaufruf von Papst *Urban II.* gezeigt werden.

Mt 16,24: »Will mir jemand nachfolgen, der verleugne sich selbst und nehme sein Kreuz auf sich und folge mir nach«, wurde beim Kreuzfahrer, der das Kreuz an seiner Kleidung trug, als erfüllt angesehen.

Eph 6,16f.: »Ergreifet den Schild des Glaubens, mit dem ihr alle feurigen Pfeile des Bösen werdet löschen können! Und nehmet an euch den Helm des Glaubens und das Schwert des Geistes, welches das Wort Gottes ist!« wurde ganz wörtlich verstanden: Gürtet eure Schwerter an eure Seite.

LITERATURHINWEISE

H. E. Mayer, Geschichte der Kreuzzüge, Stuttgart [7]1986
S. Runciman, Geschichte der Kreuzzüge, München 1975
R. Pernoud (Hg.), Die Kreuzzüge in Augenzeugenberichten, München [2]1972
H. Gutschera/J. Thierfelder, Die Kreuzzüge. Eine Diaserie mit Sacherklärungen und Zusatzmaterialien, Stuttgart/München 1984

V. Christliche Judenfeindschaft – Judenverfolgung

Jörg Thierfelder

Kreuzannagelung durch Personen mit jüdischer Kopfbedeckung, Initiale »O« einer Handschrift aus Lüttich, um 1300.

Juden – kenntlich an den von der Kirche vorgeschriebenen Judenhüten – nageln Jesus von Nazareth ans Kreuz. Keines der Evangelien behauptet, dass die Juden Jesus von Nazareth gekreuzigt hätten; alle erzählen, dass dies das Werk römischer Soldaten war. Die erst im 2. Jh. von Christen erhobene Behauptung war ebenso falsch wie –

besonders im Mittelalter – gängig. Sie wirkt bis heute nach. Noch 1935 schrieb ein christlicher Reiseschriftsteller:

> Ich kenne jenen Typ seiner Blutsgenossen [der Juden], die unser Volk und die Welt aussaugen und hetzen, Menschen ohne Glauben und ohne Gewissen und ohne Verantwortung vor der Welt und vor Gott. Ich bin Deutscher und will nicht, daß diese über unser Volk herrschen. Und auch als Christ weiß ich, daß sie unsere Feinde sind. Wie sie damals Christus ans Kreuz schlugen, so tun sie es heute. Sie schreien, daß sein Blut über sie komme und über ihre Kinder. Jetzt liegt Gottes Hand schwer über dem Volk, und die sie zurechtweisen müssen, sind Geißeln, mit denen er zuschlägt ... Die unschuldig leiden, haben denen ihres Blutes zu danken, die das alles heraufbeschworen. Gottes Gericht liegt über dem Volk, das seine Gnade von sich stieß. Es ist ein Fluch geworden für die Welt.[1]

In diesem Zitat sind viele antijüdische Vorurteile versammelt. Zentral aber ist das christliche Vorurteil gegen die Juden, der Antijudaismus.

1. Historisch

1.1 Wege gehen auseinander

Juden und Christen haben vieles gemeinsam, das Bekenntnis zu dem *einen* Gott, die hebräische Bibel, das Verständnis von Gerechtigkeit und Liebe und die Hoffnung auf Sammlung des Gottesvolkes in der Endzeit. Juden und Christen sind auch verbunden durch Jesus von Nazareth, der ein Jude war.

Doch sind die Wege von Juden und Christen früh auseinander gegangen. In der Jerusalemer Urgemeinde, die noch ganz im Judentum verwurzelt war, kam es zu Auseinandersetzungen, vor allem um die Frage, ob und wie weit die Tora einzuhalten sei (→ I. Entstehung und Ausbreitung des Christentums). In Antiochia entstand eine christliche Gemeinde, der auch »Heiden« angehörten, die sich nicht beschneiden lassen mussten. Wer glaubte und sich taufen ließ, wurde als gleichberechtigtes Glied in die christliche Gemeinde aufgenommen. Auf dem Apostelkonvent in Jerusalem (um 48/49) konnte die Einheit der Kirche aus Judenchristen und Heidenchristen gewahrt werden. Doch die Verbindung zu den Juden hielten auf die Dauer nur noch die toratreuen Judenchristen. Der Jude *Paulus*

---

1   *G. A. Gedat,* Auch das nennt man Leben, Stuttgart 1935, 204.

arbeitete nach seiner Berufung durch Christus für die gesetzesfreie Heidenmission.

Es war für die Juden schmerzlich, als Judenchristen in Jerusalem im Jahr 70 nicht bereit waren, die Juden in ihrem Kampf gegen die Römer zu unterstützen, vielmehr ins Ostjordanland flüchteten. Nach dem Aufstand gegen die Römer trennten sich die Juden von denen, die man für die Katastrophe verantwortlich machte, von den gewalttätigen Zeloten, aber auch von den abtrünnigen Judenchristen. Der sog. Ketzersegen, der um 100 in das sog. Achtzehnbittengebet eingefügt wurde, wünschte, dass »die Nazarener und die Häretiker ... augenblicklich zugrunde gehen«.[2] In den Evangelien, die wohl alle nach dem Aufstand entstanden sind, ist der Prozess der Abgrenzung und Ausgrenzung noch zu spüren (z.B. Mt 27,25, Joh 8,44). Am Ende des 1. Jh. stehen sich Juden und Christen in unversöhnlichem Gegensatz gegenüber. Für *Ignatius von Antiochia* (gest. um 115) war es unmöglich, sich zu Christus zu bekennen und jüdisch zu leben. Nach Ansicht der Kirche war Israel sozusagen enterbt worden. Alle Verheißungen des AT gelten nicht mehr Israel, sondern der christlichen Kirche als dem »wahren Israel«. »Innerhalb von nur zwei Generationen ist aus einer jüdischen Reformbewegung eine eigenständige Religion geworden, die alle organisatorischen Bindungen an das Judentum aufgegeben hat.«[3]

1.2 Aus Verfolgten werden Verfolger

Im 2. und 3. Jh. waren Juden und Christen Minderheiten im römischen Reich. Die Situation der Christen war freilich erheblich bedrohter als die der Juden. Die Christen wurden verfolgt, weil sie das Opfer vor dem Kaiserbild nicht vollzogen. Die Juden hingegen wurden nicht verfolgt, weil sie aufgrund kaiserlicher Zusicherungen das Opfer nicht vollziehen mussten. Es gab Beispiele von jüdischer Solidarität mit den Christen. Doch eine scharfe literarische Polemik zwischen Juden und Christen vertiefte die harten Urteile der einen über die anderen. In seinem fiktiven »Dialog mit dem Juden Tryphon« (entstanden zwischen 155 und 161) »entkräftete« der christliche Theologe *Justin* jüdische Argumente gegen das Christentum.[4]

---

2 Zit. nach *G. Stemberger*, 2000 Jahre Christentum, Herrsching 1983, 154.
3 *K. M. Fischer*, Das Urchristentum. Kirchengeschichte in Einzeldarstellungen I/1, Berlin (Ost) 1985, 128.
4 Vgl. *G. Stemberger*, aaO., 149f.

Und der Talmud behauptete in einer Stelle aus dem frühen 2. Jh. die Rechtmäßigkeit der Hinrichtung Jesu. Er habe Zauberei betrieben und darauf stehe nach der Tora die Todesstrafe (vgl. Dtn 13,2–12).[5]

Als dann im 4. Jh. das Christentum zunächst toleriert und schließlich Staatsreligion wurde (390), änderte sich die Lage von Juden und Christen grundlegend. Kaiser *Konstantin* erließ mehrere antijüdische Gesetze. Er ließ die Konversion von Christen männlichen Geschlechts zum Judentum verbieten. Er untersagte den Juden Wallfahrten nach Jerusalem. Erheblich drastischere Gesetze erließ Kaiser *Konstantius*. Nun durften auch Frauen nicht mehr zum Judentum konvertieren. Ehen zwischen Christen und Juden wurden generell verboten. Juden durften keine nichtjüdischen Sklaven mehr halten, was für jüdische Grundbesitzer eine Katastrophe war. Kaiser *Honorius* ließ keinen Juden mehr in ein öffentliches Amt. Im 4. Jh. kam es immer wieder zu antijüdischen Pogromen. 388 zerstörten christliche Mordbrenner eine Synagoge am Euphrat. Auch der Bischof war involviert. Kaiser *Theodosius* rügte den zuständigen Statthalter und hieß den Bischof, die Synagoge wieder aufzubauen. *Ambrosius*, der mächtige Bischof von Mailand, zwang den Kaiser, seinen Befehl öffentlich zu widerrufen. Den Christen sei nicht zuzumuten, »eine Stätte des jüdischen Unglaubens« errichten zu müssen.[6]

Seit dem 4. Jh. wurden die Juden christlich geächtet. Die Kirche hatte ein Interesse an der Bekehrung der Juden. Zwangsbekehrungen waren im römischen Reich nicht üblich. In Predigten und Schriften griffen die großen Kirchenlehrer die Juden scharf an. Der berühmte Prediger und unbestechliche Kritiker der sozialen Missstände, Bischof *Johannes Chrysostomus* (gr. Goldmund), rief dazu auf, die Juden zu meiden »wie eine die ganze Welt bedrohende Pest«.[7] Für den Kirchenvater *Augustin* standen die Juden als Mörder Christi unter dem Zorn Gottes. Sie sollten unter diesem Zorn bis zum Ende dieser Welt leben und zwar als Sklaven der Christen: »Der Ältere soll der Sklave des Jüngeren sein, so sind die Juden im Verhältnis zu uns Sklaven.«[8]

---

5 Vgl. *G. Stemberger*, aaO., 154.
6 Vgl. *G. Stemberger*, aaO., 212.
7 Zit. nach *R. Pfisterer* (Hg.), Von A bis Z. Quellen zu Fragen um Juden und Christen, Gladbeck 1971, 13.
8 Zit. nach *M. Widmann*, Geschichte der Alten Kirche im Unterricht (HRU 7), Gütersloh 1970, 67.

1.3 Die Juden im Mittelalter – eine verfolgte Minderheit

Das Mittelalter übernahm die antijüdische Polemik der Alten Kirche. Trotzdem konnten die Juden in Mitteleuropa bis zu Beginn des 2. Jahrtausends einigermaßen sicher leben. Im Zusammenhang der Kreuzzüge kam es dann zu schlimmen Pogromen (→ IV. Kreuzzüge). Es war nicht nur Habgier, sondern auch irregeleitete christliche Überzeugung, wenn Kreuzfahrer über die Juden herfielen. Bevor sie sich an den Muslimen rächten, sollten die Juden drankommen: »Laßt uns zuerst an ihnen Rache nehmen und sie unter den Völkern ausrotten, so daß der Name Israels aus der Erinnerung schwindet. Oder laßt sie unseren Glauben annehmen.«[9]

Über den Vorwurf des Gottesmordes hinaus beflügelten im Mittelalter vor allem drei Vorwürfe die Phantasie der Christen: Man bezichtigte Juden des Ritualmords, der Hostienschändung und schließlich der Brunnenvergiftung. Schon damals konnte keiner dieser Vorwürfe einer ernsthaften Nachprüfung standhalten.

Weitere Eckpunkte des gesellschaftlichen Status der Juden im Mittelalter seien thesenartig genannt:

- Mittelalterliche Herrscher haben sich immer wieder vor die Juden gestellt. Der Stauferkaiser *Friedrich II.* erklärte die Juden zu seinen Kammerknechten. Sie standen dadurch unter seinem Schutz, mussten freilich erhebliche Abgaben bezahlen.
- Die Juden engagierten sich im Zinsgeschäft. Sie durften mit Andersgläubigen Zinsgeschäfte tätigen. Den Christen dagegen war auf dem 3. Laterankonzil 1179 verboten worden, Zins zu nehmen.
- Juden durften vor Gericht nicht gegen Christen aussagen. (3. Laterankonzil)
- Nach dem 4. Laterankonzil (1215) mussten sich die Juden durch besondere Kleidung kenntlich machen (Judenfleck oder Judenhut).
- Juden wurde verboten, öffentliche Ämter zu bekleiden.[10]
- Seit der zweiten Hälfte des 15. Jh. durften die Juden nur noch in besonderen Judenvierteln, sog. Gettos wohnen, deren Tore bei Sonnenuntergang geschlossen werden mussten.
- Die Pest 1437/38 wurde noch einmal Anlass für furchtbare Judenpogrome.

---

9 Der jüdische Chronist *Solomon Bar Simson*, zit. nach E. Röhm/J. Thierfelder, Christen-Juden-Deutsche, Bd. 1, Stuttgart 1990, 24.
10 R. *Hilberg*, Die Verfolgung der europäischen Juden, Bd. 1, Frankfurt 1991, 17 f. hat erstaunliche Parallelen zwischen mittelalterlichem kanonischen Recht und Nazimaßnahmen gegen die Juden herausgestellt.

1.4 Judenfeindschaft in der Reformationszeit

Humanismus und Reformation brachten keine grundsätzliche Änderung der Lage der Juden. Von einzelnen christlichen Theologen hörte man freundliche Worte für die verfolgten Juden. *Johannes Reuchlin*, Gräzist und Hebraist aus Pforzheim, sprach sich gegen die vorbehaltlose Verbrennung jüdischer Schriften aus. Solche Stellungnahmen aber waren die Ausnahme. Im Spätmittelalter und der Reformationszeit war, wie der Reformationshistoriker *Heiko Oberman* herausgestellt hat, die »Urangst, daß die Juden sich mit den Mächten der Endzeit verbündet haben«[11], vorherrschend. Dies gilt gerade und besonders auch für *Martin Luther*. Nur so sind die schrecklichen Ratschläge zu verstehen, die der Reformator den Fürsten zur Behandlung der Juden erteilte. Anfangs begegnete er den Juden freundlich. Er hoffte, die Juden, die für ihn »Blutsfreunde, Vettern und Brüder des Herrn« waren, für die Reformation zu gewinnen. Doch auch damals war für *Luther* klar: Es gibt nur den einen Weg zum Heil, den über Glaube und Taufe. Als die Massenkonversionen ausblieben, ja als *Luther* gar von Konversion vom Christentum zum Judentum hörte, schrieb er: »Wir müssen mit Gebet und Gottesfurcht eine scharfe Barmherzigkeit üben, ob wir doch etliche aus der Flamme und Glut erretten könnten. Rächen dürfen wir uns nicht, sie haben die Rache am Halse, tausendmal ärger, als wir ihnen wünschen können.«[12] Im »Dritten Reich« zitierte die hemmungslos antisemitische Hetzschrift »Der Stürmer« immer wieder genüsslich aus Luthers antijüdischen Schriften.

1.5 Judenfeindschaft und Judenfreundschaft in der Neuzeit

Im 17. und 18. Jh. gab es auch judenfreundliche Stimmen. Der Pietismus sah sich zur Judenmission verpflichtet (→ XI. Pietismus). *Philipp Jakob Speners* »Beitrag zur Judenfrage lag in der Verbindung von Judenrespekt und Judenmission als bewegenden Kräften für den christlichen Umgang mit dieser eigentümlichen, zugleich fremden und verwandten, zugleich fernen und nahen Gruppe von Menschen, die augenscheinlich unter einer besonderen geschichtlichen und heilsgeschichtlichen Führung stand.«[13]

---

11 *H. A. Oberman*, Wurzeln des Antisemitismus. Christenangst und Judenplage im Zeitalter von Humanismus und Reformation, Berlin 1981, 53.
12 Zit. nach *M. Stöhr (Hg.)*, Erinnern, nicht vergessen. Zugänge zum Holocaust, München 1997, 18.
13 *M. Schmidt,* Pietismus, Stuttgart 1972, 56.

Von der Aufklärung und der französische Revolution gingen die entscheidenden Impulse zur Emanzipation der Juden aus (→ XII. Aufklärung). 1791 beschloss die französische Nationalversammlung die Gleichstellung der Juden. In Deutschland ging die Entwicklung langsamer. 1812 wurde in Preußen ein Edikt erlassen, das auf volle Gleichberechtigung zielte. Rechtliche Gleichberechtigung im Vollsinn erhielten die Juden aber erst durch die Reichsverfassung 1870. Trotz der Aufklärung verstummten freilich die von Christen erhobenen Vorwürfe gegen Juden nicht, insbesondere nicht die Vorstellung, die Juden seien Gottesmörder. Einzelne Katholiken wärmten gar die Unterstellungen der Brunnenvergiftung und des Ritualmords wieder auf.[14] Dem Berliner evangelischen Hofprediger *Adolf Stoecker* (1835–1909) kommt der traurige Ruhm zu, »den Kampf gegen das Judentum als erster auf die Ebene der Parteipolitik gehoben zu haben«.[15] Stoecker sah im Liberalismus den Grund für die Zersetzung des Volkslebens. Hinter dem Liberalismus stand für ihn das moderne Reformjudentum, das das deutsche Volk »um seine Königstreue und um seinen Glauben betrügen« wolle.[16] Er ist freilich nicht dem damals aufkommenden rassischen Antisemitismus zuzuordnen, sieht er doch in der Bekehrung der Juden zu Christen die Lösung der »Judenfrage«. Stoeckers Einstellung hatte Einfluss auf viele führende Protestanten im 20. Jh.

1.6 Judenfeindschaft in der Zeit des Nationalsozialismus

In der Zeit des Nationalsozialismus wurde der rassische Antisemitismus Hitlers Grundlage der Politik des NS-Staats. *Adolf Hitler* vertrat in »Mein Kampf« einen »planmäßigen Antisemitismus«, nicht einen »Antisemitismus aus rein gefühlsmäßigen Gründen«. »Planmäßig in dreifacher Hinsicht: Für Hitler war die Rassenlehre die alleinige Basis des Antisemitismus; er zielte in letzter Konsequenz auf die ›Entfernung‹ der Juden überhaupt, und er rückte die ›Judenfrage‹ ins Zentrum seines politischen Kampfes. Die NSDAP und später der NS-Staat sollten die Instrumente sein, mit denen die Judenfrage gelöst werde sollte.«[17] *Hitler* selbst meinte in seiner Frühzeit, dass er sich mit seinem Kampf gegen das Judentum in Übereinstimmung mit

---

14 Vgl. *J. Thierfelder*, Antisemitismus/Antijudaismus, VI. Neueste Zeit, in: [4]RGG, Bd. 1, 570.
15 *E. Röhm/J. Thierfelder*, aaO., 49.
16 Zit. nach *J. Thierfelder*, aaO., 570.
17 *J. Thierfelder*, aaO., 571.

dem Christentum befände. In einer Rede sagte er: »Indem ich mich des Juden erwehre, kämpfe ich für das Werk des Herrn.«[18] In der Zeit der Weimarer Republik machten führende evangelische Theologen wie *Paul Althaus* und *Emmanuel Hirsch* den Antisemitismus diskussionswürdig, indem sie den »göttlichen Rang des Volkstums« behaupteten. Dies bewirkte, »daß die Kirche ihre Ansprechbarkeit verlor für die einfache Wahrheit des christlichen Liebesgebotes«.[19] Weiter gab es in der evangelischen Kirche Gruppen radikal völkischer Pfarrer, die auf eine Synthese von Volk und Glauben sowie eine Ausscheidung aller jüdischen Elemente aus Kirche und Theologie drängten. Vereine wie der zur Abwehr des Antisemitismus unter dem Stuttgarter Pfarrer *Lamparter* hatten nur einen geringen Rückhalt in der evangelischen Kirche. Die antisemitisch eingestellten Gruppen in der evangelischen Kirche fanden sich 1933 in der Glaubensbewegung Deutsche Christen wieder, die nach ihrem triumphalen Wahlsieg im Juli 1933 in vielen Landeskirchen die Führung übernahmen. Eine der Hauptforderungen der Deutschen Christen war die Einführung des sog. Arierparagraphen in der Kirche. Pfarrer und Beamte jüdischer Herkunft sollten in der evangelischen Kirche kein Amt erhalten können. Auch wenn einige Landeskirchen den Arierparagraphen nicht offiziell einführten, so verloren doch alle »volljüdischen« Pfarrer und die meisten »halbjüdischen« Pfarrer in der Zeit des Dritten Reiches ihr Amt. Keine Kirchenleitung, weder eine evangelische noch eine katholische, protestierte offiziell gegen den antijüdischen Boykott von 1933, die Nürnberger Rassegesetze von 1935 sowie die Reichspogromnacht.

Aus dem Jahr 1943 gibt es Hirtenbriefe und Schreiben von beiden Kirchen, die den Massenmord an den Juden ansprachen, wie etwa die katholischen Bischöfe in ihrem Dekalog-Hirtenbrief von 1943, der die Tötung »an Menschen fremder Rasse und Abstammung« beklagte.[20] Beide Großkirchen haben mit Hilfswerken versucht, »nichtarische« Christen zu retten.

---

18 *A. Hitler*, Mein Kampf, Bd.1, München $^{25-27}$1935, 70. Im Original gesperrt gedruckt!
19 *K. Scholder*, Die Kirchen und das Dritte Reich, Bd. 1, Frankfurt 1977, 144.
20 Zit. nach *L. Volk*, Bischöfliche Akten, Bd. VI, Mainz 1985, 201.

1.7 Der schwierige Neuanfang

Es dauerte lange, bis die Kirchen sich zu ihrer Schuld bekannten und die nötigen Konsequenzen zogen. Im Stuttgarter Schuldbekenntnis von 1945 bekannte der Rat der EKD sich zur Schuld der Kirche, ohne freilich den Massenmord an den Juden zu nennen. Die katholische Kirche Deutschlands sprach nur vom Fehlverhalten vieler Deutscher, »auch aus unseren Reihen«.[21] In späteren Erklärungen wurde die Mitschuld der Kirche an der Shoa (hebr. Vernichtung) bekannt. Ein »Durchbruch zu einer neuen Sicht Israels« kam mit der Erklärung der Berlin-Weißenseer EKD-Synode zur Judenfrage von 1950. Jetzt wurde Schluss gemacht mit der Anschauung, dass Israel gleichsam von Gott enterbt wurde. Dort heißt es nämlich, dass »Gottes Verheißung über ... Israel auch nach der Kreuzigung Jesu Christi in Kraft geblieben« ist.[22] Ein weiterer Meilenstein in der Entwicklung war die Erklärung der Arbeitsgruppe »Juden und Christen« auf dem Deutschen Evangelischen Kirchentag 1961, in der über das Bekennen der Schuld hinaus auf die bleibende Verbundenheit von Juden und Christen abgehoben wurde: »Juden und Christen sind unlösbar verbunden. Aus der Leugnung dieser Zusammengehörigkeit entstand die Judenfeindlichkeit in der Christenheit ... Eine neue Begegnung mit dem von Gott erwählten Volk wird die Einsicht bestätigen oder neu erwecken, daß Juden und Christen gemeinsam aus der Treue Gottes leben.«[23] Das Zweite Vatikanum wies auf die gemeinsamen Wurzeln von Juden und Christen hin, verurteilte den Vorwurf, das ganze jüdische Volk trage Schuld am Tod Jesu und beklagte die auch im Namen der Kirche erfolgte Judenverfolgung. Papst *Johannes Paul II.* bat in seinem Bußbekenntnis am 12. 3. 2000 Gott auch um Vergebung für die Verfehlungen der katholischen Kirche gegenüber den Juden.

---

21 Zit. nach *H. Gutschera/J. Maier/J. Thierfelder*, Geschichte der Kirchen, Mainz/Stuttgart 1992, 354.
22 Zit. nach *S. Hermle*, Evangelische Kirche und Judentum – Stationen nach 1945, Göttingen 1990, 357.
23 Zit. nach *R. Rendtorff/H. H. Henrix*, Die Kirchen und das Judentum. Dokumentation von 1945 bis 1985, Paderborn/München 1988, 553 f.

2. Systematisch

2.1 Allgemeine Judenfeindschaft – Antijudaismus – Antisemitismus

Man kann zwischen allgemeiner Judenfeindschaft, religiös-christlichem Antijudaismus und rassistischem Antisemitismus unterscheiden.

- Allgemeine Judenfeindschaft meint antijüdische Xenophobie (gr. Fremdenfeindlichkeit) aufgrund ethnischer, sozialer, politischer oder kultureller Distanz. Die gibt es seit der Antike.
- Mit Antijudaismus ist die pseudo-biblisch-theologische Ablehnung des Judentums gemeint, die sich vom Urchristentum bis heute verfolgen lässt.
- Der Begriff des Antisemitismus stammt aus der 2. Hälfte des 19. Jh. Im engeren Sinn ist hier die rassisch-biologische Weltanschauung gemeint, die vom unüberbrückbaren Gegensatz zwischen der arischen und der jüdischen Rasse ausgeht, eine Unterscheidung, wie sie zuerst vom französischen Grafen *Joseph Arthur Gobineau* vertreten wurde.[24]

Die verschiedenen Formen von Antisemitismus/Judenfeindschaft treten freilich selten rein auf, sondern meistens in einer Mischform.

2.2 Antijudaismus

Der Antijudaismus begleitete die ganze Geschichte des Christentums seit der Urgemeinde. Neutestamentliche Bibelstellen mit antijudaistischen Vorurteilen wie Mt 27,25; Joh 8,44 u. 1 Thess 2,14–16 hinterließen eine tiefe Wirkung; sie haben immer wieder die Judenfeindschaft entfacht. Bibelstellen, die von einem tiefen Gegensatz zwischen Jesus und den Pharisäern reden, obwohl die Pharisäer Jesus sicher näher standen als alle anderen Gruppen, vertieften den Gegensatz. Die NS-Propaganda verwendete solche Bibelstellen, um ihren rassischen Antisemitismus zu propagieren, der aus einer ganz anderen Wurzel stammt. Die erwähnten Bibelstellen müssen im Zusammenhang der zunehmenden Entfremdung zwischen Kirche und Synagoge im letzten Drittel des 1. Jh. interpretiert werden. Am Beispiel des Apostels Paulus kann man auch zeigen, wie er sich von sei-

---

[24] Vgl. dazu *M. Smid*, Protestantismus und Antisemitismus 1930–1933, in: *J. Kaiser/M. Greschat (Hg.)*, Der Holocaust und die Protestanten, Frankfurt 1988, 38–72.

nem »vorurteilsverdächtigen Urteil«[25] in 1 Thess 2,14–16 gelöst hat und in Röm 9–11 nicht nur die bleibende Erwählung Israels herausstellte (9,4), den Christen jede Selbstgerechtigkeit verbot (11,17) und schließlich die grandiose Hoffnung formulierte, dass der wiederkehrende Christus die Juden retten wird, ohne dass sie zuvor Christen geworden sind (11,26).

2.3 Schuld an der Shoa

Schon im Zweiten Weltkrieg, dann aber auch nach diesem Krieg haben Christen, Einzelne und Gruppen, sich zur Schuld auch der Kirche am Massenmord an den Juden, der Shoa, bekannt. Besonders eindrücklich tat dies *Dietrich Bonhoeffer* im Jahr 1940: Die Kirche »war stumm, wo sie hätte schreien müssen, weil das Blut der Unschuldigen zum Himmel schrie ... Die Kirche bekennt, die willkürliche Anwendung brutaler Gewalt, das leibliche und seelische Leiden unzähliger Unschuldiger, Haß und Mord gesehen zu haben, ohne ihre Stimme für sie zu erheben, ohne Wege gefunden zu haben, ihnen zur Hilfe zu eilen. Sie ist schuldig geworden am Leben der schwächsten und wehrlosesten Brüder Jesu Christi«.[26] (→ XVI. Kirche und Nationalsozialismus)

Schüler/innen wehren sich, wenn man sie für die Verbrechen des »Dritten Reichs« verantwortlich machen will. Ein Realschüler formulierte so: »Vergessen sollte man's nicht, aber wir können nichts mehr dafür. Wir haben doch keine Schuld daran.«[27] Es wäre gewiss theologisch falsch und pädagogisch fragwürdig, den Schüler/innen von heute die Schuld an den Verbrechen von damals geben zu wollen. Schuld kann nur einer haben, der Verantwortung trägt. So muss man dem früheren Bundespräsidenten *R. v. Weizsäcker* zustimmen, wenn er in seiner bekannten Rede vom 8. Mai 1985 sagte:

Die Jungen sind nicht verantwortlich für das, was damals geschah. Aber sie sind verantwortlich für das, was in der Geschichte daraus wird. Wir müssen den Jungen helfen zu verstehen, warum es für sie lebenswichtig ist, die Erinnerung wach zu halten.[28]

---

25 G. *Theißen*, Antijudaismus im Neuen Testament – ein soziales Vorurteil in heiligen Schriften, in: *J. Thierfelder/W. Wölfing (Hg.)*, Für ein neues Miteinander von Juden und Christen, Weinheim 1996, 92.
26 D. *Bonhoeffer*, Ethik, zusammengestellt und herausgegeben von *E. Bethge*, München ⁸1976, 120–122.
27 Zit. nach *J. Thierfelder*, Schwierigkeiten und Chancen bei der Behandlung des Dritten Reichs im Religionsunterricht, in: GuL 5/1990, 79.
28 Zit. nach *J. Thierfelder*, aaO., 79f.

3. Didaktisch

3.1 Juden und Christen auf dem Weg zueinander

In vielen Lehrplänen kommt das Thema »Judenfeindschaft« im Zusammenhang einer UE vor, die etwa folgende Überschrift haben kann: »Juden und Christen auf dem Weg zueinander«.[29] In drei großen Schritten können hier zunächst einmal die jüdischen Wurzeln des Christentums, dann die Judenfeindschaft in Geschichte und Gegenwart und schließlich Handlungsmöglichkeiten heute aufgezeigt werden.

Im Unterricht können folgende Bitten für die Juden aus der katholischen Karfreitagsliturgie miteinander verglichen werden.[30] 1936 hieß diese Bitte:

Lasset uns auch beten für die treulosen Juden: Gott, unser Herr, möge den Schleier von ihren Herzen wegnehmen, auf daß auch sie unsern Herrn Jesus Christus erkennen. Lasset uns auch beten für die treulosen Juden: Gott, unser Herr, möge den Schleier von ihren Herzen wegnehmen, auf daß auch sie unserm Herrn Jesus Christus erkennen.
Kein Amen. [Ein »Amen« steht auch bei den anderen Fürbitten an dieser Stelle nicht, sondern überall erst am Schluss des nach der Kniebeugung folgenden Gebets]
Hier unterläßt der Diakon die Aufforderung zur Kniebeugung, um nicht das Andenken an die Schmach zu erneuern, mit der die Juden um diese Stunde den Heiland durch Kniebeugungen verhöhnten.
Allmächtiger ewiger Gott, Du schließest sogar die treulosen Juden von Deiner Erhöhung nicht aus: erhöre unsre Gebete, die wir ob der Verblendung jenes Volkes vor Dich bringen: möchten sie das Licht Deiner Wahrheit, welches Christus ist, erkennen und ihrer Finsternis entrissen werden. Durch ihn, unsern Herrn. Amen.[31]

Papst *Johannes XXIII.* ordnete eine Veränderung an. In der heute gültigen Karfreitagsliturgie heißt es nun:

Lasst uns auch beten für die Juden, zu denen Gott, unser Herr, zuerst gesprochen hat: Er bewahre sie in der Treue zu seinem Bund und in der Liebe zu seinem Namen, damit sie das Ziel erreichen, zu dem sein Ratschluß sie führen will.
(Beuget die Knie. – *Stille* – Erhebet euch.)[32]

---

29 Vgl. Lehrplan Ev. Rel., HS, Kl. 9 (Baden-Württemberg).
30 Für die folgenden Beispiele sei Prof. *J. Maier*, Heidelberg herzlich gedankt.
31 *A. Schott* O.S.B., Das Meßbuch der Heiligen Kirche, Freiburg i. Br. 1936, 330.
32 Der große Sonntags-Schott für die Lesejahre A-B-C, Freiburg/Basel/Wien 1975, 199.

3.2 Einzelne Stationen der Judenfeindschaft

Man kann sich auf einzelne kirchengeschichtliche Situationen einlassen, bei denen Judenfeindschaft und Verfolgung besonders deutlich werden, z.B. die Kreuzzüge und das »Dritte Reich«. Unbedingt sollte auf das Thema »Martin Luther und die Juden« eingegangen werden. Seine Haltung zu den Juden ist weitgehend unbekannt, weil sie im RU im Allgemeinen nicht thematisiert wurde.[33] Überall ist fächerverbindender Unterricht zusammen mit dem katholischen RU und dem Fach Geschichte sinnvoll.

3.3 Regionalgeschichtliche Verankerung

Gerade bei diesem Thema bietet sich eine regionalgeschichtliche Verankerung an. Auszugehen ist dabei von den Überresten jüdischer Kultur am eigenen Ort oder in der Umgebung, z.B. einer Synagoge oder einem Judenfriedhof. Lerngänge und Arbeit in Archiven bieten sich an. Stets sollte auch recherchiert werden, welche Haltung die Christen den Juden gegenüber eingenommen haben.

3.4 Judenretterinnen und Judenretter

In den letzten Jahren wurden zunehmend die Namen von Judenretter/innen aus der Zeit des Nationalsozialismus bekannt. Sie im Unterricht zu behandeln, dient keinem vordergründigen apologetischen Zweck. Deutlich kann an ihnen werden, dass »es auch anders ging«. Sie können Vorbildcharakter für junge Menschen haben.[34]

3.5 Aufarbeitung des Antijudaismus im Neuen Testament

Dass und warum antijüdische Vorurteile im NT zu finden sind, kann in den beiden Sekundarstufen an Beispielen wie Mt 27,25; Joh 8,44; 1 Thess 2,14–16 aufgezeigt werden. Die nötigen Hintergrundinformationen finden sich in *G. Theißens* Beitrag zum Antiju-

---

33 Informationen und Kopiervorlagen zu den angegebenen Situationen und Personen finden sich in *D. Petri/J. Thierfelder (Hg.)*, Grundkurs Judentum, Stuttgart ²2002.

34 Das Beispiel des Heidelberger Heiliggeistpfarrers *Hermann Maas* ist für den Unterricht bearbeitet worden von *D. Petri/J. Thierfelder*, in: *A. Lohrbächer*, Was Christen vom Judentum lernen können. Modelle und Materialien für den Unterricht, Freiburg 1994, 53–71; Kopiervorlagen zu Judenretter/innen bei *D. Petri/J. Thierfelder (Hg.)*, aaO., V.26 u.V.27.

daismus im NT.[35] Bearbeitet werden muss im Unterricht das Vorurteil, dass »die Juden« für den Tod Jesu verantwortlich zu machen sind.[36] Weiter sollte im Unterricht besprochen werden, warum in den Evangelien ein derart negatives Pharisäerbild gezeichnet wird, wo Jesus doch dieser Gruppe von allen jüdischen Gruppen seiner Zeit sicher am nächsten gestanden hat.[37] Besonders hartnäckig hält sich das Vorurteil, dass Gott sein Volk verworfen habe, weil es seinen Heiland kreuzigte. Hier kann an einer der nach dem Zweiten Weltkrieg entstandenen Erklärungen zum Verhältnis von Juden und Christen gearbeitet werden, z.B. an der Erklärung der badischen Landessynode von 1984. Dort heißt es: »Durch Jahrhunderte wurden christliche Theologie, kirchliche Predigt, Unterweisung und kirchliches Handeln immer wieder von der Vorstellung belastet, das jüdische Volk sei von Gott verworfen. Dieser christliche Antijudaismus wurde zu einer der Wurzeln des Antisemitismus.« Und dann wird festgestellt: »Wir glauben an Gottes Treue: Er hat sein Volk Israel erwählt und hält an ihm fest. Darum müssen wir der Auffassung widersprechen, daß Israel von Gott verworfen sei. Die Erwählung Israels wird auch nicht durch die Erwählung der Kirche aus Juden und Heiden aufgehoben.«[38]

Literaturhinweise

E. Röhm/J. Thierfelder, Juden – Christen – Deutsche, 5 Bd., Stuttgart 1991 ff.
R. Rendtorff/H. H. Henrix, Kirchen und Judentum. Eine Dokumentation von 1945 bis 1985, Paderborn/München 1988
D. Petri/J. Thierfelder (Hg.), Grundkurs Judentum, 2 Bd., Stuttgart ²2001

---

35 Vgl. *G. Theißen*, aaO.
36 Hilfreich dazu *D. Petri/ J. Thierfelder (Hg.)*, aaO., II.12 u. II.13.
37 Vgl. dazu *P. Fiedler*, Pharisäer – Feindbild oder Fairness, in: *H. Sproll/G. Stephan(Hg.)*, Begegnung und Dialog. Ludwigsburger Beiträge zum israelisch-deutschen und christlich-jüdischen Gespräch (Ludwigsburger Hochschulschriften 6), Ludwigsburg 1987, 101–113.
38 Zit. nach *R. Rendtorff/H.H. Henrix*, aaO., 610 u. entwurf 3/86, 73. Vgl. auch Erklärung der rheinischen Landessynode v. 1980, in *R. Rendtorff/H.H.Henrix*, aaO., 593–596.

VI. Hexenverfolgungen

Herbert Gutschera

Jan Luyken (1649–1712), Hexenverbrennung 1571 in Amsterdam.

Der Kupferstich zeigt die Hinrichtung der Anne Hendricks, die als vermeintliche Hexe bei lebendigem Leib verbrannt wird. Deutlich wird in der Darstellung auch die Grausamkeit und Erbarmungslosigkeit der Hexenrichter und ihrer Helfer. Solche detailgenauen Abbildungen stießen auf ein sensationelles Interesse und erregten die Fantasie der Leute bis hin zur Hysterie.

1. Historisch

1.1 Der Fall der Geschwister Sterck

Die beiden Geschwister *Anna Maria* und *Johannes Sterck* werden 1676 erstmals wegen Hexerei vor der Obrigkeit in Sigmaringen angezeigt. Zu diesem Zeitpunkt ist das Mädchen 8, ihr Bruder 6 Jahre alt. Nach dem Tod der Eltern kommen die Kinder in Pflege zu einer Krämersfamilie. Dort leben sie in ärmlichen Verhältnissen, der oft betrunkene Pflegevater schlägt die Kinder. Diese bekommen nicht ausreichend zu essen, erkranken des Öfteren und werden zum Betteln geschickt. Sie schlafen in der Kammer ihrer Pflegeeltern zusammen in einem Bett.

Die geschilderten Umstände entsprechen den damaligen Lebensverhältnissen der dörflichen Unterschicht. Vielleicht wird so auch verständlich, warum die Kinder – wie bei vielen ähnlichen Prozessen – sich selbst der Hexerei beschuldigen. Sie protestieren gegen bedrückende Lebensverhältnisse und eine lieblose Umgebung, sie suchen um jeden Preis Aufmerksamkeit und Zuwendung.

Dazu kommt der verbreitete Hexenglauben ihrer Umwelt. Die Kinder kennen die wichtigsten Hexenvorstellungen. Sie beziehen diese auf sich und stellen sich so in den Mittelpunkt. Mit entsprechender Fantasie vermischen sie auch sexuelle Elemente in ihren unterschiedlichen Geschichten.

Die achtjährige Maria ist sich eventueller Folgen durchaus bewusst. Einmal sagt sie, sie wisse sehr wohl, dass man es gern sehe, wenn ihr der Kopf abgeschlagen und sie verbrannt würde.

Zunächst behandelt die Regierung in Sigmaringen die Angelegenheit behutsam. Man betrachtet die Kinder als sittlich verwahrlost – eine verstärkte religiöse Erziehung soll den Übeln abhelfen.

Doch dann folgen weitere Verhöre wegen des Vorwurfs der Hexerei. Ende November 1678 werden die Geschwister verhaftet und im Sigmaringer Schloss eingesperrt. Im Gefängnis spitzen sich die Ereignisse zu – der Hexenzauber geht weiter. In der Nacht geschehen seltsame Dinge, doch nur die Kinder können dabei den Teufel sehen. In der Gefangenschaft stirbt der Junge, wahrscheinlich an Blattern.

Das abschließende Geständnis der *Anna Maria Sterck* wird öffentlich vor Zeugen verlesen und von der Angeklagten bestätigt. Die Hauptpunkte:

- Vor 4 bis 5 Jahren habe sie sich der Hexerei und dem Teufel verschrieben.
- Sie habe Gott und alle Heiligen verleugnet und sowohl mit dem Teufel als auch mit ihrem Bruder Unzucht getrieben.

- Auf Befehl des Teufels habe sie vielerlei Übel angerichtet, Tiere geschädigt und ein großes Hagelwetter verursacht.
- In der Gefangenschaft habe sie weiter gehext und ihrer Umgebung geschadet.

Aufgrund dieses Geständnisses wird sie zum Tod verurteilt. Anna Maria ist sehr bestürzt, beklagt ihr junges Leben und verflucht den bösen Feind. Am 22. September 1679 wird sie im Alter von 11 Jahren und 4 Wochen nach dreivierteljähriger Gefangenschaft im Sigmaringer Schloss enthauptet, ihr Leichnam der Jugend und anderen gezeigt und anschließend auf dem Laizer Friedhof beerdigt.[1]

Kinder konnten im Prozess wie Erwachsene behandelt werden, da Hexerei als »Ausnahmeverbrechen« galt. So war auch Folterung und Verbrennung von Kindern unter 14 Jahren möglich. In der Regel ließ man sie aber eher »mit Ruten streichen« und ihnen eine zunehmend intensivierte religiöse Erziehung zukommen.

»Kinderhexen« sind das, was wir heute »Problemkinder« nennen: sozial entwurzelt, verstoßen, elternlos, krank, behindert, häufig von Erwachsenen sexuell missbraucht. Diese Kinder rächen sich mit tödlich-aggressiven Denunziationen. In ihrer persönlichen Not setzen sie sich provokant in Szene, erregen Aufmerksamkeit um jeden Preis. Dabei nehmen sie eigene Bedrohung und Lebensgefährdung in Kauf. Letztlich spiegeln die Kinder nur den unglaublichen Aberglauben der einfachen Leute wider, die »alles glauben«.

Wie aber kam es zum Hexenwahn und zur Hexenverfolgung?

1.2 Von der Inquisition zum Hexenprozess

Inquisition heißt wörtlich »Untersuchung«, meint aber im Grunde das »Aufsuchen« und Bekämpfen von Ketzern. Diese Institution wurde während der harten Auseinandersetzung der römisch-katholischen Kirche mit den »Ketzern« im 12. Jh. eingerichtet. Dazu zählte man die neuen Bewegungen der Katharer, Albigenser und Waldenser, die unter Berufung auf das Evangelium die Amtskirche ablehnten. Rom sah hier das Böse am Werk. Der Papst ließ gegen die Katharer einen äußerst brutalen Kreuzzug führen (1209–1229) und gründete eine zentrale Glaubensbehörde, die Inquisition (1231/32), die von sich aus nach Ketzern fahndete. Die Zuständigkeit dieses

---

1 Nach *M. Kuhn-Rehfus*, Mit dem greulichen Laster der Hexerei angesteckte Kinder. Kinderhexenprozesse in Sigmaringen im 17. Jahrhundert, in: *W. Schmierer u.a.* (Hg.), Aus südwestdeutscher Geschichte. Festschrift für H.-H. Maurer, Stuttgart 1994, 428 ff.

geistlichen Gerichts wurde immer mehr ausgeweitet, seine Machtbefugnisse wurden erweitert.[2] Seit Kaiser *Friedrich II.* (1215–1250) konnten und mussten so genannte hartnäckige Ketzer von der weltlichen Macht verbrannt werden. Ab 1252 war beim Verhör die Folter zugelassen, die bewirkte, dass viele Angeklagte schließlich gestanden, mit dem Teufel im Bund zu stehen. Seit 1326 wurde auch die Zauberei der Häresie zugeordnet und damit der Inquisition unterworfen.

Bestärkt durch viele Verhöre, glaubten die Inquisitoren mehr und mehr an die Existenz einer »Hexensekte« und eine große teuflische Verschwörung. 1484 erließ Papst *Innozenz VIII.* die berüchtigte »Hexenbulle«, in der er beklagte, dass besonders in Deutschland »zahllose Personen beiderlei Geschlechts … vom heiligen katholischen Glauben abfallen, Unzucht mit Teufeln treiben und mit ihren Zaubersprüchen … die Menschen insgesamt verderben«. Er schrieb, dass die vom Glauben Abgekommenen »die Menschen, die Frauen, die Thiere, das Vieh … verderben, ersticken und umkommen machen …« – eine entlarvende Aufzählung![3]

Dieses Schreiben druckten die beiden Inquisitoren *Heinrich Institoris* und *Jakob Sprenger* 1487 in ihrem »Hexenhammer« mit ab. Dieser selbst wurde für die nächsten 200 Jahre zum anerkannten Handbuch der Hexenjäger. Das Buch ist ein entsetzliches Machwerk und eine der unheilvollsten Schriften der Weltgeschichte, galt aber bald als Lehrbuch des Hexenglaubens und der Hexenbekämpfung. Die mönchischen Autoren kennzeichnet ein geradezu krankhafter Frauenhass. Für sie ist »das Weib … schlecht von Natur«. So erklären sie auch das Wort »femina«: Es komme von »fe« (= fides, Glaube) und »minus« (= weniger) – die Frau werde also dadurch charakterisiert, dass sie weniger Glauben habe. Schon der Titel des Buches (»Malleus maleficarum«) spitzt die Verfolgung auf »Hexen«, d.h. auf Frauen zu, denn »malefica« ist die weibliche Form des Ausdrucks für Übeltäter/Hexe.

Die Reformation macht erstaunlicherweise diesem Spuk kein Ende. Auch die Reformatoren sind in den alten Wahnideen befangen und wollen sich bei der Verfolgung von Ketzern und Hexen nichts nachsagen lassen. Dabei berufen sie sich auf die Bibelstelle: »Eine Hexe sollst du nicht am Leben lassen.« (2 Mose 22,17)

2 Vgl. dazu auch *L. Vones*, Art. Inquisition, in: Lexikon der Kirchengeschichte, Bd. 1, Freiburg i. Br. 2001, 634 ff. – Zur Spanischen und Römischen Inquisition → X. Gegenreformation.
3 Nach *U. Birnstein u.a.*, Chronik des Christentums, Gütersloh/München 1999, 260.

1.3 Das Ende des Hexenwahns

Johann Weyer (1516–1588) ist der erste Bekämpfer des Hexenwahns. 1563 erschien sein Buch »Von den Blendwerken der Dämonen, ihren Zaubersprüchen und Zaubertränken«, das großes Aufsehen erregt. Der holländische Arzt reformierten Glaubens stellt nicht den Teufelsglauben in Frage, wohl aber den Hexenprozess. Er meint, die Vorstellungen der Hexen seien delirische Träume und Einbildungen. Hexen gelten für ihn als arme, unwissende, vom Teufel getäuschte und missbrauchte Frauen. Von ihren durch Verhör und Folter erzwungenen Geständnissen hält er nichts. Der Satan selbst habe die Hexenprozesse erfunden, um fromme, unschuldige Frauen qualvoll zu Tode zu bringen. Daher müsse die Obrigkeit das Teufelsspektakel der Hexenprozesse verbieten, sonst versündige sie sich gegen den barmherzigen Gott. – Das Buch von den »Blendwerken« hatte wenig »Erfolg« und bedeutete doch eine Wende. Ganz allmählich wurden der Hexenglaube und letztlich dann auch der Teufelsglaube in Frage gestellt.

Nach Weyer wagt es der Jesuit *Friedrich von Spee* (1591–1635), gegen den allgemeinen Hexenwahn anzugehen. Er tut dies 1631, allerdings anonym, in der »Cautio Criminalis« (vielleicht so zu übersetzen: »Vorsicht beim Strafprozess«). In dieser Schrift verarbeitet er seine seelsorgerlichen Erfahrungen mit angeklagten »Hexen«. Er ist der erste, der den tödlichen Zusammenhang von Folter und Geständnis aufweist. Als Beichtvater erlebte er am eigenen Leibe: Die Folter macht die Hexen! Wörtlich schreibt er: »Persönlich kann ich unter Eid bezeugen, dass ich jedenfalls bis jetzt noch keine verurteilte Hexe zum Scheiterhaufen geleitet habe, von der ich ... hätte sagen können, sie sei wirklich schuldig gewesen.«[4]

Schließlich fordert der preußische Rechtsgelehrte *Christian Thomasius* (1655–1728) nicht nur die Abschaffung der Hexenprozesse und der Folter, sondern stellt die ganze Hexenlehre in Frage. Hier meldet sich das Vernunftdenken der Aufklärung zu Wort, die letztlich das allmähliche Ende der Hexenprozesse herbeiführte. Oder war es die Tatsache, dass die Hexenjagd immer weitere Kreise zog und selbst hoch gestellte Persönlichkeiten nicht mehr verschont wurden – von den Hexenjägern selbst bis hin zu Bürgermeistern oder gar einem Würzburger Bischof? – 1775 wird in Deutschland die letzte »Hexe« hingerichtet.

---

4 Vgl. dazu *U. Birnstein u. a.*, aaO., 260 f.

1.4 Der Fall Maria Anna Schwegelin[5]

Die letzte Hexenhinrichtung in Deutschland fand in der Fürstabtei Kempten im Allgäu statt. Vor dem Richterstuhl stand die 40-jährige, arme und allein stehende Dienstmagd *Maria Anna Schwegelin*. Nachdem ihr der Henker hart zugesetzt hatte, gestand sie schließlich, den Pakt mit dem Teufel auf dem Sennhof geschlossen, Gott selbst, der Mutter Gottes und allen Heiligen abgeschworen und sich dem Teufel übergeben zu haben. Dieser war ihr nachts im Traum wie ein Männlein von 16 oder 17 Jahren erschienen. Er hatte sie zum Geschlechtsverkehr gezwungen und wollte sie in den Selbstmord treiben. Die Folterknechte hatten ein leichtes Spiel mit der bedrängten und verwirrten Seele, die sich sicher war: Es nütze ihr kein Beten mehr, sie sei schon verdammt. Von der Zeit an, als sie dem Augustiner (= Mönch) gebeichtet habe, ohne recht absolviert (= losgesprochen) worden zu sein, komme es ihr so vor, als ob sie sich im Schlaf immer mit dem Teufel versündige.

Ungerührt verhängten die Richter am 11. April 1775 das Todesurteil über die Frau.

2. Systematisch

»Wir stehen fassungslos vor der Tatsache, daß man Hunderttausende, ja Millionen unschuldiger Frauen wegen Verbrechen, die sie gar nicht begangen haben können, grauenhaft folterte und verbrannte.«[6]

Herbert Haag (kath. Theologe)

2.1 Hexenverfolgungen

Über das »man« ist zu sprechen – Verantwortlichkeit will und kann benannt werden –, ebenso über die genannten Zahlen, die zu hoch gegriffen erscheinen. Aber das Problem wird falsch angegangen, wenn sich die »Hexenforscher« (nur) um die Zahl der Opfer streiten – *eine* verbrannte Hexe ist schon zu viel. Daher ist der Ausdruck »fassungslos« zutreffend, um einen adäquaten Zugang zu den »Hexenverfolgungen« zu bekommen.

Jedenfalls ist der Hexenspuk kein blinder Ausbruch von mittelalterlichem Volksaberglauben. Ganz »offiziell« führen geistliche und

---

5 Nach verschiedenen Vorlagen.
6 *H. Haag*, Vor dem Bösen ratlos? München 1978, 156.

weltliche Obrigkeit den Hexenprozess. Und der traurige Höhepunkt der Verfolgungen ist die frühe Neuzeit, das Zeitalter von Renaissance und Humanismus! Vieles bleibt hier rätselhaft, nicht nur die Zahl der Opfer, die sehr unterschiedlich angegeben wird, sondern vor allem auch die »Gründe« der Hexenverfolgungen. Vielleicht muss mit bis zu einer Million unschuldig Verfolgter und Getöteter gerechnet werden, und überwiegend waren das Frauen.

Die neuere Forschung betont, dass der Obrigkeit »der Verfolgungswille von unten« (*Rita Voltmer*) entgegenkam. Die klimabedingte wirtschaftliche Not großer Bevölkerungskreise zwischen dem 15. und 17. Jh. ließ nach Schuldigen rufen und sie auch finden. Die unterschiedliche Verfolgung von Frauen und Männern – in protestantischen Gebieten lag der Anteil der Frauen weit höher – ist schwer erklärbar. So werden in England von der Mitte des 16. bis Ende des 18. Jh. 89 % Frauen und 11 % Männer Opfer der Hexenverfolgung, im orthodoxen Russland sind es im 17. Jh. dagegen nur 32 % Frauen und 68 % Männer! Mag sein, dass dabei auch das Verständnis von 2 Mose 22,18 eine Rolle spielte. *Luther* übersetzte: »Die *Zauberinnen* sollst du nicht leben lassen«, die katholische Bibel (= Vulgata) sprach von *»Zauberern«* (»malefici« – mask.). Für das protestantische Württemberg trifft das jedoch nicht zu. Dort sind etwa aus dem 17. Jh. 192 Hexenprozesse im Staatsarchiv in Stuttgart festgehalten. Bei den 278 Beschuldigten ist die Geschlechtsverteilung (männlich/weiblich) 3 zu 1! Andererseits gab es die schrecklichsten Hexenkampagnen gerade in süddeutschen Bistümern wie Bamberg und Würzburg, wo viele Frauen und Kinder, ja ganze Familien ausgelöscht wurden.

Bei aller notwendigen Differenzierung im Einzelnen ist der Gesamtkomplex »Hexenwahn« nur schwer zu überschauen. In letzter Zeit hat sich die Frauenforschung intensiv dieses Themas angenommen, nachdem es die allgemeine Kirchengeschichtsschreibung eher zögerlich oder gar nicht behandelte. Dabei wurde mit Recht herausgestellt, dass überwiegend doch vor allem Frauen betroffen waren. Und hierzu gehört auch der bedenkenswerte Hinweis, dass die amtlich Beteiligten am Hexenprozess, also die Theologen und Juristen, die Richter und Henker, Männer waren. Schließlich ist zu beachten, dass sich die Quellenlage ausgesprochen einseitig darstellt: Alle Berichte über die Prozesse, soweit vorhanden, stammen von den Anklägern.[7]

---

7 Vgl. *V. Drehsen u.a. (Hg.)*, Wörterbuch des Christentums, München 2001, 481.

Ursprünglich galt Zauberei und Hexerei im Christentum als heidnischer Aberglauben. In einer Beichtanleitung des *Burkhard von Worms* heißt es noch im 11. Jh.: »ein Jahr Buße für den, der glaubt, dass es Hexen gebe«. Diese Einstellung ändert sich grundlegend im Hochmittelalter im Gefolge des Kampfes gegen die Ketzer, der Einrichtung der Inquisition sowie der Zulassung der Folter als Beweismittel. Nun verkehren sich die Fronten: Scheinbar gilt es jetzt gegen eine »satanische Weltverschwörung« anzugehen, zumal die Anhänger des Teufels »Krankheiten, Sterben unter Menschen und Tieren, Impotenz, Unfruchtbarkeit« u.a. bewirken können. Vor allem bei Hungersnöten und Seuchen kamen solche abergläubischen Gedanken beim einfachen Volk an – es suchte und fand Sündenböcke, die Hexen. Deren Bild basiert auf heidnischen Vorstellungen unterschiedlicher Art, etwa der der Zauberin, des Schreckgespenstes, der Furie, der Kräuter- oder weisen Frau (vgl. die Märchenhexe). Das eigentliche »Hexenmuster« ergab sich durch die Überlagerung mit »christlichen« Einflüssen, wobei Elemente wie Schadenzauber, Teufelspakt, Teufelsbuhlschaft, Satanskult, Hexenflug, Hexensabbat und Tierverwandlung eine Rolle spielten.[8]

2.2 Der Hexenprozess

Am Anfang stehen Verdächtigungen und dann die »Anzeige«. Dafür gibt es verschiedene Gründe wie Aberglaube und Dummheit, Angst und Sorge um das eigene Seelenheil, aber auch persönliche Rachsucht oder Habgier. Alle Prozessbeteiligten werden aus dem Vermögen der Verurteilten entlohnt. Dazu meinte bereits im 16. Jh. ein kritischer Zeitgenosse, das ganze Verfahren diene nur dazu, nach Alchemistenmanier »aus Menschenblut Gold zu machen«.

Bereits die erste Frage im Verhör ist lebensgefährlich: Glaubt der oder die Angeklagte, dass es Hexen gebe? Wer diese Frage verneint, muss als Ketzer zum Tod verurteilt werden. Wer aber die Frage bejaht, beweist, dass er mehr weiß – das Opfer wird gefoltert, bis es gesteht und »Mitverschworene« nennt. Dazu gibt es vielerlei »Proben« (= Prüfungen, Untersuchungen) wie etwa die »Nadelprobe«: Der Folterknecht sucht und findet das »Hexenmal«, das Kennzeichen des Teufels, etwa einen nichtblutenden Leberfleck oder ein Muttermal. Bei der »Wasserprobe« gilt das gefesselte Opfer als unschuldig, wenn es untergeht (!), denn das Wasser als Element der Reinheit »nimmt

---

8 Vgl. ebd.

keine Schuldigen auf«. Treibt es aber an der Oberfläche, ist es mit dem Teufel im Bund und also schuldig.

2.3 Zum Beispiel: Die »Hexenwaage« von Oudewater[9]

Nach alten dämonologischen Vorstellungen sind die Körper von Hexen leichter als Wasser. Also konnten diese »leicht« gefunden werden, indem man sie wog. Dabei setzten sie in der Tat ihr »Leben aufs Spiel« (vgl. 5 Mose 5,24f.), da sie »leichter als ein Hauch«, entlarvt als »Lug und Trug«, »auf der Waage empor schnellen« (vgl. Ps 62,10). Nicht zu fassen, aber wahr: beide genannten Bibelstellen legitimierten scheinbar die Praxis der Fahnder.

Wie bei den anderen »Proben« waren auch bei diesem Verfahren der Manipulation Tür und Tor geöffnet. In Szeged soll noch 1728 ein beleibter Stadtrichter als Hexer verbrannt worden sein, weil er nur 20 Gramm wog. Um die Verfahren »korrekt« durchzuführen, verlangten die Behörden in der Regel geeichte Waagen. Weithin berühmt war die Hexenwaage in der holländischen Stadt Oudewater (in der Nähe von Utrecht). Im dortigen Museum ist die Originalurkunde zu sehen, mit der Kaiser *Karl V.* ein Privileg einräumte: Verdächtigten konnte amtlicherseits bestätigt werden, dass sie nicht »zu leicht befunden« wurden, sondern das rechte Gewicht hatten. Das sollte »überall rechtlichen Glauben haben und alle anderen Proben ausschließen«.

Die »Hexenwaage« wurde also von den »aufgeklärten« Stadtvätern eingerichtet, damit bedrohte Frauen sich amtlich ein menschliches, normales Gewicht bescheinigen lassen konnten. Der »Erfolg« blieb nicht aus. Das Verfahren galt als so korrekt, dass Frauen auch aus den Nachbarländern zu der »Amtswaage« anreisten: »Eine zahlreiche Kundschaft zog zu ihr, besonders aus den Bistümern Köln, Münster und Paderborn.« Der »geschworene« Waagemeister wog die »Kunden«, doch nicht alle vermochten sich über das Zertifikat, das der Stadtschreiber ausstellte, zu freuen. Viele hatten die lange und mühselige Reise bereits verängstigt und eingeschüchtert angetreten. Der Hexenprozess war als Ganzes ein so »furchtbar ernsthaftes« Verfahren, dass dessen »Geist« sich teilweise auf die Beschuldigten übertrug. Viele glaubten im Verlauf der Untersuchung an die Reali-

---

9 Nach *H. Gutschera,* Kirchengeschichte – erneut bedacht, in: *G. Büttner u. a. (Hg.),* Wegstrecken. Beiträge zur Religionspädagogik und Zeitgeschichte, Stuttgart 1998, 245ff., hier 252f.

tät der Vorwürfe, etwa so, dass sich der Teufel ihrer bemächtigt habe, ohne dass sie es selbst bemerkten (vgl. auch 1.4). Nur so lässt sich erklären, dass viele im letzten Augenblick von Angst gepackt wurden, die Wiegeprobe nicht zu bestehen, und wieder umkehrten.

Im nichtöffentlichen Hauptverfahren sind die Angeklagten allein, ohne Beistand. In vielen Fällen endet der Prozess mit der Verhängung der Todesstrafe. Bußfertige Opfer erhalten die »Gnade«, vor dem Verbrennen auf dem Scheiterhaufen erwürgt oder geköpft zu werden. Die Hexenverbrennungen selbst sind große öffentliche Spektakel zur Warnung und Abschreckung der Leute.

Beim Hexenprozess bleiben viele Fragen offen, wie etwa:
- Wieso half der Teufel seinen gequälten Anhängern nicht?
- Warum halfen sich die zauberkundigen Hexen nicht selbst?
- Wie konnten Menschen all das ernsthaft »glauben« und bei den Hexenprozessen mitwirken?

Und wo ist (zumindest im Nachhinein) das kirchliche Wort des Bedauerns, der Klage und Anklage, des Mit-Leidens und der christlichen Solidarität? Der Schlusssatz im Lexikon für Theologie und Kirche von *F. Merzbacher* zum Stichwort »Hexenprozess« lautet: »Aus der Umwelt des von Dämonenfurcht und Aberglauben geplagten Menschen, von seinem irrationalen Standort her muss der Hexenprozess historisch gesehen werden. Dann bewahrt diese Schau vor Verallgemeinerungen, Vergröberungen, leichtfertigen Unterstellungen und überscharfen anachronistischen Wertungen.«[10]

Anders *H.-J. Remmert*: »Ein Schuldbekenntnis wäre nötig, ein Schuldbekenntnis zu einer oft unheilvollen Kirchengeschichte, in der die Bibel oft missbraucht wurde für die Machtinteressen von Menschen. Wir als Kirche müssten in Sack und Asche gehen, die Bibel wieder reinigen von der Schande, die in der oft unseligen Geschichte unserer Verkündigung und Katechese über sie gelegt wurde.«[11]

3. Didaktisch

Nicht nur Schüler interessieren sich für die »dunklen Kapitel der Kirchengeschichte« – Schriftsteller wie *Karlheinz Deschner* haben sich der Lebensaufgabe »verschrieben«, umfangreiche »Kriminalgeschich-

---

[10] ²LThK, Bd. 5, 318 f. – In der neuesten, dritten Auflage von 1993 ff. fehlen diese Anmerkungen zugunsten religionswissenschaftlicher »Seitenverweise«.
[11] *H.-J. Remmert*, Ein Schuldbekenntnis wäre nötig! In: INFORMATIONEN, *hg. vom Priesterrat und Diözesanrat Rottenburg-Stuttgart*, Okt. 1996, 5.

ten des Christentums« zu verfassen. Zwar wird unser Thema (neuerdings) vielfältig bearbeitet, aufgearbeitet ist es längst noch nicht – vielleicht ist dies auch gar nicht möglich.

In den Lehrplänen und Religionsbüchern kommen »Hexenverfolgungen« nur gelegentlich explizit vor; bei Standardthemen wie Schuld und Gewissen werden diese aber nicht thematisiert. So kommen umfassende Zusammenhänge nicht in den Blick: »Denn wie kein anderes Thema der Historiographie bilden die Hexen gleichsam einen Schlüssel zum Verständnis einer ganzen Epoche der Geschichte: Ob man sich nun für die Stellung der Frau interessiert oder für die Funktionsweise des Gerichtswesens, für theologische Kontroversen oder die Bedeutung der Magie, für die ungeschriebenen Regeln des Alltagslebens oder die Auswirkungen sozialer Spannungen, für die neuzeitliche Rationalität, die Geschichte der Medizin oder der Psychologie – das Hexenthema bietet Einblicke in viele Bereiche.«[12]

Besonders erschreckend und deprimierend sind die Verhörkataloge, »fasslich«-systematisierte Auszüge aus dem »Hexenhammer«. Fragekataloge wie etwa die »Ratsakten aus Kelheim« offenbaren eine absurde Mischung von unglaublichem »christlichem« Aberglauben, sadistisch-sexueller Perversion und letztlich unbegreiflicher Menschenverachtung.

Unterrichtlich bieten sich zum Thema folgende Materialien an:
• Die Erzählung von den Geschwistern *Sterck* (vgl. o. S. 122f. – ohne den hier mit abgedruckten Kommentar!) – anschließend Besprechung.
• Die »letzte« Hexenverbrennung (Der Fall *Maria Anna Schwegelin* – s. o. S. 126) mit Besprechung. Zu diesem »Fall« finden sich im Internet eine ganze Reihe auch für den Unterricht brauchbarer Hinweise.
• Die Geschichte »Spee und die Hexenprozesse« von *Ricarda Huch* (Text bei *H. Halbfas*, Das Menschenhaus, 159–162, oder bei *H. Gutschera/J. Maier/J. Thierfelder*, Kirchengeschichte – ökumenisch, Bd. 1, 128–131).
• Lektüre des Buches von *Ingeborg Engelhardt*, Hexen in der Stadt, München 1975, dtv 1997 (ab 13 Jahren).

Bearbeiten Sie mit den Schülerinnen und Schülern zum Thema »Wider den Hexenwahn. Was hat Friedrich Spee uns heute zu sagen?« folgende Sätze des katholischen Theologen *Karl Rahner*:

---

12 *W. Behringer*, Hexen und Hexenprozesse in Deutschland, München ³1995, 8.

Der entsetzliche Massenwahn der Zeit Spees und noch lange danach ist in unseren Regionen gewiß überwunden. Aber wenn auch der Hexenwahn, so wie er damals war, nun vorbei ist, dann beweist er doch grundsätzlich, daß die Menschen auch in so genannten christlichen Gegenden durch alle Schichten hindurch von solchen wahnhaften Mentalitäten bedroht sind, einem Massenwahn verfallen können und dabei ein gutes Gewissen haben und diesen Wahn im Namen der Vernunft oder des Evangeliums verteidigen als eine indiskutable Selbstverständlichkeit, die nur Leute bezweifeln können, die nicht ganz normal sind. Ist es da selbstverständlich, daß heute solche Formen von Massenwahn bei uns nicht grassieren? Ist der Massenwahn des Nationalsozialismus schon so lange und weit in die Vergangenheit zurückverschwunden, daß wir uns jetzt einbilden könnten, wir seien von solchen Massenpsychosen frei, die doch auch bei Gescheiten und bei Lenkern der Völker gegeben sein können, ohne daß es jemand merkt und zugibt?[13]

Literaturhinweise

W. Behringer, Hexen und Hexenprozesse in Deutschland, München ³1995
A. Hallinger, »Die Hex' muss brennen!« Volksglaube und Glaubenseifer des Mittelalters, Augsburg 1999
G. Schwaiger (Hg.), Teufelsglaube und Hexenprozesse, München (1987) ⁴1999
W. Tarnowski, Hexen und Hexenwahn, Nürnberg 1994

---

[13] *K. Rahner*, Schriften zur Theologie, Bd. XVI, Zürich/Einsiedeln/Köln 1984, 377–379.

VII. Mystik im Mittelalter

Heidrun Dierk

Hildegard von Bingen: Scivias, Rupertsberger Kodex, 12. Jh.

1. Historisch

1.1 Begriffsbestimmung

Der Begriff »Mystik« ist nur schwer zu definieren, er kann (fast) alles bedeuten: Geheimnisvolles, Emotionales, Rätselhaftes, Unfassbares usw. Als Phänomen taucht Mystik in allen Kulturen und Religionen auf, sie kann als Bewusstsein göttlicher Gegenwart verstanden werden. Christliche Mystik bindet diese innere Erfahrung an den Gott der Bibel und an Jesus Christus als sein inkarniertes Wort. Mystische Erfahrungen hat es im Christentum zu allen Zeiten gegeben, zu einer (kirchen-)historisch bedeutsamen Kraft wurden sie in Westeuropa im Hohen und ausgehenden Mittelalter (12.–15. Jh.).

1.2 Mittelalterliche Mystik

Die Mystik ist sozial- und mentalitätsgeschichtlich einzubinden in die Umbrüche des 11. Jh. in Westeuropa, besonders auch im Heiligen Römischen Reich Deutscher Nation, die mit folgenden Begriffen verbunden sind: Agrarrevolution und Bevölkerungswachstum, Städtegründungen und Landflucht, Entstehung von Bürgertum und Stadtkultur, Handel und Verkehr. In dieser Auf- und Umbruchsituation etablierten sich religiöse Bewegungen, die sich auf die Suche nach einem »evangelischen« Leben machten. Diese Armutsbewegungen waren immer auch mystisch orientiert. Die offizielle »katholische« Kirche empfand solche mystisch-spirituellen Sonderbewegungen als Bedrohung, worauf sie mit Repression resp. Inquisition antwortete. Durch die Einbindung in neu gegründete oder reorganisierte etablierte Orden (Bettelorden wie Dominikaner, Franziskaner, Augustiner-Eremiten, Karmeliter u.a.) fanden sie ihren Platz in der Kirche. *Franz von Assisi* ist heute wohl der bekannteste Vertreter einer religiösen Haltung, die Armutsideal und mystische Schau zu verbinden wusste. Besonders sein geschwisterliches Naturverständnis findet in unserer Zeit verstärkt Beachtung.

In den verschiedenen neuen Orden wie auch in längst etablierten Institutionen wie den Benediktinerklöstern wurde die Mystik gepflegt. Ein interessantes Phänomen ist dabei die im 12. Jh. aufkommende Frauenmystik. Sie war vermutlich inspiriert von der Liebesmystik des *Bernhard von Clairvaux* (1090–1153), ist aber durchaus auch als ein selbstständiges Phänomen in der Theologiegeschichte zu betrachten. Die Mystik *Bernhards* war emotional geprägt, er deutete die mystische Erfahrung als Liebe, weniger als Erleuchtung. Auch wenn er in ekstatischer Schau menschliche und göttliche Liebe in eins sah, wusste er doch um die Verschiedenheit von Schöpfer und Geschöpf in der Wirklichkeit.

Mystisches Erleben kann zum einen als Erfahrung des Eins-Seins mit dem Göttlichen durch Aufhebung des Selbst beschrieben werden (pantheistisch). Wenn an die Stelle der Aufhebung des Individuums die Vereinigung (unio mystica) des Individuums mit Gott bzw. Jesus Christus tritt, spricht man von intersubjektiver Mystik, deren Zentralbegriff »Liebe« ist. Während männliche Mystiker eher dem pantheistischen Typ zuneigten, gehörte die Frauenmystik eher dem intersubjektiven Typ an.

1.3 Frauenmystik

Frauenmystik ist nicht reine Emotion. Zwar steht die praktische Dimension der Mystik, das intensive Erleben, Fühlen und Schauen in der Frauenmystik im Vordergrund, das aber nicht zuletzt deshalb, weil den Frauen der Zugang zur wissenschaftlich-theologischen Ausbildung an den Universitäten verwehrt war. Bei der Verschriftlichung ihrer mystischen Erlebnisse hielten sie daher stärker an der Ich-Perspektive fest, anstatt theoretisch-theologische Lehrsysteme zu entwerfen. Ein weiteres Missverständnis der Frauenmystik wäre es, sie als eine selbstgenügsame innere Versenkung zu verstehen. Im Gegenteil, gerade die spätmittelalterlichen Mystikerinnen wie *Birgitta von Schweden* oder *Katharina von Siena* fühlten sich berufen, sich aktiv für Kirchenreformen einzusetzen.

Die Frauenmystik ist nur vor dem Hintergrund einer religiösen »Frauenbewegung« im Mittelalter zu verstehen. Im 12./13. Jh. bildeten sich Frauengemeinschaften, die dem Ideal des »evangelischen« Lebens nachfolgen wollten. Neben persönlichem Heilsstreben, das vor allem in den zeitgenössischen Quellen hervorgehoben wird, waren vermutlich auch gesellschaftliche und ökonomische Beweggründe ausschlaggebend: Ablehnung der Ehe als Unterwerfung unter einen Mann, Angst vor den Risiken von Schwangerschaft und Geburt, Frauenüberschuss u.a. könnten eine nicht unbeträchtliche Rolle gespielt haben.[1] Die neuen Frauengemeinschaften, insbeson-

---

1 P. *Dinzelbacher*, Rollenverweigerung, religiöser Aufbruch und mystisches Erleben mittelalterlicher Frauen, in: *Ders./D. R. Bauer (Hg.)* Religiöse Frauenbewegung und mystische Frömmigkeit im Mittelalter, Köln/Wien 1988, 1–58, bes. 13 ff.

dere die Beginenhäuser und neu gegründete Orden (Zisterzienserinnen, Klarissen u. a.), aber auch etablierte Ordensgemeinschaften wie die der Benediktinerinnen, wurden für Frauen zu einem Ort, an dem sie mystische Erfahrung und religiöse Identität finden konnten. Mystik ist der religiöse Bereich im Mittelalter, der stärker von Frauen als von Männern besetzt war. Man darf daher die Frauenmystik durchaus als Alternative/Gegenbewegung zur klerikalen Theologie der Amtskirche auffassen.

Auf einzelne herausragende Vertreterinnen der Frauenmystik kann hier nur knapp verwiesen werden. Zu den bedeutendsten und wirkmächtigsten prophetische Seherinnen gehören die beiden Benediktinerinnen *Hildegard von Bingen* (1098–1179) und *Elisabeth von Schönau* (1129–1164). Im Unterschied zur späteren Einigungsmystik sind ihre Visionen eher ein »Sehen im Wachzustand«, gepaart mit theologischen Deutungen, keine ekstatischen Erlebnisse.

Die flämische Mystikerin *Hadewijch* (13. Jh.), eine Begine[2] adeliger Herkunft, gilt als die bedeutendste Vertreterin der Minnemystik. Sie hat das Vokabular der höfischen Tradition aufgenommen und verarbeitet, indem die Seele bzw. das Ich die »Minne«, d.h. Liebe und Begehren, auf Jesus bzw. Gott richtet. Ein Zentrum der Minnemystik in Deutschland war die Zisterzienser-Abtei von Helfta mit den Mystikerinnen *Mechthild von Magdeburg* (1210–1282), *Mechthild von Hackeborn* (1241–1299) und *Gertrud (d.Gr.) von Helfta* (1256–1302). *Mechthild von Magdeburg* ließ ihre inneren Erfahrungen niederschreiben, so auch folgende Rede der Jungfrau Maria:

> Der Vater erwählte mich zur Braut, dass er einen Gegenstand der Liebe hätte; denn seine Braut, die edle Seele, war tot. Und da erwählte mich der Sohn zur Mutter, und da nahm mich der Heilige Geist zur Geliebten. Da war ich die einzige Braut der Heiligen Dreifaltigkeit und Mutter der Waisen und führte sie vor Gottes Augen, damit sie nicht alle miteinander versanken, wie es doch mit einigen geschah. Als ich so Mutter von vielen heimatlosen Kindern war, da wurden meine Brüste so voll von der reinen, unbefleckten Milch der wahren verschwenderischen Barmherzigkeit, dass ich die Propheten und Seher nährte, bevor ich geboren wurde. Danach, in meiner Kindheit, nährte ich Jesus. Später, in meiner Jugend, nährte ich Gottes Braut, die heilige Kirche, …[3]

---

2 Niederländ. »Klosterfrau«, Mitglied einer halbklösterlichen Frauenvereinigung.
3 *A. M. Ritter u.a. (Hg.)*, Kirchen- und Theologiegeschichte in Quellen. Ein Arbeitsbuch. Band II. Mittelalter, Neukirchen-Vluyn ⁵2001, 192.

Katharina von Siena (1347–1380), eine norditalienische Färbertochter, gehört zu den aktivsten Mystikerinnen. Trotz ihrer geringen Herkunft und Bildung hinterließ sie zahlreiche Briefe und ein umfangreiches Schrifttum auf der Basis ihrer Offenbarungen. Wie alle bedeutenden Mystikerinnen war Katharina eine beeindruckende Persönlichkeit, was sich am rasch wachsenden Kreis ihrer Anhänger/innen aller Stände und Schichten ablesen lässt. Als Offenbarungsträgerin sah Katharina sich genötigt, Papst und Kirche zu Reformen zu bewegen, konnte allerdings nur wenig ausrichten.

So individuell verschieden die Mystikerinnen des Mittelalters auch waren, so war ihnen doch gemeinsam, dass die mystischen Erfahrungen zunächst Unsicherheit und Ängste hervorriefen, wie mit ihnen umzugehen sei. Im Allgemeinen haben sich die Beichtväter ihrer angenommen, diese haben auch die Anerkennung der Visionen durch die offizielle Kirche vorangetrieben. Diese Tatsache sowie das Faktum, dass sehr häufig Männer die Visionen und die Viten der Visionärinnen aufschrieben, zeigt, dass die Kirche – bei aller Skepsis aus Angst vor Falschprophetie – aus religiösen Gründen bereit war, auch Frauenstimmen zu dulden, sofern sie systemkonform waren. Für die Mystikerinnen bedeutete dies im Gegenzug, dass ihre mystische Schau die Legitimationsbasis darstellte, um sich in der Kirche zu artikulieren. Sie nutzten diesen Freiraum, um sich in der patriarchalen Gesellschaft / klerikalen Kirche zu Wort zu melden. Zwar hatten die Mystikerinnen nur wenig Einfluss auf die kirchenpolitische Gesamtentwicklung, aber sie hatten durch die Mystik die Chance, aus der ihrem Geschlecht verordneten Passivität herauszutreten, und sie haben eine gewisse Anerkennung und Verehrung erlangt.[4]

Frauenmystik ist ein Bereich der Kirchengeschichte, in dem Frauen nachweislich eine eigene Geschichte haben, und zwar eine, der inzwischen allgemein Wertschätzung entgegengebracht wird.[5] Was für andere Epochen nur mühsam rekonstruiert werden kann, ist hier mit reichen Quellen belegt.

---

4 Feministische Deutungen der Frauenmystik im Sinne einer Protestbewegung gegen die offizielle Kirche sind abzulehnen, denn eine übergreifende Vorstellung von Frauensolidarität in Opposition zur patriarchal verfassten Kirche und Gesellschaft existierte noch nicht.
5 *P. Dinzelbacher*, Kleiner Exkurs zur feministischen Diskussion, in: *Ders./D. R. Bauer (Hg.)*, Frauenmystik im Mittelalter, Ostfildern ²1990, 391–393.

1.4 Mystik im ausgehenden Mittelalter

Als ein Bindeglied zwischen Frauenmystik und Theologie kann *Meister Eckhard* (ca. 1269–1327) verstanden werden. Der Dominikaner predigte in Dominikanerinnen-Klöstern in der deutschen Volkssprache. Gleichzeitig nahm er die Mystik der Frauen auf und entwickelte eine neue, mystisch geprägte theologische Sprache. Nach *Eckhards* Auffassung besitzt jeder Mensch ein Seelenfünklein, das göttlichen Ursprungs ist. Durch den mystischen Prozess finde der Mensch den Weg zurück zu seinem Urbild, das in Gott selbst liege. Die Gedanken *Meister Eckhards* wurden von seinen Schülern *Johannes Tauler* (1300–1366) und *Heinrich Seuse* (ca. 1295–1366) fortgeführt und in mystischen Kreisen (Gottesfreunde) verbreitet. Von hier aus führt ein Weg zur »Devotio Moderna« des 15. Jh.

Dass die Mystik einer Individualisierung des Glaubensverständnisses Vorschub geleistet hat, indem das individuelle Glaubenserlebnis neben die institutionalisierte Frömmigkeit mit ihren kirchlich geregelten Ritualen trat, ist evident. Damit weist die Mystik über das Mittelalter hinaus in die Neuzeit.

2. Systematisch

Die mittelalterliche Mystik entstand im Kontext von Gemeinschaften, die von der Suche nach einem »evangelischen« Leben, d.h. einem Leben in der Christusnachfolge, geprägt waren. Für die Mystiker und Mystikerinnen spielten die typisch monastischen Ideale Askese, Keuschheit, Demut, Gehorsam eine wichtige Rolle. Der Versuch, die Christusnachfolge zu praktizieren, kann interpretiert werden als lebendige Auslegung von Jesu Leben, Wirken und Wort, als eine Art praktische Bibelhermeneutik. Dieser Kontext ist die Ausgangsbasis einer christlich geprägten mystischen Erfahrung, d.h. er hat die inhaltliche Ausgestaltung der Visionen beeinflusst.

Das grundsätzliche Problem, das die Kirche mit seherisch, prophetisch, mystisch begabten Menschen hatte und hat, ist die Frage der rechten Unterscheidung von wahrer und falscher Prophetie. Anders formuliert: Ist die mystische Schau gottgewirkt oder ist sie Menschenerfindung bzw. Täuschung? Die Frage nach der Unterscheidung durchzieht schon die Bibel beider Testamente.

Prophetische Visionen sind die wohl deutlichste Parallele zu mystischen Erfahrungen der nachbiblischen Zeit: Mystikerinnen und Mystiker haben sich als von Gott in den Dienst genommen verstanden, haben sich nach anfänglichen Zweifeln zu Wort gemeldet. Gerade die Frauen waren Mahnerinnen, die zu Reformen der Kirche aufforderten, wie Amos, der mit seiner Gesellschafts- und Kultkritik zur Umkehr bewegen wollte.

Das Kriterium dafür, ob der prophetische Anspruch rechtmäßig ist, kann nur der Bibel bzw. dem Evangelium selbst entnommen werden. Ausgeschlossen werden können demnach Visionen, die der evangelischen Botschaft widersprechen.

Die Mystikerinnen haben sich die Frage selbst gestellt, ob sie als Frauen, d.h. als minderwertig angesehenes Geschlecht, tatsächlich von Gott angeredet sein können. Zur positiven Beantwortung dieser Frage genügt ein kurzer Blick in die biblische Tradition, so auf *Hagars* exklusive Gottesbegegnung in Gen 16 oder auf die Charismatikerin *Debora*, Ri 4f., durch deren Eingreifen *Sisera* und sein Heer besiegt werden. Bei *Paulus* ist die prophetische Rede ein Zeichen des Glaubens (1 Kor 14,29). Wenn er von Frauen fordert, ihr Haupt zu bedecken, wenn sie beten oder prophetisch reden (1 Kor 11,4), kann dies als indirekter Beleg dafür gelten, dass in der Urgemeinde Frauen prophetisch auftraten.

Der biblische Befund bietet Vorbilder für das, was sich in der Kirchengeschichte am Phänomen der Mystik zeigt. Auch wenn man im Mittelalter meinte, mit Hilfe der übergeordneten Autorität der Kirche mystische Erlebnisse als echt oder unecht erweisen zu können, so war dies faktisch nicht möglich.[6] Das Vorgehen der Kirche verweist allerdings auf den hermeneutischen Zirkel, innerhalb dessen sich die mystische Erfahrung inhaltlich bewegt. Christliche Mystik hat stets einen spezifischen christologischen Inhalt, als Leidensmystik den Gekreuzigten, als Lichtmystik den Auferstandenen.[7] Damit steht das mystische Erleben im Kontext einer christozentrischen Gesamtdeutung der Schrift.

Christozentrik ist durch den Kontext der Christusnachfolge der Mystiker und Mystikerinnen vorgegeben. Dieser Aspekt verweist auf das zweite Kriterium neben der inhaltlichen Gestaltung des mystischen Erlebens. Schon bei den kirchlichen Überprüfungen der Visionäre und Visionärinnen spielte die Überlegung eine Rolle, inwieweit die Lebensführung in Einklang mit der Verkündigung stehe.

---

[6] Lediglich offensichtliche Betrügereien wurden gelegentlich entlarvt. Vgl. P. *Dinzelbacher*, Rollenverweigerung, 7–9.
[7] D. *Mieth*, Art. Mystik, in: *P. Eicher (Hg.)*, Neues Handbuch theologischer Grundbegriffe. Erweiterte Neuausgabe Bd. 3/1991, 407–418, bes. 409.

Christliche Mystik bleibt nicht bei esoterischer Innerlichkeit stehen, sondern drängt zu praktischer Umkehr. Darin unterscheidet sie sich von allem, was im Zuge der Esoterik- und New Age-Bewegung unter Mystik verstanden wird. Hier dominiert die Vorstellung einer Bewusstseinserweiterung, die die Grenzen der Religionen sprengt und die häufig von außergewöhnlichen Phänomenen (Wunder, Heilungen etc.) begleitet wird. Die menschliche Sehnsucht nach Transzendenzerfahrung wird hier oftmals zum Potenzial, das vermarktet werden kann. Dennoch spricht sich in allen Formen der Mystik, sei sie christlich, islamisch, esoterisch usw. eine menschliche Sehnsucht aus, nicht bei sich selbst und der eigenen Wirklichkeit stehen zu bleiben, sondern aufzubrechen zu neuen, noch unerforschten Dimensionen. Insofern korrespondiert der mittelalterlichen christlichen Mystik ein anthropologisches Grundbedürfnis.

3. Didaktisch

Mittelalterliche Mystik, insbesondere Frauenmystik, gehört nicht zu den Standardthemen des Kirchengeschichtsunterrichts; allerdings sind in den letzten Jahren diverse Unterrichtsentwürfe speziell zu *Hildegard von Bingen* veröffentlicht worden.[8]

Je nach Alters- und Schulstufe sind spezifische didaktisch-methodische Entscheidungen zu treffen, jedoch gibt es durchaus übergreifende didaktische Perspektiven, die die unterrichtliche Behandlung der Mystik, besonders der Frauenmystik, legitimieren.

3.1 *Frömmigkeitsgeschichte*

Mystik als Thema des kirchengeschichtlichen Unterrichts gehört in den Bereich der Frömmigkeitsgeschichte oder der »religiösen Mentalitätsgeschichte«. Aus dieser Perspektive wird gefragt, wie Menschen vergangener Zeiten glaubten, welche Gottesbilder bzw. -vorstellungen frühere Generationen hatten, welche Ausdrucksformen

---

8   U. *Bejick/M. Pfeiffer*, Hildegard von Bingen. Kirche, Kultur und Frömmigkeit im Mittelalter. Eine Unterrichtseinheit Klasse 8 Gymnasium, in: entwurf 3/96, 50–64; *B. Böttge*, Wie eine Feder – getragen vom Wind. Hildegard von Bingen als Thema des RU – nicht nur im Jubiläumsjahr, in: forum religion 2/98, 3–12; *I. Kramer*, »Sage und schreibe was du siehst und hörst!« Eine religionspädagogische Annäherung an Hildegard von Bingen – Unterrichtsanregungen für die Klassen 4–6, in: forum religion 2/98, 12–28.

sich ihr Glaube verschaffte.⁹ Kirchengeschichte ist in dieser Hinsicht nur am Rande Institutionen- und Ereignisgeschichte, auch wenn diese Perspektiven den Hintergrund bilden. Frömmigkeitsgeschichte ist für Schülerinnen und Schüler zugänglicher, da die Gottes- und Glaubensfrage sie selbst berührt, seien sie nun gläubig oder eher skeptisch. In der Glaubenspraxis vergangener Generationen können sie Fremdes und Vertrautes entdecken, sie können ihre eigene Gottesvorstellung festigen, revidieren, aus einer anderen Perspektive betrachten.

Mystik wird vermutlich zunächst ein Befremden bei den Schülerinnen und Schülern auslösen, dann aber bieten sich auch Vergleichspunkte zu heutiger religiöser Praxis, die sich zumindest im Protestantismus sehr häufig »im stillen Kämmerlein« vollzieht. Auch im Mittelalter war nicht alles kirchlich reglementiert, wie man meinen könnte, sondern es gab durchaus Raum für individuelle religiöse Erfahrungen. Eine ganz offensichtliche Gegenwartsvariante, wenn auch unter anderen Vorzeichen, ist die so genannte Esoterik-Welle. Die mittelalterliche Mystik mit ihrem Drang zur Mitteilung und ihrem Praxisbezug kann helfen, kritische Argumente gegenüber einer sich abschließenden exklusiven Esoterik zu finden.

3.2 Personengeschichte

Der Zugang zur Mystik ist zunächst ein personengeschichtlicher, d.h. eine Person wird in ihrem Leben und Wirken herausgestellt. Dieser Weg ist besonders in der Grundschule zu wählen, da noch kein Geschichtsbewusstsein existiert, sondern ein »Geschichtenbewusstsein«¹⁰, das Geschichte hauptsächlich über die Protagonistinnen und Protagonisten in Geschichten wahrnimmt. Ein solcher personengeschichtlicher Zugang muss nicht zwangsläufig zu einem personalisierten Geschichtsbild führen, denn er erfolgt in der Regel unter der »Einbettung des darzustellenden Lebensweges in die allgemeine Geschichte«.¹¹ Sie ist auch »eine Ergänzung und Ausfüllung,

---

9 Vgl. *K. König*, Kirchengeschichtliche Grundregeln, in: *E. Groß/K. König (Hg.)*, Religionsdidaktik in Grundregeln. Leitfaden für den Religionsunterricht, Regensburg 1996, 182–202, bes. 185–189.
10 *C. Noack*, Stufen der Ich-Entwicklung und Geschichtsbewusstsein, in: *B. v. Borries/H.-J. Pandel (Hg.)*, Zur Genese historischer Denkformen. Qualitative und quantitative empirische Zugänge. Pfaffenweiler 1994, 9–46, bes. 17.
11 *J. Rohlfes*, Ein Herz für die Personengeschichte? Strukturen und Persönlichkeiten in Wissenschaft und Unterricht, in: GWU 50/1999, 305–320, bes. 313.

Konkretisierung und Individualisierung der Strukturgeschichte«, aber »sie reicht in größere Tiefen und ermöglicht, mehr als jede andere historiographische Gattung, (sekundäre) Lebenserfahrung«.[12] Die Person ist immer auch in ihrer Zeit zu sehen, d.h. die mittelalterlichen Mystiker und Mystikerinnen sind stets in den Kontext des Klosterlebens bzw. anderer religiöser Gemeinschaften zu stellen.

Auch die inhaltliche Dimension der Thematik legt einen biografischen Zugang nahe, da die Mystikerinnen und Mystiker ihre Visionen mit individuellem Handeln verknüpft haben. Mit höheren Klassenstufen kann darüber hinaus phänomenologisch gearbeitet werden, indem – beispielsweise in Gruppenarbeit oder projektartig – die Gemeinsamkeiten und Unterschiede verschiedener Mystiker und Mystikerinnen herausgearbeitet werden.

3.3 Regionalgeschichte

Der regional- bzw. heimatgeschichtliche Zugang zur Kirchengeschichte, der die Gemeinde und die Gestalten der Kirchengeschichte vor Ort als Konkretionen der so genannten allgemeinen Kirchengeschichte versteht,[13] schließt sich an die Personengeschichte an. Regionalgeschichte ist nicht nur für die Primarstufe, sondern auch für die weiterführenden Stufen eine das Leben der Schüler mit einbeziehende Zugangsweise. Je nach geografischer Lage des Schulortes ist es möglich, das Leben eines Ordens oder einer anderen religiösen Gemeinschaft zu vergegenwärtigen, indem das entsprechende Kloster besucht wird. Sofern dort noch Mönche oder Nonnen leben, kann erfahren werden, dass die Vergangenheit ihre Wirkungen bis in die aktuelle Gegenwart zeitigt.

Liegt der Schulort nicht in unmittelbarer Nähe eines »kirchengeschichtsträchtigen« Ortes, kann eine Exkursion in Verbindung mit einem Projekt eine gute Alternative sein, auch wenn die Unmittelbarkeit, die durch die räumliche Nähe gegeben ist, in diesem Fall fehlt.

---

12 Ebd.
13 *B. Jendorff*, Heimatkundliche Kirchengeschichte: Ein erster Schritt, Volk Gottes kritisch zu erkunden, zu beurteilen und in ihm zu handeln, in: ru 2/1994, 70–72.

3.4 Frauengeschichte bzw. Geschlechtergeschichte[14]

Eine Behandlung der Frauenmystik unter der Gender-Perspektive im Unterricht legitimiert sich zunächst aus sachinhaltlichen Gründen, denn die Frauenmystik ist ein Bereich der Theologiegeschichte, in dem Frauen eine von Männern weitgehend unabhängige Position einnahmen. Die Quellenlage stützt diese Ansicht nachhaltig. Im Unterschied zu anderen Epochen und Themen liegt auf der Hand, dass Frauen durchaus die Möglichkeit hatten, kirchengeschichtliche Entwicklungen mitzuprägen und mitzugestalten, weil sie sich von Gott dazu berufen sahen. Ohne intensiver auf die Frage der Identifikationsmöglichkeiten und Identitätsfindungsprozesse mit Hilfe kirchenhistorischer Vorbilder eingehen zu wollen, darf davon ausgegangen werden, dass die Frauenmystik Mädchen und weibliche Jugendliche in besonderer Weise anzusprechen vermag.

Da die Mystikerinnen selbst die patriarchale Gesellschaft und Kirche ihrer Zeit nicht im geringsten in Frage stellten und sich freiwillig dem Urteil männlicher Kleriker anheim stellten, kann ab Ende der Sek I am Beispiel der Mystikerinnen auch das Geschlechterverhältnis in Kirche und Gesellschaft im Mittelalter thematisiert werden, um es mit der Gegenwart zu vergleichen. Die Gender-Perspektive dient in diesem Fall als die Thematik, die Gegenwart und Vergangenheit verbindet.

3.5 Symboldidaktik

Die Sprache der Mystik ist symbolträchtig, so beispielsweise die Lichtsymbolik der *Hildegard von Bingen*. Alle Altersstufen, insbesondere selbstverständlich im Primarbereich, können erfahrungs- und handlungsorientiert die Inhalte mystischer Erfahrungen kennen lernen, verarbeiten und nachempfinden. »*Symbole verbinden Subjekt und Objekt.* Sie ermöglichen eine ganzheitliche Wahrnehmung, wenn sie ihrerseits ganzheitlich erschlossen werden, z.B. durch Erzählung, Spiel, Meditation oder symbolische Aktion. Ganzheitliche Wahrnehmung durch

---

14 Frauengeschichte ist nicht additiv als Ergänzung einer allgemeinen (androzentrischen) Geschichte zu verstehen, sondern als eine spezifische Perspektive neben anderen (z.B. politische Geschichte, Alltags- und Sozialgeschichte, Wirtschaftsgeschichte), die ihrerseits die Geschichte unter einer ausgewählten Problemstellung behandeln. Da eine Frauengeschichte nicht isoliert von einer »Männergeschichte« geschrieben werden kann, ist besser der Begriff Geschlechtergeschichte zu verwenden, da es letztlich um (historische) Geschlechterbeziehungen geht.

Teilhabe mit Hilfe von Symbolen *und* analysierendes, begriffliches Denken sind jedoch nicht gegeneinander auszuspielen, sondern wechselseitig aufeinander zu beziehen«.[15] Im Falle der Frauenmystik können Visionsbilder meditiert und analysiert werden, so beispielsweise das berühmte Kosmos-Rad im Lucca-Codex des 13. Jh. zu den Visionen *Hildegards von Bingen*. Die Schülerinnen und Schüler können dann ihre Gedanken zu dem Bild in meditative Texte oder Gedichte fassen. Umgekehrt können sie Visionstexte in Bilder umsetzen oder verklanglichen. In Bezug auf die Lichtsymbolik kann auch von den eigenen Erfahrungen der Lernenden mit Licht und Dunkelheit ausgegangen werden, um dann die Visionen zu erschließen.[16]

Ein Zugang zur Mystik, der über sprachliche und bildliche Symbole erfolgt, kommt zunächst auch ohne kirchenhistorische Hintergrundinformationen aus, da vom Subjekt her die Sache unmittelbar erschlossen wird. Der symboldidaktische Zugang könnte so Chancen eröffnen, Interesse an den kirchen- und theologiegeschichtlichen Zusammenhängen zu wecken. Von den Visionsbildern Hildegards ausgehend könnte sich das Interesse entzünden, mehr über diese Frau und ihre Zeit zu erfahren.

3.6 Kirchenhistorische Bewusstseinsbildung

Mit Oberstufenklassen ist es möglich, anhand des Themas Mystik Kritikfähigkeit gegenüber Kirchengeschichtsdarstellungen und ihnen zugrunde liegenden Kirchengeschichtsbildern einzuüben, indem erforscht wird, in welcher Weise Geschichtsdarstellungen von den Interessen und Geschichtskonzeptionen der Darstellenden geprägt sind. Für die Frauenmystik könnte eine mögliche Fragestellung sein, wie diese in der älteren oder jüngeren Forschung bzw. Kirchengeschichtsschreibung beurteilt wurde. Dabei müsste ein Wechsel von einer abwertenden Beurteilung der eher praktisch orientierten Frauenmystik gegenüber der theoretisch-reflektierenden Männermystik zu einer Anerkennung der Frauenmystik in ihrer Eigenständigkeit festzustellen sein.[17] Auf diese Weise kann die

---

15 *P. Biehl*, Symbole geben zu lernen. Einführung in die Symboldidaktik anhand der Symbole Hand, Haus und Weg. Neukirchen-Vluyn ²1991, 168.
16 Vgl. dazu das Beispiel bei *H. Halbfas*, Das dritte Auge. Religionsdidaktische Anstöße. Düsseldorf ⁶1995, 135f.
17 *P. Dinzelbacher*, Kleiner Exkurs zur feministischen Diskussion, 391–393, verweist auf die Abwertung der Frauenmystik in Theologie und Literaturwissenschaft.

Entwicklung eines kirchenhistorischen Bewusstseins und eines zugleich kritischen Bewusstseins überhaupt gefördert werden, wenn erkannt wird, dass (kirchen-)historische Beurteilungen einem Wandel unterliegen.

Hinsichtlich *Hildegards* könnte auch ihre populäre Verzerrung und Reduktion zur esoterischen Vertreterin eines ganzheitlichen Denkens (Medizin, Kochkünste etc.) thematisiert werden, indem die »Popular-Hildegard« dem gegenübergestellt wird, was von ihrer Person, ihrem Denken und Handeln auf der Basis von Quellen zu erfahren ist. Das Internet kann hier eine exzellente Informationsquelle für das sein, was landläufig über Hildegard gedacht wird. Am Beispiel Frauenmystik ist dann auch eine ansatzweise Medienkritik möglich, da das kirchenhistorische Wissen die Schülerinnen und Schüler befähigt, das Hildegardbild, das ihnen angeboten wird, kritisch zu hinterfragen und gegebenenfalls als falsch zu beurteilen.

Das Thema Mystik kann in vielfältiger Weise im RU eingebracht werden, z.B. innerhalb einer Unterrichtseinheit zum Thema »Klöster im Mittelalter«, d.h. im Rahmen eines umfassenderen kirchengeschichtlichen Themas. Mystik kann daneben auch als ein historisch ausgerichteter Horizont innerhalb eines problemorientierten Unterrichtsgegenstands zur Sprache kommen, z.B. im Rahmen der Frage nach traditionellen Gottesbildern und individuellen Gotteserfahrungen. In einem fächerübergreifenden Projekt wie »Frauen in der Geschichte« kann die Frauenmystik ihren Ort haben. In jedem Fall ist die Mystik anregend, da sie Perspektiven eines gelebten Glaubens aufzeigen kann. Sie verweist im Zeitalter der Pluralisierung und Individualisierung auf historische Vorbilder, die Mut machen können, individuelle Glaubenserfahrungen zu suchen und zu entdecken und das Leben danach auszurichten.

Literaturhinweise

B. Borchert, Mystik. Das Phänomen – Die Geschichte – Neue Wege, Freiburg i. Br. 1997

U. Löffler, »Meine Stimme in mir« oder »Die Begegnung mit Gott«? Materialien und Erschließungsvorschläge, in: GuL 2/2002, 178–189. – Siehe auch das ganze Heft zum Thema »Nach innen und nach außen: Mystik und Dogmatik« (GuL 2/2002)

K. Ruh, Geschichte der abendländischen Mystik. 4 Bd., München 1990–1999

VIII. Papsttum im Mittelalter

Herbert Gutschera

Bronzestatue des heiligen *Petrus* in der Peterskirche in Rom, vielleicht im Auftrag von Papst *Bonifaz VIII.* für das Jubeljahr 1300 geschaffen. Durch die Verehrung der Gläubigen (Berühren, Küssen) ist der vorgestreckte rechte Fuß abgenutzt.

1. Historisch

1.1 Einleitung

Der Weg des Christentums führte vom Judenchristentum zum Heidenchristentum, von Jerusalem nach Rom. Die dortigen Bischöfe bekommen im Verlauf der Alten Kirchengeschichte zunehmende Bedeutung, die seit dem 3./4. Jh. auch mit Berufung auf Mt 16,18 untermauert wird: »Du bist Petrus, und auf diesen Felsen werde ich meine Kirche bauen.«[1]

Mit ausführlicher Berufung auf diese Petrusverheißung begründete als erster Papst *Leo I. der Große* (440–461) in überzeugender Form den römischen Primat (lat. = Vorrang, Vorherrschaft). Papst *Gelasius* (492–496) formulierte dann als Erster die Lehre von den zwei Gewalten, die das ganze Mittelalter bestimmte. Danach wird die Welt regiert durch die geheiligte Autorität (*auctoritas*) der Bischöfe und die kaiserliche Gewalt (*potestas*). Beide besäßen unterschiedliche Funktionen und Zuständigkeitsbereiche, letztlich habe sich aber die weltliche der geistlichen Macht zu »beugen«, da diese göttlich legitimiert sei.

1.2 Kleine Papstgeschichte des Mittelalters, Teil I: Der Aufstieg

Dieses Programm versuchten im Mittelalter einzelne Päpste durchzusetzen, an erster Stelle *Gregor VII.* (1073–1085). Er war ursprünglich Mönch und setzte sich als Papst ganz und gar für die Reform der Kirche ein. In seinem radikalen Regierungsprogramm (»Dictatus papae«) finden sich äußerst harte Sätze wie: Der Papst kann Kaiser absetzen, er selbst darf von niemandem gerichtet werden. »Canossa« wurde die Probe aufs Exempel: Der vom Papst gebannte und für abgesetzt erklärte König *Heinrich IV.* pilgerte in strengstem Winter über die Alpen und unterwarf sich ... Dieser Bußweg wurde als »Canossagang« zum Symbol.

Der »größte« Papst des Mittelalters war *Innozenz III.* (1198–1216), der sich selbst und sein Amt in einer Predigt so beschrieb: »geringer

---

[1] Nach der Einheitsübersetzung; rev. Lutherbibel: »... will ich meine Gemeinde bauen«; die Zürcher Bibel vermerkt zur Stelle, hier sei mit »Gemeinde« die ganze Christenheit gemeint. Dieser Bibelvers steht mit 1,40 m großen lateinischen Buchstaben auf goldenem Hintergrund unter der Kuppel der Peterskirche in Rom: TU ES PETRUS, ET SUPER HANC PETRAM AEDIFICABO ECCLESIAM MEAM.

als Gott, aber größer als der Mensch«. Er selbst gehört zu den weltgeschichtlich sehr beachteten Gestalten. Er entschied den Thronstreit in Deutschland und betrieb den 4. Kreuzzug (1202–1204), der zur fatalen Eroberung Konstantinopels führte (→ IV. Kreuzzüge). Er vermochte darin im Nachhinein das Werk der göttlichen Vorsehung zu erkennen, obwohl er bei dem Unternehmen von den Venezianern hintergangen worden war. Er förderte die neuen Orden der Dominikaner und Franziskaner und ging energisch gegen vermeintliche Ketzer vor (Waldenser, Albigenser u. a.). Das 4. Laterankonzil (1215) mit über 1200 Teilnehmern, eine der größten Veranstaltungen der Kirchengeschichte, demonstrierte die ganze Macht und Größe dieses Mannes. Diese Synode erließ auch diskriminierende Maßnahmen gegen Juden (→ V. Christliche Judenfeindschaft – Judenverfolgung). Ein halbes Jahr später starb er.

Rund 100 Jahre später ist das mittelalterliche Papsttum auf dem Gipfel seiner Macht angelangt – entsprechend war dann auch die Fallhöhe. *Bonifaz VIII.* (1294–1303) war eine gewalttätig-machtvolle Gestalt mit pathologischen Zügen des Größenwahns. Schon Zeitgenossen kritisierten die schamlose Bereicherung seiner Familie. Im Jahr 1300 ließ er in glänzendem Stil und mit großem Erfolg das erste »Heilige Jahr« mit Jubiläumsablass feiern. Noch einmal – jetzt schon leicht anachronistisch – formulierte er in schroffer Form die päpstlichen Herrschaftsansprüche. So heißt es in seiner Bulle »Unam Sanctam« von 1302 u. a.: »Dem römischen Papst sich zu unterwerfen, ist für alle Menschen unbedingt zum Heile notwendig« oder: »... Die weltliche Macht muß sich der geistlichen fügen.« Den Umschwung markiert das Attentat von Anagni. Am 7. September 1303 überfiel der französische Kanzler *Wilhelm von Nogaret* mit einigen Söldnern den Papst in dessen Geburtsstadt Anagni (in der Nähe von Rom). Er wurde gefangen genommen, nach drei Tagen aber von den Bürgern der Stadt befreit. Bonifaz war ein gebrochener Mann, alle Träume von Weltherrschaft waren zerstört – einen Monat später starb er. Als Kirchenpolitiker scheiterte er und »die vor allem Innozenz III. zu verdankende hohe Stellung des Papsttums war mit seinem Fall erschüttert«.[2]

---

2 Vgl. *B. Schimmelpfennig*, Das Papsttum, Darmstadt ³1988, 221.

1.3 Momentaufnahme: Ein Papst tritt zurück

Der Vorgänger von *Bonifaz VIII.* und dessen Wahl waren in mehrfacher Hinsicht denkwürdig. 27 Monate lang stritten in Rom 12 Kardinäle um einen neuen Papst. Schließlich einigten sie sich auf einen weltfremden Einsiedler, der den Namen *Coelestin V.* (= lat. »der Himmlische«) annahm – er galt vielen als der lang ersehnte »Engelpapst«. Für *Hans Kühner* ist die Wahl des über 80-Jährigen im Jahr 1294 »eines der merkwürdigsten geschichtlichen Ereignisse – seine Tragödie eine der erschütterndsten der Papstgeschichte«.[3] Er spürte selbst, dass er dem Amt in keiner Weise gewachsen war und gab auf – nach nur fünf Monaten! Das Experiment »eines ›heiligen‹, eines ›Engelpapstes‹, war gescheitert«. Coelestin »resignierte im selben Jahre 1294: der einzige Fall bislang, dass ein Papst zurücktrat.«[4] Von seinem Nachfolger *Bonifaz VIII.* (s.o.) wurde er gefangen genommen und in einer winzigen Festungszelle eingesperrt – dort lebte er noch anderthalb Jahre.

1.4 Kleine Papstgeschichte des Mittelalters, Teil II: Der Niedergang

Die Nachfolger von *Bonifaz VIII.* gerieten immer mehr in die Abhängigkeit der französischen Krone und residierten rund 70 Jahre lang in Avignon (sog. »babylonische Gefangenschaft« der Kirche). Als der Papst endlich wieder nach Rom zurückkehrte, gab es dort aus verschiedenen Gründen[5] eine Doppelwahl (1378). Beide gewählten Päpste, *Urban VI.* und *Clemens VII.*, hielten sich für rechtmäßig und exkommunizierten sich gegenseitig. Das betraf auch die jeweiligen Anhänger, d.h. das ganze Abendland war praktisch jahrzehntelang aus der Kirchengemeinschaft ausgeschlossen: »Das Ende des verfassten Christentums schien gekommen.«[6] Beide Päpste samt ihren Nachfolgern fühlten sich im Recht und geradezu verpflichtet, keinerlei Kompromisse einzugehen. Alle Welt suchte nach Auswegen, besonders engagiert die Pariser Universität.

---

3 *H. Küng*, Neues Papstlexikon, Frankfurt a.M./Hamburg 1965, 78.
4 Vgl. *H. Fuhrmann*, Die Päpste, München 1998, 29.
5 Der gewählte Papst *Urban VI.* erwies sich bald als unfähig und krankhaft (geistesgestört?), sodass kirchenrechtlich seine Amtsführung in Frage stand. Darüber hinaus bedeutete der Druck der römischer Bevölkerung bei der Papstwahl eine weitere Irregularität. »Wer der rechtmäßige Nachfolger Petri sei«, war damals kaum zu entscheiden, und »noch heute ist die Frage umstritten ...« Vgl. *B. Schimmelpfennig*, aaO., 247 f.
6 Vgl. *H. Gutschera/J. Maier/J. Thierfelder*, Kirchengeschichte – ökumenisch, Bd. 1, Mainz/Stuttgart 1995, 167.

Das Exil erwies sich als verhängnisvoll für die Kirche. Nach außen hin »wirkte« das Papsttum mächtig, wie es die imposanten Bauten des Papstpalastes in Avignon heute noch bezeugen. Doch innerlich bestimmten immer mehr ungeistliche Motive die Kirchen-Politik. Der beschämende Prozess gegen die *Templer*, der auf Betreiben des französischen Königs zustande kam und vom Papst abgesegnet wurde, stellt ein entsetzliches Kapitel der Kirchengeschichte dar.

Der Templer-Orden erhielt von Anfang an große Schenkungen. Er war nur dem Papst verantwortlich und besaß außerordentliche Privilegien (so zahlte er etwa keinen Zehnten). Während der Kreuzfahrerzeit schützte er die Pilger und pflegte Verwundete und Kranke. Nach dem Ende der Kreuzzüge war der Orden im Grunde beschäftigungslos, aber unermesslich reich. Der französische König *Philipp der Schöne* nutzte verleumderisch diffuse Gerüchte über Häresie, Homosexualität und Götzendienerei von Ordensmitgliedern. Er nötigte den von ihm abhängigen Papst *Clemens V.* in Avignon, ein Verfahren zu eröffnen.[7] Im Oktober 1307 ließ der französische König alle Templer in Frankreich festnehmen (ungefähr 2000). Mit päpstlicher Zustimmung bemächtigte sich die Inquisition der Verfahren, die Tortur erzwang die Geständnisse. Aussage des Templers *Aimery de Villiers-le-Duc* vom 13. 5. 1310:

Er sagte aus, er habe am Abend zuvor mit eigenen Augen gesehen, wie 54 Brüder besagten Ordens auf einem Karren zum Scheiterhaufen geführt worden seien, ... und er selber würde, weil er fürchte, dass er nicht gut standzuhalten vermöchte, so man ihn verbrennte, aus Angst vor dem Tode gestehen und auch beeiden, ... so man ihn verhörte, dass alle dem Orden vorgeworfenen errores (hier: »Verirrungen«) wahr seien, und dass er, so man es von ihm verlangte, sogar gestehen würde, unseren lieben Herrn Jesum Christum umgebracht zu haben.[8]

Auch der Großmeister des Ordens, *Jacques de Molay*, gesteht. Nach siebenjähriger Haft widerruft er sein »Geständnis«, beteuert die Unschuld aller Templer und wird noch am selben Tag als »rückfälliger Ketzer« in Paris verbrannt (1314). Ebenfalls in demselben Jahr starben der Papst, der König und sein Kanzler Nogaret (s. o.). Die Leute sahen darin die strafende Hand Gottes ...

---

7 Nach *K. Hofmann*, Art. »Templer«, in: ²LThK, Bd. 9, Freiburg i. Br. 1964, 1362 ff., ist die Berechtigung der Anklagen gegen den Orden nicht erwiesen und er vermerkt lapidar: »Er weist keine größeren Entartungen auf als die anderen Orden in dieser Zeit.«

8 Zit. nach *U. Eco*, Das Foucaultsche Pendel, München/Wien 1989, 116.

Beim schließlichen »Entgegenkommen« der Kardinäle traf man sich zwischen Avignon und Rom »auf halbem Weg« in Pisa (1409) – und auf einmal und völlig unvorhergesehen gab es drei Päpste samt Nachfolgern! Jetzt war die Verwirrung und Ratlosigkeit allgemein, das kirchliche Desaster perfekt.

Erst das *Konzil von Konstanz* (1414–1418) erreichte die Wende – das bedeutete aber auch ein Fiasko der römisch-päpstlichen Primatsansprüche. Denn der Neuanfang war nur möglich, da das Konzil sich selbst zur obersten Instanz[9] erklärte. Der offensichtliche kirchliche Notstand bot keinen anderen Ausweg als die Proklamation einer übergeordneten Schieds-Autorität – und das wurde das Konzil: »Diese heilige Synode zu Konstanz erklärt, ... dass ihr ein jeder, welchen Standes und welcher Würde auch immer, einschließlich der päpstlichen (!), in denjenigen Stücken zu gehorchen verpflichtet (ist), die sich auf den Glauben beziehen, auf die Ausrottung des besagten Schismas und auf die Reform der Kirche an Haupt und Gliedern«.[10]

Nach Konstanz versuchten die Päpste die Oberhoheit in der Kirche zurückzuerlangen. Nachdem es darüber auf dem Konzil in Basel (1431–1438) zu harten Auseinandersetzungen gekommen war, vermieden es die Päpste in der Folgezeit, überhaupt Konzilien einzuberufen. Vielleicht wird so verständlich, warum in der Reformationszeit die Forderungen nach dem in der Tat überfälligen Reformkonzil von Rom nicht aufgenommen wurden.

2. *Systematisch*

2.1 *Wegmarken der Papstgeschichte*

Die Geschichte der Päpste im Mittelalter ist ausgesprochen wechselvoll. Von den Niederungen des 9. »dunklen Jahrhunderts« der Papstgeschichte bis hin zu Päpsten wie *Gregor VII.*, *Innozenz III.* und schließlich *Bonifaz VIII.* – ein *Alexander VI.* sei letztendlich nur erwähnt (→ X. Gegenreformation.). Der »Aufstieg« ist in vielfacher Hinsicht ambivalent: Geistliches Amt und kirchen-politisches

---

9 *Konziliare Idee*, *Konziliarismus* = die Überzeugung, dass ein »Allgemeines Konzil« über dem Papst steht. Dahinter verbirgt sich der in gewisser Weise »revolutionäre« Grundgedanke, dass Päpste bei Amtsmissbrauch oder Amtsunfähigkeit abgesetzt werden können.
10 Zit. nach *U. Birnstein u.a.*, Chronik des Christentums, Gütersloh/München 1997, 198.

Machtstreben mussten immer wieder in unlösbaren Konflikt geraten. In den vermeintlichen Hoch-Zeiten des Papsttums wurde dieser Gegensatz in der Regel zugunsten der Machterweiterung entschieden. Letztlich implizierte aber gerade dieser Macht- und Prestigegewinn den Anfang vom Niedergang. Das Papsttum versagte sich seinen geistlichen Aufgaben und verstrickte sich heillos in den Niederungen der Politik. Es wurde von der neuzeitlichen nationalstaatlichen Entwicklung »überholt« und ins Abseits gestellt. Eine späte, aber vielleicht bezeichnende Szene: Als sich *Napoleon* 1803 selbst zum Kaiser krönte und eigenhändig die Krone aufsetzte, durfte und musste der Papst dabeistehen und zuschauen.

Einige bedeutsame Wegmarken in dieser Geschichte sind die Jahre 800, 1000 und 1545:

- 800: Am Weihnachtsfest dieses Jahres krönte Papst *Leo III.* den Frankenkönig *Karl den Großen* zum Kaiser. Motive und Handeln der beiden Akteure sind unübersichtlich. Jedenfalls erschien der Papst als »Kaisermacher« und Byzanz war tief verstimmt.
- 1000: In diesem Jahr wurde allgemein das Weltende erwartet. Der damalige Papst wollte an das säkulare Ereignis der Konstantinischen Wende anknüpfen (→ II. Die Konstantinische Wende) und nannte sich nach seinem damaligen Vorgänger *Silvester II.* (999–1003). Doch die Zeit ging weiter und mit *Gregor VII.* (s.o.) erstarkte das Papsttum weiter. Aber gerade diese Machtsteigerung brachte Verfallserscheinungen mit sich, die im späten Mittelalter allgemeine Ressentiments und Verbitterung hervorriefen.
- 1545: Es war ein langer Weg und tiefer Niedergang, bis der ehemalige romtreue Augustinermönch *Martin Luther* ein Jahr vor seinem Tod eine Kampfschrift mit dem Titel herausgab: »Wider das Papsttum zu Rom, vom Teufel gestiftet«. Dieser »letzte« Angriff Luthers gegen Rom hatte mancherlei Gründe: Nicht zuletzt rührte er vom völligen Unverständnis gegenüber einem Papsttum, das sich dem Evangelium zu verweigern schien – der Reformator konnte mit dem Satan auf dem Papstthron nur noch das apokalyptische Ende der Zeiten erkennen.

2.2 Gab es die »Päpstin Johanna«?

Auf jeden Fall gibt es eine Geschichte, genauer: *Legende* von der Päpstin. Mitte des 13. Jh. taucht zum ersten Mal die Story von der »papissa« (lat. »Päpstin«) auf, die bei der Geburt ihres Kindes schließlich entdeckt wurde und eines schmählichen Todes starb. Dies alles soll sich Mitte des 9. Jh. ereignet haben, in einer Zeit also, die als »dunkles Jahrhundert« der Papstgeschichte gilt und quellenmäßig dürftig belegt ist. Die Legende von der Päpstin Johanna wurde Jahrhunderte lang geglaubt – bis hin zur Neuzeit.

Dieser Glaube an die Legende war beträchtlich geschichtswirksamer als die historische Wirklichkeit. Und hinter dieser Story verbergen sich viele ernsthafte Fragen: Im Grunde geht es hier um das Problem der Frau(en) in der Kirchengeschichte, um das Männerprivileg des kirchlichen Amtes und wohl auch um das Thema »Angst vor der Frau«.[11] So wurde die hoch gelehrte Päpstin zum Schreckbild der Kirchenmänner – die Texte sprechen von einem »Monstrum«. Es galt als Schande, dass eine Frau ins Papsttum »einbrach« und das kirchliche Amt usurpierte. Die Legende »rächte« die unterdrückten Frauen: In ihr kommen die vermeintlich Schwachen und Verlierer indirekt und provokativ zu Wort und zu ihrem Recht! Die folgende Episode möchte das belegen:

In einer katholischen Dialog-Schrift von 1618 mit dem Titel »... Belangend die Frag, Ob die Weiber Menschen seyn, oder nicht?« bemerkt der altmodische Benediktinerbruder *Endres* an einer Stelle: »... Die Ketzer sprechen, es sey Bapst Johannes der VIII. ein Weibsbild gewesen. Daraus must nothwendig folgen, daß die Weiber Menschen seyn.«

Dieses starke Argument akzeptiert der fortschrittliche Jesuitenpater *Eugenius* und bittet seinen Gesprächspartner, über die Päpstin zu schweigen: Denn dadurch »wird uns Catholischen ein unablöschlicher Macul ... angehengt, und ist sich zu verwundern, daß auch die Bäpstischen Historici ihr Maul hievon nicht haben halten können.«[12] – Dem ist nichts hinzufügen.

3. Didaktisch

3.1 Papsttum im Mittelalter

Das Thema »Papsttum im Mittelalter« kommt in der Regel in den Lehrplänen nicht vor. Im Zusammenhang mit dem Investiturstreit wird in jedem Fall *Gregor VII.* behandelt. Im Kontext der Kreuzzüge

---

11 Vgl. dazu E. Gössmann, »Die Päpstin Johanna«. Der Skandal eines weiblichen Papstes, Berlin ²1998, 15ff. (»Die Päpstin – ein Thema für die Frauenforschung?«)

12 Zit. nach E. Gössmann, aaO., 20f.

oder der Gründung des Franziskanerordens könnte *Innozenz III.* thematisiert werden, besser noch mit Blick auf die Ausgestaltung der päpstlichen Weltherrschaft und deren »Propagierung« (*Bonifaz VIII.*). Die »Brennpunkte« versuchen zwei der genannten Aspekte zu verbinden: »Weltherrschaft und Weltdienst: Innozenz III. und Franz von Assisi«.[13] Das Wissen um mittelalterliche Päpste und deren Selbstverständnis (zu den Renaissancepäpsten → X. Gegenreformation) erleichtert das Verständnis der Reformationsgeschichte (→ IX. Reformation). Im Folgenden werden zwei schülernähere Zugänge angeregt.

3.2 Die Konstanzer Imperia

Statue der *Imperia* am Hafen von Konstanz am Bodensee.

9 Meter hoch, 14 Tonnen schwer, 100 000 Euro hat sie gekostet – im April 1993 wurde sie enthüllt: Die halbnackte Dame des Bildhauers *Peter Lenk* erregte Anstoß. Inzwischen haben sich die Konstanzer wohl an sie gewöhnt, ist sie doch mittlerweile eine Touristenattraktion. Sie dreht sich und alle anderthalb Minuten blickt sie auf die Stadt und das ehemalige Konzilsgebäude.

Damit sind wir beim Thema: Die Dame, wohl eher eine Hure, heißt *Imperia* – vielleicht mit »Macht« oder »Herrschaft« zu übersetzen. Sie hält in den Händen zwei Zwerge, nackte Greise, der eine trägt die Kaiserkrone, der andere die Tiara (= dreifache Papstkrone). Hier sieht man überdeutlich, wie mächtige Männer in

---

13 *H. Gutschera/J. Thierfelder*, Brennpunkte der Kirchengeschichte, Paderborn 1976, 99 ff.

Frauenhänden schrumpfen. An geschichtsträchtigem Ort hat der Künstler Vergangenheit provozierend anschaulich gemacht: den mittelalterlichen Kampf zwischen Kaiser und Papst – »getragen« von der Versuchung nach Macht und Herrschaft. Angesichts der umgekehrten »Größenverhältnisse« von Frau und Männern darf man vermuten, dass auch etwas zum Thema weiblicher Unterdrückung in damaliger Zeit sichtbar wird (vgl. dazu 2.2 Gab es die »Päpstin Johanna«?).

Einen ersten Zugang bietet die Homepage der Stadt Konstanz, auf der die Imperia und das Konzilsgebäude abgebildet sind. Von dort (www.konstanz.de) gibt es einen leichten Zugang zum Link »Tourismus« und dann »Tourist-Information«: Dort ist ein empfehlenswerter »Historischer Rundgang« aufgeführt, der (in Auswahl) unterrichtlich genutzt werden kann (Power Point). Empfehlenswert ist eine Studienfahrt an den Bodensee, denn in Konstanz sind die Themen dieses Kapitels noch präsent:

- Das *Münster*, wo zwischen Herbst 1414 und April 1418 die Konzilsteilnehmer ihre Vollversammlungen abhielten
- das *Konzilsgebäude* (damalige »Kaufhaus«), wo im Herbst 1417 der neue Papst gewählt wurde (*Martin V.*)
- die Dreifaltigkeitskirche mit Fresken aus der Konzilszeit.
- Auch Erinnerungen an den böhmischen Reformator *Johannes Hus* finden sich, z.B. das kleine Haus am Rande der Altstadt, in dem er während seines Verfahrens wohnte. Hus vertrat reformerische und kirchenkritische Gedanken. Obwohl ihm von König *Sigismund* freies Geleit zugesichert war, verurteilte ihn das Konzil als Ketzer und ließ ihn verbrennen (1415).

3.3 Die Päpstin Johanna

Vor einigen Jahren machte *Donna W. Cross* mit ihrem historischen Roman »Die Päpstin« Furore (Berlin 1996, weitere Auflagen). Anschaulich, spannend und weithin glaubwürdig wird hier ein Historiengemälde des 9. Jh. gezeichnet, worin das Schicksal der späteren »Päpstin Johanna« eingebettet wird. Kritiker bemängelten, dass nicht alle geschichtlichen Fakten stimmig seien und vieles übertreibend-klischeeartig dargestellt wäre. Angesichts der fesselnden Darstellung dürften diese Einwände zu ertragen sein. Im Übrigen macht die Verfasserin selbst in einem Anhang[14] deutlich, dass sie »einige historische Fakten …

---

14 *D. W. Cross*, aaO., ⁶1998, 556 ff.: »Anmerkungen der Verfasserin(:) Gab es (die/eine?) Päpstin Johanna?« – Klammereinfügungen nicht in der Übersetzung.

›zurechtgerückt‹ habe, dass sie in den Handlungsrahmen passen«.[15] Solche »dichterischen Freiheiten« sind legitim und schmälern die Faszination des Buches nicht. Vielmehr ist es als »Ferienlektüre« zu empfehlen und für Schülerinnen und Schüler eine lohnenswerte Leseaufgabe (mit anschließendem Referat).

3.4 Das Foucaultsche Pendel

Sehr umfänglich und inhaltlich recht anspruchsvoll ist *Umberto Ecos* Roman »Das Foucaultsche Pendel« (vgl. Anm. 8). Hier wird der Templerprozess anschaulich und eindrücklich erzählt und die Geschichte des Ordens samt seinem möglichen Nachwirken dargestellt. Vielleicht können Schüler und Schülerinnen mit einer gezielten Teilaufgabe (z. B. die Templerfrage) zu einer Hauslektüre mit Bericht angeregt werden.

LITERATURHINWEISE

H. Fuhrmann, Die Päpste, München 1998
H. Kühner, Neues Papstlexikon, Frankfurt a.M./Hamburg 1965
B. Schimmelpfennig, Das Papsttum. Von der Antike bis zur Renaissance, Darmstadt ⁴1996

---

15 *D. W. Cross*, aaO., 564.

IX. Reformation

Jörg Thierfelder

Hans Sachs: Die Wittenbergisch Nachtigall; Holzschnitt Bamberg 1523.

Der Holzschnitt ist das Titelblatt des Preisgesangs »Die Wittenbergisch Nachtigall« von *Hans Sachs* (1494–1576), mit dem der Nürnberger Schuhmachermeister und Dichter für *Martin Luther* warb:

Eine Nachtigall (Luther) verkündet den Aufgang der Sonne (Evangelium), der Mond (Menschenlehre) nimmt ab. Unter dem Baum lauern Wölfe (Bischöfe und Äbte), Schlangen (Mönche), ein Löwe (Papst Leo X.) und anderes Getier. Sie alle bedrohen die Schafe (gläubige Gemeinde), die dem Ruf der Nachtigall folgen. Andere Schafe versammeln sich im Hintergrund um das Gotteslamm. Rechts über dem Wald flatternde Gänse (lutherfeindliche Laien).[1]

1. Historisch

1.1 Die Zeit um 1500

Als der Augustinermönch und Theologieprofessor *Martin Luther* am 31. Oktober 1517 seine 95 Ablassthesen verschickte und damit eine Bewegung weltgeschichtlichen Ausmaßes auslöste, geschah dies in einer Zeit des Umbruchs auf vielen Lebensgebieten. Dieser Umbruch zeigt z. T. auch Momente einer Krise.[2]

1.1.1 Entdeckungen und Erfindungen

Die Zeit um 1500 war eine Zeit der Entdeckungen und Erfindungen. *Kopernikus* löste mit seiner These, dass die Erde sich um die Sonne drehe und nicht umgekehrt, das bisher maßgeblich geltende geozentrische Weltbild ab. *Christoph Kolumbus* entdeckte 1492 einen völlig neuen Kontinent, der später Amerika genannt wurde. Unermessliche Reichtümer flossen in die Länder und Städte des alten Kontinents. Die Erfindung der Buchdruckkunst durch *Johannes Gensfleisch* gen. *Gutenberg* revolutionierte die Informationsvermittlung. Eine Revolution der Militärtechnik bedeutete die Erfindung des Schießpulvers im Abendland.

1.1.2 Politische und soziale Lage

Das Heilige Römische Reich Deutscher Nation – der Name taucht erstmals 1486 in einem amtlichen Dokument auf – war ein »schwa-

---

1 *M. Stupperich/A. Stupperich/J. Ohlemacher*, Zweitausend Jahre Christentum, Bd.1, 205.
2 Vgl. zum Folgenden *B. Moeller*, Deutschland im Zeitalter der Reformation. Deutsche Geschichte 4, Göttingen 1977, 11–47.

ches Gebilde«.³ Der Kaiser hatte kein stehendes Heer und kaum feste Einkünfte. Die eigentlichen Machthaber waren die Landesfürsten und geistlichen Herrschaften, die Obrigkeiten der Städte und die lokalen Herren. Diese nahmen zunehmend Einfluss auf die kirchlichen Verhältnisse in ihren Territorien. Das Landesherrliche Kirchenregiment (s.u.) hatte hier schon seine Vorformen.⁴ Die sozialen Verhältnisse im Mittelalter waren ständisch gegliedert. An der Spitze stand der Adel, dem um 1500 etwa die Hälfte des Grundbesitzes in Deutschland gehörte. Die Bedeutung des Rittertums nahm immer mehr ab. 90% der Bevölkerung lebte auf dem Land. Zwischen Stadt und Land gab es große Unterschiede. Die soziale und wirtschaftliche Lage der Bauern fiel je nach Gegend höchst unterschiedlich aus. Es gab um 1500 herum einzelne lokale Bauernaufstände. Aber erst die Freiheitsbotschaft der Reformation beflügelte die Bauern in ihrem Kampf gegen die Grundherrschaft. Auch in Bezug auf die Bildung kann man große Unterschiede zwischen Stadt und Land konstatieren. Nahezu alle Schulen waren in den Städten. Dort wurden Bücher gedruckt und gelesen. Man schätzt, dass etwa 3–4% der Bevölkerung lesen konnten, von den Bürgern möglicherweise etwa ein Drittel.⁵

1.1.3 Kirchlich-religiöse Lage

Einerseits gab es ein reiches religiöses Leben, andererseits schwere Zerfallserscheinungen, die nicht mehr bewältigt werden konnten. Ein prinzipieller Traditionalismus »versperrte den unmittelbaren, befreienden Rückgang auf den Ursprung und die Quellen der christlichen Religion und damit die gründliche Erneuerung der Theologie, der Frömmigkeit und des kirchlichen Lebens«.⁶

Das reiche religiöse Leben äußerte sich in vielen Phänomenen. Zahlreiche Kirchen wurden neu erbaut bzw. umgebaut. Künstler wie *Tilmann Riemenschneider* und *Matthias Grünewald* zeigen höchstes künstlerisches Niveau. Die christliche Liebestätigkeit wurde im Bau von Spitälern und im Almosenwesen sichtbar. Heiligenverehrung und Reliquienkult blühten. Neue Wallfahrten wurden eingerichtet. Freilich: Die Angst vor dem richtenden Gott, vor Fegefeuer und

---

3 B. Moeller, aaO., 14.
4 B. Lohse, Martin Luther. Eine Einführung in sein Werk, München ²1982, 86.
5 Vgl. B. Moeller, aaO., 36.
6 G. A. Benrath, in: R. Kottje/B. Moeller (Hg.), Ökumenische Kirchengeschichte, Bd.2, Mainz/München ³1983, 274.

Hölle, trieb die Menschen um. Die große Bedeutung des Ablasshandels erklärt sich auf diesem Hintergrund. Der Ablass hängt mit dem Bußsakrament zusammen. Wird auch durch die Absolution des Priesters die Schuld einer Sünde vergeben, so hat der Mensch doch noch die zeitlichen Sündenstrafen abzubüßen, entweder in diesem Leben oder im Fegefeuer. Die Kirche war bereit, solche zeitlichen Sündenstrafen »nachzulassen« – gegen Bezahlung einer Geldsumme. Wer einen Ablassbrief kaufte, für sich oder auch für einen schon gestorbenen Verwandten, konnte den Nachlass zeitlicher Sündenstrafen erhalten.

Vielfach beklagt in der Christenheit wurde der Zustand der kirchlichen Institutionen. Bei der Besetzung hoher kirchlicher Ämter spielten verwandtschaftliche Beziehungen (»Nepotismus«) und die Zahlung großer Summen (»Simonie«) eine große Rolle. Die Päpste lebten wie Renaissancefürsten. Damit die Kirche in Rom ihre Herrschaftsansprüche ausweiten konnte, brauchte sie große Geldmittel. Viele Gläubige beklagten die Verrechtlichung der Amtskirche. In der Kirche sahen viele nur noch eine aufgeblähte Verwaltung, die Geld zu beschaffen hatte. Weiter gab es Missstände beim niederen Klerus. Dieser war ungebildet und schlecht bezahlt. Der Zölibat wurde oft nicht eingehalten. Vielfach duldete die Kirche eheähnliche Verhältnisse der Priester, wenn dafür eine Gebühr bezahlt wurde.

Es kam immer wieder zum Ruf nach Reform der Kirche an Haupt und Gliedern. Einzelne Universitätstheologen, Bischöfe und Geistliche forderten die Abstellung der Missstände. Zu nennen sind hier einzelne Männer, die später als »Vorreformatoren« bezeichnet wurden. Der Oxforder Theologieprofessor *John Wiclif* (ca. 1328–1348) legte an die Kirche den Maßstab der Bibel an. Gemessen an diesem Maßstab durfte die Kirche keinen großen Besitz haben und musste auf weltliche Macht verzichten. Die Priester sollten ohne Besitz und ehelos leben. Im Sinne Wiclifs lehrte der Prager Universitätslehrer und Prediger *Johannes Hus* (um 1370–1415). Seine Anschauungen verbreiteten sich an der Universität Prag und dann in der Prager Bevölkerung. Das Volk hielt zu ihm, als er vom Papst gebannt wurde. 1415 wurde er als Ketzer auf dem Konzil von Konstanz verbrannt. Der Dominikanermönch *Girolamo Savonarola* (1452–1498) wandte sich in Florenz scharf gegen die Verweltlichung des Papsttums und die gottlosen Zustände in Florenz. Der begnadete Prediger konnte in der Stadt drei Jahre lang herrschen. Es entstand dort eine Art Demokratie auf religiöser Grundlage. Jeder Bürger sollte ein strenges und enthaltsames Leben führen. Schließlich gelang es dem Papst und der alten Herrschaft von Florenz, das Volk gegen Savonarola aufzuwiegeln. Er wurde 1498 aufgehängt.

Reformkonzilien wie das von Basel (1431–1449) forderten die Vorordnung des Konzils in der Kirche vor dem Papst. Sie konnten sich nicht durchsetzen. Letztlich siegte der »Papalismus« und nicht der »Konziliarismus«. So fand 1512–1517 in Rom das 5. Laterankonzil unter Papst *Leo X.* statt, bei dem zahlreiche Beschwerden gegen Rom vorgebracht wurden. Es endete jedoch ohne entscheidende Ergebnisse; denn das Papsttum hatte kein eigentliches Interesse an einer Reform.

Kirchliche Reformen wünschten auch die Humanisten. Der Humanismus, eine von Italien ausgehende Bildungsbewegung, verbreitete sich im 15. Jahrhundert in Deutschland. Die Humanisten hatten eine große Vorliebe für die Antike; die Pflege eines guten Lateins lag ihnen am Herzen. Den deutschen Humanismus kennzeichnete überdies seine stark religiöse Ausrichtung. Das wird an dem Haupt der deutschen Humanisten, *Erasmus von Rotterdam* (1469–1536) deutlich. Für Erasmus war das Christentum eine höchst einfache Lehre, die auf ein aufrichtiges, reines und von der Liebe bestimmtes Leben zielt. Jesus Christus wurde vor allem als Lehrer dieser praktischen Frömmigkeit verstanden. Von dieser Position aus übte man Kritik z. B. an der Übermacht des Zeremoniellen und der Sittenlosigkeit des Klerus. Erasmus lehnte die mittelalterliche Kirche nicht ab, bestand aber auf Reformen und fand dafür gerade bei den Intellektuellen Gehör. Die anonym erschienenen humanistischen Erfurter »Dunkelmännerbriefe« beispielsweise formulierten eine beißende Kritik an der Dummheit, Sittenlosigkeit und Durchtriebenheit vieler Theologen und Kirchenmänner. Nicht zuletzt verulkte man deren schlechtes Latein. Nicht wenige Reformatoren wie *Huldrych Zwingli* in Zürich, *Martin Bucer* in Straßburg und Luthers Mitarbeiter *Philipp Melanchthon* kamen vom Humanismus her. Mit seiner griechischen Ausgabe des Neuen Testament stellte *Erasmus* Luther eine wichtige Grundlage für dessen Bibelübersetzung zur Verfügung.

Die Missstände trugen zweifellos dazu bei, dass die Reformation eine solch breite Akzeptanz in Deutschland fand. Ausgangspunkt für die Reformation aber war nicht die allgemeine Unzufriedenheit mit der Institution Kirche, sondern die Tatsache, dass Martin Luther am Heilsangebot der mittelalterlichen Kirche verzweifelte, das religiöse Leistungen und Verdienste der Gläubigen forderte und zur Vorbedingung machte.

1.2 Die lutherische Reformation

1.2.1 Luthers Weg zur Reformation

Martin Luther (1483–1546) stammte von Bauern im heutigen Thüringen ab. Sein Vater *Hans* war ein sozialer Aufsteiger, der es bis zum Besitz einiger Bergwerksgruben gebracht hat. Nach seinem Willen sollte sein Sohn Rechtswissenschaft studieren, um später eine Anstellung als Berater bei einem Fürsten zu bekommen. Nachdem er aber 1505 in Erfurt sein Magisterexamen gemacht und einige Wochen Rechtswissenschaft studiert hatte, beschloss Martin, ins Kloster zu gehen. Der äußere Grund dafür war ein Gelübde, das er in Todesangst bei einem Gewitter abgelegt hatte. Wahrscheinlich gab es aber auch innere Gründe. Mehrfache Begegnungen mit dem Tod ließen ihn fragen, wie er einmal vor dem richtenden Gott bestehen könnte. Das Leben eines Mönchs bot am ehesten Gewähr, das ewige Heil zu erwerben. Luther trat in den strengen Augustinereremiten-Orden ein. Er wurde Priester und studierte Theologie. Er promovierte und wurde Theologieprofessor in Wittenberg und bekleidete auch das hohe Amt eines Distriktvikars in seinem Orden. Theologisch war Martin Luther von der scholastischen Richtung des *Wilhelm von Ockham,* der *via moderna* (lat. moderner Weg) geprägt, die dem Menschen in Bezug auf sein Heil besonders viel zutraute. Wenn der Mensch tut, was in seinen Kräften ist, also gute Werke erbringt wie Beten, Fasten und Almosengeben, und ansonsten dem Gnadenangebot der Kirche vertraut, kann er das Heil erringen. *Luther* tat, was in seinen Kräften stand, aber nie hatte er den Eindruck, dass Gott mit ihm zufrieden war. Immer stärker fühlte er sich als ein von Gott getrennter Sünder, ja zeitweise hielt er sich sogar für einen von Gott Verworfenen. Eine erste Hilfe bei diesen »Anfechtungen« wurde ihm durch seinen Ordensoberen *Johannes v. Staupitz* zuteil. Er wies ihn immer wieder auf den für uns gekreuzigten Christus hin. Vor allem aber veranlasste er ihn, als Professor die Bibel auszulegen. Denn dort, genauer gesagt in Röm 1,17, fand Luther seine ihn befreiende Erkenntnis. Bis dahin hatte er die Gerechtigkeit Gottes, wie sie in den Psalmen und den paulinischen Briefen zur Sprache kommt, im Sinne des griechischen Philosophen *Aristoteles* als austeilende Gerechtigkeit des Richters verstanden. Danach belohnt Gott die Guten und bestraft die Bösen. Jetzt erkannte er, dass der biblische Begriff der Gerechtigkeit Gottes sich nicht auf den richtenden Gott bezieht, sondern auf den barmherzigen Gott, der den Sünder aufgrund seines Glaubens annimmt. Die Botschaft von der Rechtfertigung des Menschen allein aus Gnade (sola gratia), allein durch den Glauben (sola fide) wurde zum Zentrum reformatorischer Predigt. Die »guten Werke« verlieren nicht ihre Bedeutung. Sie sind nur nicht mehr Voraussetzung der Rechtfertigung, sondern deren Folge.

Lukas Cranach d. Ä.: Gesetz und Evangelium, Holzschnitt um 1530.

Lukas Cranach d. Ä. setzt Luthers Theologie ins Bild. Links sieht man den Sünder, angeklagt vom Gesetz, gehetzt vom Teufel und vom Tod, dessen Spieß die Sünde ist (vgl. 1Kor 15,56). Oben ist der richtende Christus zu sehen. Im Zentrum rechts ist der gekreuzigte und auferstandene Christus zu sehen. Kraft seiner Erlösungstat (Blutstrahl, der vom Gekreuzigten ausgeht) darf der Sünder als Gerechter leben.

Es ist in der Forschung heute umstritten, wann *Luther* diese befreiende Erkenntnis hatte. Vertreten werden eine Frühdatierung, um 1514, und eine Spätdatierung, um 1518.[7] Das hängt nicht zuletzt damit zusammen, dass Luthers Selbstzeugnis von 1545 keine eindeutige Datierung

---

7 Vgl. dazu *B. Lohse*, aaO., 97–110.

zulässt. Auch wer an der Frühdatierung festhält, bestreitet nicht, dass Luthers Theologie sich in den folgenden Jahren weiter entwickelt hat.[8]

Bekannt in ganz Deutschland wurde *Luther* durch seine 95 Thesen gegen den Ablass. Luther war als Beichtvater mit diesem Krebsübel der spätmittelalterlichen Kirche konfrontiert worden. Manche seiner Beichtkinder wollten keine Buße tun, hatten sie doch einen Ablassbrief gekauft. Luther schrieb 95 Thesen auf Lateinisch und verschickte sie am 31. Oktober 1517 an *Erzbischof Albrecht von Mainz*, unter dessen Autorität der Ablass verkündigt wurde. Er wollte eine Disputation (lat. Streitgespräch) unter Theologen zu der noch nicht dogmatisierten Ablasslehre. Umstritten ist heute, ob er sie am 31. Oktober an die Tür der Wittenberger Schlosskirche, dem »Schwarzen Brett« der Universität, angeschlagen hat oder erst später oder gar nicht.[9] Niemand meldete sich zur Disputation. Doch die Thesen durchliefen – von Freunden schnell ins Deutsche übersetzt – in Windeseile ganz Deutschland und fanden ein ungeheures Echo. *Luther* dachte nicht daran, mit seinen Thesen eine neue Lehre zu begründen. Er bekämpfte andererseits aber auch nicht bloß den Missbrauch des Ablasses, sondern stellte ihn prinzipiell in Frage; denn: »Jeder Christ, ohne Ausnahme, der wahrhafte Reue empfindet, hat völlige Vergebung der Strafe und Schuld, die ihm auch ohne Ablassbrief gebührt.«(These 36).

Nur drei Jahre später, am 3. Januar 1521, wurde Martin Luther durch Bann exkommuniziert, d.h. aus der Kirchengemeinschaft ausgeschlossen. 1518 war er wegen Ketzerverdachts in Rom angezeigt und nach Rom zitiert worden. Sein Landesherr, der sächsische Kurfürst *Friedrich der Weise*, konnte erreichen, dass Luther in Augsburg von Kardinal *Cajetan* verhört wurde, freilich ohne Ergebnis. Die Leipziger Disputation mit dem Ingolstädter Theologieprofessor *Johannes Eck* verschärfte den Konflikt mit Rom. Luther bestritt nun die Heilsnotwendigkeit des päpstlichen Primats (lat. Vorherrschaft) und die Irrtumslosigkeit der Konzilien. Letzte Norm in Bezug auf Lehre und Ordnung der Kirche war für ihn jetzt nur noch die Heilige Schrift (sola scriptura = lat. allein die Schrift). Damit stellte er das mittelalterliche Kirchenverständnis in Frage.

In mehreren Schriften entwickelte Luther im Jahr 1520 sein reformatorisches Programm. In der Schrift »An den christlichen Adel deut-

---

8 *B. Lohse*, aaO., 109.
9 Vgl. *M. Brecht*, Martin Luther, Bd. 1, Stuttgart 1981, 97.

scher Nation von des christlichen Standes Besserung« machte er viele Reformvorschläge. Gegen die althergebrachten Sonderrechte des Klerus setzte Luther die These vom allgemeinen Priestertum der Gläubigen. In der Schrift »Von der babylonischen Gefangenschaft der Kirche« entwickelte er ein neues Sakramentsverständnis. Ein Sakrament ist für ihn ein Zeichen, das Christus selbst eingesetzt hat und das mit der Zusage der Sündenvergebung verbunden ist. Danach waren für Luther nur noch Taufe und Abendmahl (anfangs auch noch die Buße) Sakramente. Eine besonders tief gehende Neuinterpretation erfuhr die Messe. Luther wandte sich gegen die Wandlungslehre, den Kelchentzug für die Laien und den Opfercharakter der Messe. In der Schrift »Von der Freiheit eines Christenmenschen« prägte Luther »die dialektische Formel von Freiheit und Knechtschaft des Christen und entfaltete von hier aus die Grundzüge einer reformatorischen Ethik«:[10] »Ein Christenmensch ist ein freier Herr aller Dinge und niemand untertan; ein Christ ist ein dienstbarer Knecht aller Dinge und jedermann untertan.«

Doctor Martini Luther öffentliches verhör zu Worms, Titelblatt einer zeitgenössischen Flugschrift.

---

10 *B. Lohse*, aaO., 60.

Auf der rechten Seite des Holzschnitts steht Luther ganz allein. Ihm gegenüber stehen der Kaiser, Fürsten und ein Kardinal als Repräsentanten der Christenheit. Der Künstler drückt hier das Bahnbrechende von Luthers Auftreten in Worms aus. Kaiser Karl V. stellte in einer persönlichen Erklärung in Worms fest: »Es ist sicher, dass ein einzelner Bruder [Mönch] in seiner Meinung irrt, die gegen die ganze Christenheit in ihrer mehr als tausendjährigen Geschichte bis hin zur Gegenwart steht.«[11]

1520 wurde *Luther* der Bann angedroht. In Löwen (heute Belgien) wurden Schriften von ihm öffentlich verbrannt. Am 10. Dezember verbrannte Luther zusammen mit Studenten die päpstliche Bannandrohungsbulle und eine Ausgabe des kanonischen Rechts. Mit der endgültigen Exkommunikation vom Januar 1521 wurde die Lage für Luther sehr ernst. Das Beispiel von *Hus* stand ihm vor Augen. (s.o.) Zunächst einmal konnte sein Landesherr beim jungen Kaiser *Karl V.* erreichen, dass Luther vor den Reichstag in Worms geladen wurde. Er verweigerte den Widerruf seiner Schriften. Er erhielt freies Geleit, um nach Wittenberg zurückzukehren. Währenddessen setzte Kaiser Karl V. mit dem Wormser Edikt die Reichsacht gegen Luther durch. Luther war nun »vogelfrei«. Kurfürst *Friedrich der Weise* ließ Luther daraufhin zum Schein überfallen und auf die Wartburg bei Eisenach bringen. Dort verbrachte er zehn Monate unter dem Namen Junker Jörg. In kurzer Zeit übersetzte er das NT ins Deutsche. Im September 1522 erschien das Septembertestament. Luther griff bei seiner Übersetzung auf die griechische Ursprache zurück. Er verwendete das Deutsch, das die sächsische Kanzlei seines Landesherrn Friedrich des Weisen verwandte. Seine Bibelübersetzung ist zur Grundlage der neuhochdeutschen Sprache geworden. Rat holte er sich bei der Übersetzung von den Leuten auf der Straße: »... man muß die Mutter im Hause, die Kinder auf den Gassen, dem gemeinen Mann auf dem Markt darum fragen, und denselbigen auf das Maul sehen, wie sie reden, und danach dolmetschen, so verstehen sie es denn, und merken, daß man deutsch mit ihnen redet.«[12]

---

11 Zit. nach *H. Jürgens/F. Schuchardt/J. Thierfelder*, »Wir sind Bettler«. Martin Luther. Eine Tonbildserie, Stuttgart 1982, 26.
12 *M. Luther*, Sendbrief vom Dolmetschen, 1530, zit. nach *H. H. Borcherdt*, Martin Luther. Ausgewählte Werke, Bd. 7, München 1925, 226ff., hier 232.

1.2.2 Erste Neuordnungen

Seit 1521 kam es zu ersten Neuordnungen in den Gebieten, die von der Reformation erfasst wurden. In Luthers Abwesenheit versuchte *Andreas Karlstadt,* wie Luther Theologieprofessor in Wittenberg, Reformen in der Stadt durchzuführen, wie die Priesterehe und den Laienkelch. Heiligenbilder sollten als »Götzen« verbrannt werden. Es gab Unruhen in Wittenberg. Dann kehrte Luther zurück. Er lehnte den Zwang ab, wollte vielmehr, dass die Menschen, durch die Predigt überzeugt, freiwillig Reformen übernahmen. Die Bilder sind nach Luther unschuldig. Bekämpft werden müssten vielmehr die Götzenbilder in den Herzen der Menschen, wie Neid, Hochmut, Fressen, Saufen und Gotteslästerung.[13] Luther machte in der Folgezeit viele Reformvorschläge. Er publizierte Muster, wie die Pfarrer den Hauptgottesdienst halten sollten. Aus dem Messgottesdienst entfernte er die Teile, die die Messe als Opfer verstanden (s.o.). Der Gottesdienst wurde immer mehr in der Volkssprache gehalten. Neben dem Abendmahl gewann die Predigt an Bedeutung. Luther wünschte beim sonntäglichen Gottesdienst eine stärkere Beteiligung der Gemeinde und setzte sich für den Gemeindegesang ein. Er dichtete und vertonte viele Kirchenlieder. Für die christliche Unterweisung schrieb er den Großen und den Kleinen Katechismus, die u.a. die 10 Gebote und das Glaubensbekenntnis erklärten. Der Große Katechismus sollte die Pfarrer ausführlich über den christlichen Glauben informieren. Der Kleine Katechismus sollte dem Hausvater einer Familie dienen, Kinder und Gesinde im christlichen Glauben zu unterrichten. Die Kinder sollten ihn auswendig lernen. Von der These des allgemeinen Priestertums der Gläubigen her (s.o.) ergab sich die Notwendigkeit, dass der einzelne Gläubige über seinen Glauben Bescheid wusste.

In seiner Schrift »An die Ratsherren aller Städte deutschen Landes, dass sie christliche Schulen aufrichten und halten sollen« machte Luther deutlich, dass es der Reformation nicht nur um religiöse Unterweisung, sondern um die gesamte Bildung und Erziehung der jungen Generation ging.[14] Einen großen Aufschwung nahmen durch die Reformation vor allem die Lateinschulen. *Philipp*

---

13 Vgl. *H. Jürgens u.a.,* aaO., 12.
14 Martin Luther und die Reformation in Deutschland. Ausstellung zum 500. Geburtstag Martin Luthers, Frankfurt 1983, 89ff.

Melanchthon aus Bretten (heute Baden-Württemberg)[15], der seit 1518 an der Wittenberger Universität Luthers Kollege war, schuf dazu Lehrpläne und ein Klassensystem. Melanchthon, der den Beinamen Präceptor Germaniae (lat. Lehrer Deutschlands) erhielt, wurde auch der große Fachmann für die Reform bestehender und die Gründung neuer Universitäten. Wichtig wurde an den Universitäten das Studium der biblischen Ursprachen Griechisch und Hebräisch.

Weil die vielen Stiftungen für die Kirche fortfielen, musste das kirchliche Finanzwesen reformiert werden. Luther schlug in der Leisniger Kastenordnung von 1523 eine Zentralkasse vor, in der alle kirchlichen Einnahmen gesammelt werden sollten. Daraus sollten dann Pfarrer, Mesner und Lehrer bezahlt werden, aber auch die Armen.

Doch wer sollte die Reformen in den evangelisch gewordenen Gebieten durchführen? Der Papst verzögerte die Einberufung eines Reformkonzils. Die Bischöfe verschlossen sich mit wenigen Ausnahmen dem Anliegen der Reformation. Die Gemeinden, die Jahrhunderte lang entmündigt waren, konnten eine solche Reform nicht durchführen. In dieser Situation bat Luther die Fürsten und Magistrate als Glieder der Christenheit, zunächst Visitationen durchzuführen, dann neue Kirchenordnungen zu entwickeln und für ihre Durchsetzung zu sorgen. Es war ein Notbehelf. Daraus wurde aber eine Dauereinrichtung, das sog. Landesherrliche Kirchenregiment. Bis 1918 standen die evangelischen Landesherrn an der Spitze der evangelisch gewordenen Gebiete, der Landeskirchen.

1.2.3 Entwicklungen bis zum Augsburger Religionsfrieden
Weil der Kaiser nach dem Wormser Reichstag die gesamten 20er Jahre des 16. Jh. dauernd in Kriege verwickelt war, konnte das Wormser Edikt nicht durchgesetzt werden. So konnte sich die »neue Lehre« ausbreiten.

1524/25 brach der Bauernkrieg aus. Luther hatte zuvor durchaus Verständnis für die Forderungen der Bauern gehabt und die Fürsten zu Reformen aufgefordert. Doch als dann der Aufstand der Bauern begann, warf Luther ihnen »dreierlei greuliche Sünden wider Gott und Menschen« vor, dass sie den Gehorsam gegenüber der Obrigkeit verletzt, einen Aufruhr gemacht und sich dabei auf das Evange-

---

15 Zu Melanchthon vgl. *H. Scheible*, Melanchthon. Eine Biographie, München 1997.

lium berufen hätten. Luthers Haltung ist von der Zwei-Reiche-Lehre her zu verstehen, wonach geistliches und weltliches Regiment nicht zu vermischen sind.[16] Schließlich unterstützte er mit Schriften die Fürsten bei der Niederschlagung des Aufstands. Ihr Tenor war: »So soll nun die Obrigkeit hier getrost und mit gutem Gewissen dreinschlagen, solange sich eine Ader regen kann.«[17] Dies wurde Luther von vielen Seiten stark verübelt. Vor allem die Bauern waren enttäuscht. Luthers scharfer Ton hängt auch damit zusammen, dass auf der Seite der Bauern *Thomas Müntzer*[18] stand. Einige süddeutsche Reformatoren, die ebenfalls von der Zwei-Reiche-Lehre her dachten, gaben wesentlich besonnenere Stellungnahmen ab als Martin Luther.[19] Müntzer, ein eigenständiger Theologe der Reformationszeit (er schuf noch vor Luther 1523 die erste deutsche Gottesdienstordnung), vertrat einerseits einen mystischen Spiritualismus und lebte andererseits in akuter Naherwartung. Er wollte die verkommene Kirche angesichts des drohenden Weltendes reinigen. Dabei setzte er zunächst auf die Hilfe der sächsischen Fürsten, die sich ihm freilich verwehrten. So erschienen ihm dann die Bauern als »die rechten Gottesstreiter«. Im Bauernkrieg sah er »den letzten Kampf der Frommen gegen die Gottlosen vor der Wiederkunft Christi«.[20] Für Luther war Müntzer ein gefährlicher falscher Prophet.

Trotzdem ging die Ausbreitung der evangelischen Bewegung weiter. 1525 heiratete Luther eine frühere Nonne, *Katharina von Bora*. Vier Jahre zuvor hatte er die Mönchsgelübde in Frage gestellt (→ III. Mönchtum). 1529 stimmte die Mehrheit der Fürsten und Städte für die Durchführung des Wormser Edikts. Fünf Fürsten und vierzehn Gäste protestierten dagegen, dass man Fragen des Glaubens mit Mehrheitsbeschlüssen entscheide. Von daher erhielten sie den Namen Protestanten, der sich als Bezeichnung der Evangelischen einbürgerte.

---

16 Zur Zwei-Reiche-Lehre vgl. Schema nach *U. Duchrow* in: *H. Gutschera/J. Maier/J. Thierfelder*, Geschichte der Kirchen, Mainz/Stuttgart 1992, 185.
17 Zit. nach *M. Rang*, Die Kirche in Vergangenheit und Gegenwart, Göttingen ²1971, 139.
18 Zu *Müntzer* vgl. *U. Bubenheimer*, Thomas Müntzer, in: *K. Scholder/D. Kleinmann (Hg.)*, Protestantische Profile. Lebensbilder aus fünf Jahrhunderten, Königstein 1983, 32–46.
19 Vgl. *F. W. Kantzenbach*, Christentum in der Gesellschaft. Grundlinien der Kirchengeschichte, Bd.2, München/Hamburg 1976, 81.
20 Martin Luther und die Reformation, 260.

1529 konnte sich *Kaiser Karl V.* nach langen Auseinandersetzungen vor allem mit Frankreich wieder den deutschen Verhältnissen zuwenden. Er, der immer ein treuer Sohn der katholischen Kirche blieb, wollte nun endlich die kirchliche Einheit wieder herstellen. Durch Verhandlungen wollte er die Querelen beenden. Er berief für 1530 einen Reichstag in Augsburg ein. Auf diesem Reichstag sollten auch die evangelisch gewordenen Fürsten und Magistrate zu Wort kommen. Der engste Mitarbeiter Luthers, *Philipp Melanchthon*, verfasste in deren Auftrag eine Schrift. Er wies darin nach, dass die Evangelischen nicht von der Glaubenslehre abwichen. Diese Schrift, das sog. Augsburger Bekenntnis (CA) wurde zur grundlegenden Bekenntnisschrift des Luthertums. Ihr ökumenischer Grundcharakter wird heute vielfach gerühmt. Freilich blieben manche Kontroverspunkte, wie etwa das Papsttum, unerwähnt. Kaiser Karl V. akzeptierte die Schrift nicht, sondern ließ eine Gegenschrift ausarbeiten. Damit war für ihn die Angelegenheit erledigt. Am Schluss erneuerte die »altgläubige« Mehrheit des Reichstags das Wormser Edikt. Die evangelischen Stände erhielten ein halbes Jahr Zeit, um zum alten Glauben zurückzukehren.

Schließlich schlossen sich die evangelischen und katholischen Stände zu Bündnissen zusammen. 1546, im Todesjahr Luthers, brach ein Krieg zwischen dem Kaiser und den evangelischen Ständen aus, der mit einer Niederlage der evangelischen Stände endete. Im »Augsburger Interim« von 1548 wurden die evangelischen Stände genötigt, bis zum endgültigen Beschluss des Konzils (→ X. Gegenreformation) alle »Neuerungen abzuschaffen bis auf den Laienkelch und die Priesterehe«. Doch die Koalition des Kaisers mit den Ständen zerbrach bald wieder. 1555 wurde der Augsburger Religionsfrieden geschlossen. Die römische Kurie war beim Friedensschluss nicht beteiligt. Die Lutheraner, *nicht aber* die »Reformierten« (s.u.) wurden reichsrechtlich anerkannt. Die Fürsten hatten das Recht, über die Konfession ihrer Untertanen zu bestimmen. Der Grundsatz hieß »cuius regio, eius religio« (lat. wem das Gebiet gehört, dem »gehört« auch die Religion). Wollten Andersgläubige ihren Glauben öffentlich bekennen, mussten sie also auswandern. Religionsfreiheit hatten die Stände, nicht aber die einzelnen Christen. Zwar hielt der Frieden über 50 Jahre. Doch konnte er nicht verhindern, dass es – nicht zuletzt, weil 1555 wesentliche Fragen ungeklärt geblieben waren – zu dem schrecklichen 30-jährigen Krieg kam.

1.3 Die »reformierte« Reformation[21]

Eine eigenständige Ausprägung fand die Reformation in der Schweiz. *Huldrych Zwingli* (1484–1531) wirkte seit 1519 am Großmünster in Zürich als Leutpriester. Der eigenständige, vom Humanismus beeinflusste Theologe nahm Luther seit der Leipziger Disputation verstärkt wahr. Nach der ersten Zürcher Disputation von 1523 ordnete der Zürcher Rat an, dass von jetzt an alle Prediger das Evangelium zu predigen hatten. Nach der zweiten Zürcher Disputation sollten alle Heiligenbilder aus den Kirchen entfernt werden, allerdings nicht willkürlich, sondern auf geordnetem Weg. Zwingli brach viel stärker mit der katholischen Kirchenordnung als Luther. Nur das, was aus der Heiligen Schrift hergeleitet werden konnte, sollte beibehalten werden. Zwischen der Wittenberger und der Zürcher Reformation kam es wegen der Abendmahlsfrage zu einem schweren Konflikt. Während Luther die Abendmahlsworte wörtlich verstand, ging Zwingli von einem symbolischen Verständnis aus. Eine vom hessischen Landgrafen *Philipp* in Marburg 1529 veranstaltete Disputation ergab eine Einigung in allen strittigen Punkten, nur nicht im Verständnis des Abendmahls. Zwinglis Wirkung blieb begrenzt. Zwar konnten von Zürich aus einige Kantone, z.B. Bern, für die Reformation gewonnen werden. Auch war sein Einfluss in Oberdeutschland (ungefähr heutiges Baden-Württemberg und Elsass) durchaus spürbar. Aber Zwingli fiel schon 1531 als Feldprediger in einem Krieg zwischen Zürich und fünf katholischen Orten in der Schweiz.

Eine erheblich stärkere Wirkung ging von dem Franzosen *Johannes Calvin* (1509–1564) aus. Er hatte ein juristisches Studium absolviert und sich in Paris der evangelischen Sache zugewandt. 1534 musste er fliehen. 1536 publizierte er mit 27 Jahren in Basel die Institutio christianae religionis (lat. Unterweisung in der christlichen Religion), eine umfassende Einführung in den christlichen Glauben. Auf der Durchreise durch Genf wurde er von dem dortigen Reformator *Farel* 1536 geradezu genötigt, ihm beim Aufbau der evangelischen Gemeinde zu helfen. Calvin blieb in Genf bis zu seinem Tod. 1538 wurde er wegen eines Konflikts mit dem Rat von Genf ausgewiesen, 1541 aber wieder zurückgeholt. Als Mann der zweiten Generation von Reformatoren sah sich Calvin viel stärker als Luther

---

[21] Die auf *Zwingli* und *Calvin* zurückgehende evangelische Kirche wurde später als »reformierte Kirche« bezeichnet. Nach Calvin bedeutet reformiert: »nach der Ordnung des Evangeliums erneuert«. Vgl. *J. Weerda*, Reformierte Kirche, in: ³RGG, Bd. 5, 884–890, bes. 884.

vor die Frage gestellt, welche praktischen Konsequenzen aus der Reformation für Kirche und Gesellschaft zu ziehen seien.

Christliches Leben ist nach Calvin Leben zur Ehre Gottes. Zur Sicherung der Freiheit Gottes dient bei Calvin die Lehre von der doppelten Prädestination, d.h. der Vorherbestimmung des Menschen zum ewigen Heil oder zum ewigen Unheil. Dies ist sicher ein bedenklicher Versuch, das Geheimnis von Gottes Ratschluss logisch aufzulösen. Calvin wollte freilich dadurch auch den Geschenkcharakter des Glaubens betonen. Für ihn und seine Schüler war die Lehre von der Prädestination keineswegs ein Aufruf, die Hände in den Schoß zu legen.

Während Luther in der Kirche nur ein Amt herausstellt, das Predigtamt, kennt *Calvin* vier Ämter: das Amt des Pastors, des Lehrers, des Ältesten und des Diakons.

Weil der Christ ein Leben zur Ehre Gottes führen sollte, galt in Genf eine strenge Kirchenzucht. Positiv war an dieser Kirchenzucht, dass sie keinen Unterschied zwischen hoch- und niedrigrangig machte. Den Gefahren jeder Kirchenzucht, nämlich zu Heuchelei und Gewissenszwang zu verführen, konnte sich freilich auch die Genfer nicht entziehen. Besonderes Aufsehen erregte der Fall des spanischen Arztes *Michel Servet*. Er hatte die Trinitätslehre bestritten und sich damit gegen das geltende Reichsrecht vergangen. Calvin unterstützte aktiv die Verurteilung Servets zum Tode. Er war überzeugt davon, dass die christliche Obrigkeit einen »Ketzer« zum Tode zu verurteilen habe. Zwar wollte er das Wüten der Inquisition im 16. Jh. nicht nachahmen (→ VI. Hexenverfolgungen); doch er stand auf dem Standpunkt: »Ein gewisses Maß muß sein, damit nicht jeder Gottlose seine Lästerungen ungestraft ausspeien darf.«[22] Gewissensfreiheit konnte in Europa erst im Gefolge der Aufklärung durchgesetzt werden.

In Bezug auf die Abendmahlslehre konnte sich *Calvin* mit der Zürcher Reformation einigen. Das brachte ihn und die Reformierten, wie die Anhänger der Zürcher und Genfer Reformation heißen, in einen tiefen Gegensatz zum Luthertum, der erst in diesem Jahrhundert aufgearbeitet werden konnte. Von Genf aus verbreiteten sich die Reformierten in ganz Europa. Reformierte Kirchen gibt es heute vor allem in Frankreich, in den Niederlanden, in Schottland und in den USA.

---

22 Zit. nach *K. Aland*, Die Reformatoren, Gütersloh 1976, 100.

1.4 Entstehung der anglikanischen Kirche

Am Anfang der Reformation in England stand die Weigerung von Papst *Clemens VII.*, die Ehe König *Heinrichs VIII.* mit *Katharina von Aragon* zu annullieren. Als Antwort darauf trennte sich England von Rom. In der Suprematsakte von 1534 erkannte das englische Parlament in dem Inhaber der Königswürde das »oberste irdische Haupt der Kirche von England« an. Die anglikanische Staatskirche unterschied sich zunächst von der bisherigen Papstkirche nur in der Abwendung von Rom und der Beseitigung der Klöster. Erst unter Heinrichs Nachfolger, *Edward VI.*, wurde England in gemäßigter Weise reformiert. Die 42 Artikel von 1552 enthalten die gemeinreformatorische Rechtfertigungslehre und die reformierte Abendmahlslehre. Von zentraler Bedeutung für die anglikanische Kirche wurde das 1549 vom Parlament beschlossene »Book of Common Prayer«, das das gesamte gottesdienstliche Handeln der Kirche ordnete. Darin finden sich altenglische, römisch-katholische und reformatorische Elemente. Erst unter Königin *Elisabeth I.* setzte sich die Reformation in England endgültig durch. Bis dahin hatte es immer wieder Versuche gegeben, England zu rekatholisieren. Elisabeth erneuerte die Suprematsakte. Der Inhaber der Königswürde trägt nun den Titel »oberster Regent des Staates in kirchlichen und politischen Angelegenheiten«. Die Verwaltung von Wort und Sakrament liegt außerhalb seines Einflusses. In den 39 Artikeln von 1563 erhielt die anglikanische Kirche ihr endgültiges Glaubensbekenntnis.

1.5 Die Täufer

Innerhalb der reformatorischen Bewegung bildete sich als eine besondere Gruppierung die Täuferbewegung heraus. Mit anderen Gruppen und Personen zählt man sie zur »linken« Reformation. Gemeinsam war dieser Bewegung die Ablehnung der Kindertaufe und die Praxis der Erwachsenentaufe. Ansonsten hatten die Täufer unterschiedliche Wurzeln und Ausprägungen. Sie waren vielfach biblizistisch ausgerichtet und wollten nach der Bergpredigt leben. So verweigerten viele den Eid. Sie lebten vielfach in baldiger Erwartung des Weltendes, oft verbunden mit sozialrevolutionären Ideen. Sie galten darum als Aufrührer und wurden von der Obrigkeit vor allem in den altgläubigen, aber auch in den evangelisch gewordenen Gebieten scharf verfolgt. Allein zwischen 1527 und 1533 wurden 679 Täufer hingerichtet.

Die erste Täufergemeinde entstand in Zürich. Dort wurde 1527 *Felix Mantz* als erster täuferischer Märtyrer hingerichtet.[23] Die von Zürich ausgehende Täuferbewegung vertrat das Prinzip der Wehrlosigkeit gegenüber der Obrigkeit. Die von *Melchior Hofmann* aus Schwäbisch Hall ausgehende Bewegung, die sog. Melchioriten, waren eher »zelotisch« eingestellt. Erfüllt von glühender Naherwartung des Reiches Gottes sahen sie ihre Aufgabe darin, diesem Reich mit Waffengewalt den Weg zu bereiten. Sie verbreiteten sich in den Niederlanden.

Von dort aus nahmen sie 1534 in Münster Einfluss. Zunächst riefen sie mit Erfolg zur (Wieder-)Taufe auf. Bei der Ratswahl erreichten sie einen triumphalen Erfolg. Dann wurde die politische Ordnung in Münster völlig umgestaltet, ein einmaliges Ereignis in der Reformationszeit. Der Anführer *Jan von Leiden* ließ sich als König »in dem neuen Tempel Gottes« ausrufen.[24] Gütergemeinschaft und Polygamie wurden eingeführt. Das neue Regime konnte nur mit Härte und Grausamkeit funktionieren. 1535 nahm der Bischof von Münster nach langer Belagerung die Stadt ein. Die Rache an den Anführern des »Täuferreichs« war schrecklich. Erneut wurden die Täufer im ganzen Reich schwer verfolgt.

In der Täuferbewegung setzten sich letztlich die gewaltlosen Elemente durch. Die Mennoniten, genannt nach dem ehemaligen katholischen Priester *Menno Simons*, wussten sich dem Liebesgebot und dem Gewaltverzicht der Bergpredigt verpflichtet. Sie lehnten den Kriegsdienst ab.

Die Mennoniten gehören zu den sog. Friedenskirchen, die heute noch existieren.

2. Systematisch

2.1 *Reformation*

Man kann zwischen Reformation im engeren und im weiteren Sinn unterscheiden. Im engeren Sinn bezieht sie sich auf »die innere Geschichte Luthers selbst und seiner Theologie. Die Ergebnisse jenes Ringens machen die Reformation im weiteren Sinne aus«.[25] Der Begriff »Reformation« (lat. Umgestaltung, Erneuerung) weist auf die

---

23 Vgl. *J. M. Stayer*, Täufer/Täuferische Gemeinschaften, in: TRE XXXll, 600.
24 *B. Moeller*, aaO., 107.
25 *W. Maurer*, in: ³RGG, Bd. 5, 864.

Absicht Luthers und der anderen Reformatoren hin. Sie wollten keine neue Kirche gründen. Auch hielten sie ihre Lehre nicht für eine »neue Lehre«, sondern vielmehr für die alte wahrhaft christliche Lehre gegenüber den Neuerungen des mittelalterlichen Papsttums. Die Reformatoren setzten sich für die Reform der *Einen* Kirche Jesu Christi ein.

Mit der Reformation zerbrach jedoch die Einheit der abendländischen Christenheit. Evangelische und Katholiken haben immer wieder die je andere Seite für die Spaltung der Christenheit verantwortlich gemacht. Natürlich gab es beim Auseinandergehen der Wege Versagen und Schuld. Auch haben gewisse politische Konstellationen das Auseinandergehen gefördert. Doch gilt: »Aus Verantwortung für die unverfälschte Heilsbotschaft meinte man, sich von den anderen trennen zu müssen. Solche *Trennungen um der Wahrheit des Evangeliums willen* waren tragische Notwendigkeiten. Sie lassen sich mit dem Begriff ›Sünde‹ nicht voll erfassen und durch Buße und Schuldbekenntnis allein nicht überwinden. Hier kann nur das gemeinsame Bemühen um ein rechtes Verständnis des Evangeliums weiterführen.«[26] Diese Linie haben die christlichen Kirchen seit Beginn des 20. Jh. beschritten (→ XV. Ökumenische Bewegung).

2.2 Kein Exklusivanspruch

Luther übte scharfe Kritik an der mittelalterlichen Kirche, vor allem am Papsttum (der Papst als Antichrist!). Trotzdem konnte er 1535 schreiben:

Auch wir heute nennen die römische Kirche heilig und alle Bistümer heilig, auch wenn sie verkehrt sind und ihre Diener gottlos ... Es bleibt in der Stadt Rom, obwohl sie schlimmer als Sodom und Gomorrha ist, die Taufe, das Abendmahl, die Stimme und der Text des Evangeliums, die Heilige Schrift, die Ämter, der Name Christi, der Name Gottes.[27]

Keine der verfassten Kirchen kann nach evangelischer Anschauung beanspruchen, »die wahre Kirche zu verwirklichen«.[28]

---

26 *W. Jentsch u.a. (Hg.)*, Evangelischer Erwachsenenkatechismus, Gütersloh ²1975, 947.
27 *M. Luther*, In epistolam S.Pauli ad Galatas Commentarius (1535); Weimarer Lutherausgabe, Bd. 40,1, unv. Nachdr. 1970, 69.
28 *R. Frieling/ E.-A. Ortmann*, Katholisch und Evangelisch (Bensheimer Hefte 46), Göttingen ⁷1991, 105.

2.3 Bleibende Gegensätze?

Eine Behandlung der Reformation darf nicht davon absehen, dass Katholiken und Protestanten im Rahmen der Ökumenischen Bewegung (XV.) aufeinander zugehen. Dabei erkennen sie, dass das, »was Katholiken und Evangelische als Christen eint, ... unendlich viel größer [ist], als das, was sie – leider auch sehr fühlbar – trennt«.[29] Vermieden werden sollte eine Rückkehr zu konfessionellen Grabenkämpfen, aber auch eine harmonistische Sicht der Dinge, die die Differenzen zwischen den Kirchen bestreitet, führt nicht weiter. Zu zeigen ist, wo es »ökumenische Durchbrüche«[30] gegeben hat, wie z.B. bei der Leuenberger Konkordie von 1971 und der Konvergenzerklärung von Lima von 1982 *und* wo die »theologische[n] Hauptprobleme«[31] heute liegen, z.B. in der Ämterlehre.

2.4 Rechtfertigungslehre als Zentralartikel der Reformation

Dass Gott den Menschen rechtfertigt nicht aufgrund seiner Werke, sondern allein durch den Glauben (sola fide), ist in der Tat Zentrum reformatorischer Theologie und Frömmigkeit. Die katholische Kirche hat die »Allein«-Formulierungen der Reformation beantwortet mit den et-et-Formulierungen (lat. sowohl als auch) des Trienter Konzils (→ X. Gegenreformation). In den Lehrgesprächen zwischen dem Vatikan und dem Lutherischen Weltbund hat man sich in den letzten Jahrzehnten angenähert.[32] Am 31. Oktober 1999 wurde dann in Augsburg eine Gemeinsame Erklärung zur Rechtfertigungslehre (GER) seitens des Vatikans und des Lutherischen Weltbundes feierlich unterzeichnet (→ XV. Ökumenische Bewegung).[33] Die Erklärung will zeigen,

> dass aufgrund des Dialogs die unterzeichnenden lutherischen Kirchen und die römisch-katholische Kirche nunmehr imstande sind, ein gemeinsames Verständnis unserer Rechtfertigung durch Gottes Gnade im Glauben an Christus zu vertreten. Sie enthält nicht alles, was in jeder der Kirchen über Rechtfertigung gelehrt wird; sie umfasst aber einen Konsens in Grundwahr-

---

29 *H. Küng*, Damit die Welt glaube, München ⁶1968, 11.
30 Vgl. *P. Neuner*, Ökumenische Theologie. Die Suche nach der Einheit der christlichen Kirchen, Darmstadt 1997, 158 ff.
31 *P. Neuner*, aaO., 184 ff.
32 Vgl. *H.G. Pöhlmann*, Abriß der Dogmatik. Ein Kompendium, Gütersloh, ⁴1985, 261.
33 Die Erklärung ist abgedr. in epd-Dokumentation, Nr. 36/99, 31 ff.

heiten der Rechtfertigungslehre und zeigt, dass die weiterhin unterschiedlichen Entfaltungen nicht länger Anlass für Lehrverurteilungen sind.[34]

Eben dies bestritten 255 evangelische Theologieprofessoren aus der Bundesrepublik vehement und warnten vor der Unterzeichnung. In der Erklärung werde »die lutherische Rechtfertigungslehre von Grund auf in Frage« gestellt. Vor allem erbringe die GER »keine praktischen Konsequenzen für das ökumenische Miteinander vor Ort«.[35] Eben dieser letzte Punkt könnte in der Tat zur Nagelprobe werden. Zu Recht forderte die evangelische Michaelsbruderschaft in ihrer positiven Stellungnahme zur Gemeinsamen Erklärung:

Der Übereinstimmung in der Rechtfertigungslehre müssen bald entsprechende Übereinstimmungen in der Lehre von der Eucharistie und vom kirchlichen Amt folgen, damit es endlich möglich wird, miteinander das Mahl des einen Herrn in einer Mahlgemeinschaft zu feiern.[36]

Bedenkenswert ist das Votum des evangelischen Theologieprofessors *Track*: »Eine Entfaltung der Rechtfertigungseinsicht in einer die Menschen der Gegenwart betreffenden Sprache steht als Aufgabe noch vor uns.«[37] Ein möglicher Zugang ist der über die Leistungsthematik. *H. Bannach* schrieb zu Röm 4,4–5:

Niemand entdeckt den Sinn seines Lebens, wenn er ihn aus seinen Leistungen ableiten will. Den Sinn des Lebens erfasst nur der, der Geschenke annehmen kann. Gott macht das Angebot des Lebens umsonst. Infolgedessen erfasst der die eigentliche Bestimmung seines Lebens am besten, der dieses Angebot Gottes mit Vertrauen erwidern kann.[38]

Einen ähnlichen Zugang ermöglicht die menschliche Grunderfahrung, dass jeder Mensch auf Anerkennung angewiesen ist und sie braucht, um leben zu können. Der Zuspruch der Rechtfertigung vor Gott bietet diese Anerkennung an: ohne des Gesetzes Werke, ohne geforderte Leistungen, allein aus Gnade durch Glaube![39]

---

34 Ebd.
35 Stellungnahme theologischer Hochschullehrer zur Gemeinsamen Offiziellen Feststellung (GOF) zu GER, zit. nach epd-Dokumentation, Nr. 45/99, 23.
36 Wort der Evangelischen Michaelsbruderschaft zur »Gemeinsamen Erklärung zur Rechtfertigungslehre«, verabschiedet an Exaudi 1998, abgedr. In: Quatember 1998, 175.
37 Rheinischer Merkur/Christ und Welt v. 11. 6. 1999, zit. nach epd-Dokumentation, Nr. 26/ 99, 16 f., hier 17.
38 *H. Bannach*, Leistungen verstehen sich von selbst, in: Radius 4/1969, 4.
39 Vgl. *R. Lachmann*, Grundsymbole christlichen Glaubens, Göttingen 1992, 89–98; anders *W. Härle*, Die Rechtfertigungslehre in ihrer Gegenwartsbedeu-

2.5 Abendmahlsstreit

Obwohl im Verständnis der Rechtfertigungslehre weitgehend einig, trennten sich schon früh die auf Luther bzw. Zwingli/Calvin zurückgehenden evangelischen Kirchen. Sie konnten sich nicht einigen in Bezug auf die Abendmahlslehre. *Luther* hielt an der wirklichen Gegenwart Christi im Abendmahl (»Realpräsenz«) fest. Das Abendmahl bringt die Gabe der Sündenvergebung dem, der glaubt. Für Zwingli ist das Abendmahl eine Erinnerung, »durch welche diejenigen, die fest glauben, daß sie durch Christi Tod und Blut mit dem Vater versöhnt sind, diesen lebensspendenden Tod verkünden«.[40] Wer zum Abendmahl geht, bekennt sich zur Gemeinde, verpflichtet sich zu christlichem Lebenswandel und wird im Glauben gestärkt. *Calvin* steht mit seiner Abendmahlslehre zwischen Luther und Zwingli. Mit Luther hält er daran fest, dass die Gläubigen im Abendmahl die Gabe der Sündenvergebung erhalten. Mit Zwingli bestreitet er die Realpräsenz. Christus ist zur Rechten des Vaters. Im Augenblick des Empfangs des Abendmahls wird die Seele in den Himmel erhoben und erhält die Gabe der Sündenvergebung. Calvin und die Nachfolger Zwinglis konnten sich auf eine gemeinsame Abendmahlslehre einigen, nicht aber Calvin und die Nachfolger Luthers. Eine tiefe Kluft entstand so zwischen den Reformierten und den Lutheranern. Für die Lutheraner waren eine Zeit lang die Reformierten viel »schlimmere« Gegner als die Katholiken. Erst in der Leuenberger Konkordie von 1971 einigten sich Lutheraner und Reformierte darauf, dass ihr unterschiedliches Abendmahlsverständnis nicht mehr kirchentrennend sei. Beide bekennen in dieser Konkordie: »Im Abendmahl schenkt sich der auferstandene Jesus Christus in seinem für alle dahingegebenen Leib und Blut durch sein verheißenes Wort mit Brot und Wein.«[41]

2.6 Landesherrliches Kirchenregiment und seine Folgen

Nach dem Ende des Ersten Weltkriegs und der Abschaffung der Monarchie in Deutschland kam das Landesherrliche Kirchenregiment an sein Ende. Art. 137,1 der Weimarer Reichsverfassung verwirklichte den Grundsatz der Trennung von Staat und Kirche:

---

tung, in: *H. Rupp/H. Schmidt* (Hg.), Lebensorientierung oder Verharmlosung? Stuttgart 2001, 72–79.
40 Zit. nach *B. Lohse*, Martin Luther, 81.
41 Zit. nach *H. G. Pöhlmann*, aaO., 289.

»Es besteht keine Staatskirche.« Die Folgen dieser engen Verbindung von »Thron und Altar« haben freilich lange nachgewirkt. Das Landesherrliche Kirchenregiment trug stark zur »Obrigkeits- und Staatsergebenheit des deutschen Protestantismus«[42] bei. Kannte Luther z.B. durchaus noch ein Widerstandsrecht[43], so betonten die lutherischen Bekenntnisschriften vor allem den Gehorsam gegenüber der Obrigkeit.[44] Im reformierten Protestantismus, der vielfach unter einer andersgläubigen »Obrigkeit« leben musste, ist das Recht auf Widerstand stärker ausgebildet. Im Schottischen Bekenntnis von 1569 erscheint die Formel »Tyrannei zu unterdrücken« unter den Werken der zweiten Tafel des Dekalogs, die vom Christen zum Nutzen des Nächsten gefordert sind.[45] Der reformierte Theologe Karl Barth hat angesichts der Diktaturen des 20. Jh. auf dieses Bekenntnis zurückgegriffen und herausgestellt, dass »der in der Liebe tätige Glaube an Jesus Christus« u.U. »unsere aktive (politische) Resistenz ebenso notwendig« machen könne »wie er, wenn wir nicht vor diese Wahl gestellt sind, die passive Resistenz oder auch unsere positive Mitarbeit notwendig macht«.[46]

3. *Didaktisch*

3.1 Grundlegendes

Die Reformation gehört neben der Alten Kirche und der Kirche in der Zeit des Nationalsozialismus zu den kirchengeschichtlichen Themen, die am ehesten noch im (evang.) RU behandelt werden. Sie erscheint in den Lehrplänen von der Primarstufe bis zur Sek II. Es ist problematisch, wenn sich die Behandlung der Reformation in einem Lebensbild *Martin Luthers* erschöpft (mit Ausnahme der Primarstufe s.u.). Vor allem im evangelischen RU ist darauf zu achten, dass Luther nicht heroisiert wird. Seine nicht unproblematische Haltung im Bauernkrieg (s.o.) und seine antijüdische Polemik (→ V. Christliche Judenfeindschaft – Judenverfolgung) sollten im RU nicht verschwiegen werden. Auch ist zu vermeiden, dass *Martin*

---

42 *B. Moeller*, in: *R. Kottje/B. Moeller (Hg.)*, Ökumenische Kirchengeschichte, Bd. 2, Mainz/München ⁴1988, 345.
43 Vgl. *E. Wolf*, Widerstandsrecht in: ³RGG, Bd.6, 1685–87.
44 Vgl. CA XVl, 7: »... dass niemand der Obrigkeit in ihr Amt greife«.
45 *E. Wolf*, aaO., 1687f.
46 Zit. nach *E. Wolf*, aaO., 1690.

Luther als einziger Reformator erscheint und Reformatoren wie *Calvin* und *Zwingli* ausgeblendet werden.

3.2 Reformation in der Grundschule

In einigen evangelischen Religionslehrplänen der Bundesrepublik, z.B. in Baden-Württemberg, gibt es eine Martin-Luther-Einheit für die Primarstufe. Hier empfiehlt sich ein Lebensbild Luthers bis zu seiner Heirat mit *Katharina von Bora*. Die reformatorische Entdeckung wird mit der Parabel vom verlorenen Sohn verdeutlicht. Für einige Phasen dieser Einheit sind Freiarbeitsmaterialien möglich, für andere Erzählungen.[47]

3.3 Reformation als fächerverbindende Unterrichtseinheit

Ein Blick auf die Lehrpläne der verschiedenen Bundesländer zeigt, dass die Reformation vor allem in der oberen Sek. I behandelt wird. Besonders sinnvoll ist hier ein fächerverbindendes Vorgehen (evang. und kath. Religions- sowie Geschichtsunterricht). Der Geschichtsunterricht wird das politische, soziale, ökonomische Umfeld behandeln können. Er wird den Bauernkrieg mit seinen vielfältigen Ursachen darstellen und die Konfessionalisierung Deutschlands, ja Europas beschreiben. Der katholische Religionslehrer wird zu einem gerechten Bild des Spätmittelalters beitragen sowie katholische Reform und Gegenreformation würdigen. Der evangelische RU wird theologische Themen wie reformatorische Entdeckung, Abendmahlsverständnis und Zwei-Reiche-Lehre einbringen können. Sollte es nicht zu einer solchen Kooperation kommen, so müssen die genannten Themen im evangelischen RU behandelt werden. Es ist besonders darauf zu achten, dass neben den Personen wie *Luther*, *Zwingli* und *Calvin* die Institutionen und Strukturen nicht ausgeblendet werden.

3.4 Zentrale theologische Themen der Reformation

In Sek II können zentrale Themen der Reformation thematisiert werden. Das reformatorische Freiheitsverständnis, wie es Luther in »Von der Freiheit eines Christenmenschen« explizierte, kann in einer

---

47 Vgl. *E. Feil-Götz/D. Petri/J. Thierfelder*, Martin Luther und seine Zeit. Materialien für die Grundschule, Stuttgart 1999.

UE über Anthropologie[48] behandelt werden. Luthers Unterscheidung der beiden Reiche/Regimente kann in einer UE »Kirche, Staat und Politik«[49] eingebracht werden. Der Streit zwischen *Erasmus von Rotterdam* und *Luther* über die Willensfreiheit kann Thema einer UE in der Sek II sein.[50]

3.5 Calvin

Dass Calvin im RU nur selten behandelt wird, liegt wohl daran, dass die »reformierte« Kirche nicht in der Optik deutscher Lehrer/innen und Schüler/innen liegt. Eine Untersuchung zum Lehrplan Ev. Religionslehre von Baden-Württemberg (1984) ergab, dass die Wahleinheit zu Calvin faktisch nie behandelt wurde.[51] Bei der großen Bedeutung der Reformierten in der Ökumene – sie sind im Weltmaßstab zahlenmäßig stärker als die Lutheraner – ist dies ein echtes Defizit. Geeignete Materialien liegen durchaus vor.[52]

3.6 *Regionalgeschichtlicher Ansatz*

Vor allem für den regionalgeschichtlichen Ansatz bietet die Reformation vielfältige Möglichkeiten (→ Einführung: Kirchengeschichte im Religionsunterricht). Bei der Behandlung der Einführung der Reformation in einem Territorium bzw. in einer Reichsstadt kann die Lehrkraft zeigen, um welche praktischen Probleme es bei der Reformation ging. Wer sollte die Neuordnung in die Hand nehmen, wenn der Bischof sich der Reformation verschloss? Wer sollte Pfarrer und Lehrer unterhalten, wenn das bis-

---

48 Vgl. *H. Rupp/K. Konstandin*, Was ist der Mensch?, Oberstufe Religion 6, Stuttgart 1999, 55 ff.
49 Vgl. *E. Röhm/J. Thierfelder*, Kirche – Staat – Politik. Zum Öffentlichkeitsauftrag der Kirche (Oberstufe Religion Bd. 3), Stuttgart 1979, 11 ff. mit Lehrerkommentar.
50 Vgl. *G. Besier*, Die innere Krise der Reformationszeit. Der Streit zwischen Luther und Erasmus um den freien Willen. Ein Unterrichtsvorschlag für die Sekundarstufe I, in: Martin Luther. Theologisch-Pädagogische Entwürfe. Ein Arbeitsbuch für Lehrer der Sekundarstufen I und II, hg. im Auftrag des Religionspädagogischen Instituts Loccum von *G. Besier/D. Pohlmann/G. Ringshausen*, Göttingen 1984, 232–283.
51 *W. Dietz*, Unverzichtbare Themen – vernachlässigte Einheiten, in: *G. Büttner/W. Dietz/J. Thierfelder (Hg.)*, Religionsunterricht im Urteil der Lehrerinnen und Lehrer, Idstein 1993, 27–41, bes. 36.
52 Vgl. Weltweite Reformation – *Johannes Calvin*, in: Das neue Kursbuch Religion 9/10, Stuttgart/Frankfurt 1988, 216–229 (mit Lehrerhandbuch).

herige kirchliche Finanzwesen zusammengebrochen war, z.B. der Kirche keine Stiftungen mehr gemacht wurden? Was machte man mit den Klöstern und ihren bisherigen Bewohnern, wenn diese sich weigerten, »evangelisch« zu werden?[53]

3.7 Wirkungsgeschichte

Bei den Unterrichtseinheiten »Evangelisch – Katholisch« oder »Katholisch – Evangelisch« muss auf jeden Fall auf Reformation/Gegenreformation zurückgegriffen werden (→ X. Gegenreformation; vgl. auch → TLL 1: »Evangelisch-Katholisch«, S. 63 ff.). Nur so kann verständlich werden, warum im 16. Jh. Katholiken und Evangelische auseinander gingen. Heute noch gibt es Unterschiede zwischen Katholiken und Evangelischen in der Theologie wie in der Frömmigkeit, auch wenn die Kirchen sich angenähert haben.[54]

LITERATURHINWEISE

G. Besier/D. Pohlmann/G. Ringshausen (Hg.), Martin Luther. Theologisch-Pädagogische Entwürfe. Ein Arbeitsbuch für Lehrer der Sekundarstufen I und II, Göttingen 1984

M. Brecht, Martin Luther, 3 Bd., Stuttgart 1981 ff.

B. Lohse, Martin Luther. Eine Einführung in sein Leben und Werk, München ²1982

B. Moeller, Deutschland im Zeitalter der Reformation. Deutsche Geschichte 4, Göttingen 1977

J. Staedtke, Johannes Calvin. Erkenntnis und Gestaltung, Göttingen 1969

E. Sturm, Geschichte der Reformation im Unterricht, Gütersloh 1975

---

53 Zum Reformationsjubiläum brachte entwurf 3/82 viele Unterrichtsvorschläge zur regionalgeschichtlichen Behandlung der Reformation heraus, z.B. zu Reutlingen und Esslingen.

54 Vgl. dazu *R. Frieling/E.-A. Ortmann*, Katholisch und Evangelisch. Informationen über den Glauben (Bensheimer Hefte 46), Göttingen ⁷1991; *M. Honecker/ H. Waldenfels*, Zu Gast beim anderen. Evangelisch-katholischer Fremdenführer, Paderborn 1997; *P. Neuner*, Ökumenische Theologie. Die Suche nach der Einheit der christlichen Kirchen, Darmstadt 1997.

X. Gegenreformation

Herbert Gutschera

Peter Paul Rubens, Der Triumph der katholischen Kirche, 1628.

Das Bild zeigt den Siegeszug der Gegenreformation. Die heilige Mutter Kirche im Streitwagen kehrt siegreich mit Gefangenen aus der Schlacht zurück. Sie trägt das allerheiligste Altarsakrament, über ihrem Haupt schwebt die päpstliche Krone (Tiara). Unter einem Baldachin trägt ein Engel auf einem Pferd die Schlüssel des heiligen Petrus. Die Feinde der Kirche werden von den Wagenrädern zermalmt. Der Irrtum wird als Blinder mit verbundenen Augen mitgeführt.

1. Historisch

1.1 Zur Vorgeschichte der Gegenreformation

Mit dem Stichwort »Gegenreformation« wird vor allem in Deutschland das Jahrhundert zwischen 1555 und 1648 bezeichnet. In dieser Zeit reagierte die katholische Kirche endlich auf die Reformation und besann sich auf die eigenen Wurzeln. Dabei kamen innerkirchliche Reformansätze zum Tragen, die teilweise schon vor der Reformation entstanden. Dies gilt vor allem für die von oben verordneten Reformen im katholischen Spanien sowie für die Erneuerungsbewegungen in Italien, die »von unten« stammen.

1492 wurde in *Spanien* die letzte muslimische Bastion, Granada, erobert, die christliche »Reconquista« (= »Wiedereroberung« des Landes) war abgeschlossen. Im Zuge der nationalen Erneuerung wurde die *Inquisition* wiederbelebt, um die zumeist erzwungenermaßen zum Christentum übergetretenen Muslime und Juden zu überwachen. Später wandte sich die gefürchtete staatspolizeiliche Behörde auch allgemein gegen kirchliche »Abweichler« und Ketzer (→ VI. Hexenverfolgungen sowie VIII. Papsttum im Mittelalter). In gewisser Hinsicht erzeugte diese erschreckend-eifrige und wirkungsvolle Institution religiöse Reformen: Mit dem freizügigen, auch laxen Umgang mit der Religion war es vorbei, tödlicher Ernst legte sich über das Land.

An der Spitze der Reformer stand Kardinal *Jiménez de Cisneros* (1436–1517), Erzbischof von Toledo und Primas (= der Erste) von Spanien. Der humanistisch gebildete, asketische Franziskaner ordnete Orden und Klerus neu und gründete die Universität von Alcalá, die Weltruhm erlangte. – Die Erneuerung erreichte auch die volkstümliche Frömmigkeit: Leuchtendes Beispiel dafür wurde die Karmeliterin *Teresa von Avila* (1515–1582), die mit ihrer schlichten, unbeirrbaren Religiosität und mystischen Begabung im neuen Geiste wirkte. Sie wurde die Schutzheilige Spaniens. – Zu *Ignatius von Loyola* vgl. 1.4.

Auch in *Italien* gab es reformerische Kreise, die von Humanismus und Evangelium inspiriert waren. Dazu kamen populäre Orden, die sich mit den Armen des Volkes solidarisierten, vor allem die Kapuziner (1528), dann die Theatiner (1524), der Nonnenorden der Ursulinen (1535), und schließlich die Priesterkongregation der Oratorianer (um 1560).

Freilich sollten die vorreformatorischen Wurzeln der katholischen

Erneuerung nicht überbetont werden: »Gegen eine apologetische Überbewertung ist aber festzustellen, dass erst die Angst vor der Reformation solchen Impulsen allmählich eine breitere Wirkung verschafft hat.«[1] Im Grunde ist der Begriff »Gegenreformation« sachlich richtig, auch wenn gerade katholische Kirchenhistoriker gern die innerkirchlichen Reformansätze hervorheben. In der jüngsten Diskussion wird die Fragestellung verstärkt im konfessionalistischen Rahmen gesehen. Das muss aber nicht heißen, dass »der Begriff Gegenreformation eigentlich seine Bedeutung verloren (hat)«.[2] Die Wende begann mit dem Konzil von Trient und letztlich sind »katholische Selbstreform und militante Gegenreformation ... nur zwei Seiten derselben Reformbewegung«.[3]

Im Jahre 1523 blitzte zum ersten Mal seit langem ein Hoffnungsschimmer für die Kirchenreform auf. Papst *Hadrian VI.* ließ auf dem Reichstag in Nürnberg durch einen Gesandten ein *Schuldbekenntnis* verlesen:

Der Papst lässt erklären, dass in Rom »schon seit einigen Jahren viele gräuliche Missbräuche« vorgekommen seien: »Mißbräuche in geistlichen Dingen und Vergehen gegen die göttlichen Gebote ... ja, daß eigentlich alles pervertiert worden ist.« So sei es nicht zu verwundern, »wenn sich die Krankheit vom Haupt auf die Glieder ... ausgebreitet hat«. Nach dieser schonungslosen Diagnose (»die Krankheit hat sich im Laufe der Zeit ... tief eingefressen«) benennt er auch eine Therapie: Man müsse »mit größter Behutsamkeit vorgehen«, um nicht »vor lauter Eifer, alles auf einmal zu reformieren,[4] alles recht in Unordnung (zu) bringen«. Auch *Aristoteles* sage, plötzliche Veränderungen seien gefährlich; »denn wer sich zu stark schneuzt, der blutet«. – *Luther* und seinen Anhängern vermag der Papst allerdings nicht gerecht zu werden. Er sieht in ihnen »Feinde des öffentlichen Friedens und Aufrührer«, die ohne jeden Zweifel »ausgerottet werden müssen«![5]

---

1 *W. Reinhard*, Art. Gegenreformation, in: *V. Drehsen u. a. (Hg.)*, Wörterbuch des Christentums, München 2001, 390.
2 So *K. Ganzer*, Art. Gegenreformation, in: Lexikon der Kirchengeschichte, Bd. 1. Freiburg i. Br. 2001, 508ff, hier 510.
3 Vgl. *H. Küng*, Kleine Geschichte der katholischen Kirche, Berlin 2002, 182.
4 Das lat. »reformatio« (von »reformare« = reformieren) kann »Reform« und »Reformation« bedeuten.
5 Vgl. Kirchen- und Theologiegeschichte in Quellen, Bd. III: Die Kirche im Zeitalter der Reformation, ausgewählt und kommentiert von *Heiko A. Oberman*, Neukirchen-Vluyn ³1988, 93 f.

Hadrian starb noch im selben Jahr, sein einzigartiges »Schuldbekenntnis« blieb zunächst ohne Folgen. Das gilt vor allem für seinen unmittelbaren Nachfolger, den Medici-Papst *Clemens VII.* (1523–1534)[6] – die Altmeister der Papstgeschichte bezeichnen sein Pontifikat als »Unglück für die Kirche« (*Ranke, Pastor*). Er lavierte politisch zwischen allen Fronten und musste dafür einen hohen Preis bezahlen. Am 6. Mai 1525 überfielen spanische Truppen und deutsche Landsknechte Rom. Sie richteten ein Blutbad an und plünderten wochenlang die Stadt. Es spielten sich unbeschreibliche Szenen ab. Als dann noch die Pest ausbrach, war die Katastrophe vollkommen.

Dieser gespenstische »Zwischenfall« ging als »Sacco di Roma« (»Blutbad von Rom«; ital. sacco = Sack, früher »Plünderung«) in die Geschichtsbücher ein. Doch bedeutete er auch eine »Wende« – die Zeit der Renaissancepäpste näherte sich dem Ende. Der nachfolgende Papst *Paul III.* (1534–1549) berief eine Reformkommission. Eines ihrer Mitglieder wurde als *Paul IV. Carafa* (1555–1559) der erste aktive Reform-Papst.

1.2 Vom sog. »Reformpapsttum«

Die Überschrift macht darauf aufmerksam, dass man die »Reformpäpste« nicht unbedingt hochstilisieren muss, um Trient als Wendemarke herauszustellen, wie dies weithin in der katholischen Kirchengeschichtsschreibung geschieht.[7] Richtig ist aber, dass seit 1525 auch in Rom das Amt allmählich wieder als Dienst verstanden wurde und die Reformforderungen mehr und mehr Gehör fanden. Doch war der Weg vom Renaissancepapsttum bis zum Konzil steinig und voller Widerstände. Dafür stehen Namen wie *Innozenz VIII.* (1484–1492) – er ließ die Hochzeit seiner Töchter (!) im Vatikan mit großem Prunk feiern[8] – oder *Alexander VI.* (1492–1503) – »er war ein Erotomane« (Duden: »an Liebeswahn, Liebeszwang Leidender«) und hat »die Kirche an den Rand des Abgrunds gebracht«[9] – oder *Clemens VII.* (s.o.).

Hier einige »Reformpäpste« in Auswahl: Als Erster ist *Paul III.* (1534–1549) zu nennen. Er verfolgte ernsthaft Reformpläne in der Kirche, obwohl er selbst noch ganz ein Mensch der Spätrenaissance

---

6 Nicht zu verwechseln mit dem gleichnamigen sog. »Gegenpapst« der Avignoner Linie *Clemens VII.* (1378–1394), → VIII. Papsttum im Mittelalter.

7 Vgl. dazu *H. Fuhrmann*, Die Päpste, München 1998, 163.

8 Vgl. *B. Schimmelpfennig*, Das Papsttum, Darmstadt ³1988, 269.

9 *H. Kühner*, Neues Papstlexikon, Frankfurt a.M./Hamburg 1965, 104.

war. Sein Lebenswandel galt als bedenklich, insbesondere warf man ihm Nepotismus (lat. = »Vetternwirtschaft«) vor: So ließ er etwa die Taufe seines Urenkels glanzvoll im Vatikan feiern. Andererseits beauftragte er eine Kardinalskommission, ein Reformgutachten auszuarbeiten. Gegen vielerlei Widerstände berief er 1542 das Konzil, das dann 1545 in Trient eröffnet wurde. Ebenfalls 1542 richtete er die Inquisition (vgl. 2.3) ein, um die Häretiker zu bekämpfen.

Weiter zu nennen ist der energische Papst *Paul IV.* (1555–1559), dem ebenfalls maßloser Nepotismus vorgeworfen wurde. Man rühmte seine Energie und seinen eisernen Willen und fürchtete den unglaublich unerbittlichen Inquisitor. Die Inquisition war seine Lieblingsbehörde und er bekämpfte rigoros alle »Abweichler«, auch in seiner nächsten Umgebung. Nach eigener Aussage hätte er selbst den eigenen Vater als Ketzer verbrennen lassen.[10]

Auf Papst *Pius IV.* (1559–1565) folgte *Pius V.* (1566–1572). Dieser ging energisch gegen den »Verkauf« von geistlichen Ämtern vor und setzte die Trienter Beschlüsse ernsthaft um. Vor allem aber gelang es ihm, mit Spanien und Venedig die »Heilige Liga« zu bilden. Diese schlug am 7. Oktober 1571 die vordringenden Türken in einem großen Seegefecht bei Lepanto (gr. Naupaktos, in der Nähe von Korinth). Dieser triumphale Sieg wurde im ganzen katholischen Europa gefeiert und stärkte das päpstliche Ansehen erneut und nachhaltig. Im selben Jahr 1571 richtete Pius V. den »Index der verbotenen Bücher« ein (s. u.).

Schließlich ist noch *Sixtus V.* (1585–1590) zu erwähnen, der den Kirchenstaat finanziell konsolidierte, sich als umtriebiger Bauherr erwies und mit drakonischen Maßnahmen gegen das verbreitete Banditenunwesen vorging. Dabei wurden in kurzer Zeit nicht nur Banditen reihenweise geköpft, alle »Verbrecher« mussten daran glauben – so auch einmal ein kleiner Junge wegen eines Bagatellvergehens.

1.3 Das Konzil von Trient

Das Konzil tagte in drei Sitzungsperioden (1545–1547/49, 1551/1552 und 1562/1563). Dazwischen lagen mehrjährige, politisch bedingte Unterbrechungen. Ziel der Beratungen war es, »die katholische Lehre gegen die reformatorische abzugrenzen und die Reformatoren auszugrenzen«.[11] Dies geschah in der Regel dadurch, dass die

---

10 Vgl. *H. Kühner*, aaO., 119.
11 *H. Küng*, Das Christentum. Wesen und Geschichte, München 1994, 560.

Konzilsväter die kirchliche Tradition bekräftigten, aber auch versuchten, dabei den neuen Herausforderungen zu begegnen oder diese gar zu berücksichtigen. Vereinfachend spricht man davon, in Trient hätte die katholische Kirche dem lutherischen *Sola*-Prinzip *(= allein* die Schrift, der Glaube, die Gnade, → IX. Reformation) ihr *»sowohl ... als auch«* (lat. et ... et) entgegengesetzt. Die dogmatischen Beschlüsse lassen sich in *drei Themenkreise* bündeln:

1.3.1 *Schrift* und *Tradition*

Nach Trienter Lehre sind Heilige Schrift und kirchliche Überlieferung(en) (= Tradition) »mit der gleichen Ehrfurcht« anzunehmen. Festgeschrieben wurde auch der Umfang der Bibel und die gebräuchliche lateinische Übersetzung (= Vulgata) als »ausreichende« Grundlage. – Dass die Auslegung der Bibel (nur) der Kirche zusteht, war und blieb eine Absage an das reformatorische Schriftverständnis.

1.3.2 *Erbsünde und Rechtfertigung*

Als »die bedeutsamste Lehrentscheidung des Konzils« gilt das Dekret über die Rechtfertigung,[12] das durchaus reformatorische Anliegen aufnahm. So wird mit den Reformatoren an der Faktizität der Erbsünde festgehalten. Diese bestehe nicht in der »Begierlichkeit« (gegen die Reformatoren), die den Menschen in seiner moralischen Freiheit beeinträchtige. Vielmehr sei sie mit der »Sünde Adams« vorgegeben, werde aber durch die Rechtfertigung wirklich getilgt. Letztlich ging es um die Frage, wie sich die göttliche Gnade und das Tun des Menschen zueinander verhalten. Grundsätzlich stellte auch das Konzil fest, dass der Mensch durch den Glauben aus Gnade von Gott gerechtfertigt werde. Dieses »Gerechtwerden des Sünders« wurde aber doch stark an die Kirche und ihre Sakramente zurückgebunden, sodass hier die Begriffe »Gnade«, »Gerechtigkeit« usw. Unterschiedliches bedeuten.

1.3.3 *Die Sakramente*

Das Konzil legte die Siebenzahl der Sakramente, die im Mittelalter aufgekommen war, fest. Es definierte die Lehre von der »Wesensverwandlung« von Brot und Wein und verstand die Messe als Opferhandlung.

---

12 Vgl. *R. Kottje/B. Moeller (Hg.)*, Ökumenische Kirchengeschichte, Bd. II, Mainz/München 1973, 420.

Trient beseitigte dogmatische Unklarheiten und grenzte sich damit gleichzeitig von den Reformatoren ab. Jetzt war die »rechte Lehre« klar definiert und damit gleichzeitig die Kirchenspaltung quasi festgeschrieben. Erst 400 Jahre später machte die katholische Kirche mit dem Zweiten Vatikanischen Konzil (1962–1965) eine Kehrtwendung und näherte sich wieder den getrennten Christen der Reformation.

Mindestens genauso bedeutsam wie die dogmatischen Entscheidungen waren die *Reformbeschlüsse* des Konzils. Endlich wurde die längst überfällige Erneuerung zum kirchlichen Programm:

- Den *Bischöfen* werden ihre Amtspflichten eingeschärft; sie dürfen nicht (mehr) gleichzeitig mehrere Bistümer innehaben und sie haben Residenzpflicht (= Pflicht zur Anwesenheit) in ihrem Bistum.
- Die *Priester* sollten studiert haben, und zwar möglichst Theologie. Dazu werden von den Bischöfen Priesterseminare eingerichtet. Die Geistlichen sollen sich auf ihre seelsorgerlichen Aufgaben konzentrieren und die Predigt im Gottesdienst nicht vernachlässigen. Wieder einmal wird die Verpflichtung zur Ehelosigkeit (= Zölibat) eingeschärft.
- Ein *Katechismus* soll als gemeinsame Grundlage für die Lehre und Predigt der Geistlichen dienen – bereits 1566 konnte Papst *Pius V.* diesen »Römischen Katechismus« (= Catechismus Romanus) herausgeben.
- Die Bischöfe sollen alle Reformmaßnahmen überwachen und die Lebensführung der Geistlichen regelmäßig kontrollieren (= lat. *visitieren*). Mit welchen tatsächlichen Verhältnissen und Schwierigkeiten dabei zu rechnen war, zeigt der Visitationskatalog aus dem Bistum Münster vom Jahre 1571 (s. 3.1).

1.4 Ignatius von Loyola und die Jesuiten

Der »Erfolg« der Gegenreformation war hauptsächlich einem neuen Orden zu verdanken: den Jesuiten und ihrem Gründer (→ XIV. Weltmission in der Neuzeit) *Ignatius von Loyola* (1491–1556). Der spanische Baske war zunächst königlicher Offizier. Nach einer Verwundung (1521) erlebte er eine Bekehrung und begann ein Theologiestudium. Als er Schwierigkeiten mit der spanischen Inquisition bekam, ging er nach Paris, wo er mit gleich gesinnten Freunden die »Societas Jesu« (lat. Gesellschaft Jesu) gründete (1534), die 1540 von Papst *Paul III.* als neuer Orden bestätigt wurde.

Der Orden erlebte einen rasanten, geradezu unglaublichen Aufschwung und wurde zum eigentlichen Instrument und Vehikel der Gegenreformation. Er war wie ein militärischer Verband ausgesprochen effektvoll organisiert – seine Mitglieder folgten mit unbedingtem Gehorsam ihrem Oberen (= »General«), der nur dem Papst verantwortlich war und ist. Die Jesuiten selbst wurden sorgfältig ausgebildet, waren wissenschaftlich versiert und für ihre übertragenen Aufgaben höchst motiviert. Sie engagierten sich vor allem im Schulwesen und in der Seelsorge, wo sie etwa als Berater und Beichtväter von Fürsten nachhaltigen Einfluss ausübten. Ebenso waren sie bei ihrem Einsatz in der Mission höchst erfolgreich (→ XIV. Weltmission in der Neuzeit). Die weitere Geschichte der Jesuiten verlief höchst wechselhaft und teilweise dramatisch:

Als Ignatius starb, zählte der Orden rund 1000 Mitglieder, um 1600 schon 8500, um 1700 etwa 20 000. 1773 wurde der Orden auf Drängen »aufgeklärter« katholischer Fürsten von Papst *Clemens XIV.* aufgehoben (!), 1814 wiederhergestellt.

Heute ist die »Gesellschaft Jesu« immer noch der größte Orden in der katholischen Kirche mit etwa 20 700 Mitgliedern (Stand 2002).

2. Systematisch

2.1 Das Trienter Konzil aus heutiger Sicht

In Trient grenzte sich die katholische Kirche von der Reformation ab und »definierte« die eigene Position neu – es war weithin die alte. Dies geschah zumeist in Ablehnung der protestantischen Anfragen. Ein eigentliches Gespräch oder eine fundierte Auseinandersetzung fand nicht statt. Vielmehr restaurierte das Konzil vielfach mittelalterliche Positionen.

Dabei diente die ausdrückliche Betonung der Verschiedenheit zur Stärkung der eigenen Identität – das eigene (Glaubens-)Bekenntnis (lat. »confessio«) wurde im 16. Jh. immer mehr zum konfessionellen Unterscheidungsmerkmal. Die Betonung der Differenz war sozusagen Kennzeichen der eigenen Rechtgläubigkeit. So drifteten die Kirchen immer weiter auseinander …

Heute haben sich die Kirchen bei den alten Streitfragen weitgehend angenähert. Strittig sind weiterhin das Amts- und Sakramentsverständnis (zur Rechtfertigungslehre → IX. Reformation sowie → XV. Ökumenische Bewegung).

Bei der Darstellung und Beurteilung des Trienter Konzils gibt es eine große Bandbreite, auch und gerade unter katholischen Kirchenhistorikern. *Hubert Jedin* bezeichnet das Konzil lapidar und nicht hinterfragbar als »die Antwort des höchsten kirchlichen Lehramtes auf die protestantische Reformation«.[13] *August Franzen* sieht »keine kontroverstheologische Antwort«, sondern konstatiert »eine lehramtlich klare Abgrenzung der katholischen Glaubenslehre, eine innerkirchliche Besinnung, eine echte Reform«.[14] Anders *Hans Küng*: Er betrachtet Trient weniger als »Reformkonzil«, sondern als rein (inner-)katholische Veranstaltung und nennt es »das partikular-konfessionelle Konzil der Gegenreformation«.[15]

Der Historiker *Ernst Walter Zeeden* hebt bei seiner »geschichtlichen Beurteilung« des Konzils »die bis ins Uniforme gehende Normierung des geistlichen Lebens« hervor und stellt allgemein »eine erhebliche geistige Verengerung« des nachtridentinischen Katholizismus fest. Er bedauert, dass »evangelische Ansätze, die ... den neuzeitlichen Katholizismus doch nur vollständiger und weniger romanisch und formalistisch gemacht hätten«, nicht berücksichtigt wurden. Als »das überwältigende Resultat von Trient 1563« bezeichnet er »die Unterwerfung der Gläubigen unter den Papst«.[16] Dieses überraschende Ergebnis der Reformationsgeschichte wurde pointiert so formuliert:

Wohl die bemerkenswerteste Veränderung im Gefolge der Gegenreformation war die zentrale Stellung, die jetzt das Papsttum einnahm. In einem gewissen Sinne hatte Luther den Papst gerettet. (...) Der Papst war jetzt das Symbol der Einheit, um das die zersplitterten Kräfte des Katholizismus sich sammeln konnten ...[17]

2.2 Mit Gewalt zum »Heil der Seelen«?

Die Jesuiten haben Großes geleistet – ihre Entschlossenheit und Selbstsicherheit im Kampf gegen die Reformation zeigte aber auch Kehrseiten. So brachte der unerbittliche Kampf um das »Heil der Seelen« manches Unheil über zahlreiche Menschen. Vom Verbieten und Verbrennen »gefährlicher« Bücher war es nicht weit bis zur Ver-

---

13 *H. Jedin*, Kleine Konziliengeschichte, Freiburg/Basel/Wien ⁷1966, 102.
14 *A. Franzen*, Kleine Kirchengeschichte, Freiburg i. Br. ²1968, 304.
15 *H. Küng*, aaO., 556 f.
16 *W. Zeeden*, Das Zeitalter der Gegenreformation, Freiburg i. Br. 1967, 184–187.
17 *H. Chadwick/G.R. Evans* (Hg.), Das Christentum (Bildatlas der Weltkulturen), Augsburg 1998, 110.

folgung und Verbrennung vermeintlicher »Ketzer«. Der Un-Geist von Index, Inquisition und Religionskriegen hinterließ verhängnisvolle Spuren in der neueren Geschichte, nicht nur bei den Kirchen.

Besonders zu erwähnen sind hier *die Juden*, deren Lage sich im antireformatorischen Kampf gegen alle Irrgläubigen weiter verschlechterte.[18] 1553 kam es zu einer Talmudverbrennung[19] in Rom. Seit 1555 beschränkte Papst *Paul IV.* die Freizügigkeit der Juden im Kirchenstaat und ließ in der Hauptstadt ein Getto einrichten. Dazu wurden die Vorschriften der mittelalterlichen Laterankonzile »erneuert«: Die Juden mussten äußerlich »gekennzeichnet« und damit erkennbar sein und duften »nicht vermischt unter den Christen wohnen, sondern in einem abgesonderten Teile der Stadt oder des Dorfes ..., und zwar so, dass das Judenviertel von den gemeinsamen Wohnungen der Christen durch einen Zaun, eine Mauer oder einen Graben getrennt ist«.[20] 1569 ließ Papst *Pius V.* viele Juden aus dem Kirchenstaat ausweisen (→ V. Christliche Judenfeindschaft – Judenverfolgung).

2.3 Inquisition und Index

Im Zuge der »Reformmaßnahmen« richtete Papst *Paul III.* 1542 in Rom wieder die Inquisition ein (→ VI. Hexenverfolgungen). Eine Kardinalskommission sollte in allen Ländern über die Reinheit des Glaubens wachen. Anfangs agierte die Römische Inquisition eher milde (erste Todesstrafe 1545). Unter Papst *Paul IV.* (1555–1559) änderte sich aber die Lage: Unerbittlich und mitleidlos ließ dieser alle vermeintlichen Häretiker bestrafen – selbst hohe Kirchenmänner! – Die Geschichte der Inquisition zählt »zu den dunkelsten Kapiteln der Kirchengeschichte« (*P. Mikat*)[21], ihre Praxis zeigt, was blinder Glaubenseifer »anrichten« kann.

Schriftenverbote und -verbrennungen haben eine lange Geschichte. Nach der wunderkräftigen Predigt des *Paulus* brachten »viele ..., die Zauberei getrieben hatten, ... die Bücher zusammen und verbrannten sie öffentlich« (Apg 19,19). Dabei handelte es sich um die berühmten Zauberbücher von Ephesus, die damals weltweit

---

18 Vgl. dazu *G. Stemberger*, 2000 Jahre Christentum, Erlangen 1989, 505 u. *R. Fröhlich*, Lebendige Kirchengeschichte, Freiburg i. Br. 1990, 143.
19 Talmud (hebr. »Studium«, »Belehrung«, »Lehre«) = Sammlung der Gesetze und religiösen Überlieferungen des nachbiblischen Judentums.
20 Art. Ghetto, in: ²LThK, Bd. 4, Freiburg i. Br. 1960, 881 (Schreibweise: das Getto, auch: Ghetto).
21 Art. Inquisition, in: ²LThK, Bd. 5, Freiburg i. Br. 1960, 698ff., bes. 702.

bekannt waren. Im Altertum wurde Zensur von Konzilien und vom Kaiser ausgeübt, im Mittelalter fühlten sich dafür vor allem Universitäten und einzelne Bischöfe zuständig.

Nach der Erfindung des Buchdruckes wurden von den Behörden umfassende Überwachungen angeordnet – das war Ländersache. 1559 ließ Papst *Paul VI.* eine »Liste verbotener Bücher« herausgeben, eben den *Index librorum prohibitorum*.[22]

M
Auctores quorum libri & scrita omnia
prohibentur

> Marcellus Palingenius Stellatus.
> Marcus Antonius Caluinus.
> Marcus Antonius Coruinus.
> Marcus Cordelius Torgensis.
> Marcus Ephesinus.
> Marcus Tilemanus Hesbusius.
> Marsilius de Padua.
> Martiniko.
> Martinus Borrbeus Stugardian.
> Martinus Bucerus.
> Martinus Frectus.
> Martinus Lutherus.
> Martinus Meglin.
> Martinus Ostermincberus.
> Matibeus Alberus.
> Mattheus, qui et Assartius Scoffer.
> Mattheus Philargyrus.
> Mattheus Zellius Keiserspergen.
> Mattheus Ziser.
> Mathias Flaccus Illyricus.
> Maturinus Corderius.
> Maximilianus Maurus.

Index (lat. Anzeiger, Register, Verzeichnis), hier Buchstabe M.

---

22 Vgl. dazu: *J. Carter/P. H. Muir (Hg.)*, Bücher, die die Welt verändern, München 1968, 174–177.

Überschrift: »Autoren, deren Bücher und Schriften gänzlich verboten sind.« Unter den aufgeführten Namen finden sich u. a. *Martin Luther, Martin Bucer* (Reformator, wirkte vor allem in Straßburg) und *Mat(t)hias Flaccus (Flacius) Illyricus* (Schüler Luthers, bedeutender Kirchengeschichtler und Bibelerklärer), aber auch *Marsilius von Padua* (mittelalterlicher Staatstheoretiker, als Ketzer verurteilt).

Rom wollte damit gegen die reformatorischen Erfolge angehen – alle »ketzerischen« Schriften sollten weltweit verboten werden. Später verbot der Index katholischen Christen vielfältige Dinge: Die Skala reichte von der Lektüre nichtkatholischer Ausgaben der Heiligen Schrift über angeblich gottlose oder unchristliche Schriften bis hin zu unmoralischen oder obszönen Büchern. Der Index war selbst indexverdächtig, konnte man doch dort alle »interessanten«, da verbotenen Bücher feststellen. Insgesamt erschienen 40 Ausgaben, die letzte 1948, mit Ergänzungen 1966. Seitdem ist der Index quasi abgeschafft, er wird nicht mehr aufgelegt – ein hoffnungsvolles kirchengeschichtliches Zeichen. Seit 1998 sind die Index-Archive großenteils für die Forschung freigegeben.

3. Didaktisch

Das Thema »Gegenreformation« ist unterrichtlich eher spröde – Schüler werden sich dafür von sich aus kaum begeistern. Das gilt insbesondere für die lehramtlichen Entscheidungen des Trienter Konzils, die aber für das ökumenische Gespräch heute immer noch wichtig sind. Zumeist wird das Thema Einheit und Verschiedenheit im christlichen Glauben bereits in Klasse 5/6 behandelt (»Evangelisch-katholisch«). Es sollte aber später erneut aufgegriffen werden, um die kontroverstheologischen Fragen der Reformationszeit (in Auswahl) mit Blick auf die Ökumene erneut zu behandeln. Dazu ein Literaturhinweis: *Peter Neuner*, Ökumenische Theologie. Die Suche nach der Einheit der christlichen Kirchen, Darmstadt 1997; für den Unterricht: *H. Gutschera/J. Thierfelder*, Lehrerkommentar zu den Brennpunkten der Kirchengeschichte, Paderborn 1978, 110 ff. (»Wege, die auseinander führen: Reformation und Gegenreformation«).
Andererseits gibt es durchaus ansprechende *Teilaspekte* der Gegenreformation, die für das Gesamtthema repräsentativ erscheinen:

3.1 Kirchenreform

Da ist einmal das Stichwort *»Kirchenreform«* – (hoffentlich) ein Dauer-Thema jeder Kirche (lat. »ecclesia semper reformanda« = »Kirche muss sich immer reformieren«). Um die tatsächliche Lage der damaligen Zeit kennen zu lernen, wird hier die gemeinsame Besprechung eines zeitgenössischen Visitationsprotokolls vorgeschlagen. Daraus wird u.a. deutlich, mit welchen Verhältnissen vor Ort die kirchlichen Oberen rechneten bzw. zu rechnen hatten:

»Fragepunkte« der Visitation *»über Leben und Sitten der Pfarrer«*:

1. Wie sie heißen und wie alt sie sind? Ehelich oder unehelich geboren? Wenn unehelich: Haben sie wegen dieser Irregularität (= »Abweichung«, »Unregelmäßigkeit«) einen Dispens (= Befreiungsschein)? Sollen ihn vorweisen.
2. Wo und von welchem Bischof sie geweiht sind? ...
3. Ob sie selbst Inhaber der Pfarrpfründe (Pfründe = Einkommen durch ein Kirchenamt) sind? Ob und von wem ihnen die kanonische Institution (= kirchenrechtliche Amtsübertragung) erteilt worden ist. Sollen dieselbe vorweisen.
4. Falls sie Pfarrverweser (= Stellvertreter) sind: Ob sie vom Archidiakon (= Vertreter des Bischofs) oder Bischof zugelassen bzw. bestätigt sind, und ob ihr Einkommen für eine würdige Lebensführung ausreicht?
5. ...
6. Ob sie das pflichtgemäße tägliche Stundengebet einhalten? Sollen ihr Brevier (= Gebetbuch katholischer Geistlichen) vorweisen.
7. Ob sie eine Konkubine (= Beischläferin) im Hause haben oder eine andere Frau, mit der sie sich vielleicht zu einer de facto-Ehe (= tatsächlich bestehende Ehe) haben trauen lassen? Wer sie getraut hat? Wieviel Kinder vorhanden sind? Ob sie mehrere Konkubinen hatten oder haben?
8. Ob sie geistliche Kleidung und Tonsur (= früher: geschorene Stelle auf dem Kopf des katholischen Geistlichen) tragen, und wieviel Male im Jahre sie sich die Tonsur schneiden lassen? Ob sie sich einen langen und wilden Bart stehen lassen?
9. Ob sie Weinsäufer und Trinker, Raufbolde, Krämer, Händler, Jäger, Glücksspieler sind? ...[23]

3.2 Ignatius von Loyola

Bei jüngeren Schülern kann aus der Biografie des *Ignatius* erzählt werden, in der sich ja vielfältige Aspekte der damaligen Zeit widerspiegeln. Eine brauchbare (allerdings fiktive) Momentaufnahme

---

[23] Nach *H. Rabe*, Katholische Reform und Gegenreformation (Quellen- und Arbeitshefte für den Geschichtsunterricht), 1960, 7f.

(Ignatius vor Papst *Paul III.*) findet sich bei *D. Steinwede (Hg.)*, Erzählbuch zur Kirchengeschichte, Bd. 2, Göttingen 1987, 176 ff. (»Ein neuer Orden entsteht – Ignatius von Loyola«) sowie 182 ff. ein Quellentext »Aus den Geistlichen Übungen« (s. u. 3.3) mit »kirchengeschichtlichem Zusammenhang«.

Besonders spannend und weitgehend unbekannt dürfte für Schüler und Schülerinnen das Thema der jesuitischen Ostasienmission und vor allem das der Indianerreduktionen sein. Auch hier gibt es unterrichtliche Hilfen im genannten Erzählbuch zur Kirchengeschichte, 207 ff. (»Christen in Indien«), 213 ff. (»Christen in China«) sowie besonders 296 ff. (»Jesuiten in Südamerika – Die singende Republik«). Weitere Informationen mit Reflexionen über die Probleme neuzeitlicher Mission → XIV. Weltmission in der Neuzeit (dort ebenfalls unterrichtliche Hinweise).

3.3 Stichwort: Gehorsam

Ein anspruchsvolles Thema (für höhere Klassen) stellt das kontroverse Stichwort ›Gehorsam‹ dar. Gehorsam als Form der Selbstentäußerung spielte bei allen Mönchsorden seit jeher eine Rolle, doch wurde er bei *Ignatius* geradezu zum Merkmal und unterscheidenden Kennzeichen seiner Gemeinschaft. Er formulierte sehr pointiert:

Ich muss mich leiten und bewegen lassen, wie ein Wachsklümpchen sich kneten lässt, muss mich verhalten wie ein Toter[24] ohne Willen noch Einsicht, wie ein kleines Kruzifix, das sich ohne Schwierigkeit von einem Platz zum andern stellen lässt, wie ein Stab in der Hand eines Greises, auf dass er mich hinstelle, wo er will und wo er mich am besten brauchen kann. So muss ich immer zur Hand sein, damit sich der Orden meiner bediene und mich in der Weise verwende, die er für gut hält ...[25]

Diese »Verwendung« bedeutete Engagement und aktiven Dienst in der Welt, und zwar im Auftrag der Kirche. Auch dies konnte Ignatius ganz zugespitzt formulieren: »Wir müssen, um in allem sicherzugehen, stets festhalten: was meinen Augen weiß erscheint, halte ich für schwarz, wenn die hierarchische Kirche so entscheidet.«[26]

---

24 Lat. cadaver – davon auch der Begriff »Kadavergehorsam«, mit dem man heute unbedingten, blinden, willenlosen Gehorsam meint.
25 Nach *M. Pfliegler*, Dokumente zur Geschichte der Kirche, Innsbruck/Wien/München 1938, 250.
26 Zit. nach *E. Simon*, Ketzer, Bauern, Jesuiten. Reformation und Gegenreformation, Reinbek bei Hamburg 1973, 113.

Oder wie es in den »Konstitutionen«[27] unmissverständlich heißt: »Auf die Stimme des Oberen sollen wir, als ginge sie von Christo, dem Herrn, selbst aus, unverzüglich bereit stehen und jede andere Beschäftigung und sogar den von uns angefangenen und noch nicht vollendeten Buchstaben aufgeben.«[28] – Mit dem »Oberen« ist letztlich der Papst gemeint.

Diese Haltung wurde den Jesuiten als »blinder Gehorsam« ausgelegt und war Anlass zu Vorwürfen von vielen Seiten. Die Jesuiten stellten und stellen sich dieser Diskussion, kennen »Grenzen des Gehorsams« und interpretieren diesen letztlich als »Funktion« in der Realisierung von Gottes Willen.[29] Dieser unbedingte Dienst ist nur von Ignatius selbst her zu verstehen. Er hat diese Aufgabe in den »Geistlichen Übungen«[30] in einem klassischen Dokument als Fundament und Leitgedanke seines Ordens beschrieben:

Der Mensch ist geschaffen, damit er Gott, unseren Herrn, lobe, ihm Ehrfurcht bezeige und ihm diene und dadurch seine Seele rette. Die übrigen Dinge sind des Menschen wegen geschaffen, damit sie ihn bei der Erreichung des Zieles unterstützen. Daraus folgt, daß der Mensch sie soweit gebrauchen soll, als sie ihm zur Erreichung dieses Zieles dienen und daß er sich ihrer soweit entledigen muss, als sie ihn dabei hindern. Deshalb ist es notwendig, uns gleichmütig zu stimmen gegen alle geschaffenen Dinge, soweit es der Freiheit unseres Willens überlassen und uns nicht untersagt ist; so daß wir Gesundheit nicht mehr wünschen als Krankheit, Reichtum nicht mehr als Armut, Ehre nicht mehr als Schmach, ein langes Leben nicht mehr als ein kurzes – und so fort in allen übrigen Dingen; indem wir einzig und allein das verlangen und wählen, was uns mehr zur Erreichung des Zieles dient, um dessentwillen wir geschaffen sind.[31]

Jungen Menschen ist ganz gewiss vermittelbar (vielleicht sogar mit gleichen Worten), was sich Ignatius im ersten Entwurf seiner »Geistlichen Übungen« zutraute und erhoffte, »... über sich selbst zu sie-

---

27 »Konstitutionen« (= »Rechtsbestimmung«, »Verordnung«; »Verfassung«) sind allgemein kirchliche Erlasse. Der Wortgebrauch ist aber unterschiedlich; hier ist die *Ordenssatzung* gemeint, die die ursprüngliche Regel auslegt, ergänzt oder abändert.
28 Vgl. *M. Pfliegler*, aaO, 250.
29 Vgl. dazu: Jesuiten. Eine kritische Selbstdarstellung von einem Autorenteam SJ (= lat. Societas Jesu = »Gesellschaft Jesu«), Freiburg i. Br. 1975, 48f.
30 Lat. »Exercitia spiritualia« – nach *Hugo Rahner* »eine der wesentlichen Kräfte der kirchlichen Erneuerung« (in: ²LThK, Bd. 3, Freiburg i. Br. 1959, 1297).
31 Zit. nach *K.H. Burbach u.a.*, Renaissance – Reformation – Glaubenskämpfe, in: *R. Stielow (Hg.)*, Bilder aus der Weltgeschichte, H. 6/7, Frankfurt a.M./Berlin/Bonn/München ⁴1967, 66.

gen und sein Leben zu ordnen, ohne sich durch irgendeine ungeordnete Neigung bestimmen zu lassen«.[32] In dieser Intention sollen die Schüler die wichtigsten Aussagen dieses Textes herausstellen und mit eigenen Worten wiedergeben. Letztlich kann man dieses Lebensprogramm mit Ignatius unter das von ihm selbst formulierte Motto stellen: O.A.M.D.G. = (lat.) Omnia ad maiorem dei gloriam = Alles zur größeren Ehre Gottes!

3.4 Spiritualität

Geistliche Vertiefung, spiritueller Tiefgang sind gefragt – davon zeugen gerade die (allzu) vielen esoterischen Angebote. Auch im Schulalltag sind Phasen der Besinnung und Stille-Übungen oder meditative Phasen im Unterricht angesagt. Gelegenheiten zu einem »spirituellen Wochenende« sollten realisiert und Angebote der vielfältigen »geistlichen Bewegungen« wahrgenommen werden (möglichst in kritischer Differenzierung der »Unterscheidung der Geister«; vgl. 1 Kor 12,10).

LITERATURHINWEISE

H. Gutschera/J. Thierfelder, Brennpunkte der Kirchengeschichte, Paderborn 1976, 145 ff. (mit Lehrerkommentar, Paderborn 1978, 132 ff.)
H. Küng, Kleine Geschichte der katholischen Kirche, Berlin 2002, 153 ff. (»Reform, Reformation oder Gegenreformation?«)
E. Simon, Ketzer, Bauern, Jesuiten. Reformation und Gegenreformation, Reinbek 1973
E.W. Zeeden, Das Zeitalter der Gegenreformation, Freiburg i. Br. 1967

---

32 Zit. nach *D. Steinwede*, aaO., 185.

XI. Pietismus

Jörg Thierfelder

Der breite und der schmale Weg. Nach einem Entwurf der Stuttgarter Pietistin *Charlotte Reihlen*, um 1860 entstandene Lithographie.

Vorschläge, durch welche dem verderbten Zustande der evangelischen Kirche abzuhelfen wäre

Erster Vorschlag. – Das Wort Gottes reichlich unter uns bringen: 1. Mit fleißigem Lesen der Schrift selbst. 2. Zu gewissen Zeiten sollten in öffentlicher Gemeinde die biblischen Bücher nacheinander, ohne weitere Erklärung verlesen werden. 3. Sollte auch vielleicht dienlich sein, wenn wir wiederum die alte apostolische Art der Kirchenversammlungen in Gang brächten, nach welcher neben unsern gewöhnlichen Predigten auch andere Versammlungen gehalten wurden, wo nicht einer allein auftritt, zu lehren, sondern auch andere, welche mit Gaben und Erkenntnis begnadet sind – jedoch ohne Unordnung und Zanken – mit dazu reden und ihre gottseligen Gedanken über die vorgelegten Materien vortragen, während die übrigen darüber richten.

Zweiter Vorschlag. – Die Aufrichtung und fleißige Übung des geistlichen Priestertums. Im Papsttum hat man alle geistlichen Ämter allein der Klerisei überwiesen, die sich daher auch hochmütigerweise allein den Namen der ›Geistlichen‹, der tatsächlich allen Christen gemein ist, zugemessen hat. Aber nach Luther ist jeder Christ befugt und gehalten, in dem Worte des Herrn emsig zu studieren, andere, besonders seine Hausgenossen, nach der Gnade, die ihm gegeben ist, zu lehren, zu strafen, zu ermahnen, zu bekehren, zu erbauen, ihr Leben zu beobachten, für alle zu beten und für ihre Seligkeit nach Möglichkeit zu sorgen.

Dritter Vorschlag. – Den Leuten fleißig einzuprägen, das Christentum bestehe nicht im Wissen, sondern in der Tat. Es wäre den Leuten nicht nur fleißig zu sagen von der Vortrefflichkeit der Nächstenliebe und der großen Gefahr der Eigenliebe, sondern sie wären auch in der Liebe zu üben, indem man sie gewöhnt, nicht leicht eine Gelegenheit außer acht zu lassen, bei welcher sie dem Nächsten eine Liebestat erweisen könnten.

Vierter Vorschlag. – Verhalten in Religionsstreitigkeiten. Den Ungläubigen und Falschgläubigen schulden wir 1. eifriges Gebet, daß Gott sie erleuchte; 2. gutes Exempel, daß wir ihnen kein Ärgernis geben; 3. bescheidene und nachdrückliche Vorstellung der Wahrheit, die wir bekennen, neben ebenso kräftiger wie ruhiger Widerlegung ihrer Irrtümer ohne fleischliche und unziemliche Leidenschaft; 4. die Übung herzlicher Liebe, da der rechtmäßige Hass einer falschen Religion die der Person schuldige Liebe weder aufheben noch schwächen soll; 5. dass wir nicht alles allein auf das Disputieren setzen, da a) nicht alles Disputieren nützlich und gut ist, sondern oft mit fleischlichem Eifer und Ehrgeiz geschieht und b) auch das rechte Disputieren nicht das einzige Mittel zur Erhaltung der Wahrheit ist, sondern die heilige Liebe zu Gott mit den Früchten eines würdigen Wandels.[1]

---

1 Zit. nach *M. Stupperich/A. Stupperich/J. Ohlemacher*, Zweitausend Jahre Christentum, Bd.II,1 Das Zeitalter der Revolutionen, Göttingen 1984, 32.

Diese Vorschläge stammen aus der Schrift »Pia desideria« (lat. fromme Wünsche) von *Philipp Jakob Spener*, dem Begründer des lutherischen Pietismus (s. u.). Nahezu sämtliche zentralen Gedanken des Pietismus finden sich hier.

I. Historisch

1.1 Einführung

Der Pietismus ist eine religiöse Erneuerungsbewegung. Er entstand im 17. Jh., kam aber erst im 18. Jh. zur vollen Blüte. Im kontinentalen Protestantismus ist er neben dem angelsächsischen Puritanismus die bedeutendste religiöse Bewegung seit der Reformation. Er entstand in der lutherischen und der reformierten Kirche. Individualisierung und Verinnerlichung sind seine Merkmale. Er ist eine Parallelerscheinung der Aufklärung (→ XII. Aufklärung).

Die Frage, wann der Pietismus begann und ob er stärker als Frömmigkeitsrichtung oder als religiöse Erneuerungsbewegung zu verstehen ist, bewegt die Forschung bis heute. »Wachsende Zustimmung findet die Unterscheidung zwischen *Pietismus im weiteren Sinn* als Frömmigkeitsrichtung, die auf *Johann Arndt* zurückgeht und sich vornehmlich literarisch, also in pietistischen Texten (Erbauungsbüchern, geistliche Dichtung), niederschlägt, und *Pietismus im engeren Sinn* als einer sozial greifbaren religiösen Erneuerungsbewegung, die sich von Orthodoxie und beginnender Aufklärung absondert und durch Gruppen- und Gemeinschaftsbildung eigenständig formiert.«[2]

Neben dem Pietismus, der in den Kirchen Eingang fand, gab es den radikalen Pietismus. Als Kennzeichen dieses Pietismus kann man Distanz zur Kirche als Institution feststellen. Sie reicht von Gleichgültigkeit bis zur Ablehnung und führte immer wieder zur Trennung von der Kirche, zum Separatismus.[3]

Der Pietismus gewann im Protestantismus große Bedeutung. Aufbrüche wie die Erweckungsbewegung und die Gemeinschaftsbewegung entstanden unter seinem Einfluss; sie sind ihrerseits freilich durchaus eigenständige Ausprägungen.

Für die Anhänger der Frömmigkeitsbewegung bürgerte sich am

---

2 *J. Wallmann*, Der Pietismus, in: Die Kirche in ihrer Geschichte. Ein Handbuch, Bd. 4, Göttingen 1990, 10.
3 Vgl. dazu *M. Schmidt*, Pietismus, Stuttgart 1972, 123 ff. u. *J. Wallmann*, aaO., 80 ff.

Ende des 17. Jh. – möglicherweise zunächst als Spottname (»Frömmler«) – der Name Pietisten ein. Der Leipziger Professor *Feller* verlieh dem Namen mit zwei Gedichten Seriosität. Er selbst »outete« sich darin als Pietist:

> Es ist jetzt stadtbekannt der Nam' der Pietisten.
> Was ist ein Pietist? Der Gottes Wort studiert
> Und nach demselben auch ein heilig Leben führt.
>
> Ich habe jüngst gedacht der hiesgen Pietisten,
> Und zwar im Grundverstand und sonder Ketzerey.
> Und wo ist Ketzerey? Der Nam' ist auch nicht neu
> Und brauchbar, wie man nennt von Jure die Juristen:
> Ich selbsten will hiemit gestehen ohne Scheu,
> Daß ich ein Pietist ohn' Schmeich' und Heuchelei sey.[4]

1.2 Die neue Frömmigkeitsrichtung

Hintergrund der neuen Richtung war eine Frömmigkeitskrise um 1600. In der Kirche drohte ein Auseinanderfallen von Theologie als einem ausgearbeiteten wissenschaftlichen System und der Frömmigkeit des Einzelnen. Dagegen verschob der Pietismus als Frömmigkeitsrichtung den Akzent von der reinen Lehre auf das fromme Leben, vom Glauben auf die Frömmigkeit, von der Rechtfertigung auf die Heiligung. Anstöße in dieser Richtung gingen von dem Theologen *Johann Arndt* (1555–1621) aus, vor allem von seinen »Vier Bücher[n] vom wahren Leben«, dem meistgelesenen Erbauungsbuch des Pietismus, das in viele Sprachen übersetzt worden ist. *Arndt* wollte mit seinen Schriften zur wahren Gottseligkeit führen. Er beklagte den Zustand der Christenheit: »Christus hat viele Diener, aber wenig Nachfolger.« Er wandte sich gegen ein Missverständnis der Theologie: »Viele meinen, die Theologie sei nur eine bloße Wissenschaft und Wortkunst; da sie doch eine lebendige Erfahrung und Übung ist.«[5] Arndt drängte auf das »fromme Leben«. Bisher hatte man den größten Wert auf die Reinheit der Lehre gelegt und hat diese in konfessionellen Auseinandersetzungen verteidigt.

---

4 Zit. nach *M. Schmidt*, Art. Pietismus, in: ³RGG, Bd. 5, 374.
5 Zit. nach *J. Wallmann*, aaO., 18.

1.3 Spener und der lutherische Pietismus

Mit *Philipp Jakob Spener* (1634–1705) beginnt der Pietismus als eine religiöse Erneuerungsbewegung im Luthertum. Der elsässische Theologe lernte in Straßburg eine theologische Fakultät kennen, die vom Geist einer weltweiten und ökumenischen Orthodoxie geprägt und für Kirchenreformen offen war. Schon im Alter von 31 Jahren wurde *Spener* Senior, d.h. leitender Geistlicher der evangelisch-lutherischen Kirche in der Reichsstadt Frankfurt.

20 Jahre betätigte er sich dort im Gemeindeaufbau. Ihm lag besonders die Jugendunterweisung am Herzen. Zum Katechismusunterricht am Sonntagnachmittag kamen neben den Jugendlichen auch immer mehr Erwachsene. In den Predigten Speners, die publiziert wurden, geht es immer wieder um die Wiedergeburt als ein zentrales Thema des Pietismus und um den lebendigen Glauben, der an seinen Früchten sichtbar wird. *Spener* bürgerte die Konfirmation in Frankfurt ein. Er trat für die Armenfürsorge ein und begründete ein neues Verhältnis zu den in Frankfurt besonders zahlreich vertretenen Juden. Dabei setzte er sich einerseits für die Judenmission ein. Denn für ihn war die Verheißung des *Paulus* von der endzeitlichen Errettung Israels nicht bereits durch die urchristliche Judenmission erfüllt, wie orthodoxe Theologen lehrten; vielmehr stand die Erfüllung noch aus. Andererseits warb *Spener* für Respekt vor der besonderen Eigenart des Judentums und ließ sich hier vom Gesichtspunkt der Gewissensfreiheit leiten.

Im August 1670 richtete *Spener* im Studierzimmer seines Senioratshauses einen Gesprächskreis ein, der bald den Namen »Collegium pietatis« (lat. Zusammenkunft der Frömmigkeit) erhielt. Dieser erste pietistische Konventikel wurde »die Keimzelle des lutherischen Pietismus«[6]. Andere hatten dieses Collegium vorgeschlagen, u.a. der Jurist *Johann Jakob Schütz*, der später zum radikalen Pietismus abwanderte. In den 80er Jahren des 17. Jh. gehörten schon weit über hundert Mitglieder zu dem Frankfurter Collegium. Man las abschnittsweise ein religiöses Buch. Am Anfang und Ende standen Gesang und Gebet. Bekannt in ganz Deutschland wurde *Spener* durch einen Text, der 1675 ursprünglich die Vorrede der Neuausgabe einer Schrift von *Arndt* war und dann auch als Separatdruck erschien unter dem Titel »Pia desideria oder Hertzliches Verlangen nach gottgefälliger Besserung der wahren evangelischen Kirchen«. Einer Diag-

---

[6] *J. Wallmann*, aaO., 13.

nose des verderbten Zustands der Kirche folgten die Prognose ihrer künftigen Besserung und schließlich die Mittel zur Besserung, ein 6 Punkte umfassendes Reformprogramm (s.o.). *Spener* berief sich vor allem auf *Luther* und *Johann Arndt*. In der Sache der apostolischen Kirchenversammlungen konnte er sich freilich nicht auf Luther berufen. Hier lassen sich Beziehungen zur reformierten Kirche herstellen. Auch die bei *Spener* zur Sprache kommende »Hoffnung auf bessere Zeiten« stammte nicht von Luther. Dieser vertrat *Augustins* Geschichtsauffassung, dass nämlich die gegenwärtige Weltepoche die letzte sei vor dem Jüngsten Tag. *Spener* aber rechnete vor dem Jüngsten Tag mit einem in der Bibel verheißenen herrlichen Reich Christi, mit dem Tausendjährigen Reich. Mit *Spener* kam der Chiliasmus (gr. Chilioi = Tausende), die Lehre vom 1000jährigen Reich, in die evangelische Kirche.

Spener musste in seinen letzten Frankfurter Jahren erleben, dass ein Teil der Frankfurter Pietisten sich von der lutherischen Kirche trennte, darunter auch *Johann Jakob Schütz*. Damit kam in Frankfurt das Ende des von *Spener* geschaffenen »Collegium pietatis«. *Spener* ging dann als sächsischer Oberhofprediger nach Dresden. Dort bekam er bald Schwierigkeiten mit seinem Kurfürsten, dem er wegen seines Lebenswandels seelsorgerliche Vorhaltungen gemacht hatte. Nach fünf Jahren wurde er zum Propst von St. Nikolai in Berlin berufen. Er gründete in Dresden und Berlin keine »Collegia pietatis«, ermutigte aber zur Einrichtung von solchen. Er konzentrierte sich vor allem auf Predigt und Katechismusunterricht.

1.4 August Hermann Francke und der hallische Pietismus

In Dresden kam es zur ersten Begegnung zwischen *Spener* und dem jungen Theologen *August Hermann Francke* (1663–1727). Erst durch ihn, den Prediger und Seelsorger, den Theologen und Pädagogen und vor allem den genialen Organisator, setzte sich der Pietismus in Deutschland durch und prägte die kirchlich-theologische Szene auf Jahrzehnte.

Geboren in Lübeck wurde er früh von *Arndts* »Vier Bücher(n) vom wahren Leben« beeinflusst. Er studierte Theologie in Erfurt und Kiel. Das Jahr 1687 wurde für seine religiöse Entwicklung entscheidend. Bei der Vorbereitung einer Predigt über Joh 20,31 geriet er in die tiefste Verzweiflung. Er wurde nicht etwa an der Gerechtigkeit Gottes irre wie *Martin Luther*. Er bezweifelte in der beginnenden Aufklärung die Existenz Gottes als solche und die Bibel als Gottes

Wort. In der Nacht seiner »Bekehrung« drang *Francke* zur Gewissheit durch, dass es einen lebendigen Gott gäbe und dass dieser sein Vater sei. Auch wenn er seine eigene Bekehrungserfahrung nicht zur Norm machte, so ging er doch von Bußkampf und Bekehrung als Voraussetzungen wahren Christseins aus.

In Leipzig kam es zu großen Auseinandersetzungen mit der orthodoxen theologischen Fakultät, als Francke und seine Freunde biblische Vorlesungen hielten, die ganz stark auf die »Praxis pietatis« (lat. Praxis der Frömmigkeit) zielten und zudem einen großen Zulauf hatten. *Francke* ging dann als zweiter Pfarrer nach Erfurt, und wurde dort nach 2 Jahren entlassen auf Betreiben der orthodoxen Stadtgeistlichkeit, die seine Neuerungen wie z.B. Erbauungsversammlungen am Sonntagnachmittag nicht tolerieren wollten. Auf Anregung *Speners* kam *Francke* dann 1692 nach Halle. Er wurde Pfarrer in Glaucha bei Halle und gleichzeitig Professor für Griechisch und orientalische Sprachen an der neu gegründeten Universität Halle. In Glaucha fand Francke schreckliche Armut sowie eine schlimme religiöse Verwahrlosung vor. Als *Francke* in der Almosenbüchse eine Summe von 4 Talern und 16 Groschen fand, beschloss er mit dem Geld eine Armenschule zu gründen. Die Armenschule wurde später in ein Internat umgewandelt. Angegliedert wurde ein Waisenhaus.

Francke ging es von Anfang an um Erziehung der Notleidenden und nicht um bloße Barmherzigkeit. So entstanden aus diesen Anfängen die Franckeschen Schulanstalten in Halle. Gemäß den drei Ständen schuf Francke eine deutsche Schule, eine lateinische Schule und für die Ausbildung des »Regierstands« das »Pädagogium regium« (lat. königliche Schule). Neben den Schulen wurde eine Lehrerbildungsanstalt eingerichtet, eine Bibelanstalt, die nach ihrem Förderer später den Namen *v. Cansteinsche* Bibelanstalt erhielt. Schließlich gehörten auch medizinische Einrichtungen dazu, darunter auch die Waisenhausapotheke. Francke sah in dem erstaunlichen Wachstum seiner Anstalten »einen zeitgemäßen Gottesbeweis«.[7] Eine Schriftenreihe Franckes, die seit 1701 erschien und in der die Franckeschen Anstalten vorgestellt wurden,[8] erhielt den Titel »Die Fußstapfen des noch lebenden und waltenden liebreichen und getreuen Gottes«. Als Professor an der Universität betrieb *Francke* eine Reform des theologischen Studiums in Richtung der Forderungen *Speners*. Die Studenten sollen zur »Praxis pietatis« angeleitet werden.

---

7 *M. Schmidt*, aaO., 170.
8 Vgl. *J. Wallmann*, aaO., 72.

Vorrang sollte die biblische vor der dogmatischen Theologie haben. Auf die aristotelische Philosophie sollte verzichtet werden zugunsten einer philologisch ausgerichteten Theologie. Die Praktische Theologie sollte stärker berücksichtigt werden. Vor allem sollte die konfessionelle Polemik stark eingeschränkt werden. *Francke* plante eine weltweite Reformbewegung. Nach seinem »Großen Aufsatz« sollte Halle eine Art ökumenische Weltuniversität werden. Dort sollten Studenten aus allen Ländern im pietistischen Geist erzogen werden und die Impulse von Halle in alle Welt hinaustragen. Francke war davon überzeugt, dass die Weltveränderung, auf die er hoffte, nur durch Menschenveränderung bewirkt werden konnte. Auch wenn seine Ideale so nicht realisiert werden konnten, wirkte Francke weit über Brandenburg-Preußen hinaus in die skandinavischen Länder, nach Osteuropa, nach England und schließlich auch nach Nordamerika.

Mit Francke begann auch die evangelische Missionsarbeit. Zwei seiner Schüler, *Bartholomäus Ziegenbalg* und *Heinrich Plütschau* wirkten seit 1706 in Tranquebar (→ XIV. Weltmission in der Neuzeit). Eine wichtige Rolle spielte *Francke* beim Ausbau des preußischen Staates. So wurde das Militärwaisenhaus in Potsdam nach dem Vorbild des Hallischen Waisenhauses konzipiert. Alle preußischen Feldprediger mussten in Halle studiert haben.

Francke hatte große Bedeutung auch auf dem Gebiet der Pädagogik. Unter seinem Einfluss wurde in Preußen die allgemeine Schulpflicht eingeführt. Im Unterricht sollten »Realien« eingesetzt werden. Halle hatte die erste Schulsternwarte, dazu eine Lehrmittelsammlung, eine mechanische Werkstatt und einen botanischen Garten. Die Schüler sollten viel Bewegung haben. Die kindliche Wesensart sollte berücksichtigt werden. Das Spielen freilich war verpönt. Auf Francke geht der Vorschlag zurück, dass »in der Erziehung der natürliche Eigenwille gebrochen werde«. Unter »natürlichem Eigenwillen« verstand Francke allerdings nicht die »Individualität des Kindes« – wie oft missverstanden – sondern »die Selbstmächtigkeit des Menschen gegenüber Gott«.[9] Francke wollte so eine Erziehung zu Selbstsucht und Eigennutz verhindern. Im Mittelpunkt des Unterrichts stand bei Francke der RU.

---

9 *M. Brecht*, August Hermann Francke und der Hallische Pietismus, in: *M. Brecht (Hg.)*, Der Pietismus im siebzehnten und achtzehnten Jahrhundert (Geschichte des Pietismus, Bd. 1), Göttingen 1993, 490.

Wie schon *Spener* betonte *Francke*, dass der Glaube lebendige Früchte tragen müsse. Die Kinder Gottes handeln »in allem zu Gottes Ehre und zu Nutzen des Nächsten«. Von da versteht Francke auch die Arbeit als Pflicht: »Für Müßiggang, Faulheit und Fahrlässigkeit hatte Francke nichts übrig.«[10] Mitteldinge zwischen Gut und Böse, die man unbeschwert genießen könnte, gab es für einen Christen nicht. Vor allem in der Zeit nach Francke wurde in Halle die Anschauung vertreten, »daß Scherz, Tanz, Spiel und Theater wie der Genuss geistiger Getränke an sich Sünde sei, als ob darin zu erkennen wäre, ob jemand bekehrt sei oder nicht«.[11] Diese Haltung wirkt in manchen pietistischen Gruppierungen bis heute nach.

1.5 Nikolaus Ludwig von Zinzendorf und die Herrnhuter Brüdergemeine

Nikolaus Ludwig Reichsgraf von Zinzendorf (1700–60) stammte aus einer altösterreichischen Adelsfamilie, die wegen ihres Glaubens nach Sachsen eingewandert war. Er wuchs unter pietistischem Einfluss auf. Er war Schüler im »Pädagogium regium« (s.o.) in Halle. Nach dem Willen seines Vormunds durfte er nicht Theologie, sondern musste Rechtswissenschaft studieren. Er trat danach als Justizrat in den sächsischen Staatsdienst. In seinem Haus sammelte er Christen in der Art der spenerschen »Collegia pietatis«.

Sein Leben nahm eine entscheidende Wende, als 1522 Flüchtlinge aus Mähren – Nachfahren der aus der hussitischen Bewegung entstandenen Brüderunität – um Aufnahme auf seinen Besitzungen in Berthelsdorf (Oberlausitz) nachsuchten. Die neue Siedlung erhielt den Namen Herrnhut. Als sich in Herrnhut pietistisch Gesinnte aus ganz Deutschland ansiedelten, kam es zu Streitigkeiten, z.B. wegen der Konfessionszugehörigkeit. Eine gemeinsame Abendmahlsfeier am 13. August 1727 ließ es zur Versöhnung kommen.[12] »Aus konfessioneller Zersplitterung und separatistischem Chaos gelang die Bildung der überkonfessionellen *Brüdergemeine*«.[13] Zinzendorf gab der Brüdergemeine eine weltliche und eine geistliche Ordnung. Das religiöse Leben zeigte eine außerordentliche Lebendigkeit. Neben dem Gottesdienst und dem Abendmahl gab es eine ganze Reihe neuer gottesdienstlicher Formen: die Fußwaschung, das Liebesmahl, die

---

10 *M. Brecht*, aaO., 465.
11 *E. Beyreuther*, Geschichte des Pietismus, Stuttgart 1978, 170.
12 Vgl. *D. Meyer*, Zinzendorf und die Herrnhuter Brüdergemeine. 1700–2000, Göttingen 2000, 26f.
13 *J. Wallmann*, aaO., 113.

Ostermorgenfeier auf dem Friedhof, die abendlichen Singstunden. Anlässlich einer Singstunde wurde zum ersten Mal eine Losung ausgegeben, die man am nächsten Tag zu den Alten und Kranken bringen wollte. Daraus entstanden die Herrnhuter Losungen, das wohl bekannteste Erbauungsbuch des heutigen Protestantismus. Die Brüdergemeine war in viele Kleingruppen aufgeteilt. Anfänglich schlug *Zinzendorf* sog. Banden vor, in denen man sich je nach Stand der religiösen Entwicklung sammelte. Doch bald merkte man, dass hier Überheblichkeit und Heuchelei drohten. So wurden die Banden von den sog. Chören abgelöst. Alter und Lebensstand waren hier die Unterscheidungsmerkmale. Es entstanden Chöre für junge Frauen, junge Männer, Witwen und Witwer. Die Chöre sollten den inneren Zusammenhang der Gemeinde unterstützen und den Einzelnen in seiner religiösen Entwicklung stärken. Von Herrnhut aus entwickelte sich eine lebendige Missionsarbeit (→ XIV. Weltmission in der Neuzeit). Eigentlich sollte die Brüdergemeine keine Freikirche werden. Für Zinzendorf war sie »ein Abbild der ökumenischen Kirche Jesu Christi«, bei der Glieder anderer christlichen Konfessionen Mitglied sein konnten, ohne aus ihren Kirchen auszutreten. Schließlich entstand aber doch mit der Herrnhuter Brüdergemeine die »erste Freikirche auf europäischem und amerikanischem Boden, die eindeutig missionarisch und diakonisch wie im ökumenischem Geist tätig war«.[14] Sie umfasst heute etwa eine halbe Million Christen, die überwiegend außerhalb von Deutschland leben.

Zinzendorfs Frömmigkeit war vor allem christologisch geprägt. Anfangs stand er stark unter dem Einfluss von *Francke*. Doch ging er später auf Distanz zu ihm. Ein Theologe aus Halle hatte *Zinzendorf* vorgeworfen, er habe keinen Bußkampf und keine Bekehrung erlebt und sei darum gar kein richtiges »Gotteskind«. Zinzendorf kam zu der Überzeugung, dass der wahre Bußkampf von Jesus durchgestanden worden sei.[15] Er näherte sich immer mehr der Rechtfertigungslehre *Martin Luthers*. In der Herrnhuter Frömmigkeit kommt eine ausgesprochene Freude zum Ausdruck. *Zinzendorf* forderte, dass die Erlösungserfahrung bei den Christen sichtbarer werden müsste: »Das hat die Atheisten in der Welt gemacht: nicht so sehr die Streitigkeiten über die Schrift, als daß so viel darin steht von Seligkeit,

---

14 *E. Beyreuther*, Geschichte des Pietismus, Stuttgart 1978, 226.
15 Vgl. *J. Wallmann*, aaO., 121.

die Jesus seiner Gemeinde erworben hat, und doch man niemanden hat entdecken können, der diese Seligkeit besitzt.«[16]

Zinzendorf hatte »für das 18. Jh. revolutionäre[n] Erziehungsgrundsätze«.[17] Auf Prügelstrafe sollte in der Brüdergemeine möglichst verzichtet werden. Bei erzieherischen Maßnahmen sollte auf Kindgemäßheit geachtet werden. Zinzendorf trat auch für eine freiere Sexualerziehung ein.[18] Gegenüber der traditionellen Sicht der Sexualität als Sünde verstand er Sexualität als Schöpfergabe Gottes. Um mit ihr verantwortlich umgehen zu können, sei eine frühzeitige sexuelle Aufklärung nötig.

1.6 Der württembergische Pietismus

Unter den deutschen Territorien, die bleibend vom Pietismus geprägt wurden, ist vor allem Württemberg zu nennen. Württemberg hatte im 17./18. Jh. nicht nur schwer unter dem 30jährigen Krieg (1618–1648), sondern auch unter dem Spanischen Erbfolgekrieg (1701–1714) zu leiden. Die Tatsache, dass die Herzöge, vor allem *Eberhard Ludwig* (1676–1733), einen ausschweifenden Lebensstil pflegten, ließ es zu schweren Differenzen zwischen dem angestammten Herrscherhaus und der früher tonangebenden Schicht, der sog. »Ehrbarkeit«, kommen, zu der auch die Pfarrerschaft gehörte. Diese deutete die Verwüstungen des Landes vielfach als Strafgericht Gottes über die Unbußfertigkeit des Volkes und seines Herzogshauses. 1662 besuchte *Spener* Württemberg. Er konnte weniger die Tübinger theologische Fakultät beeindrucken als das württembergische Kirchenregiment, das seit Ende des 17. Jh. eine Reformpolitik im Sinne *Speners* einleitete. In der Theologenausbildung sollte die Bibelauslegung an die erste Stelle treten. Die Verbindung von Theologie und gelebtem Glauben wurde betont. Ein Pietistenedikt von 1694 tolerierte den von Spener vertretenen Chiliasmus, erwähnte aber die »Collegia pietatis«, die an manchen Orten im Land entstanden waren, nicht. In der Folgezeit gab es Schwierigkeiten mit einzelnen Gruppen und Kreisen, sog. Separatisten, die die »Amtskirche« ablehnten und aus der Landeskirche drängten. 1706 wurden alle separatistischen Konventikel strikt verboten. Die Streitigkeiten wurden

---

16 Zit. nach *M. Rang*, Die Kirche in Vergangenheit und Gegenwart, Göttingen ²1971, 196.
17 *P. Zimmerling*, Nikolaus Ludwig Graf von Zinzendorf und die Herrnhuter Brüdergemeine. Geschichte, Spiritualität und Theologie, Holzgerlingen 1999, 92.
18 Vgl. *P. Zimmerling*, aaO., 95–98.

schließlich beendet mit dem »Generalreskript betreffend die Privaterbauungsversammlungen der Pietisten« von 1743. Darin wurden neben dem öffentlichen Gottesdienst freiwillige pietistische Konventikel unter der Aufsicht des Pfarrers erlaubt. »Das *Pietistenreskript von 1743* ist kein religiöses Toleranzedikt, aber ein Schritt zu größerer religiöser Freiheit.«[19] Mit ihm fand der verkirchlichte Pietismus Eingang in die württembergische Landeskirche.

Der württembergische Pietismus brachte viele bedeutende Persönlichkeiten hervor. *Johann Albrecht Bengel* (1687–1752), 28 Jahre lang Präzeptor (lat. Lehrer) im (ehemaligen) Kloster Denkendorf und in den letzten Lebensjahren Prälat von Alpirsbach, wirkte als Bibelgelehrter weit über die Landeskirche hinaus. Seine Bibelerklärung, der sog. Gnomon Novi Testamenti (lat. Wegweiser in das Neue Testament) mit seiner »glücklichen Verbindung von Frömmigkeit und Wissenschaftlichkeit« (*M. Brecht*) wird auch heute noch von Bibelauslegern benutzt. Folgenreich war sein lebenslanges Bemühen um die Johannesapokalypse. Aufgrund biblischer Auslegung, aber auch mathematischer Berechnung bestimmte Bengel den 18. Juni 1836 als Tag des Anbruchs des tausendjährigen Reiches. Dies war eine »Fehlleistung, resultierend aus einer nicht zu beschönigenden unkritischen und teilweise spekulativen Schrifttheologie«,[20] und hatte Folgen. Sie veranlasste u.a. manchen frommen Christen im 19. Jh. zur Auswanderung nach Russland und auch nach Palästina, um dem wiederkommenden Herrn entgegenzugehen.

Friedrich Christoph Oetinger (1702–1782), am Schluss seines Lebens Prälat von Murrhardt, ist einer der originellsten württembergischen Theologen. Um Gott recht zu erkennen, bedarf es nach Oetinger dreier »Mittel«: 1. der »Weisheit auf der Gasse«, d.h. der Vernunft, 2. des »Sinnes und Geistes der Heiligen Schrift«, 3. der »Schickungen Gottes«, d.h. der persönlichen Erfahrungen des Lebens«.[21]

Im Lauf des 19. Jh. bildeten sich im württembergischen Pietismus festere Gemeinschaften heraus. Man unterscheidet die Altpietisten, die Hahnsche Gemeinschaft und die Pregizerianer. Sie haben sich bis in die Gegenwart hinein gehalten. Sie kommen meist am Sonntagnachmittag in der »Stunde« zusammen. Die »Stunden« werden im Allgemeinen von Laien gehalten. Im Mittelpunkt steht die Ausle-

---

19 *J. Wallmann*, aaO., 129.
20 *M. Brecht*, Bengel, Johann Albrecht (1687–1752), in: TRE V, 588.
21 Zit. nach *M. Weyer-Menkhoff*, Reich Gottes im Schwabenland, in: *H. Ehmer u.a. (Hg.)*, Gott und Welt in Württemberg. Eine Kirchengeschichte, Stuttgart 2000, 108.

gung der Bibel. Schriften aus der Gemeinschaft werden dabei herangezogen.

Der württembergische Pietismus hatte auch soziale und ökonomische Konsequenzen. Er vermittelte den Unterschichten ein größeres Selbstwertgefühl. In der »Stunde« kamen ja vor allem die Laien zu Wort. Ein schwäbischer Pietist soll nach einem Gespräch mit einem Pfarrer gesagt haben, dass er nicht gedacht hätte, »daß es Pfarrer gibt, die so viel vom Reich Gottes verstehen«.[22] Der Pietismus förderte die Bildung; in pietistischen Kreisen wurden nicht nur die Bibel, sondern auch Schriften von bekannten Pietisten gelesen. Die pietistische Ethik betonte vor allem Fleiß, Gewissenhaftigkeit und Sparsamkeit. Das trug dazu bei, dass in Württemberg »in den bürgerlichen und bäuerlichen Schichten ein Potential an strebsamen und selbstbewussten Bürgern« geschaffen wurde«,[23] das mit zu den ökonomischen Erfolgen des an natürlichen Ressourcen eher armen Landes Württemberg im 19./20. Jh. beigetragen hat.

1.7 Gerhard Tersteegen und der reformierte Pietismus

Gerhard Tersteegen (1697–1769) war der Sohn eines frommen Kaufmanns. Er selbst wurde zunächst Kaufmann, gab später diesen Beruf auf, weil er ihn zu sehr an die Welt fesselte. Er wurde Leinenweber und gab schließlich seinen Beruf ganz auf. 1724 ging ihm das Licht der göttlichen Gnade auf, in dem er sich Jesus »verschrieb«: »Meinem Jesu! Ich verschreibe mich dir, meinem eigenen Heiland und Bräutigam, Christo Jesu, zu deinem völligen und ewigen Eigentum«.[24] Ab 1727 hielt er regelmäßige Erbauungsversammlungen und wurde zum gefragten Seelsorger für viele Menschen. Er war ein viel gelesener Erbauungsschriftsteller und wurde mit seinen Lieddichtungen zum dritten großen Liederdichter des deutschen Protestantismus nach *Martin Luther* und *Paul Gerhardt*. Tersteegen vertrat eine mystische Frömmigkeit. Man hat sie als eine »pietistische Variante der quietistisch-romanischen Mystik«[25] bezeichnet.

Ein Vers aus Tersteegens bekanntestem Gesangbuchlied »Gott ist gegenwärtig« zeigt seine Mystik sehr schön:

---

22 Zit. nach *J. Trautwein*, Religiosität und Sozialstruktur. Untersucht anhand der Entwicklung des schwäbischen Pietismus (Calwer Hefte 123), Stuttgart 1972, 23.
23 *J. Trautwein*, aaO., 61.
24 Zit. nach *J. Wallmann*, aaO., 34.
25 *J. Wallmann*, aaO., 35.

> Luft, die alles füllet,
> drin wir immer schweben,
> aller Dinge Grund und Leben,
> Meer ohn Grund und Ende,
> Wunder aller Wunder:
> ich senk mich in dich hinunter.
> Ich in dir,
> du in mir,
> lass mich ganz verschwinden,
> dich nur sehn und finden.[26]

Im evangelischen Bereich wurden christlicher Glaube und Mystik oft als unvereinbare Gegensätze verstanden. Daraus resultierte ein eher negatives Tersteegen-Bild. Das hat sich geändert, als man im letzten Jh. die Mystik als »Erfahrungstheologie« schätzen lernte.[27]

1.8 Nachwirkungen

Als *Francke* 1727 starb, hatte der (ältere) Pietismus seinen Höhepunkt bereits überschritten. Doch seine Nachwirkungen reichen bis zur Gegenwart. Am Anfang des 19. Jh. entstand die Erweckungsbewegung (engl. awakening, revival, frz. réveil), die die Kirchen Nordamerikas und Europas erfasste. In ihr wurde der Rationalismus durch eine bibelorientierte lebendige Frömmigkeit überwunden. Die Erweckungsbewegung brachte starke Impulse in Richtung auf äußere Mission (s.u.) und Bibelverbreitung. Neue Missionswerke entstanden und viele Bibelanstalten wie z.B. die Württembergische Privilegierte Bibelanstalt von 1812. Die Erweckungsbewegung rief zur Verantwortung der Christen angesichts sozialer Notlagen auf. Aus der Erweckungsbewegung kam ein wichtiger Impuls für die Entstehung der Inneren Mission (→ XIII. Kirche und soziale Frage im 19. Jh.). Aber auch die Ökumenische Bewegung des 19./20. Jh. ist ohne die Erweckungsbewegung nicht zu denken (→ XV. Ökumenische Bewegung).

Eine weitere Nachwirkung ist die Gemeinschaftsbewegung im 19./20. Jh.[28] Nach 1945 wurden pietistische Gruppen und Verbände immer wieder aktiv. Gegen die sog. Moderne Theologie, vor allem das Entmythologisierungsprogramm von *Rudolf Bultmann*, entstand 1966

---

26 EG, Nr. 165, 5.
27 Vgl. *J. Wallmann*, aaO., 36.
28 Vgl. dazu *J. Ohlemacher*, Gemeinschaftsbewegung im Christentum im 19. und 20. Jahrhundert, in: *U. Gäbler* (Hg.), Der Pietismus im neunzehnten und zwanzigsten Jahrhundert (Geschichte des Pietismus, Bd. 3), Göttingen 2000, 393–464.

die »Bekenntnisbewegung kein anderes Evangelium«, die eine Verkürzung des Evangeliums fürchtete. In den 70er Jahren erregte der Ökumenische Rat der Kirchen immer wieder pietistische Kreise. Vorgeworfen wurden ihm u.a. eine Verwässerung des Missionsgedankens und die Vermischung des Evangeliums mit der Politik im »Antirassismusprogramm der Ökumene« (→ XV. Ökumenische Bewegung).

2. *Systematisch*

2.1 *Theologische Grundthemen*

Der Pietismus setzte eigene theologische Akzente. Während das zentrale theologische Stichwort der Reformation die Rechtfertigung war, war das des Pietismus die *Wiedergeburt*. Damit sollte der tiefe Wandel herausgestellt werden, der eintritt, wenn Menschen zum Glauben kommen. *Francke* betonte dabei die Notwendigkeit der Bekehrung. Hier kann man Unterschiede zwischen *Spener* und *Francke* beobachten. Lag jenem vor allem an der »Erneuerung des gerechtfertigten Menschen«, wollte Francke darüber hinaus, »geradezu methodisch den Vollzug der Existenzwende, den Übergang zum neuen Status sicherstellen«.[29] In manchen pietistischen Kreisen spielen noch heute im Anschluss an Francke der Tag und die Stunde der Bekehrung eine zentrale Rolle. Sicher bietet die Bibel Beispiele einer plötzlichen Bekehrung (Propheten, *Paulus*). Sie kennt aber auch gleitende Übergänge zum Glauben und macht auf keinen Fall eine Bekehrung zur Norm.

Der Pietismus verstand sich vielfach als Vollendung der Reformation. Ein genauer Vergleich zwischen lutherischer und pietistischer Theologie zeigt freilich auch charakteristische Unterschiede. (*Zinzendorf* spielte hierbei eine besondere Rolle; er näherte sich in späterer Zeit immer mehr Luther und seiner Theologie.) Auch *Luther* konnte zwar wie die Pietisten immer wieder darauf hinweisen, dass der Glaube Früchte bringt, wenn er nicht bloß ein »ertichteter« Glaube ist. Zu Recht berufen sich die Pietisten immer wieder auf Luthers Vorrede zum Römerbrief: »O, es ist ein lebendig, schäftig, mächtig Ding um den Glauben, daß es unmöglich ist, daß er nicht ohne Unterlass sollte Gutes wirken. Er fragt auch nicht, ob gute Werke zu tun sind, sondern ehe man fragt, hat er sie schon getan und ist immer im Tun.«[30]

---

29 *M. Brecht*, aaO., 463.
30 *M. Luther*, Vorrede zum Römerbrief, zit. nach *M. Schmidt*, aaO., 18.

Für die Pietisten aber wurden die Früchte oft wichtiger als ihr Ursprung, nämlich der Glaube. Weiter gingen die Pietisten mit dem wiedergeborenen Menschen wie mit einer festen Größe um. Für *Luther* hingegen blieb das ganze Christenleben ein unaufhörlicher Kampf zwischen dem »alten« und dem »neuen« Menschen.

Francke betont das *Prae* der Gnade beim Bekehrungsprozess. Doch der Mensch hat an diesem Prozess mitzuwirken. Anders als *Luther* setzt *Francke* die Willensfreiheit des Menschen voraus.[31]

Nur die Bekehrten machen nach Francke die rechte Kirche aus. Bei Luther hingegen wird Kirche von der rechten Predigt und der Sakramentsverwaltung her konstituiert.[32] Das Besondere an der Kirche bei *Luther* ist, dass Gott unterschiedlichste Menschen zusammenruft, nicht bloß Gleichgesinnte wie in einer pietistischen Gemeinschaft.

Durch *Spener* kam die Hoffnung auf das »Tausendjährige Reich«, der sog. Chiliasmus, in die lutherische Kirche. Für Luther und die Orthodoxie waren die messianischen Verheißungen des Alten Testaments, aber auch die Prophezeiungen der Johannesoffenbarung bereits erfüllt. Spener aber erwartete noch das herrliche tausendjährige Reich Christi auf Erden. Diese Hoffnung gab dem pietistischen Gläubigen mächtige Impulse zur Durchdringung der Welt. *Spener* verzichtete freilich auf nähere Ausmalungen. Bei *Bengel* kam es zu problematischen Zahlenspekulationen.

2.2 *Gesetzlichkeit*

Innerhalb der pietistischen Bewegung wirkten »gesetzliche« Auswüchse, wie sie vor allem im hallischen Pietismus zu beobachten waren, weiter. Der Pietismus blieb auch später in der Gefahr, Christsein mit einer engen Moral zu verwechseln. Das bekannte Bild vom breiten und vom schmalen Weg der schwäbischen Pietistin *Charlotte Reihlen* (s.o.) zeigt durchaus solche Tendenzen.[33] Deswegen verlor und verliert der Pietismus immer wieder auch Menschen, die sich

---

31 *M. Brecht*, aaO., 466.
32 Vgl. *M. Brecht*, aaO., 464.
33 Vgl. *M. Köhnlein*, Weltbild und Glaubensverständnis im württembergischen Pietismus des 19. Jahrhunderts – Zur erwecklichen Predigt des Bildes »Der breite und der schmale Weg«, in: *G. Büttner/J. Thierfelder*, Religionspädagogische Grenzgänge (FS *E. Bochinger* und *M. Widmann*), Stuttgart 1988, 127–149; vgl. auch *G. Adam*, »Der breite und der schmale Weg«. Symboldidaktische Reflexionen anhand eines bemerkenswerten Andachtsbildes, in: *ders.*, Glaube und Bildung (StTh 6), Würzburg ²1994, 213–226.

aus der Enge befreien wollen. Gerade Zinzendorfs Theologie ist hier ein wichtiges innerpietistisches Korrektiv.

2.3 Pietismus und Aufklärung

Der Pietismus als religiöse Erneuerungsbewegung betonte Individualisierung und Verinnerlichung. Damit und mit seiner Abwehr gegen eine von *Aristoteles* beherrschte Schulphilosophie z.B. in Halle wies der Pietismus durchaus Parallelen zur europäischen Aufklärung auf (→ XII. Aufklärung). Gegner war zunächst die theologische Orthodoxie, insoweit sie vor allem die Rechtgläubigkeit betonte und sich mit konfessionellen Lehrstreitigkeiten beschäftigte. Doch bei dieser Frontstellung blieb es nicht. Zunehmend wurden die Aufklärung und ihre Folgen für den Pietismus zum Problem. Schon *Francke* und seine Anhänger in Halle bekämpften den Aufklärungsphilosophen *Christian Wolff*, den sie als Religionsfeind und Deterministen denunzierten; mit Erfolg betrieben sie seine Entfernung aus Halle. Immer stärker wurde für den Pietismus eine Theologie zum Gegner, die angesichts der Herausforderung durch die Aufklärung die Sache des christlichen Glaubens neu formulieren wollte. Durch diesen Frontwechsel »wurde der ursprünglich revolutionäre Pietismus zu einem konservativen Element innerhalb der Kirche«.[34]

2.4 Bibelgebrauch

Der Pietismus ist in manchen Landeskirchen und vielen Gemeinden noch heute lebendig. Er zeigt sich in einer ausgesprochenen Treue zur Bibel, sei es in der persönlichen Bibellektüre, sei es in der gemeinschaftlichen Bibelarbeit. Vielfach verbindet sich der Bibelgebrauch mit Anschauungen, die darauf basieren, dass Gott die Bibel wörtlich inspiriert habe und eine Bibelkritik darum nicht erlaubt sei.

3. Didaktisch

3.1 Erfahrungsorientierung

In den Lehrplänen für den RU kommt der Pietismus als Epoche im Allgemeinen nicht vor. Das ist bedauerlich. Es gibt ja nicht nur ein-

---

34 *M. Schmidt*, aaO., 11.

zelne Landstriche, die vom Pietismus besonders erfasst wurden wie Württemberg und das Siegerland. Pietistische Strömungen – man nennt sie heute auch mit einem nicht sehr präzisen Ausdruck evangelikale Strömungen – spielen im heutigen Protestantismus eine starke Rolle, nicht zuletzt in der Jugendarbeit. In nicht wenigen Schulen finden sich pietistisch geprägte Jugendkreise. In manchen Klassen gibt es Schüler/innen, die aus pietistischen Familien stammen. Teilweise stehen sie zu ihrer Herkunft, teilweise haben sie sich bewusst von ihr abgewandt. Ein erfahrungsorientierter Unterricht geht von diesen Einstellungen aus und versucht sie aufzuarbeiten. Dabei wird es darauf ankommen, dass die Schüler/innen ihre Positionen zur Sprache bringen können, ohne gleich kritisiert zu werden. Zumeist wird es dabei um den spezifischen Umgang mit der Bibel seitens pietistischer Gruppierungen gehen bzw. um eine »gesetzliche« Ethik, die von manchen Jugendlichen als einengend erlebt wird.

3.2 Pietismus als Unterrichtseinheit

Eine umfassende Unterrichtseinheit bietet sich in der Sek. II an.[35] Ausgehend von der Glaubenskrise des 17. Jh. kann hier die Entstehung des Pietismus aufgezeigt werden. Sinnvollerweise wird man dabei exemplarisch vorgehen und den Spener'schen oder den hallischen Pietismus oder die Herrnhuter Brüdergemeine behandeln. Ein Vergleich mit der reformatorischen Theologie kann auf die besondere theologische Eigenart des Pietismus aufmerksam machen. Erweckungsbewegung und Neupietismus können als Nachwirkungen herausgestellt werden.

3.3 Pietismus im fächerübergreifenden Unterricht

Ebenfalls für die Sek II könnte sich ein fächerübergreifendes Projekt empfehlen, das die Nachwirkungen des Pietismus im weitesten Sinn auf Gesellschaft, Philosophie, Literatur, Naturwissenschaft und Technik behandelt. *Martin Schmidt* gibt Hinweise auf solche Nachwirkungen.[36]

---

[35] Vgl. dazu *M. Rang*, Die Kirche in Vergangenheit und Gegenwart, Göttingen ²1971, 187–197.
[36] *M. Schmidt*, aaO., 143 ff.

3.4 Regionalgeschichtliche Behandlung

Regionalgeschichtlich gesehen bietet der Pietismus eine große Zahl von Anknüpfungspunkten. Der Pietismus in der württembergischen Landeskirche kann mit Hilfe einer württembergischen Kirchengeschichte erschlossen werden.[37] Studienfahrten zu pietistischen Zentren wie Halle mit dem neu renovierten Waisenhaus, die in der Schule gut vorbereitet werden, können den Schüler/innen das Thema nahe bringen. Bei einem Besuch in Herrnhut, wo viele alte Gebäude wie der Betsaal und besondere Örtlichkeiten wie der Friedhof erhalten geblieben sind, kann die Brüdergemeine im wahrsten Sinn des Wortes »ergangen« werden (→ Einführung: Kirchengeschichte im Religionsunterricht).

Anknüpfungspunkte können neben den bekannten pietistischen Persönlichkeiten wie *Spener*, *Francke* und *Zinzendorf*[38] weitere Personen sein, die teilweise nur regional bekannt sind wie *Aloys Henhöfer*[39] (1789–1862) und *Regine Jolberg*[40] (1800–1870) aus Baden, teilweise darüber hinausreichen wie *Johann Albrecht Bengel* (s. o.), *Friedrich Christoph Oetinger* (s. o.) und *Philipp Matthäus Hahn* (1739–1790), Pfarrer und genialer Erfinder.[41]

3.5 Pietismus im problemorientierten Unterricht

In problemorientierten UE können folgende Aspekte aus der Geschichte des Pietismus bearbeitet werden: In einer UE über Mission kann die dänisch-hallische Mission in Tranquebar[42] behandelt wer-

---

37 Vgl. *M. Weyer-Menkhoff*, aaO., 101–116.
38 Zu Zinzendorf: *H. Angermeyer*, Graf Zinzendorf und die Mission der Brüdergemeine, in: *W. Ruf (Hg.)*, Die Kirche wächst in aller Welt im 18.–20. Jahrhundert. Handreichung für den Kirchengeschichtlichen Unterricht, München 1969, 9–15.
39 Vgl. dazu *Aloys Henhöfer* – Vater der badischen Erweckungsbewegung, in: *D. Haas u. a.*, Unterwegs durch die Zeiten. Lesebuch zur badischen Kirchengeschichte, Karlsruhe 1986, 176–180.
40 Vgl. ebd., 180–183 u. *H.-G. Ulrichs*, »Für Gottes Ehre gearbeitet«: Julie Regine Jolberg (1800–1870) – die Erfinderin des Berufs Erzieherin, in: *U. Bejick u. a.*, Vom Armenspital zur Selbsthilfegruppe. Materialien für Unterricht und Erwachsenenbildung, Karlsruhe 1998, 109. Zu Regine Jolberg jetzt neu: *A. v. Hauff*, Regine Jolberg (1800–1870). Leben, Werk und Pädagogik, Heidelberg 2002.
41 Vgl. *M. Weyer-Menkhoff*, aaO., 111 f. u. 107–111.
42 Vgl. dazu *J. Thierfelder*, Es begann in Tranquebar, in: EvErz 30/1978, 110–122.

den und die Mission der Brüdergemeine.[43] Wo es um die Bibel und ihre Auslegung geht, kann unter den verschiedenen Zugängen zur Bibel auch die fundamentalistische Bibelauslegung kritisch gewürdigt werden.[44]

In einer UE, die die Weltverantwortung von Christen thematisiert, kann auf den Pietismus eingegangen werden. Er setzt in Bezug auf die Veränderung der Welt nicht bei den politischen Strukturen ein, sondern bei den Menschen. Herausgestellt werden kann, dass sich beide Strategien nicht ausschließen müssen, sondern ergänzen können.

LITERATURHINWEISE

M. Brecht u.a., Geschichte des Pietismus, bisher 3 Bd., Göttingen 1993 ff.
M. Schmidt, Pietismus, Stuttgart 1972
M. Stupperich/A. Stupperich/J. Ohlemacher, Zweitausend Jahre Christentum, Bd. II,1 Das Zeitalter der Revolutionen, Göttingen 1984, 24–39
J. Wallmann, Der Pietismus, Die Kirche in ihrer Geschichte, Ein Handbuch, Bd. 4, Lieferung 01, Göttingen 1990

---

43 Vgl. *H. Büttner*, Mission zwischen Ausbeutung und Solidarität. In: Projekt Ökumene. Auf dem Weg zur Einen Welt. Arbeitsbuch Religion – Sekundarstufe I, erarbeitet von *U. Becker/G. Büttner/H. Gutschera/J. Thierfelder*, Düsseldorf/ Stuttgart 1997, 6–27, bes. 19–23.
44 Vgl. dazu *E. Lerle*, Bibeltreue. Ein fundamentalistischer Zugang zur Bibel, in: *U. Luz (Hg.)*, Zankapfel Bibel. Eine Bibel – viele Zugänge, Zürich 1992, 39–54; ferner *V.-J. Dieterich*, Glaube und Naturwissenschaft, Schülerheft, Stuttgart [8]1996, 57 u. *H. Streib*, Fundamentalismus, in: LexRP 1, 649–52.

XII. Aufklärung

Rainer Lachmann

Daniel Chodowiecki: Frontispiz zu »Beyträge zur Aufklärung des menschlichen Verstandes in Predigten«, 1779.

Die aufgehende Sonne schenkt einem neuen Tag ihren Glanz und sein Licht; ihre verschwenderischen Strahlen erleuchten und erhellen die Welt; der Himmel klärt sich auf und belichtet konturenhaft Vögel, die in den lichten Morgen hineinfliegen. Das golden sonnige Leuchten durchflutet Wald und Flur und lässt Menschen und Kirchen sicher nicht aus. – Allenthalben allegorisch angedeutete und ausgemalte Aufklärung …

1. Historisch

1.1 Die »philosophische« Aufklärung

Bei der Beschäftigung mit der Aufklärung dominieren und interessieren nicht zuerst historische Ereignisse und Abläufe, sondern die vielgestaltigen Ausprägungen einer ganz bestimmten Lebensauffassung und Geisteshaltung. Das macht gerade in didaktischer Hinsicht ihre Eigenart, Schwierigkeit und Chance aus und sichert der aufklärerischen Mentalitäts-, Geistes- und Frömmigkeitsgeschichte einen wichtigen Platz im kirchengeschichtlichen Unterricht über die Aufklärung. Dem entspricht es, wenn wir die Aufklärung epochenbegrifflich bestimmen als geistige Strömung, die im Europa des 18. Jh. vorherrscht.

Die Wurzeln der Aufklärung lassen sich zurückverfolgen bis in die Zeiten der Spätrenaissance und des Humanismus. Als geistige Bewegung nimmt sie im 17. Jh. ihren Ausgang von England, wo neben *Herbert of Cherbury*, dem »Vater des englischen Deismus« (1581–1648), vor allem *John Locke* (1632–1704) genannt werden muss. Über Frankreich mit seinen beiden radikalen Aufklärern *Voltaire* (1694–1778) und *Jean-Jacques Rousseau* (1712–1778) wurde die Aufklärung nach Deutschland vermittelt, wo sie in der zweiten Hälfte des 18. Jh. unter den aufklärungsfreundlichen Regierungen *Friedrichs II.* von Preußen (1740–1786) und des Habsburgers *Joseph II.* (1780–1790) ihre größte Blüte erlebte.

Besonders in theologischer Hinsicht weit weniger radikal als die französische Aufklärung besaß die deutsche Aufklärung in dem Philosophen *Gottfried Wilhelm Leibniz* (1646–1716) einen Vorläufer, der es verstand, seine Gedanken von der Vernunftgemäßheit und Gottverbundenheit »harmonisch« in Einklang zu bringen. Im aufklärerischen Sinne zeitbeherrschend wird die Leibniz'sche Philosophie durch die rationalistisch utilitaristische Ausformung, die sie durch den »Starphilosophen« der Aufklärung *Christian Wolff* (1679–1754) erfuhr. Mit seinen Grundprinzipien der Vollkommenheit und Nützlichkeit, seinem Appell an den gesunden Menschenverstand und seiner Lebensglück-Verheißung intonierte er Themen, Gedanken und Einstellungen, die die Aufklärung in all ihren Formen und Ausprägungen ganz wesentlich bestimmten.

Freilich wurde *Christian Wolff* unter kirchengeschichtlich-didaktischem Aspekt nirgends zum exemplarischen »Vorzeige-Aufklärer«. Diese »Ehre« gebührt allein *Gotthold Ephraim Lessing* (1729 bis 1781), der in so gut wie keiner Materialsammlung, keinem Schulbuchkapitel, keinem Unterrichtsentwurf zur Aufklärung fehlt. Seine berühmte »Ringparabel« aus dem »Lehrgedicht« »Nathan der Weise«, seine Gedanken zur »Erziehung des Menschengeschlechts«, seine Wolfenbütteler »Fragmente eines Ungenannten« stehen in geistiger Hochform für die großen Züge und Anliegen der Aufklärung: Toleranz, Freiheit des Menschen, Vollkommenheitsziel, Leidenschaft für die Erziehung zum Guten, Vernunftanspruch und unbedingter Wahrheitsernst auch gegenüber der Bibel und der orthodoxen Glaubenstradition. Daraus entwickelten sich besonders auf protestantischer Seite die Anfänge moderner Bibelkritik, wodurch gelegentlich der »Ungenannte« der Wolfenbütteler Fragmente, der Hamburger Professor *Hermann Samuel Reimarus* (1694 bis 1768), mit seinen im höchsten Maße unorthodoxen biblischen Deutungen und seinen Ansichten »Von dem Zwecke Jesu und seiner Jünger« zur »Ehre« des Schulbuchs gelangte. Seine Auffassung, wonach die Jünger Jesu den Leichnam Jesu weggeschafft hätten, eignet sich in ihrer provozierenden Radikalität nicht nur immer wieder zu fruchtbarer Kontroversdiskussion oder auch Verketzerungsargumentation, sondern markiert in gewisser Weise auch den Anfang der Leben-Jesu-Forschung.

Neben *Lessing* ist es dann *Immanuel Kant (1724–1804)*, an dem keine Beschäftigung mit der Aufklärung vorbeigeht. Obwohl er mit seiner Philosophie der Vernunft deutliche Grenzen setzte und von da her die Aufklärung eigentlich bereits überwunden hatte, wurde seine »Beantwortung der Frage: Was ist Aufklärung?« in der Berlinischen Monatsschrift von 1784 (Zwölftes Stük. December) zur klassischen Definition und programmatischen Verkörperung von Aufklärung.

Danach wird *Aufklärung* definiert als der *»Ausgang des Menschen aus seiner selbst verschuldeten Unmündigkeit. Unmündigkeit* ist das Unvermögen, sich seines Verstandes ohne Leitung eines anderen zu bedienen. *Selbstverschuldet* ist diese Unmündigkeit, wenn die Ursache derselben nicht am Mangel des Verstandes, sondern der Entschließung und des Muthes liegt, sich seiner ohne Leitung eines andern zu bedienen. *Sapere aude! Habe Muth*, dich deines *eigenen Verstandes* zu bedienen! ist also der Wahlspruch der Aufklärung.«

1.2 Die »volkstümliche« Aufklärung

Kants vollendete Aufklärungsdefinition gehört wie die anderen bisher in den Blick genommenen Äußerungen in den Bereich der philosophischen Aufklärung. So bedeutsam diese auch sind, so defizitär und blutleer bleiben sie, wenn man ihre hoch geistigen »Produkte« nicht in Verbindung sieht und setzt mit der volkstümlichen Aufklärung und ihren viel gestaltigen Ausprägungen. So abgehoben die großen Männer der Aufklärung auch gegenüber der durchschnittlichen Bevölkerung erscheinen mögen, so unleugbar sind auf der anderen Seite die Verschränkung und wechselseitige Bedingtheit zwischen philosophischer und volkstümlicher Aufklärung. Das umso mehr, als die aufklärerischen Ideen auf den verschiedensten Ebenen und in den verschiedensten Funktionen und Berufen viele Impulse freisetzten, um »Aufklärung« durch Schrift, Wort und Tat zu popularisieren und an den Mann zu bringen. Ohne den Eifer und die Kompetenz zur Vermittlung hätte die Aufklärung nie die Wirkkraft und den Wirkungsgrad erreicht, der ihr nicht nur im Kultur- und Geistesleben, sondern auch als Lebensform und -gefühl einer ganzen Epoche beschieden sein sollte.

Großen Anteil an der aufklärerischen Erfolgsgeschichte hatte dabei die theologische Aufklärung – und zwar weniger in ihrer radikal rationalistischen Richtung mit der Vernunft als alleinigem Kriterium als vielmehr durch die sog. *»Neologen«*, die »Neuerer«, die besonders in praktisch theologischer Hinsicht wirkten. Mehr oder weniger rationalistisch eingestellt, kam es ihnen vor allem darauf an, den Menschen ihrer Zeit die christliche Religion als eine schlichte, vernünftige, auf gesunde Sittlichkeit bedachte und dem Alltag zugewandte lebensdienliche »Angelegenheit« vorzustellen und »beizubringen«. Als besonders bekannt und erfolgreich ist hier z. B. der Pfarrer und nachmalige Berliner Oberkonsistorialrat *Johann Joachim Spalding* (1714–1804) zu nennen, der mit Büchern wie »Gedanken über die Bestimmung des Menschen« (1748) oder »Religion, eine Angelegenheit des Menschen« (1797) das Lebensgefühl der Aufklärung geradezu programmatisch auf den Punkt brachte. Ähnlich berühmt und beliebt wie Spalding war in Leipzig der reformierte Prediger *Georg Joachim Zollikofer* (1730 bis 1788), der besonders durch seine Predigten und Predigtsammlungen wirkte. Durch sie wurden besonders die Pfarrer in der »alltäglichen« Praxis ihres Dienstes angesprochen und unterstützt, weshalb sie aufs Ganze der deutschen Aufklärung gesehen nachgerade als »Speerspitze« der Verbreitung aufklärerischen Gedankenguts im Volk angesehen werden können. Ihre Rolle und Funktion als Multiplikatoren der Lebensauffassung und des Lebensgefühls volkstümlicher Aufklärung kann besonders in den protestantischen Gebieten kaum überschätzt werden. Dasselbe gilt auch von *dem* Dichter der Aufklärungszeit *Christian Fürchtegott Gellert* (1715-1769), der besonders nachhaltig durch seine »frommen« Kirchenlieder gewirkt hat, die sich zum Teil noch in heutigen Gesangbüchern finden.

Äußerst wirkmächtig erfolgte die Verbreitung aufklärerischen Gedankenguts auch durch eine andere Gruppe typischer Vertreter der deutschen Aufklärung, die *Philanthropen*, die samt und sonders über das Theologiestudium zur Pädagogik gefunden hatten. Ihr bezeichnender Name »Menschenfreunde« wurde gleichsam zur Kernbotschaft ihres pädagogischen Reformeifers. An erster Stelle muss hier *Johann Bernhard Basedow* (1724-1790) genannt werden, der mit seinen werbemächtigen Erziehungsschriften, seiner schriftstellerischen Umtriebigkeit und vor allem der Gründung seines Dessauer Philanthropins, seiner, wie er es nannte, »Menschheitsbeglückungsanstalt«, zum genial anregenden pädagogischen Reformer der Aufklärungszeit wurde. Durch seine Schule gingen die großen philanthropischen Aufklärungspublizisten und -pädagogen *Johann Heinrich Campe* (1746-1818), *E. Chr. Trapp* (1745-1818) und *Christian Gotthilf Salzmann* (1744-1811); an ihr hospitierte auch *Carl Friedrich Bahrdt* (1740-1792), »radikaler Anhänger« und »linker« Außenseiter der deutschen Aufklärung«, und bekannt als »enfant terrible der Aufklärungstheologie«, dessen natürliche Erklärungen der neutestamentlichen Wundergeschichten immer wieder herhalten müssen, um auf unterhaltsame Weise die absurden und abstrusen Früchte radikal rationalistischer Bibelkritik zu demonstrieren. Hier stand *Bahrdt* den äußerst konfessions- und kirchenkritischen Auffassungen *Basedows* am nächsten und setzte sich damit deutlich von den anderen Philanthropen ab, die als gemäßigte »Neuerer« die Ideen der Aufklärung nicht umstürzlerisch durchsetzen, sondern eher reformerisch umsetzen wollten. In dieser Hinsicht ist besonders *Christian Gotthilf Salzmann* ein beispielhaft typischer Vertreter, der als Pfarrer, Erzieher und Volksschriftsteller einen Gutteil der deutschen Aufklärungsbewegung geradezu ideal verkörpert. Von daher bietet es sich an, das geschichtliche Phänomen Aufklärung nicht nur über die »sehr wichtigen Personen« der aufklärerischen Philosophie zu erschließen, sondern vor allem in didaktischer Hinsicht auch jene Aufklärer zu berücksichtigen, deren Wirksamkeit im Überschneidungs- und Vermittlungsfeld zwischen aufklärerischer Theorie und Praxis lag. Ohne ihren optimistischen Reformeifer wäre die Aufklärung nie so populär geworden. Darauf unser besonderes Augenmerk zu richten, soll bei der folgenden Beschreibung der wesentlichen Merkmale aufklärerischer Lebenseinstellung und Lebensform leitendes Anliegen sein.

1.3 Merkmale aufklärerischer Lebenseinstellung

– *Aufklärung* ist als sprachlich »neuer Ankömmling« (*M. Mendelsohn*) eine selbstbewusst stolze Selbstbezeichnung, mit der dank der Lichtmetaphorik (engl. enlightenment / franz. les lumières) nicht nur ihre Anhänger einen positiven Sinn verbanden. Sie ist kulturell, politisch und gesellschaftlich dimensioniert, äußert sich aber in ihrer Zeit vor allem auch als aufgeklärte Gesinnung und Lebenseinstellung mit programmatischen und dynamischen Zügen einer anspruchsvollen Bewegung und Aufgabe, denen auch der christliche Glaube, die Kirchen und das Christentum ausgesetzt werden.
– Bei der Aufklärung und ihrem Vollzug, dem Aufklären, dominiert der *Verstand*. Aufklärung der Menschen bedeutet »Berichtigung ihrer Einsichten und Verbesserung ihres Erkenntnisvermögens«. Entsprechend ist ein Mensch nur insofern wahrhaft aufgeklärt, als »er selbst eine Fertigkeit besitzt, die Wahrheit zu erkennen, und sie von dem Irrthume zu unterscheiden, und diese kann er nicht anders erwerben, als durch Uebung im eigenen Nachdenken«.[1] Damit wird die autonome Vernunft zum entscheidenden Maßstab menschlichen Urteilens, Werthaltens und Handelns und löst die traditionellen Autoritäten und Entscheidungsinstanzen ab. Theologisch bedingt das die Abwendung von der herrschenden Orthodoxie und ihrer Betonung der Dogmen sowie Bibelkritik und Kritik an Kirchen und Konfessionen und wirft das Grundproblem nach dem Verständnis und dem Verhältnis von Vernunft und Offenbarung auf. Je nach theologischem Standpunkt fällt der gepflegte Rationalismus eher harmonistisch oder antagonistisch aus. Neologisch klingt das dann so: »Die Vernunft ist ein Geschenk Gottes, die er uns zur Führerin auf den unsichern Wegen dieses Lebens gegeben hat. Ihre Stimme ist Gottes Stimme«, Gottes mittelbare Offenbarung![2]

---

1 *C. G. Salzmann*, Über die Erlösung der Menschen vom Elend durch Jesum, Leipzig 1. Buch 1789, 31 u. 47.
2 *C. G. Salzmann*, Geschichte des Landrichters Pappel (1812), Stuttgart 1845, 38.

– Die Überzeugung der Aufklärung von der uneingeschränkten Wirkkraft und -mächtigkeit des menschlichen Verstandes setzt nicht nur kritische Potenzen und Kompetenzen frei, sondern ist gleichzeitig verbunden mit einem teils schrankenlosen *Optimismus*. Wenn die Menschen erst einmal einsehen oder zur Einsicht gebracht worden sind, was gut ist, dann werden sie es auch tun. Diesem sokratischen Optimismus (und Irrtum) huldigten die Menschen der Aufklärung in einem kaum vorstellbaren Maße. Sie wähnten sich mit der nützlich tätigen Vernunft und dem unübersehbar erwachten »Untersuchungsgeist« in einer so »glücklichen Periode«, wie sie »seit Jahrtausenden nicht« war, und äußerten darüber hinaus die Hoffnung, »daß wir bald (noch) bessere und glücklichere Zeiten bekommen werden«.[3] Diesem epochalen Glücksgefühl und Optimismus hatte – zumindest was die volkstümliche Aufklärung in der zweiten Hälfte des 18. Jahrhunderts betraf – das verheerende Erdbeben von Lissabon 1755 offenbar keinen entscheidenden Abbruch getan.

– Die optimistische Grundeinstellung bestimmte auch das *aufklärerische Menschenbild*. Das Kind wie der Erwachsene werden von Natur aus als gut und unschuldig erachtet und tragen in und an sich die Fähigkeit, immer besser und vollkommener zu werden. Theologisch wird der Mensch wesentlich von seiner Gottähnlichkeit her bestimmt und nicht von seiner sünd- und boshaften Verderbtheit. Entsprechend war die orthodoxe Erbsündenlehre in den aufklärerischen Kreisen eine der verrufensten und am meisten bekämpften Lehren. Sie traf die dezidiert anthropozentrisch »gepolte« Aufklärung gleichsam an ihrem Lebensnerv und Kraftzentrum: der Auffassung, dass der Mensch, wenn er nur will, seiner Bestimmung gemäß leben und streben kann.

– Der aufklärerische »Bestimmungs-Optimismus«, wonach der Mensch immer verständiger, tugendhafter und vollkommener werden soll und auch werden kann, lässt die Aufklärung zu *dem* pädagogischen Zeitalter schlechthin werden. Sie mobilisierte ein *pädagogisches Interesse und Engagement*, was nicht nur der Erziehung und dem Schulunterricht im engeren Sinne zugute kam, sondern auch andere Bereiche erfasste und die Aufklärung zu einer echten Volksbewegung werden ließ. So wurden z.B. die Predigten der Aufklärer zu einem äußerst wirksamen und nützlichen Forum

---

3 *C. G. Salzmann*, Über die Erlösung der Menschen vom Elend durch Jesum, Leipzig 2. Buch 1790, 18f.

pädagogischer Agitation und populärer Belehrung. Das bescherte dem gepredigten christlichen Glauben nicht nur große Lebensnähe und Zuwendung zum praktischen Leben bis hin zur Bienenzucht und zum Anbau von Feldfrüchten, sondern führte zugleich auch zu einer durchgängigen Moralisierung des Christentums und seiner »gottvollen« Inhalte.

– *Spaldings* erwähntes Buch von der Religion als einer »Angelegenheit des Menschen« markiert in theologisch-neologischer Hinsicht diese anthropozentrische, pädagogische und moralische Ausrichtung des aufklärerischen Christentums. Sie ging – je nach theologischer Auffassung – einher mit einer Relativierung, Reduzierung oder Eliminierung der überkommenen Dogmen und kirchlichen Glaubens- und Unterscheidungslehren und ließ von da her auch die konfessionellen Grenzen »unwichtig werden«. Das brachte ökumenische Öffnung und Weite, reduzierte aber gleichzeitig die Bedeutung der Kirchen und entfesselte ihnen gegenüber zunehmende Skepsis und Kritik. Die neue Autorität der Vernunft förderte die Tendenz hin zur individuellen Religion, zur »Privatreligion« (*J. S. Semler*): »Im Herzen kann jeder glauben, was er will.« Gedankenfreiheit und Toleranz gegenüber Andersdenkenden und Andersgläubigen sind angesagt. »Möchte doch einmal das unselige Misstrauen aufhören, das bisher zwischen uns und unseren katholischen Brüdern ... genährt wurde! ... möchten wir doch als Landsleute, als Brüder, einander die Hände bieten, und gemeinschaftlich nach einem Zwecke – nach Menschenwohl hin arbeiten! was würden wir nicht in wenigen Jahren wirken können!«[4]

2. Systematisch

2.1 *Umstrittene Aufklärung*

An der Aufklärung scheiden sich die Geister; das Urteil über sie ist stets ein Stück weit Indikator für den jeweiligen theologischen Standpunkt des Betrachters. Das allein schon macht die kirchengeschichtliche Beschäftigung mit der Aufklärung zu einer ungemein interessanten Sache, weil sie zur Stellungnahme herausfordert und von da her im besten Sinne kritisch sein muss. Sie provoziert ein Gedächtnis christlichen Glaubens, der die Aufklärung »durchgemacht«

---

4 *C. G. Salzmann*, aaO., 1. Buch, 166.

hat, »hinter« sich hat und ohne die Erinnerung und Erfahrung der Aufklärung heute nicht mehr wirklich zu haben ist. Deshalb muss die Auseinandersetzung mit der Aufklärung im RU nicht nur kritisch sein, sondern darf sich durchaus auch auswachsen zu einer »gefährlichen Erinnerung«, die christlichen Glauben in existentieller und gesellschaftlicher Hinsicht radikal in Frage stellen und herausfordern kann. Kirchengeschichtlich erinnerte Aufklärung wird so zur Aufgabe wechselseitiger Erschließung von christlicher Lebens- und Glaubensform damals und heute. Sie fragt, was die Aufklärung an Erinnerungs- und Überlieferungswerten zu christlich verantwortetem Verstehen der Gegenwart und Bestehen der Zukunft beizutragen hat, und sie bedenkt, was unter ihrem Einfluss und Anspruch aus dem christlichem Glauben geworden ist.[5]

Unter der Perspektive einer Kirchengeschichte als Auslegungs- und Wirkungsgeschichte der Heiligen Schrift bleibt die Aufklärungszeit recht unergiebig. Ihre leitenden Gedanken und Impulse bezieht sie nicht aus der Bibel, sondern aus der sie beherrschenden Instanz der Vernunft. Mit ihren Augen wird die Bibel ausgelegt, gedeutet und sondiert, wobei besonders die alt- und neutestamentlichen Lichtvorstellungen für Gott und das Göttliche Anknüpfungs- und Berührungspunkte mit der Aufklärung oder – in biblischer Sprache – Erleuchtung boten. Bibelstellen im Wortfeld »Licht« und »leuchten« wurden mit der festen Überzeugung, dass des Menschen Vernunftbegabtheit sein göttliches Licht sei, aufklärerisch vereinnahmt und umgedeutet. In diesem Sinne wurde dann etwa das bekannte Psalmwort »Dein Wort ist meines Fußes Leuchte« (Ps 119, 105) verstanden oder, noch deutlicher und spektakulärer, der berühmte Satz am Anfang des Johannesevangeliums »Im Anfang war das Wort« (griech. = logos) uminterpretiert zum rationalistischen »Im Anfang war die Vernunft«.[6] Sie wurde für die aufklärerischen Bibelinterpreten zum »Wegweiser, Gottes Licht zu erkennen«, was vorrangig bedeutete, seinen Willen zu erkennen. Entsprechend wurde die Aufforderung und Empfehlung des Paulus in 1 Thess 5,21 »Prüfet aber alles, und das Gute behaltet!« zu einer der meist zitierten und beliebtesten Bibelstellen der Aufklärungstheologen. Vernunftgegründet und -geleitet und von ihr maßgeblich bestimmt wird die-

---

[5] *G. Ruppert/J. Thierfelder*, Umgang mit der Geschichte – Zur Fachdidaktik kirchengeschichtlicher Fundamentalinhalte, in: G. Adam/R. Lachmann (Hg.), Religionspädagogisches Kompendium, Göttingen ⁶2003, 295-326, bes. 298f.

[6] *H. Gutschera/J. Maier/J. Thierfelder*, Kirchengeschichte – ökumenisch. Bd. 2, Mainz/Stuttgart 1995, 88f.

ser Imperativ gleichsam zum kritischen Prinzip der Aufklärung, dem in Glaube, Theologie und Kirche auch die christliche Religion ausgesetzt wurde. Für die kirchengeschichtliche Beschäftigung mit der Aufklärung erwächst daraus als entscheidende Frage und Herausforderung, wie eine solche rationalistisch orientierte Auffassung und Ausprägung christlicher Religion und christlichen Glaubens zu beurteilen ist, welche Rolle die Vernunft in und für unseren christlichen Glauben spielt, spielen darf und spielen soll.

2.2 *Die Rolle der Vernunft*

Hier gilt zunächst eine grundständig positive Akzeptanz des aufklärerischen Erbes und seines Prinzips kritischer Rationalität. Ohne sie, ohne die Anstrengung und Kritik des Denkens, ohne vernünftige Reflexion und Argumentation ist Christentum und christlicher Glaube in unserer Welt und Gesellschaft nicht mehr zu haben und zu halten. Und davon ist grundsätzlich kein Bereich ausgenommen; darin gründet die Bibelkritik mit ihrer historisch-kritischen Exegese, darauf fußt die Kirchenkritik mit ihren Reformimpulsen und ihrer Öffnung zu ökumenischer Weite und Toleranz und daraus resultiert die massive Dogmenkritik, die sich die herkömmliche Glaubenstradition durch die Aufklärung gefallen lassen musste. Wie an den Auswüchsen aufklärerischer Bibelauslegung so zeigt sich gerade auch am Umgang mit den überlieferten Glaubenslehren die Grenze des durch die Aufklärung proklamierten und praktizierten Vernunftgebrauchs. Als platter Rationalismus verkürzte er die Wahrheit auf positivistisch verstandene Wirklichkeit und verbaute sich damit die Möglichkeit zu mehrdimensionalem Verstehen und symbolischer Deutung, was im rationalistischem Extremfall zu einem Christentum ohne Christus, ohne Erlösung, ohne Auferstehung, ohne Dreieinigkeit führte und in anthropologischer Hinsicht die Macht des Bösen, der Sünde und vor allem der Erbsünde vehement leugnete. Diese Verabsolutierung und rationalistische Verkürzung der Vernunft ging auf Kosten einer Ganzheitlichkeit christlichen Glaubens, zu der neben der Vernunft- und Handlungskomponente noch das Gefühl gehört. Trotz aller in der aufklärerischen Literatur gepflegten Rührseligkeit ging diese affektive Dimension dem aufklärerischen Glauben weitgehend ab, was ihm das Herz verschloss und den Blick verstellte für die gefühlsmäßige Wahrnehmung in Liturgie, Gottesdienst, Spiritualität, sakramentalem Vollzug und geheimnisvollen Glaubensinhalten und -bereichen, die zwar wie der Geist Gottes selbst nicht widervernünftig, wohl aber »höher als alle Vernunft« (Phil 4,7) sind. Dem allen wird von der Aufklärung kein Existenz- und Eigenrecht zugestanden; stets werden sie der Belehrung dienstbar gemacht oder kurzschlüssig zu praktischem Handeln verzweckt.

Solch gleichermaßen verabsolutierter wie reduzierter Vernunftgebrauch durch Aufklärung und Aufklärungstheologie hat die Vernunft in Misskredit gebracht und lässt leicht verkennen, dass sich die Aufklärung mit der Hochwertung und Befreiung der menschlichen Vernunft zu kritischem Denken, Urteilen und Entscheiden gerade auch im Hinblick auf Christentum und christlichen Glauben große Verdienste erworben hat. Glauben geht sicher nicht in Vernunft und Denken auf, aber ohne *ratio* und Rationalität bleibt er defizitär und entzieht sich der Aufgabe gedanklicher Durchdringung und damit der Möglichkeit, seine Frohbotschaft weiterzusagen und anderen Menschen verständlich und lebenspraktisch zu vermitteln. In dieser Hinsicht verdanken wir der Aufklärung die grundlegende Einsicht, dass christlicher Glaube sich niemals mit der Suspendierung der Vernunft und der natürlichen menschlichen Erkenntnisfähigkeiten verträgt und einverstanden erklären darf, sondern im Gegenteil lernen muss, sie im Wissen um ihre Grenzen und Möglichkeiten lebens- und glaubensförderlich zu gebrauchen.

Nicht übersehen werden darf dabei, dass die Aufklärung mit ihrem entschiedenen Einsatz für den Gebrauch des eigenen Verstandes und der autonomen Vernunft als Gegenbewegung gegen einen orthodoxen Glauben entstanden ist, der in seinem Eifer für dogmatische Korrektheit zunehmend einseitiger Verkopfung und dürrer Gedächtnisübung verfallen war. Gegen solch lebensfernen heteronomen Vernunftgebrauch in den engen Grenzen kirchlicher Lehre entwickelte die theologische Aufklärung ihr »vernünftiges« Programm, das freilich nur deshalb so viel Erfolg hatte, weil es sich verband mit lebenspraktischer Nützlichkeit, pädagogischem Bildungseifer und realistischer Glückseligkeitsverheißung. Hier ging die Aufklärung sogar eine Koalition mit dem Pietismus ein, der seinerseits der verkopften Orthodoxie sein entschiedenes Eintreten für die *praxis pietatis* entgegensetzte. Der Glaube braucht Praxis – und Lebensrelevanz; darin waren sich Aufklärung und Pietismus einig (→ XI. Pietismus). Das ging freilich bei der Aufklärung weniger in Richtung einer *praxis pietatis* als vielmehr in Richtung einer *praxis vitae*! Die Religion sollte den Menschen leben helfen; daraus erwuchs der Sinn der Aufklärung für den Alltag und seine Pflichten, ihre Leidenschaft für das praktische Leben, ihr Hang und Drang zur Moralisierung des Christentums und seiner Botschaft, ihr begeistertes Engagement für die Erziehung, Bildung und Vervollkommnung der Menschheit und des konkreten Menschen. Das alles gehört prinzipiell auf die »Habenseite« der Aufklärung; sie erinnert mit ihrem Dringen auf Lebensbezug und Lebensrelevanz permanent und bisweilen auch penetrant daran, dass die Religion eine Angelegenheit des Menschen ist, was uneingeschränkt auch für den christlichen Glauben gilt. Dass dabei nicht selten der jede Religion konstituierende Gottesbezug – besonders in seiner spezifisch christlichen Ausprägung – aus dem Blick gerät oder zu kurz kommt und die Religion sich zu einer rein menschlichen Angelegenheit ohne Gott, ohne Christus und ohne Erlösung verflüchtigen kann, ist nicht zu leugnen und gehört zu den theologischen Schattenseiten der Aufklärung. Dazu zählt auf anthropologischer Seite auch das einseitig optimistische Menschenbild der Aufklärung mit seiner nahezu völligen Verständnislosigkeit für die Wirklichkeit des Bösen und der Sünde. Die berechtigte Kritik an diesem aufklärerischen Dogma vom natürlich guten Menschen muss allerdings die Mittelpunktstellung des Menschen nicht unbedingt in Frage stellen, bewahrt aber vor illusionären Erwartungen und lässt die lebensförderlichen Lichtseiten der Aufklärung, auf die christlicher Glaube heute mehr denn je unverzichtbar angewiesen ist, um so heller strahlen – strahlen wie die aufgehende Sonne auf dem Frontispiz.

3. Didaktisch

3.1 Lehrplan- und Lehrbuchbefund

Echte religionsunterrichtliche Konkretionen zum kirchengeschichtlichen Thema »Aufklärung« sind Mangelware. Das hat seinen Grund u.a. im ausgesprochen »dürren« *Lehrplanbefund*. Sind kirchengeschichtliche Themen in den Lehrplänen ohnehin schon dünn gesät, so gilt das für die Aufklärungsthematik erst recht. In der GS und OS sucht man sie vergeblich; selbst Verweise und indirekte Bezüge in problemorientierten Unterrichtseinheiten finden sich so gut wie nicht. In der Sek I und II ändert sich das geringfügig. Hier kann man gelegentlich sogar auf eigenständige Themenbereiche zur Aufklärung stoßen wie z.B. im bayerischen Realschullehrplan für Evangelische Religionslehre der 9. Klasse unter dem Thema »Die Frage nach dem Menschen in der Neuzeit – Pietismus und Aufklärung«.

Interessant sind hier nicht nur die Querverweise auf den Geschichts-, Deutsch-, Musik- und Ethikunterricht, sondern auch die curriculare Kommentierung, die die Thematik begründet und intentional ausrichtet:[7]

Weil Pietismus und Aufklärung sich bis heute auf das Selbstverständnis des Christentums auswirken, sollen die Schüler einen Einblick in Motive und Absichten dieser Bewegungen gewinnen. Es geht dabei vor allem um das Verhältnis von Glaube und Vernunft sowie um das Verständnis des Menschen. Indem die Schüler Chancen und Grenzen einer Verinnerlichung des Glaubens, aber auch einer vernunftgeleiteten Weltbemächtigung wahrnehmen, kann ihr eigenes Welt- und Selbstverständnis eine Klärung und Vertiefung erfahren.

Gemeinsame Motive in Pietismus und Aufklärung
- Kritik an gesellschaftlichen und kirchlichen Institutionen und an dogmatischem Denken; Akzentuierung des fühlenden und denkenden Subjekts; Bedeutung einer frommen bzw. moralischen Lebensführung (...)

Aufklärung [D 8.3]
- *Merkmale*: Vorrang der Vernunft und Eigenverantwortlichkeit, Humanität und Toleranz [Mr], Nützlichkeitsmoral, Fortschrittsglaube; Folgen wie die Säkularisation des Kirchengutes; charakteristische Lieder und Texte, z.B. Predigtthemen [D, Mu]
- *problematische Auswirkungen*: überzogenes Vertrauen in Vernunft, Wissenschaft, Technik bei der Lösung grundlegender Welt- und Lebensprobleme [U], Reduzierung der Religion auf Moral o.ä.

Die bleibende Bedeutung von Pietismus und Aufklärung für den Glauben
- Beispiele für die bleibende Bedeutung, z.B. Prägung der Lebenspraxis durch Glauben bzw. Überzeugung, Toleranz im Umgang mit fremder Überzeugung [Fr], Klärung des Verhältnisses von Vernunft, Gefühl und Glaube, vernunft- und frömmigkeitsbestimmter Umgang mit der Bibel, Kritik an bloßer Amtsautorität.

Dieses Zitat ist deshalb so ungekürzt ausgefallen, weil hier m.E. in geradezu beispielhafter Weise ein didaktisch begründeter Lernraum und -horizont abgesteckt ist, um im Rahmen des schulisch Möglichen sachkundig und problembewusst mit der Aufklärung umzugehen. Nicht zuletzt im Vergleich mit dem Pietismus (→ XI. Pietismus) kann den Schülerinnen und Schülern klar (gemacht) werden, was die Aufklärung für das Verständnis von Christentum, Kirche

---

[7] Lehrplan für die bayerische Realschule, in: Amtsblatt des Bayerischen Staatsministeriums für Unterricht, Kultus, Wissenschaft und Kunst. Sondernummer 1/1993, 187f.

und christlichem Glauben essentiell bedeutete und was sie existentiell für die eigene Auffassung vom Christentum, für die persönliche Einstellung zum christlichen Glauben beiträgt bzw. beitragen könnte und sollte.

Auffallend ist, dass im Parallellehrplan für die bayerischen Gymnasien unter dem Thema »9.4 Evangelische Erneuerungsbewegung« zwar Pietismus und Erweckungsbewegung genannt werden, die Aufklärung aber ausgespart bleibt. Sie begegnet dafür in der 11. Jahrgangsstufe Evangelische Religionslehre, wo unter dem Thema »Christlicher Glaube in der Neuzeit« »das Programm der Aufklärung in Grundzügen« behandelt werden soll. Hierfür liegt sogar bereits ein sehr informativer zweibändiger »Unterrichtsgang« vor, der freilich so gut wie ausschließlich an der philosophischen Aufklärung orientiert ist.[8]

Fragt man nach *Religions- und Arbeitsbüchern*, in denen die »Aufklärung« eigens thematisiert wird, so ist nicht nur die Anzahl der hier überhaupt in Frage kommenden Bücher relativ gering, sondern es leidet auch das, was dann an Inhalten, Quellen und Materialien (an-)geboten wird, mehrheitlich unter der Monotonie standardisierter Quellen aus dem Bereich philosophischer Aufklärung. Lessings Ringparabel und Kants klassische Aufklärungsdefinition fehlen dabei so gut wie nie, während Texte, Dokumente und Bilder aus dem Bereich volkstümlicher Aufklärung vergleichsweise selten begegnen. Rühmliche Ausnahme bildet hier das Arbeitsbuch von *Herbert Gutschera* und *Jörg Thierfelder* »Brennpunkte der Kirchengeschichte«, das in seinem 9. Kapitel unter der Überschrift »Anpassung und Widerstand: Ehre und Elend der Aufklärung« zwar auch nicht um Kant und Lessing »herumkommt«, dem es aber über sie und über sie hinaus gelingt, nicht nur den typischen Zeitgeist und die Grundstimmung der Aufklärung einzufangen, sondern sie auch weiterzuverfolgen bis ins Heute und ins Morgen einer unaufgebbaren Problem- und Fragestellung: »Aufklärung und kein Ende«.[9]

---

8 *K. F. Haag*, Der christliche Glaube vor den Herausforderungen der Neuzeit, in: *Gymnasialpäd. Materialstelle d. Evang.-Luth. Kirche in Bayern (Hg.)*, Arbeitshilfe f. d. evang. Religionsunterricht an Gymnasien. ThF 120, XII/2000.

9 *H. Gutschera/J. Thierfelder*, Brennpunkte der Kirchengeschichte, Paderborn 1976 u. ö., 177–192, bes. 192.

3.2 Konkretionen für die Sekundarstufe II

Der angedeutete Lehrplan- und Lehrbuchbefund dürfte in dem Punkt Recht haben, dass eine Erfolg versprechende Beschäftigung mit der Aufklärung in der Regel nicht früher als im RU der Sek I erfolgen sollte. Eine erste problemorientierte Annäherung an die Aufklärung könnte aber gegebenenfalls bereits in oder am Ausgang der Pubertätszeit geschehen, wenn das kritische Denken und Zweifeln sich der überkommenen Glaubensformen und -auffassungen »annimmt« bzw. »bemächtigt«. Hier kann unter der Problemstellung »glauben und denken« ein Verweis auf die Aufklärung und ihr vernünftiges Christentum hilfreich sein und nötig werden, um die scheinbare Unvereinbarkeit von Glaube und Vernunft »geistesgeschichtlich« zu relativieren und den Schülern und Schülerinnen eine Glaubensform vorzustellen und nahe zu bringen, zu der kritischer Vernunftgebrauch ebenso wesenhaft gehört wie das Zweifeln und Angefochtensein auch auf Grund von Argumenten der Vernunft, die dem Unglauben und der Gottlosigkeit das Wort reden.

Der Schwerpunkt vertiefter Beschäftigung mit der Aufklärung liegt für gewöhnlich im RU der gymnasialen Oberstufe, in der thematische Einzelbezüge zur Aufklärung aus vorangegangenen Schuljahren in einen meist geistesgeschichtlich angelegten »Durchgang« durch die Aufklärungsepoche eingebracht und eingeordnet werden können.

Beispielhaft und typisch zugleich ist in dieser Hinsicht der schon erwähnte *»Unterrichtsgang«* zum Themenbereich *»Der christliche Glaube vor den Herausforderungen der Neuzeit«*, in dessen zweiten Kapitel die *»Aufklärung«* behandelt wird. Primär unter der Perspektive der neuzeitlichen Philosophiegeschichte wird hier eine Sammlung ausgewählter Texte geboten, die sich nacheinander mit der Frage »Was ist Aufklärung?«, dem »Menschenbild«, der »Revolution des Denkens und der Gesellschaft« und den »Impulsen der Aufklärung im christlichen Denken« befassen. Obwohl für einen »Rundgang bzw. weitläufigen Durchgang« plädiert wird, will das »angebotene Text-Arrangement« »keinesfalls als Vorschlag für eine Unterrichtsabfolge missverstanden werden«, sondern soll »einfach nur die Funktion einer ›Hintergrundinformation‹ oder häufig auch nur die eines ›Steinbruchs‹ oder eines ›Bausteine-Lagers‹« haben. Entsprechend dominieren die theologiegeschichtlichen Informationen und systematisch-theologischen Überlegungen und Erläuterungen und sind selbst im »Begleitband« die didaktisch-methodischen Hinweise eher die Ausnahme. Ohne didaktische Ambitionen soll es der Lehrkraft und den Schülern und Schülerinnen überlassen bleiben, »was im Unterricht tatsächlich realisiert werden kann«. Immerhin sollte dabei »auf alle Fälle deutlich werden«, dass die aufklärungs-spezifischen »Frage- und Problemstellungen unsere Gegenwart immer noch prägen, dass sie zumindest noch virulent sind«.[10]

So oder ähnlich dürfte die Auseinandersetzung mit der Aufklärung in der Sek II in der Regel stattfinden: viel historische Information, Quellenarbeit an repräsentativen Dokumenten, Texten und Äußerungen wichtiger Personen der Aufklärung, Reflexion und Diskussion von dabei auftauchenden und geweckten Fragen und Problemen.

3.3 Konkretionen für die Sekundarstufe I

Im RU der Sek I ist der textlastige, abstrakt anspruchsvolle Weg zur Erschließung der Aufklärung, der für gewöhnlich in der gymnasialen Oberstufe gewählt werden dürfte, nur bedingt gangbar. Wie bereits angedeutet, wird hier die (Erst-)Begegnung mit der Aufklärung eher im Zusammenhang mit bestimmten Fragen und Problemen christlichen Glaubens erfolgen.

Das erfordert freilich in jedem Fall eine *kurze einführende Unterrichtseinheit* – gegebenenfalls als Exkurs – über das, was man eigentlich unter Aufklärung zu verstehen hat. Dies ist nicht nur nötig, um die häufig einzige Assoziation, die Schülerinnen und Schüler heute mit Aufklärung verbinden, die sexuelle Aufklärung, aufzugreifen und eventuell »semantisch« weiterzuführen, sondern vor allem auch, um die Aufklärung historisch zu »verorten«, ihr einen Platz auf der *Zeitleiste* zu geben und so »den Blick auf das Ganze zu wahren«.[11] Möglichst in Kooperation mit dem Geschichtsunterricht sollte dazu an der Wand des Unterrichtsraums eine Zeitleiste angebracht sein, auf der für das 18. Jh. unter den Daten *Friedrichs des Großen* (1740–1786), *Maria Theresias* (1740–1780) und *Joseph II.* (1780–1790) die Aufklärung eingezeichnet werden könnte. Eine kurze historische Erläuterung müsste diesen Eintrag präzisieren und könnte von daher in Anknüpfung an die bereits geleistete Wortklärung fortschreiten zu ersten Ahnungen und Einsichten in das, was die Aufklärung ihrem

---

10 *K. F. Haag*, aaO. (Begleitband), 6.
11 *G. Ruppert*, »… uninteressant und langweilig …«. Kirchengeschichtsdidaktik – Eine ›Bestandsaufnahme‹, in: KatBl 115/1990, 230–237, bes. 234.

wesentlichen Anliegen nach ausmacht. Dazu eignen sich nicht zuerst Texte, sondern vor allem Bilder, die die Aufklärung und ihre Anliegen veranschaulichen und symbolisch darstellen. Gerade die aufklärerische Lichtsymbolik hat hier sehr kreativ gewirkt.

Wo solche Einführung geleistet worden ist, ist der Weg unmissverständlich frei, um markante Auffassungen und Einstellungen der *Aufklärung in problemorientierten Einheiten* zu Worte kommen zu lassen. Das können im *hermeneutischen* Bereich Proben aufklärerischer Schriftauslegung oder vernünftigen Predigens sein, im *ekklesiologischen* Bereich das Verständnis von Kirche, Konfession und Ökumene, im *anthropologischen* Bereich das profilierte Menschenbild der Aufklärung, im *gesellschaftspolitischen* Bereich das Engagement für Toleranz und (Religions-)Freiheit, im *ethischen* Bereich der Einsatz für lebenspraktisches Handeln und vernünftige Frömmigkeit mit der Folge einer Moralisierung christlichen Glaubens – und nicht zuletzt und immer wieder im *prinzipiellen* Bereich christlicher Einstellung die Grundfrage nach dem Verhältnis von Glauben und Denken, nach dem Stellenwert der Vernunft in Christentum, Kirche und christlichem Glauben.

Freilich muss sich die Beschäftigung mit der Aufklärung in der Sek I nicht nur auf Einführungskurse und Teileinheiten in problemorientierten Themenkreisen beschränken, sondern es sind durchaus auch *eigenständige Unterrichtseinheiten* denkbar. Sie könnten sich in dem oben zitierten curricularen Rahmen bewegen, brauchten dazu allerdings angemessene didaktische und methodische Konkretionen. Im Blick auf Neunt- oder Zehntklässler würde sich dabei ein biografischer Zugang empfehlen, der die Aufklärung über eine einzelne Persönlichkeit erschließt. Sie müsste sowohl typisch aufklärerische Züge verkörpern als auch den Schülerinnen und Schülern Möglichkeiten der Identifikation, des Widerspruchs und der Infragestellung eröffnen. Um das oben unter den Informationen Gesagte aufzugreifen, bietet sich dafür weniger eine Person aus dem Kreis der »hochgeistigen« philosophischen Aufklärung an als vielmehr ein »Aufklärer«, der mit seinem Leben, Wirken und Schreiben ein Stück weit die volkstümliche Aufklärung repräsentiert.

Hier könnte man z.B. an den Kirchenlieder-Dichter *Christian Fürchtegott Gellert* denken, um durch intensivere Beschäftigung mit dem einen oder anderen seiner bekannten und bis heute im Gottesdienst gesungenen Lieder etwas von dem »volkstümlichen« Aufklärungsgeist »rüberzubringen«. Neben anderen wäre dazu etwa das von Gellert 1757 gedichtete Kirchenlied »Jesus lebt, mit ihm auch ich!« (EG 115) recht gut geeignet.

Des Weiteren böte sich gerade im Blick auf die didaktische Konkretion der volkstümlichen Aufklärung der Philanthrop *Christian Gotthilf Salzmann* an, der mit seinen Einstellungen die Aufklärung in geradezu idealer Weise verkörperte: Als Familienvater, Pfarrer, Erzieher und Volksschriftsteller setzte er Vieles in Tat und Wort um, was echtes aufklärerisches Anliegen war. An seiner erzählten und mit zeitgenössischen Bildern untermalten Lebensgeschichte ließe sich eine spannende Begegnung mit der Aufklärung inszenieren.[12] Sie müsste durch typische Texte aus Salzmanns üppigem schriftstellerischen Wirken und reichem literarischem Werk produktiv ergänzt, unterbrochen und veranschaulicht werden, wobei man die Vielfalt der Gattungen, mit denen Salzmann seine Auffassungen wirkmächtig verbreitete, berücksichtigen und didaktisch nutzen sollte.

Das könnten z.B. aus dem »Vierten Band« der »Christliche(n) Hauspostille« Ausschnitte aus einer Salzmann-Predigt zu 1 Tim 2,4 »Ueber den großen Werth der wahren Aufklärung« (Schnepfenthal 1793, 34–46) sein, *das könnten* charakteristische Passagen aus Salzmanns Büchern »Über die Erlösung der Menschen vom Elend durch Jesum« (Leipzig 1789/1790) sein, vielleicht kombiniert mit einem Kapitel aus seinem Roman »Carl von Carlsberg oder über das menschliche Elend« (Leipzig 6 Theile 1783–1788), darin etwa die Äußerungen des Feldpredigers Wenzel über die »wahre Aufklärung« (III, 99 ff.) oder auch ergänzt durch einen Artikel aus Salzmanns volksaufklärerischer Zeitschrift »Der Bote aus Thüringen« (1792, 239 f.: Der Bote hat »gegen alles menschliche Elend nur einen guten Rath ... Er heißt Nachdenken!«), *das könnte* die eine oder andere moralische Geschichte aus Salzmanns »Moralischem Elementarbuch« (Leipzig ²1785/Nachdruck 1980) sein, *das könnten* aber nicht zuletzt auch Kostproben aus Salzmanns bekannten pädagogischen Schriften sein: etwa Ausschnitte aus dem »Krebsbüchlein« (Erfurt ⁴1806/Nachdruck 1961, z.B. die »Anweisung« über »Mittel, die Kinder dumm zu machen«) oder dem »Ameisenbüchlein« (Schnepfenthal 1806/Nachdruck ²1964), der »Anweisung zu einer vernünftigen Erziehung der Erzieher«, oder aus dem deutschen »Emile«, dem »Buch für's Volk« »Konrad Kiefer« mit seinen Anweisungen »zu einer vernünftigen Erziehung der Kinder« (Schnepfenthal 1796/Nachdruck 1961) und schließlich – nicht zu vergessen – *könnten das* Auszüge aus

---

12 Vgl. *R. Lachmann*, Christian Gotthilf Salzmanns Religions-Pädagogik, 2., völlig überarbeitete u. erweiterte Aufl., Jena 2003 (Literatur!).

den »Nachrichten aus Schnepfenthal« für Eltern, Erzieher und Kinder sein, in denen Salzmann sehr anschaulich aus dem Leben und Treiben seiner Erziehungsanstalt berichtete, von den Reisen mit seinen Zöglingen, der Gartenarbeit, dem Sport, den Gottesdiensten und dem Meritenwesen (= Verdienste und Leistungen werden durch Orden u. ä. belohnt), das in Schnepfenthal sehr intensiv gepflegt wurde.

Wenn auch für den konkreten religionsunterrichtlichen Gebrauch bisher noch eine Textsammlung im angedeuteten Sinne fehlt, so dürfte doch die didaktische Intention eines solchen biografischen Zugangs zur volkstümlichen Aufklärung deutlich geworden sein. Hineingestellt in den zeitgeschichtlichen Kontext könnte dergestalt mosaikhaft ein lebenswirkliches Bild von der Aufklärung vor den Augen der Schüler und Schülerinnen entstehen, aus dem sich unschwer die wichtigsten aufklärerischen Charakteristika herausarbeiten ließen, um von da aus weiterzudenken und zu fragen, was das für die eigene Lebens- und Glaubenseinstellung bedeuten und bringen könnte.

Literaturhinweise

K. F. Haag, Der christliche Glaube vor den Herausforderungen der Neuzeit, in: *Gymnasialpäd. Materialstelle d. Evang.-Luth. Kirche in Bayern (Hg.)*, Arbeitshilfe f. d. evang. Religionsunterricht an Gymnasien. ThF 120 (mit Begleitband), o. O. XII/2000

H. Gutschera/J. Maier/J. Thierfelder, Kirchengeschichte – ökumenisch, Bd. 2. Von der Reformation bis zur Gegenwart, Mainz/Stuttgart 1995

R. Lachmann, Christian Gotthilf Salzmanns Religions-Pädagogik, 2., völlig überarbeitete u. erweiterte Aufl., Jena 2003

H. R. Schmidt, Vom Fundamentalismus zum Vernunftglauben. Absolutismus und Aufklärung, 1600–1799, in: Chronik des Christentums, Gütersloh/München 1997, 272–321

B. Stollberg-Rilinger, Europa im Jahrhundert der Aufklärung, Stuttgart 1996

XIII. Kirche und soziale Frage im 19. Jahrhundert

Thomas Breuer

1. Historisch

Nedeljkovich, Brashich, and *Kuharich*: Pyramid of Capitalist System, 1911.

Die vom Geldsack beherrschte Pyramide bringt plakativ zum Ausdruck, wie sich die Struktur der im 19. Jh. entstandenen kapitalistischen Gesellschaft aus der Perspektive der sozialistischen Arbeiterbewegung darstellte: Die Masse der Bevölkerung, bestehend aus Arbeitern und Bauern, wird von einer kleinen Schicht reicher Bürger ausgebeutet, die ihren Wohlstand mit

Hilfe des Militärs gegen das Aufbegehren der Unterdrückten zu verteidigen weiß. Die Rolle der Kirchen wird eindeutig negativ gesehen: Sie stehen nicht bei den einfachen Leuten, sondern stabilisieren die ungerechte Gesellschaftsordnung, indem sie das Volk zum Narren halten. Obwohl diese propagandistisch-zugespitzte Sicht einer differenzierten historischen Analyse kaum standhält, so ist sie doch nicht ohne Anhalt in der Wirklichkeit und Ausdruck einer Entfremdung zwischen Arbeiterschaft und Kirche, die bis heute nicht wirklich überwunden wurde. Diese hat ihre Wurzeln im Industrialisierungsprozess des 19. Jh.

1.1 *Industrielle Revolution und soziale Frage*

Die industrielle Revolution[1] war eine Entwicklung, die – von England ausgehend – mit der Erfindung der Dampfmaschine, des mechanischen Webstuhls und der Spinnmaschine die gesamte Wirtschaft von Grund auf änderte. Der von nun an permanente technologische Wandel bewirkte regelmäßig starke Produktivitätssteigerungen. Durch den Ausbau des Transportwesens (Eisenbahn und Dampfschifffahrt) wurde der Handel begünstigt. Auch die sozialen Veränderungen waren tief greifend. Eine agrarisch geprägte Gesellschaft veränderte sich zur Industriegesellschaft mit einer neuen Klasse, den Arbeitern. Die immer größer werdenden Fabriken wurden nach Effektivitätsgesichtspunkten organisiert: arbeitsteilige Produktion mittels eines technischen Systems, das maschinelle Arbeitsenergie nutzt; Trennung von Wohnung und Arbeitsplatz; Verfügung über Arbeitszeit und Arbeitsrhythmus durch die Unternehmer; Disziplinierung und Kontrolle der Arbeiter durch Fabrikordnung etc.

Mit dem rasanten Industrialisierungsprozess verband sich eine Reihe von Problemen, die mit Hilfe der bis dahin bekannten Steuerungsmechanismen nicht zu bewältigen waren. Diesen Problemkomplex bezeichnet man als die »*soziale Frage*«:

---

1 Vgl. *H.-W. Hahn*, Die industrielle Revolution in Deutschland. Enzyklopädie Deutscher Geschichte, Bd. 49, München 1998; *H. Kiesewetter*, Industrielle Revolution in Deutschland 1815–1914, Frankfurt a. M. 1989; *T. Pierenkemper*, Umstrittene Revolutionen. Die Industrialisierung im 19. Jahrhundert, Frankfurt a. M. 1996; *H.-U. Wehler*, Deutsche Gesellschaftsgeschichte, Bd. 3: Von der »Deutschen Doppelrevolution« bis zum Beginn des Ersten Weltkrieges 1849–1914, München 1995; *H. Glaser*, Industriekultur und Alltagsleben. Vom Biedermeier zur Postmoderne, Frankfurt a.M. 1994.

- *Überlange Arbeitszeit:* Stetiges Arbeiten im Takt der Maschinen bei einer Arbeitszeit von 70 bis 80 Stunden in der Woche wirkte zermürbend.
- *Überangebot an Arbeitskräften:* Eine »industrielle Reservearmee« führte zu extrem niedrigen Löhnen und elenden Arbeitsbedingungen.
- *Fehlende Sicherheitsvorkehrungen:* Es gab keinerlei Arbeitsschutz o. ä. Die Zustände in den Fabriken waren entsprechend gefährlich, unhygienisch und gesundheitsschädlich.
- *Fehlende soziale Sicherheit:* Krankheit, Unfall, Arbeitslosigkeit und Alter konnten zu einer unmittelbaren Existenzbedrohung werden, da traditionelle Fürsorgestrukturen wie Großfamilie oder Zunftwesen verloren gegangen waren.
- *Kinderarbeit:* Wegen der miserablen Bezahlung waren viele Familien darauf angewiesen, auch Frauen und Kinder zur Arbeit zu schicken, die für noch geringere Löhne Schwerstarbeit leisten mussten. Kinder wurden besonders in der Textilindustrie eingesetzt, da hier kleine und geschickte Hände gebraucht wurden, aber z. B. auch in Bergwerksschächten. Viele Kinder mussten nach einem zehnstündigen Arbeitstag noch für zwei Stunden die Schule besuchen. Körperliche und seelische Schäden waren die Folge.
- *Wohnungs- und Familienelend:* Durch Landflucht und Bevölkerungsexplosion erhöhte sich der Anteil der in Städten lebenden Menschen stark (Urbanisierung). Dies führte zu einer regelrechten Verslumung der Arbeiterviertel in den rasch wachsenden Industriestädten. Die Wohn- und familiären Verhältnisse in den »Mietskasernen« waren desolat. Oftmals wurden in den engen Wohnungen noch Untermieter (»Schlafgänger«) aufgenommen, um eine zusätzliche Einkommensquelle zu haben. So schliefen dann eine ganze Familie (bei hoher Geburtenrate: »Proletarier«![2]) und ein Fremder in einem Zimmer, wobei sich mehrere Menschen im Wechsel ein Bett teilten. Die katastrophalen sanitären Verhältnisse, häufiger Alkoholmissbrauch, Prostitution, Kleinkriminalität und familiäre Gewalt komplettierten das desaströse Bild.

---

2   Der aus dem Französischen kommende Begriff wurde in Deutschland anscheinend erstmals 1835 von dem katholischen Philosophen *Franz von Baader* (1803–1878) verwendet.

- *Politische Rechtlosigkeit:* Streik- und Koalitionsverbot erschwerten ein organisiertes Eintreten für die Rechte der Arbeiter; undemokratische Strukturen (z.B. Dreiklassenwahlrecht in Preußen) verhinderten politische Partizipation.

Nicht übersehen sollte man, dass die »soziale Frage« auch eine geistige und psychische Dimension hatte: Die Arbeiter fühlten sich der Klasse der Herrschenden und Besitzenden hilflos ausgeliefert. Die gesellschaftliche Integration dieser vielfach verzweifelten und orientierungslosen Unterschichten wurde zu einer Herausforderung ersten Ranges.

1.2 Kirchliche Reaktionen und Lösungsversuche

Was genau unter der »sozialen Frage« eigentlich zu verstehen sei, war unter den Zeitgenossen durchaus umstritten und abhängig von der jeweiligen Interessenlage. Die bürgerlichen Schichten neigten dazu, allein die Lebens- und Wohnungsverhältnisse als verbesserungswürdig zu erachten, während die Frage der politischen Rechte der Arbeiter ausgeklammert werden sollte. Einzelne Unternehmer wie *Alfred Krupp* und *Robert Bosch* suchten im Rahmen einer patriarchalischen Sozialpolitik die Not ihrer Arbeiter zu lindern und auf diesem Wege die Bindung einer leistungsbereiten und verlässlichen Belegschaft an »ihren« Betrieb zu stärken. Demgegenüber begriff die sozialistische Arbeiterbewegung die »soziale Frage« als grundlegenden Konflikt zwischen Arbeit und Kapital, der nach revolutionären oder reformerischen (revisionistischen) politischen Lösungen verlangte. Der Staat wiederum versagte sich in Deutschland bis in die 80er Jahre des 19. Jh. weitgehend dem Problem, da er die Wirtschaft als Aufgabenbereich der Bürger ansah und sich vornehmlich für die äußere und innere Sicherheit verantwortlich wusste (»Nachtwächterstaat«).

Die Kirchen[3] waren in dieser Situation zunächst einmal alles andere als ein Motor für Reformen. Trotz herausragender Persönlich-

---

3 Vgl. *G. Brakelmann*, Die soziale Frage des 19. Jahrhunderts, Bielefeld 1981; *R. Görner*, Die deutschen Katholiken und die soziale Frage im 19. Jahrhundert, in: *G. Rüther (Hg.)*, Geschichte der christlich-demokratischen und christlich-sozialen Bewegungen in Deutschland. Grundlagen, Unterrichtsmodelle, Quellen und Arbeitshilfen für die politische Bildung, im Auftr. der Konrad-Adenauer-Stiftung, Bonn ³1989, 145–190; *M. Spieker*, Zwischen Romantik und Revolution. Die Kirchen und die Soziale Frage im 19. Jahrhundert, in: Die Neue Ordnung 55/2001, 176–192.

keiten wie *Wichern* oder *Ketteler* darf nicht übersehen werden, dass die Kirchen insgesamt die Zeichen der Zeit nicht erkannten. Der deutsche Protestantismus war durch die Liaison von Thron und Altar gelähmt und vertrat mehrheitlich eine Theologie der Ordnung (s. u. 2.). Die katholische Kirche war mit dem Abwehrkampf gegen die Moderne und der Sakralisierung ihrer streng hierarchischen Struktur beschäftigt. Auf dem Ersten Vatikanischen Konzil (1869/70) ging es um päpstliche Unfehlbarkeit und Jurisdiktionsprimat, nicht um die soziale Frage.

Dennoch gab es in beiden Kirchen von Anfang an Initiativen, die sich zum Ziel gesetzt hatten, das soziale Elend zu lindern. Auf katholischer Seite ist hier zunächst hinzuweisen auf die Entstehung und Entwicklung von Frauenkongregationen wie z. B. *Clara Feys* (1815 bis 1894) »Schwestern vom armen Kinde Jesu« in Aachen oder *Pauline von Mallinckrodts* (1817–1881) »Schwestern der Christlichen Liebe« in Paderborn, die sich v. a. der Bildung und Erziehung von Kindern, der Krankenpflege und der Armenfürsorge widmeten.[4] Sodann wird man an den rheinischen Priester und ehemaligen Schuhmacher *Adolf Kolping*[5] (1813–1865) zu denken haben, der Handwerker in Gesellenvereinen sammelte und ihnen neben einer gepflegten Unterkunft in den später so genannten Kolpinghäusern auch eine sittliche, religiöse und soziale Bildung vermittelte. Wie viele andere ging auch *Kolping* davon aus, dass das soziale Leid seine Ursache im Abfall vom Christentum habe. Nur eine umfassende christliche Erneuerung, eine Reform der Gesinnung könne zu einer dauerhaften Besserung der sozialen Lage führen.

Ganz ähnlich dachte auf evangelischer Seite der Hamburger *Johann Hinrich Wichern*[6] (1808–1881), der nach seinem theologischen Examen als Lehrer an einer Sonntagsschule zu dem Entschluss kam, ein »Rettungshaus« für Not leidende und verwahrloste Kinder und Jugendliche zu errichten. In einer alten Bauernkate, dem »Rauhen Haus«, nahm Wichern mit seiner Familie im Jahre 1833 die ersten Jungen auf. Bald schon wurden weitere Häuser errichtet, in denen

---

4 Vgl. *R. Meiwes*, »Arbeiterinnen des Herrn«. Katholische Frauenkongregationen im 19. Jahrhundert, Frankfurt/Main 2000.
5 Vgl. *Chr. Feldmann*, Adolph Kolping – Für ein soziales Christentum, Freiburg 1991.
6 Vgl. *G. Brakelmann*, Johann Hinrich Wichern, in: *K. Scholder/D. Kleinmann (Hg.)*, Protestantische Profile. Lebensbilder aus 5 Jahrhunderten, Königstein 1983, 239–252; *H. Talazko*, Johann Hinrich Wichern, in: *M. Greschat (Hg.)*, Gestalten der Kirchengeschichte 9/2, Stuttgart/Berlin/Köln 1985, 44–63.

die Knaben familienähnlich zusammenwohnten – betreut von jungen Männern, die in einer »Brüderanstalt« ausgebildet wurden. Das war der Beginn der (männlichen) Diakonie.[7] Auf einer Kirchenversammlung in Wittenberg gab *Wichern* im September 1848 den Anstoß zur Einigung der unterschiedlichen sozialen Einrichtungen innerhalb der Evangelischen Kirche in einem Zentralausschuss für Innere Mission. Trotz seiner Pionierarbeit auf dem Gebiet der Sozialfürsorge sind sein rückwärtsgewandtes Staats- und Gesellschaftsbild, seine Nähe zum preußischen Staat und seine Kennzeichnung des Kommunismus als »Werk des Satans« mit Recht als Hemmnis auf dem Weg zur Verständigung zwischen Kirche und Arbeiterbewegung bezeichnet worden.[8]

Neben *Wichern* gab es eine Reihe von weiteren erwähnenswerten Initiativen. Angeregt durch die Engländerin *Elizabeth Fry* (1780 bis 1845), die sich im Bereich der weiblichen Gefangenenfürsorge große Verdienste erworben hatte, gründeten *Theodor Fliedner* (1800–1864)[9] und seine Ehefrau *Friederike* (1800–1842) in Kaiserswerth bei Düsseldorf 1836 die Diakonissenarbeit, bei der Frauen für eine Tätigkeit in der Gemeinde, in der Krankenpflege und in der Kleinkindererziehung ausgebildet wurden. Das Leben im »Mutterhaus« wurde vor allem nach dem Vorbild katholischer Frauenkongregationen organisiert.

Als Oberin hätte *Fliedner* gerne die Hamburgerin *Amalie Sieveking* (1794–1859) gesehen, die bereits 1832 in der Hansestadt den »Weiblichen Verein für Armen- und Krankenpflege« gegründet hatte.[10] Doch die von einer »erwecklichen« Religiosität geprägte Senatorentochter versagte sich dem Werben des rheinischen Pastors, weil nach ihrem Verständnis in der weiblichen Diakonie durchweg Frauen die Leitungsfunktionen ausüben sollten.

---

7 Vgl. *U. Röper/C. Jüllig (Hg.)*, Die Macht der Nächstenliebe. Einhundertfünfzig Jahre Innere Mission und Diakonie 1848–1998. Ausstellungskatalog, i. Auftr. d. Deutschen Historischen Museums u. d. Diakonischen Werkes der Evangelischen Kirche in Deutschland, Berlin 1998.

8 Vgl. z. B. *P. Kliemann*, Glauben ist menschlich. Argumente für die Torheit vom gekreuzigten Gott, Stuttgart ^{10}2001, 250–252.

9 Vgl. *A. Gladen*, Theodor Fliedner, in: *M. Greschat (Hg.)*, Gestalten der Kirchengeschichte 9/1, Stuttgart/Berlin/Köln 1985, 293–307.

10 Vgl. *R. Postel*, Amalie Sieveking, in: *M. Greschat (Hg.)*, Gestalten der Kirchengeschichte 9/1, 233–242; der Verein firmiert seit 1978 unter dem Namen »Amalie-Sieveking-Stiftung«.

Zu nennen sind auch die von *Gustav Werner*[11] (1809–1887) von 1840 an im Schwäbischen gegründeten »Hausgenossenschaften« und Industrieunternehmen mit sozialer Zielsetzung sowie das von Pastor *Friedrich von Bodelschwingh*[12] seit 1872 aufgebaute diakonische Werk »Bethel« in Bielefeld, das sich nicht nur der psychisch Kranken, sondern auch der nicht sesshaften Wanderarbeiter annahm. Im Laufe der Zeit entstand so in Ostwestfalen eine Siedlung kleinstädtischen Charakters mit eigenen Handwerksbetrieben, Mitarbeiterwohnhäusern, eigener Strom- und Wasserversorgung, Versammlungsräumen, Schulen und Ausbildungsstätten.

Nur wenige Kirchenvertreter und kirchliche Laien erkannten, dass die Alternative zwischen »Gesinnungs- und Zuständereform« eine nur scheinbare war und ohne politische Initiativen eine Lösung der sozialen Frage nicht zu erreichen sein würde:

Der Literaturwissenschaftler *Viktor Aimé Huber*[13] (1800–1869), der sich vom konfessionsungebundenen Liberalen zum Lutheraner gewandelt und in Wernigerode/Harz einen Vorschussverein, eine Herberge und andere Einrichtungen gegründet hatte, trat für selbstständige Assoziationen der Arbeiter ein, doch blieb seine öffentliche Wirkung vergleichsweise schwach.

Adolf Stoecker[14] (1835–1909), Hofprediger und Leiter der Berliner Stadtmission, gilt zusammen mit Pfarrer *Rudolf Todt* (1838–1887) als Vertreter eines christlichen Sozialismus. Er gründete 1878 die christlich-soziale (Arbeiter-) Partei, die mit sozialreformerischer Politik die Bindung der Arbeiterschaft an die SPD lösen wollte. Als er damit bei den Wahlen scheiterte, wandte sich *Stoecker* mittels antisemitischer Agitation verstärkt dem Kleinbürgertum zu. Da seine antijüdische Propaganda größere Breitenwirkung erzielte als seine Bereit-

---

11 *Th. Lunkenheimer*, Gustav Werner und sein Modell einer christlichen Fabrik, in: *Th. Strohm/ J. Thierfelder (Hg.)*, Diakonie im Deutschen Kaiserreich (1871–1918). Neuere Beiträge aus der diakoniegeschichtlichen Forschung, Heidelberg 1995, 184–203.

12 Vgl. *H. Lehmann*, Friedrich von Bodelschwingh, in: *M. Greschat (Hg.)*, Gestalten der Kirchengeschichte 9/2, Stuttgart/Berlin/Köln 1985, 244–260.

13 Vgl. *U. Rosenhagen*, Von der sich selbst genügenden kleinen Welt zum opferfähigen Gemeinsinn des Wirtschaftsbürgers. Genossenschaftsvorstellungen im liberalen Protestantismus des 19. Jahrhunderts bei Victor Aimé Huber und Otto von Gierke, in: *K. Tanner (Hg.)*, Gotteshilfe – Selbsthilfe – Staatshilfe – Bruderhilfe. Beiträge zum sozialen Protestantismus im 19. Jahrhundert, Leipzig 2000, 135–153.

14 Vgl. *M. Greschat*, Adolf Stoecker, in: *Ders. (Hg.)*, Gestalten der Kirchengeschichte, Bd. 9/2, 261–277.

schaft zur Sozialreform, muss sein Wirken insgesamt eher als verhängnisvoll bezeichnet werden.

Wegweisend war hingegen die erste sozialpolitische Rede in einem deutschen Parlament. Sie wurde 1837 im Badischen Landtag gehalten, und zwar von dem katholischen Abgeordneten *Franz Joseph Buß* (1803-1870). Elf Jahre vor dem kommunistischen Manifest von *Karl Marx* und *Friedrich Engels* forderte der Freiburger Professor in seiner »Fabrikrede« Maßnahmen des Gesetzgebers, die vom Kündigungsschutz über Kinderhorte bis hin zu Kranken- und Altersversicherungen reichten.[15]

Wie weit *Buß* damit seiner Zeit voraus gewesen war, zeigt ein Blick auf den wohl bedeutendsten Vertreter des deutschen Sozialkatholizismus im 19. Jh., *Wilhelm Emmanuel von Ketteler*[16] (1811-1877). Die Person des aus altem westfälischem Adel stammenden »Arbeiterbischofs« steht exemplarisch für den Weg von der rein religiösen Sichtweise hin zu Sozialreform und Sozialpolitik. Zwei Zitate mögen das verdeutlichen:

Da wir die sozialen Zustände zum großen Teil als eine notwendige Folge des Abfalls von Christus, wodurch die sinnlichen Triebe und Leidenschaften über den Verstand herrschend geworden, erfasst haben, so ist nun die Stunde da, vom Schlafe aufzuwachen ... Nicht in der äußeren Not liegt unser soziales Elend, sondern in der inneren Gesinnung ... Ich fürchte nicht die sozialen Übel, ... ich fürchte nur die Gottlosigkeit, die Ungläubigkeit, die Unchristlichkeit.[17]

Auch Religion und Sittlichkeit reichen nicht aus, um die Arbeiterfrage zu lösen ... Wenn der Staat sich verpflichtet hält, große und wichtige Unternehmungen durch Staatshilfe zu unterstützen und zu fördern, dann darf er sich auch der Unterstützung des Arbeiterstandes nicht entziehen.[18]

Das erste Zitat stammt aus den Adventspredigten, die *Ketteler* 1848 im Mainzer Dom gehalten hat, das zweite aus einer Predigt vor dem

---

15 Auszüge aus der Rede in: *G. Rüther (Hg.)*, Geschichte der christlich-demokratischen und christlich-sozialen Bewegungen in Deutschland, 552-555.
16 Vgl. *E. Iserloh*, Wilhelm Emmanuel von Ketteler, in: *M. Greschat (Hg.)*, Gestalten der Kirchengeschichte 9/2, 87-101; *Ders.*, Wilhelm Emmanuel von Ketteler – sein Kampf für Freiheit und soziale Gerechtigkeit, Mainz 1987; *Chr. Stoll*, Mächtig in Wort und Werk. Bischof Wilhelm Emmanuel von Ketteler. Mainzer Perspektiven. Aus der Geschichte des Bistums Nr. 1, *hg. v. B. Nichtweiß*, Mainz 1997, zu beziehen über: Öffentlichkeitsarbeit im Bistum Mainz, Postfach 1560, 55005 Mainz.
17 Zit. nach *R. Görner*, aaO., 160.
18 Zit. nach *R. Görner*, aaO., 168.

Mainzer Gesellenverein 1865. Letzteres spiegelt die gerade erst gewonnene[19] Erkenntnis des Bischofs, dass der sozialen Frage mit reiner Privatinitiative und bloßer Fürsorge nicht zu begegnen sei. In seiner berühmten Rede vor mehreren tausend Arbeitern auf der Liebfrauenheide bei Offenbach zog er im Sommer 1869 daraus die Konsequenz, dass die Kirche Arbeitervereinigungen[20] anzuerkennen und ihre Forderungen nach Lohnerhöhungen, Verkürzung der Arbeitszeit, Gewährung der Sonntagsruhe und Verbot der Kinderarbeit zu unterstützen habe.

Ketteler darf als Inspirator von *Papst Leo XIII.* (1810–1903, Papst ab 1878) gelten, der in seiner Sozialenzyklika Rerum Novarum[21] (1891) viele Einsichten des Mainzer Bischofs aufgriff, indem er die Verantwortung des Staates für das Wohlergehen der Arbeiter wenigstens im Grundsatz anerkannte und die Koalitionsfreiheit der Arbeiter bekräftigte. Den Streik allerdings betrachtete er als ein Übel, das am besten bereits durch Maßnahmen im Vorfeld vermieden werden sollte. Die Bedeutung der Enzyklika liegt darin, dass sie das Fundament bildete für die Entwicklung der kirchlichen Soziallehre mit ihren Prinzipien der Solidarität, der Subsidiarität und des Gemeinwohls.[22] Ihre Grenze bestand v.a. im harmonistischen Gesellschaftsbild des Papstes, das den realen Konflikten in der industriellen Arbeitswelt nicht gerecht wurde. Das kirchliche Lehramt machte mit Rerum Novarum einen verspäteten Schritt auf die Realität zu, an die Spitze der sozialen Bewegung setzte es sich nicht.

2. *Systematisch*

Die Auffassung, dass die Kirche sich nicht in die Politik einmischen und sich erst recht aus Fragen der Wirtschaft heraushalten solle, ist in der Gegenwart weit verbreitet. Selbst unter kirchlich engagierten

---

19 Noch in seinem im Jahr zuvor erschienenen Buch »Die Arbeiterfrage und das Christentum« hatte Ketteler staatliche Interventionen strikt abgelehnt.
20 Auf die Geschichte der katholischen Arbeitervereine kann hier nicht eingegangen werden; vgl. dazu knapp *H. Hürten*, Geschichte des deutschen Katholizismus 1800–1960, Mainz 1986, 165–182.
21 Abgedruckt in: *Bundesverband der Katholischen Arbeitnehmer-Bewegung-KAB (Hg.)*, Texte zur katholischen Soziallehre, Kevelaer ⁶1985, 31–68; vgl. dazu *M. Schäfers*, Prophetische Kraft der kirchlichen Soziallehre? Armut, Arbeit, Eigentum und Wirtschaftskritik, Münster 1998.
22 Vgl. *A. Baumgartner/W. Korff*, Sozialprinzipien, in: Lexikon der Bioethik, Bd. 3, Gütersloh 1998, 405–411.

Christen kümmert man sich heute mehr um das Enneagramm und die Heilkraft der Edelsteine nach *Hildegard von Bingen* als um Fragen der politischen Diakonie. Doch so wichtig die spirituelle Dimension des Glaubens zweifellos ist – ein Glaube, der ein weltloses Heil verkündete, könnte sich nicht mehr auf die biblische Botschaft berufen.

Bekanntlich ist die Hebräische Bibel alles andere als ein weltabgewandtes Buch. JHWH, der »Bundesgenosse der Aussichtslosen«,[23] kennt das Elend seines Volkes in Ägypten und hört die Schreie der Geschundenen (2 Mose 3,7). In der Tora nehmen Rechtsbestimmungen zugunsten der Armen und der Fremden einen zentralen Raum ein. Den Propheten gilt die wirtschaftliche Ausbeutung der Schwachen als Verstoß gegen den JHWH-Glauben. Dass auch das Zweite Testament Anteil nimmt am Geschick der sozial und wirtschaftlich Marginalisierten, kann nur den wundern, der es gewohnt ist, das »Neue« losgelöst vom »Alten« Testament zu lesen. Die sozialgeschichtliche Exegese hat herausgearbeitet, wie sehr der mittellose Wanderprediger aus Galiläa sich mit den Randgruppen der Gesellschaft verbunden wusste.[24] Besonders das Lukasevangelium versteht das Evangelium als frohe Botschaft für die Armen.[25] Programmatisch verkündet *Jesus* hier zu Beginn seines öffentlichen Auftretens mit Bezug auf den Propheten *Jesaja*:

Der Geist des Herrn ruht auf mir; denn der Herr hat mich gesalbt. Er hat mich gesandt, damit ich den Armen eine gute Nachricht bringe; damit ich den Gefangenen die Entlassung verkünde und den Blinden das Augenlicht; damit ich die Zerschlagenen in Freiheit setze und ein Gnadenjahr des Herrn ausrufe. (Lk 4,18f.)

Von daher wird auch klar, dass das zentrale Thema der jesuanischen Predigt, die »basileia« Gottes, keine Vertröstungsbotschaft auf ein rein jenseitiges Himmelreich meinen kann. Mit Recht hat 1975 die katholische Würzburger Synode in Abwehr spiritualisierender Deutungen pointiert formuliert, das Reich Gottes sei »nicht indifferent gegenüber den Welthandelspreisen« (Unsere Hoffnung, I.6). Das Reich Gottes meint eine Welt, die anders ist, aber nicht andernorts,

---

23 *P. Eicher*, Die Anerkennung der Anderen und die Option für die Armen, in: Ders./ *N. Mette* (Hg.), Auf der Seite der Unterdrückten? Theologie der Befreiung im Kontext Europas, Düsseldorf 1989, 10–53, bes. 44.
24 Vgl. etwa *L. Schottrof/W. Stegemann*, Jesus von Nazareth – Hoffnung der Armen, Stuttgart 1978.
25 Vgl. *R. Dillmann*, Armut in biblischer Sicht. Wiedergewinnung eines diakonischen Ansatzes, in: KatBl 125/2000, 22–26.

eine Welt, die quer steht zu unseren Selbstverständlichkeiten und scheinbaren Sachzwängen, eine Welt, in der Solidarität kein Fremdwort und Teilen keine Rechenaufgabe ist.

Mit der Verbindung zum Judentum ging in der frühen Kirche auch das Wissen um die Bedeutung des Konkret-Leiblichen und Materiellen verloren. Das kritisch-prophetische Potenzial der jüdisch-christlichen Botschaft wurde im Laufe der Zeit weitgehend ruhig gestellt und konnte sich fast nur noch in subversiven Strömungen wie den mittelalterlichen Armutsbewegungen artikulieren. Auch die Reformation brachte in dieser Hinsicht keine Wende, im Gegenteil: Durch das zunächst nur als Notlösung gedachte landesherrliche Kirchenregiment kam es in Deutschland zu einer so engen Bindung der evangelischen Kirchen an den Staat, dass dieser eine echte Beunruhigung nicht zu befürchten hatte. Im 19. Jh. war daher aufgrund der Liaison von Thron und Altar eine obrigkeitshörige Theologie der Ordnung vorherrschend, die die traditionelle Ständeordnung als Manifestation des Willens Gottes begriff und jeden Aufruhr dagegen als religiösen Ungehorsam. Aber auch in der katholischen Kirche hielt man lange an einem statischen Gesellschaftsmodell fest und orientierte sich in restaurativ-romantischem Denken an mittelalterlichen Vorbildern. Nur langsam und nur mit Hilfe einiger Vor-Denker und Vor-Täter gelang es den Kirchen, sich aus dieser »babylonischen Gefangenschaft« zu befreien.

Dass das Evangelium ohne eine vorrangige Option für die Armen nicht zu haben ist, haben sich die Kirchen hierzulande im Wesentlichen erst wieder von den Christen der Zweidrittelwelt sagen lassen müssen. Das nach einem gründlichen Konsultationsprozess im Jahre 1997 von den beiden großen Kirchen gemeinsam veröffentlichte »Wort zur wirtschaftlichen und sozialen Lage in Deutschland«[26] war trotz mancher Schwächen ein beachtlicher Versuch, diese Erkenntnis in die konkrete Situation der Gegenwart hinein zu buchstabieren. Wichtig wäre es aber, diese Thematik weiter zu verfolgen und auch unpopuläre Einsichten zu verkünden. Der Rückblick auf das 19. Jh. zeigt jedenfalls, dass das bloße »Verarzten« der Opfer der Wirtschaftsentwicklung zu wenig ist. Heute stellt sich die »soziale Frage« natürlich anders dar als damals: Sie ist im Zeitalter der Globalisierung zu einer weltweiten Frage geworden. In ihr geht es um Gerechtigkeit für die Ausgeschlossenen in der Zweidrittelwelt, um

---

26 Text mit Kommentar bei *M. Heimbach-Steins/A. Lienkamp*, Für eine Zukunft in Solidarität und Gerechtigkeit, München 1997.

Partipation für die Erwerbslosen, um nachhaltiges, ökologisch verträgliches Wirtschaften und um Mitverantwortung für die nachfolgenden Generationen.

Um glaubwürdig zu sein, müssten die Kirchen zumindest modellhaft im eigenen Raum die von ihnen verkündeten Maßstäbe verwirklichen und beispielsweise Einsparungen nicht nach rein ökonomischen Kriterien vornehmen. Zwar können Christen in wirtschaftlichen Fragen keine höhere Kompetenz beanspruchen, aber sie können darauf dringen, dass angesichts der anstehenden Probleme gemeinsam faire Lösungen gefunden werden, die der Deformierung des Menschen zum reinen Produktionsfaktor wehren.

3. *Didaktisch*

Das Thema »Kirche und soziale Frage im 19. Jahrhundert« dürfte bei den meisten Schülern auf wenig Begeisterung stoßen. Eine weit verbreitete Aversion gegen Kirchengeschichte dürfte sich mit der Unlust paaren, über wirtschafts- und sozialpolitische Fragen nachzudenken. Zudem werden die soziale Frage und ihre Lösungsversuche bereits im Geschichtsunterricht behandelt, und es wird wenig sinnvoll sein, dessen Anstrengungen einfach zu verdoppeln. Was also tun?

Es erscheint mir angebracht, das kirchengeschichtliche Thema nicht isoliert zu behandeln, sondern als historische Tiefendimension heutiger Fragestellungen einzubringen. Dabei ist einerseits auf konkrete Anschaulichkeit zu achten, andererseits auf Lösungsperspektiven, die sowohl politische Rahmenbedingungen erfordern als auch dem Einzelnen Handlungsmöglichkeiten eröffnen. So könnte man das Problem der Kinderarbeit damals und heute miteinander vergleichen: Wie waren die Bedingungen in der englischen oder deutschen Textilindustrie im 19. Jh.? Wie sieht es heute aus mit der Beschäftigung von Kindern in der Textil- und Teppichindustrie in Indien?[27] Welche Lösungsmöglichkeiten wurden damals diskutiert,[28] welche heute?[29]

---

27 Vielfältige Informationen über Kinderarbeit heute erhält man bei *terre des hommes*, Postfach 4126, 49031 Osnabrück.
28 Hier könnte man u. a. einen Auszug aus der »Fabrikrede« von *F. J. Buß* einbringen: Geschichte der christlich-demokratischen und christlich-sozialen Bewegungen in Deutschland, 555.
29 Z.B. Kampagne »Rote Karte gegen Kinderarbeit« der Internationalen Arbeitsorganisation (IAO); Artikel 32 der UN-Kinderrechtskonvention; RUGMARK Initiative (vergibt ein international registriertes Siegel für Teppiche); fairer

Interessant könnte es möglicherweise auch sein, die Arbeit einzelner kirchlicher Organisationen im Wandel der Zeiten zu betrachten. Welche Ideen verfolgte beispielsweise *Gustav Werner* mit seiner Fabrik »Zum Bruderhaus« in Reutlingen? Wie sieht die diakonische Arbeit seiner Stiftung heute aus?[30] Ähnliches ließe sich in Bezug auf das Rauhe Haus in Hamburg[31], das Kolpingwerk[32] oder andere Einrichtungen erkunden. Auch der Kontakt zu lokalen Arbeitsloseninitiativen oder Betriebsseelsorgern könnte sich als spannend erweisen.

Denkbar wäre auch eine Schülerrecherche in Presseorganen: Welche sozialen Fragen werden heute in der Tagespresse diskutiert? Wie unterscheiden sie sich von den Diskussionen zu Beginn des Industrialisierungsprozesses? Welche dieser Fragen werden auch in der Kirchenpresse diskutiert?[33] Wie lassen sich die kirchlichen Antworten im Spektrum der Lösungsvorschläge verorten?

Schließlich könnte die Erkenntnis, dass im 19. Jh. der Sonntag als freier Arbeitstag erkämpft werden musste, während er heute wieder in Frage gestellt wird, eine vertiefte Auseinandersetzung mit dem biblischen Sabbatgebot und der christlichen Sonntagskultur anstoßen.[34] Als ökonomisch sinnlose Unterbrechung des Alltags ist der

---

Handel gegen Kinderarbeit: Transfair-Siegel; Projekte der kirchlichen Hilfsorganisation; bei MISEREOR gibt es außer den MISEREOR-Materialien für die Schule auch ein MISEREOR-Lehrerforum, das kostenlos abonniert werden kann.

30 Quellenauszüge in: *F. Goedeking/V. Göhrum*, Soziale Gerechtigkeit. Soziale Frage im 19. Jahrhundert – Dritte Welt – Arbeit – Frauen (Oberstufe Religion, Materialheft 5), Stuttgart 1980, 24f. – Die heutige Stiftung in Reutlingen umfasst etwa 30 Einrichtungen mit ca. 1500 Bewohnern. Informationsmaterial ist erhältlich unter folgender Adresse: Gustav Werner Stiftung zum Bruderhaus, Ringelbachstr. 211, 72762 Reutlingen.

31 Informationsmaterial ist erhältlich beim Referat für Öffentlichkeitsarbeit, Beim Rauhen Hause 21, 22111 Hamburg.

32 Kontakt: Kolpingwerk Deutschland, Kolpingplatz 5–11, 50667 Köln.

33 Hier müsste Material durch die Lehrkraft bereit gestellt werden. Denkbar wäre auch eine Internetrecherche. Hinzuweisen wäre etwa auf die neue Initiative *Beteiligung schafft Gerechtigkeit*, die sich zur Aufgabe gemacht hat, aus christlicher Verantwortung Lösungsvorschläge für die zentralen gesellschaftlichen Reformbereiche »Zukunft von Bildung und Qualifikation«, »Zukunft der Arbeit«, »Zukunft der sozialen Sicherung« zu entwickeln. Informationen unter www.beteiligung-schafft-gerechtigkeit.de.

34 Vgl. *P. Kliemann*, 265–270; *Bibel heute* 148 (4/2001): Sabbat – Sonntag – Feiertag! Vielfältige Informationen zum Thema im Internet, beispielsweise auf den Seiten der Deutschen Bischofskonferenz und der EKD: http://dbk.de/stichwoerter/fs_stichwoerter.html; http://www.ekd.de/EKD-Texte/2139.html.

Sabbat/Sonntag Ausdruck von Religion im eigentlichen Sinne: Er erinnert den Menschen daran, dass er mehr ist als das, was er leistet, und dass Zeit mehr ist als Geld. So führt die Beschäftigung mit der sozialen Frage letztlich zu einer Auseinandersetzung mit eminent anthropologischen und religiösen Fragen.

Literaturhinweise

Bibel heute 134 (2/1998): Die Bibel und die Wirtschaft
G. *Brakelmann*, Die soziale Frage des 19. Jahrhunderts, Bielefeld 1981
Reliprax 27/1998: Suche nach sozialer Gerechtigkeit – 150 Jahre Diakonie in Deutschland
M. *Schäfers*, Prophetische Kraft der kirchlichen Soziallehre? Armut, Arbeit, Eigentum und Wirtschaftskritik, Münster 1998

XIV. Weltmission in der Neuzeit

Herbert Gutschera / Jörg Thierfelder

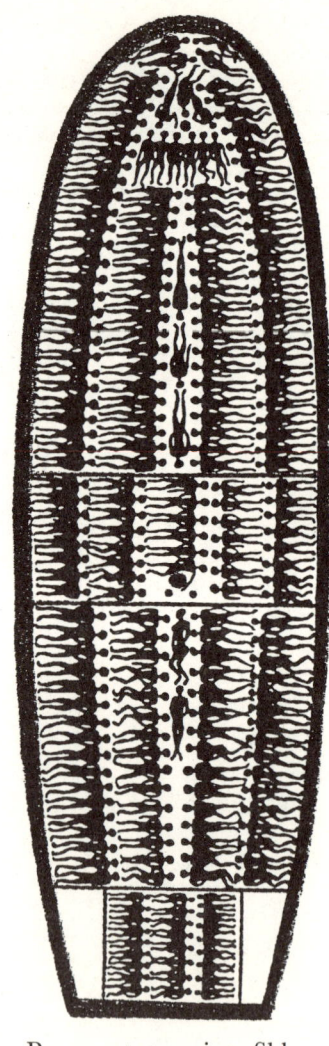

Plan zur Raumnutzung eines Sklavenschiffs.

1. Historisch

1.1 Katholische Mission

Jenseits des Äquators gibt es keine Sünde.[1]
(Portugiesisches Sprichwort aus dem 16. Jh.)

Ehe ihr die Götzendiener in jener Gegend mit dem wirklichen und weltlichen Schwert angreift, sollt ihr den Priestern und Mönchen erlauben, ihr geistliches Schwert zu gebrauchen, nämlich die Verkündigung des Evangeliums mit den Ermahnungen und Forderungen der Kirche: Die Heiden sollen ihren Götzendienst und ihre teuflischen Riten und Gebräuche aufgeben und sich zum Glauben an Christus bekehren, damit alle vereint in der Klarheit der Religion und Liebe seien ... Sollten sie aber so widerspenstig sein und dieses Gesetz des Glaubens nicht annehmen und sollten sie das Gesetz des Friedens verwerfen, das unter den Menschen zur Erhaltung der Menschheit aufrecht erhalten werden sollte, und sollten sie den Handel- und Warenaustausch verbieten – welches doch die Mittel sind, durch die der Friede bewirkt und gehalten wird – dann sollt ihr die Heiden mit Feuer und Schwert bekämpfen und einen grimmigen Krieg gegen sie führen.«[2]
(Aus der Instruktion des portugiesischen Königs *Emanuel*, 1495–1521, für seinen Admiral)

Diese Zitate lassen etwas von der Brisanz des Themas »Weltmission« erahnen. Bis heute belastet die Geschichte der Weltmission das Christentum und wird noch längst nicht überall adäquat dargestellt. Zunächst einige Informationen:

Das Zeitalter der Entdeckungen wird auch zum Zeitalter der Weltmission. Von »Mission« als der Verbreitung des christlichen Glaubens in aller Welt begann man erst seit dem 16./17. Jh. zu reden.[3] Tatsächlich setzte sie früher ein: Den großen Entdeckern folgten die Missionare auf dem Fuß. Die führende Rolle spielten dabei die damaligen Seefahrerstaaten Portugal und Spanien. Die Portugiesen wagten sich an der Westküste Afrikas immer weiter nach Süden vor, erreichten das Kap der guten Hoffnung (1486), fanden den Seeweg nach Indien (1498) und entdeckten im Westen Brasilien (1500). 1519–1521 umsegelte *Ferdinand Magalhães* als Erster die Erde.

---

1 Zit. nach *D. Guedj*, Das Theorem des Papageis, Hamburg 1999, 104.
2 Zit. nach *F. Ferroli*, The Jesuits in Malabar, Bd. I, Bangalore 1939, 92 (Übersetzung *R. Wagner*).
3 Vgl. *V. Drehsen u.a. (Hg.)*, Wörterbuch des Christentums, Gütersloh/Düsseldorf 2001, 812.

Mit der Erkenntnis, dass die Erde eine Kugel ist, begann die Suche nach einem kürzeren Seeweg nach Indien mit seinen hoch begehrten Gewürzen (das Land, »wo der Pfeffer wächst«) Richtung Westen. Der bekannteste Seefahrer, damals in spanischen Diensten, war *Christoph Kolumbus*, der seit 1492 mehrmals nach Westen segelte und dabei die »Neue Welt« (= Amerika) entdeckte. Er selbst glaubte bis zu seinem Tod, den kürzesten Weg nach Indien gefunden zu haben. Obwohl Neugier, Forscherdrang und eindeutig wirtschaftliche Interessen, besonders der Goldrausch, der Motor dieser Entdeckerreisen waren, konnte Kolumbus behaupten, sein Ziel sei »immer die Mehrung des Ruhmes der christlichen Religion« gewesen. Unbefangen äußert er über mögliche »Waren«-Geschäfte mit Westindien »im Namen der Heiligen Dreifaltigkeit«, man könne »von hier aus so viele Sklaven schicken, wie man verkaufen kann, und auch Rotholz ...«[4]

Die unsägliche Verquickung von Christentum und unersättlicher Goldgier zeitigte fatale Folgen. Zwischen dem verkündeten Evangelium und dem tatsächlichen Verhalten der Eroberer lagen Abgründe. Unter dem Zeichen des Kreuzes brachten die Spanier Tod und Verderben in die Neue Welt. Die Indios wurden nicht als Menschen behandelt, ihre alte Kultur überhaupt nicht wahrgenommen, sie selbst nahezu ausgerottet. Als man Arbeiter für die später entstehenden Plantagen brauchte, begann man daher, »Negersklaven« aus Afrika zu importieren.

Auch anderswo auf der Welt, in Afrika und Asien, gingen Kolonialismus und Mission in den folgenden Jahrhunderten zumeist Hand in Hand. Dies belastet das christliche Zeugnis bis in unsere Tage und brachte selbst bei Christen die »Mission« in Misskredit. Im Folgenden nun einige Beispiele aus der Missionsgeschichte der Neuzeit:

1.1.1 *Mission unter Indios – der Spanier Bartolomé de Las Casas (1474 oder 1484–1566)*

Las Casas war selbst Plantagenbesitzer und damit Herr über unzählige Indios als Sklaven. Zugleich trat er als Prediger auf und ließ sich zum Priester weihen. Bei einer Predigtvorbereitung wurde ihm Pfingsten 1514 eine Stelle aus Jesus Sirach[5] (34,24–27) zum Bekeh-

---

4 Zit. nach *U. Birnstein u.a.*, Chronik des Christentums, Gütersloh 1997, 230.
5 *Jesus Sirach*: Das Buch steht in evangelischen Bibelausgaben nur im Anhang bei den Apokryphen (= ›verborgene‹, ›unechte‹, ›falsche‹ Schriften), weil es nicht zum Bestand der hebräischen Bibel gehört. Die Katholiken zählen es zum Text der Heiligen Schrift, bezeichnen es aber als »deuterokanonisch« (= ›zweiter Kanon‹ = vom hellenistischen Judentum übernommene Spätschriften).

rungserlebnis, das sein Leben entscheidend verändern sollte. Dort steht:

Wer vom Besitz der Armen opfert, der ist wie einer, der den Sohn vor den Augen des Vaters schlachtet.
Der Arme hat nichts zum Leben als ein wenig Brot; wer ihn auch noch darum bringt, der ist ein Mörder.
Wer seinem Nächsten die Nahrung nimmt, der tötet ihn.
Wer dem Arbeiter seinen Lohn nicht gibt, der ist ein Bluthund.

Unter dem Eindruck dieses Bibelworts begann Las Casas, die »unchristlichen Wilden« mit neuen Augen zu sehen, und wurde zu ihrem Fürsprecher. Er schenkte seinen Sklaven die Freiheit, bekämpfte leidenschaftlich die gängige Meinung von der »Ungleichheit der Rassen« und setzte sich für eine menschenwürdige Behandlung der Indios ein. Sein »Kurzgefasster Bericht über die Verwüstung der Westindischen Länder« beeinflusste in begrenztem Maße die Reformgesetze Kaiser *Karls V.*

So sehr sich *Las Casas* für die Indios einsetzte, so sehr blieb er blind für die Ausbeutung der »Negersklaven« in Amerika. Um die Indios zu schützen, befürwortete er den Sklavenhandel, der in den nächsten 300 Jahren mehr als 20 Millionen Afrikaner das Leben kostete, sei es auf der »Jagd« in Afrika selbst, auf der Überfahrt nach Amerika (vgl. Bild am Beginn des Kapitels) oder bei ihrem Einsatz auf den Plantagen oder in den Bergwerken dort. Erst in späteren Jahren begann er das Unrecht gegenüber den Schwarzen zu erkennen und tief zu bereuen. Seine Reue freilich hatte keine Folgen für die weitere Behandlung der Sklaven.

1.1.2 *Jesuitenmission*
1622 wurde in Rom eine Behörde »zur Verbreitung des Glaubens« eingerichtet, die Kongregation »de propaganda fide«. Sie wurde zum Missionsinstrument der katholischen Kirche schlechthin. Verschiedene Orden, wie Dominikaner und Franziskaner, stellten sich der Kongregation zur Verfügung, besonders aber die *Jesuiten*. Diese waren 1534 von dem Spanier *Ignatius von Loyola* gegründet und 1540 vom Papst unter dem Namen *»Societas Jesu«* (lat. Gesellschaft Jesu, abgekürzt S.J.) kirchlich bestätigt worden. Da die Jesuiten nicht an Klöster ortsgebunden sind, keine festen Gebetszeiten haben und keine bestimmte Ordenstracht tragen, sind sie äußerst flexibel. Hinzu kommen ihre sehr praktische, lebensnahe Spiritualität sowie ihre geradezu militärische Ordnung. Ge-

leitet von einem »General« verstehen sie sich als treue Soldaten des Papstes.

Die Jesuiten engagierten sich von Anbeginn der Mission in Amerika und Asien. Sie studierten die Menschen, mit denen sie es zu tun bekamen, sorgfältig, ihre Sprache, Religion und Bräuche, und suchten nach Anknüpfungspunkten. Dabei arrangierten sie sich weitgehend mit der einheimischen Kultur und Mentalität – man nennt dies *Akkomodation* (lat. Anpassung, Anknüpfung). Mit diesem Vorgehen waren die Missionare sehr erfolgreich.

Die bekanntesten Jesuitenmissionare sind *Franz Xaver* (1506 bis 1552), der über Indien und China bis nach Japan hin wirkte, und *Matteo Ricci* (1552–1610), der wenig später an den Kaiserhof in Peking kam, hoch geschätzt wegen seines astronomischen Wissens. Er schrieb rund 20 wissenschaftliche Werke in chinesischer Sprache und trug die Tracht der einheimischen Gelehrten. Wie er wurde auch *Adam Schall von Bell* (1592–1666) ein hoher chinesischer Beamter (= Mandarin) und kaiserlicher Hofastronom.

1.1.3 Der »Ritenstreit«

Das Prinzip der Akkomodation wurde von den Jesuiten zum Programm erhoben und anfänglich von den Päpsten begrüßt. Eine römische Instruktion von 1622 klingt nahezu modern:

> In keiner Weise sollt ihr jene Völker dazu zwingen, ihre Gebräuche, Gewohnheiten und Sitten zu ändern, sofern sie nicht offensichtlich gegen Glauben und gute Sitten verstoßen. Was könnte es auch Törichteres geben, als Frankreich, Spanien, Italien oder ein anderes Land nach China übertragen zu wollen! Nicht dies, sondern den Glauben, der keines Volkes Sitten und Gewohnheiten, soweit sie nicht schlecht sind, verwirft und bekämpft, sie vielmehr unverletzt zu erhalten wünscht, sollt ihr ihnen bringen ... Daher sollt ihr die Sitten jener Völker niemals mit den europäischen herabsetzend vergleichen, vielmehr euch mit aller Sorgfalt ihnen *anpassen*.[6]

Als sich die Jesuiten allerdings nicht nur äußerlich den Chinesen anpassten, sondern auch deren Ahnenkult ins Christentum aufnehmen wollten und einen chinesischen Gottesnamen benutzten, begann sich der Widerstand der anderen Missionsorden, vornehmlich der Franziskaner und Dominikaner, zu regen. Ein endloser Streit begann. Man warf den Jesuiten vor, das Christentum gefährlich zu verwässern. Die Päpste mussten neu Position beziehen und schließ-

---

6 Zit. nach *A. Läpple*, Report der Kirchengeschichte, München 1968, 264f.

lich verbot Papst *Clemens XI.* 1704 die »chinesischen Gebräuche«, also die Riten. Nach *Hans Küng* war dies »*eine päpstliche Fehlentscheidung von historischem Ausmaß*«.[7] Papst *Benedikt XIV.* bekräftigte 1742 diese Verurteilung ausdrücklich. Dadurch war die Ostasienmission praktisch am Ende. Erst 1939 wurden die Verbote »unter Vorbehalten infolge der veränderten Lage« zurückgenommen – sicherlich viel zu spät!

1.1.4 Die Reduktionen
Ein besonderes, recht verheißungsvolles Missionsexperiment starteten die Jesuiten im 17. Jh. im südamerikanischen Urwald (etwa im Gebiet des heutigen Paraguay): Sie gründeten geschlossene Indiosiedlungen, eine Art »Jesuitenstaat«, und nannten sie *Reduktionen* (von span. reducir = zusammenführen, ansiedeln; vielleicht auch: zum Glauben zurückführen). In diesen »Kommunen« war das Land gemeinsames Eigentum. Die Indios dort lebten weitgehend von der Landwirtschaft; ihr Tagesablauf war genau geregelt. Die Arbeit auf den Feldern oder in den Werkstätten wechselte mit Gebet und Gottesdienst. Unter Anleitung der Jesuitenpatres waren die Indios sonst weitgehend autark und vor Übergriffen und Ausbeutung durch koloniale Eroberer geschützt.

Die Idee vom friedvollen Reich Christi auf Erden, im Urwald Südamerikas, blieb eine Utopie und scheiterte. Den Sklavenhändlern und Kolonisten, den Abenteurern und Händlern waren die Reservate der Indios ein Ärgernis und eine ständige Versuchung. Sie schürten Gerüchte über große geheime Goldfunde in den Reduktionen. Schließlich aber war es die Politik der europäischen Mächte und der allgemeine Zeitgeist, die das »Experiment im Urwald« scheitern ließen: Die Aufklärung und die Auseinandersetzungen zwischen Spanien und Portugal mit ihren Gebietsansprüchen brachten das Aus für die Reduktionen. Die Probleme der Indios eskalierten. Unter dem Druck katholischer Herrscher hob Papst *Clemens XIV.* 1773 den Jesuitenorden auf. So sehr man den Jesuiten für diese Arbeit Respekt zollen muss, kann man »jedoch offensichtliche negative Seiten des Systems« nicht übersehen; vor allem den »Paternalismus der

---

[7] *H. Küng*, Das Christentum. Wesen und Geschichte, München 1994, 778. – Mehr allgemein dazu *A. Franzen*, Kleine Kirchengeschichte, Freiburg i. Br. 1968, 324 f.: »Dieser kurzsichtige Sieg des Europäismus war der Tod der Ostasienmission. (…) Eine Tragik liegt über der Chinamission.«

Jesuiten und das Aufzwingen bestimmter Formen öffentlichen und religiösen Lebens«.[8]

All diese Schattenseiten darf man nicht verschweigen. Auf der anderen Seite sind bei der Geschichte der katholischen Mission aber auch die großen persönlichen Opfer und mutigen Glaubenszeugnisse vieler Einzelner zu würdigen.

1.2 Evangelische Missionsarbeit in der frühen Neuzeit

In den evangelischen Kirchen Europas kam die Mission in Übersee erst im 17./18. Jh. mit der Gründung eigener Kolonien ins Blickfeld. Die evangelischen Fürsten sahen ihre missionarische Aufgabe zuerst in der Förderung der Reformation in den eigenen Gebieten. Lutherische Theologen sahen keine Notwendigkeit für die »Heidenmission«. So konnte *Philipp Nicolai* feststellen, dass bereits die Apostel die Evangelisierung der Welt vollendet hätten. Sogar die Indianer hätten das Evangelium längst vernommen, sich aber wieder von ihm abgewandt.[9] Erst der Pietismus und die damit einhergehende Erweckungsbewegung machten sich die Weltmission zur Aufgabe. An einigen Beispielen soll dies exemplarisch dargestellt werden:

1.2.1 Dänisch-hallische Mission in Indien[10]

Der dänische König *Friedrich IV.* suchte für seine Kolonie im südindischen Tranquebar lutherische Missionare. Durch Vermittlung seines Hofpredigers und pietistischer Kreise in Berlin fand er zwei Schüler *August Hermann Franckes* in Halle, die zu einem Dienst in Indien bereit waren: *Bartholomäus Ziegenbalg* (1682–1719) und *Heinrich Plütschau* (1677–1746). Obwohl die »Heidenmission« nicht zum ursprünglichen pietistischen Reformprogramm gehörte, nahm sie Francke »als Adoptivkind in die Familie seiner hallischen Anstalten auf«.[11] So kam die geistliche Leitung der Tranquebarmission nach Halle, ihre Verwaltung aber ging von Kopenhagen aus. Ab 1710 wurden Briefe der beiden Missionare in den Hallischen Berichten abge-

---

8 Vgl. *B. Meliá*, Art. Reduktionen, in: Lexikon der Kirchengeschichte, Bd. 1, Freiburg i. Br. 2002, 1353 ff., bes. 1357.
9 Vgl. *A. F. Walls*, Mission VI, in: TRE XXIII, 40–59, bes. 46.
10 Vgl. dazu *A. Lehmann*, Es begann in Tranquebar. Die Geschichte der ersten evangelischen Kirche in Indien, Berlin (Ost) ²1956, u. *ders.* (Hg.), Alte Briefe aus Indien. Unveröffentlichte Briefe von Bartholomäus Ziegenbalg 1706–1719, Berlin (Ost) 1957.
11 *J. Wallmann*, Pietismus. Die Kirche in ihrer Geschichte, Bd. 4, Lieferung 01, 78.

druckt und weckten überall im Protestantismus Interesse für die Missionsarbeit in Übersee.

Viele Ansätze der dänisch-hallischen Mission wurden später Allgemeingut protestantischer Missionsarbeit, so das Bemühen der Missionare um die einheimische Sprache. *Plütschau* widmete sich dem Portugiesischen, das besonders von den »Mischlingen« in Tranquebar gesprochen wurde (ursprünglich war es eine portugiesische Kolonie). *Ziegenbalg* erlernte das indische Tamil und sprach es bald so gut wie die Einheimischen. Er erforschte diese Sprache, gab eine Grammatik und ein Lexikon heraus und übersetzte das Neue Testament, Teile des Alten und Luthers Kleinen Katechismus. Europäische Lieder wurden in Tamil übersetzt und später auch einheimische Melodien verwendet. Andere Missionare taten sich als Linguisten hervor. Der bekannte spätere indische Premier *Jawaharlal Nehru* würdigte die Bemühungen der Missionare um die indischen Sprachen als einen »großen Dienst für Indien«.[12]

Bald nach ihrer Ankunft in Indien begannen die Missionare mit dem Taufunterricht und gründeten in den ersten beiden Jahren ihres Wirkens eine Gemeinde mit 35 Christen. 14 Jahre später waren es 250 Gemeindeglieder. Das klingt nicht nach großen »Erfolgen«; aber es ging ihnen nicht um den quantitativen Erfolg, sondern um die Hinwendung des Einzelnen zu Christus. Für die Tamilen war die Taufe ein folgenschwerer Schritt, bedeutete er doch Ausstoßung aus der Familie und Enterbung. Christen waren einsam. Und das Beispiel der übrigen Europäer, der Händler und Verwaltungsangestellten, die man als Christen ansah, war so, dass es eher abstoßend als einladend wirkte.

Den Missionaren ging es um den ganzen Menschen; zur Seelsorge gehörte die »Leibsorge«. So gründeten sie verschiedene Schulen, eine dänische, eine portugiesische und eine tamilische. Sie versuchten, den aus ihren Familien ausgestoßenen indischen Christen Brot und Arbeit zu geben. So entstanden mit der Zeit eine Wollspinnerei, eine Stoffwirkerei, eine Kattundruckerei und eine Papiermühle.

Die beiden Missionare entwickelten sehr früh ein besonderes Verhältnis zum Hinduismus. In ihren Missionsberichten nach Halle stellen sie zwar die gesellschaftlich demütigende Stellung der Frau an den Pranger, verurteilen den Fanatismus der Hindus, der sich besonders bei Festen entfaltete, oder kommentieren die Angst der

---

12 Zit. nach *J. Thierfelder*, Es begann in Tranquebar. Ein Schulbuchkapitel zum Thema Mission, in: EvErz 30/1978, 116.

Menschen vor ihren Göttern. Andererseits zollen sie dem lebendigen Glauben der Hindus ihren Respekt und schreiben: »Sie sind von dem zukünftigen Leben viel mehr überzeugt als die atheistischen Christen« – und: »Sie führen ... ein sehr stilles, ehrbares und tugendhaftes Leben.«[13] *Ziegenbalg* selbst wurde zu einem beliebten Gesprächspartner für indische Fromme. Er war so tief in die Erforschung des Hinduismus eingestiegen, dass er verschiedene Schriften darüber verfasste. Sein wichtigstes Werk über das »Malabarische Heidentum« wurde in Halle allerdings abgelehnt. Man habe die Missionare nach Indien geschickt, das Heidentum auszurotten, nicht aber um den »heidnischen Unsinn« in Europa zu verbreiten. So wurde das Buch erst 215 Jahre später gedruckt.

Ziegenbalg und Plütschau mussten mit vielerlei Schwierigkeiten fertig werden: Allein der Briefverkehr mit Europa dauerte ein halbes Jahr. Sie litten anfangs unter ständigen Geldsorgen; erst in späteren Jahren begannen Spenden zu fließen. Viele Europäer in der Kolonie beargwöhnten die Missionare und nur mit Mühe konnten Pläne der ostindischen Handelskompanie in Kopenhagen vereitelt werden, die Mission ganz zu untersagen. Sie lehnte die Missionare als geschäftsschädigend ab. Zwischen *Ziegenbalg* und dem dänischen Ortskommandanten *Hassius* kam es über eine Witwe der Missionsgemeinde zu einem schweren Konflikt. Man hatte ihr Geld vorenthalten; Ziegenbalg nahm in einem Beschwerdebrief an Hassius für sie Partei. Daraufhin ließ dieser ihn ohne Gerichtsurteil für vier Monate einsperren. Erst als Ziegenbalg 1714 zu einem Heimaturlaub nach Europa kam, durfte er feststellen, dass seine Arbeit in Indien durch die Halleschen Missionsberichte in ganz Europa bekannt war und geschätzt wurde.

Ziegenbalg und Plütschau markieren den Anfang evangelischer Mission in Indien; viele andere Missionare verschiedener protestantischer Richtungen folgten. 1919 setzte man sich erstmals in Tranquebar, wo alles begann, zusammen, um über Gemeinsamkeiten und Ziele nachzudenken. Dies führte 1974 zu einem Zusammenschluss verschiedener protestantischer Kirchen zu der »Church of South India« und damit zu einem Novum im ökumenischen Konzert der Kirchen.

---

13 Zit. nach *J. Thierfelder*, aaO., 119.

1.2.2 Herrnhuter Mission in St. Thomas, in der Karibik[14]

Einen originellen Beitrag zur Missionsgeschichte leistete die Herrnhuter Brüdergemeine. (→ XI. Pietismus). Ihr Gründer *Zinzendorf* hatte schon während der Schulzeit in Halle von der Mission in Tranquebar gehört und sich dafür begeistert. So wurde ein erstes Ziel der Herrnhuter Gemeine die Mission in Übersee. Begonnen wurde sie 1732 unter schwarzen Sklaven in der Karibik und unter den Eskimos im hohen Norden. Im Gegensatz zu der Tranquebarmission war Herrnhut unabhängig von jeglicher Obrigkeit und wurde allein von der Gemeinde getragen. Ausgesandt als Missionare wurden neben Theologen vor allem auch Handwerker. Sie sollten in den Völkern sog. Erstlingsgemeinden gründen, die wiederum als Zellen zur Ausbreitung des Christentums dienen sollten.

Zinzendorf hatte 1731 am Kopenhagener Hof einen Schwarzen namens Anton von der Karibik-Insel St. Thomas, damals auch dänische Kolonie, kennen gelernt und lud ihn nach Herrnhut ein. Dort berichtete Anton von den unwürdigen Verhältnissen der Sklaven auf den Plantagen; nicht einmal als Menschen anerkannt, war ihnen der Zugang zu einer christlichen Gemeinde von den Plantagenbesitzern untersagt. Dieser Bericht bewegte zwei Herrnhuter, sich auf den Weg nach St. Thomas zu machen und sich auf einer Plantage zu verdingen. Sie fielen sofort dadurch auf, dass sie die Sklaven wie ihresgleichen behandelten. Nach ihren Motiven gefragt, antworteten sie, dass sie in Wort und Tat die Liebe Christi weitergeben wollten, die sie selbst erfahren hatten.

Diese eher indirekte Mission trug bald Früchte: Erste Sklaven ließen sich taufen. Dies brachte den dänischen Gouverneur auf den Plan; er untersagte den Herrnhuter Handwerkern das Taufen, da sie keine anerkannten Pastoren waren. Die Herrnhuter konterten und ordinierten einen der beiden Missionare, der somit die Rechte der Taufe und Abendmahlsverwaltung erhielt. Nochmals schaltete sich der Gouverneur ein und beschränkte die Tätigkeit der Herrnhuter auf die Schwarzen. Der Streit eskalierte, als einer der Missionare eine Mulattin namens Rebecca heiratete, eine Mitarbeiterin der Gemeinde. Der Gouverneur ließ den Ehemann einsperren und den an-

---

14 Vgl. *E. Beyreuter*, Zinzendorf, 3 Bd., Marburg 1957–61; *J. Wallmann*, Der Pietismus, in: Die Kirche in ihrer Geschichte. Ein Handbuch, Bd. 4, 118f.; *P. Zimmerling*, Nikolaus Ludwig Graf von Zinzendorf und die Herrnhuter Brüdergemeine. Geschichte, Spiritualität und Theologie, Holzgerlingen 1999, 12–123; *D. Meyer*, Zinzendorf und die Herrnhuter Brüdergemeine 1700–2000, Göttingen 2000, 40f.

deren Missionar, der die Trauung vollzogen hatte, ebenfalls. Rebecca gab er zum Verkauf als Sklavin frei. Erst die persönliche Intervention Zinzendorfs, der gerade St. Thomas besuchte, gab der Geschichte für die drei ein gutes Ende.

Im Auftreten der Herrnhuter wurde deutlich, dass sie eine Unterscheidung der Menschen nach Herkunft oder Hautfarbe ablehnten und die Sklaverei verdammten. Unter dem Hinweis auf ein Pauluszitat (1 Kor 7,24: »Liebe Brüder, ein jeder bleibe vor Gott, worin er berufen ist.«) lehnten sie allerdings die offene Kritik an der Obrigkeit ab. Dennoch führte ihre konsequente Lebensweise dazu, dass der dänische Staat 1792 den Sklavenhandel in seinem Einflussbereich verbieten ließ und 1803 die Sklaverei ganz abschaffte.

1.2.3 Weltmission im 19./20. Jahrhundert
Nach diesen ersten Ansätzen schwand das Interesse vieler Christen an der Mission im Zuge der Aufklärung. Ein neuer Aufschwung kam erst mit der Erweckungsbewegung, die zur Gründung einer großen Zahl von Missionsgesellschaften führte, zum Beispiel der Leipziger Mission (1836), der Basler (1815) und der Rheinischen (1828). Diese Gesellschaften wurden von Gemeinden durch ihre Missionsfeste und Missionskollekten getragen, nicht aber von den offiziellen Kirchen. Durch Berichte in den Missionszeitungen, wie etwa dem »evangelischen Heidenboten«, wurde die Verbindung zwischen Gemeinde hier und dort hergestellt und die Arbeit der Missionare bekannt gemacht. Förderlich für diese Entwicklung war die Erschließung und Kolonialisierung immer neuer Länder durch die Europäer sowie die rapide Entwicklung moderner Verkehrs- und Kommunikationsmittel. Ähnliche Entwicklungen sind auch auf katholischer Seite mit der Gründung neuer Missionsorden (wie die Gesellschaft der Weißen Väter, 1867) zu beobachten.

Die Fülle der Missionen, die sich oftmals an einem Ort begegnen, führt zu ersten Ansätzen einer ökumenischen Verständigung, besonders gefördert durch die 1. Weltmissionskonferenz 1910 in Edinburgh. Hier hegte man noch die euphorische Erwartung, dass diese Erde innerhalb einer Generation christianisiert werden könnte. Mittlerweile ist man nüchterner geworden. Überdies haben sich Verantwortungen und Gewichtungen verschoben. Heute wird die Mission als die ureigenste Sache der Kirche selbst angesehen und das partnerschaftliche Miteinander der Kirchen in Europa und Übersee steht im Vordergrund. Aus den Missionsgesellschaften sind in der zweiten Hälfte des 20. Jh. landeskirchliche Missionswerke entstanden, eine Bündelung sämtlicher Missionsaktivitäten in je einem kirchlichen Werk. In Übersee entstanden aus ursprünglichen Missionsgemeinden selbstständige Kirchen, die heute gleichberechtigt neben den europäischen Kirchen ihren Platz in der Ökumene haben.

An einem Beispiel sei noch einmal rückblickend der geschichtliche Wandel in der missionarischen Arbeit dargestellt:

1.2.4 Basel sendet Missionare nach Ghana

1815 wurde die Evangelische Missionsgesellschaft zu Basel, kurz Basler Mission, von pietistischen Kreisen einer großen Gemeinde in Deutschland und der Schweiz gegründet.[15] Anfänglich beschränkte sich die Mission auf eine fünfjährige Ausbildung junger Männer anderer Gesellschaften für den Dienst in Übersee auf dem Basler Missionsseminar. Bald jedoch etablierte sich Basel selbst als sendende Gesellschaft, und zwar seit 1828 nach Ghana, 1847 nach China, 1885 nach Kamerun, 1920 nach Indonesien und 1934 nach Südwestindien.

Das erste eigene Missionsgebiet erschlossen 1828 vier Basler Missionare in Ghana, damals Goldküste genannt,[16] einem Land, das besonders unter der Sklaverei litt: Unzählige Schwarze waren dort ihren Familien entrissen und unter erbärmlichen Umständen nach Amerika verkauft worden. Dadurch war das Leben in den Dörfern weitgehend zerstört und die zurückgebliebenen Menschen waren ohne Zukunftsperspektive. Ihnen wollten die Missionare die Frohe Botschaft von Christus bringen. Aber schon kurz nach der Ankunft verstarben drei an Malaria, der vierte zwei Jahre später. 1832 kam eine neue Gruppe von Missionaren, von Basel entsandt, unter ihnen der Däne *Andreas Rijs*. Er war gelernter Glaser, hatte sich in Basel ausbilden lassen und wollte nun Menschen zu Christus führen. Wegen der besseren klimatischen Verhältnisse ließ er sich in Ghana im Hochland nieder, musste aber enttäuscht feststellen, dass die Menschen seine Botschaft ablehnten. Wegen all dieser Misserfolge erwog Basel schließlich, die Mission an der Goldküste einzustellen.

Rijs aber gab nicht auf. Er suchte nach Verstärkung unter den schwarzen Christen aus Jamaica, die ursprünglich als Sklaven von Afrika dorthin gezwungen worden waren. Sie waren viel glaubwürdigere Zeugen als er selbst und ertrugen zudem das Klima besser. Eine afrikanische christliche Gemeinde wuchs heran.

---

15 Zur Basler Mission vgl. *P. Jenkins*, Basler Mission, in: ⁴RGG, Bd. 1, 1159–1161.
16 Vgl. dazu *G. Franz*, Jesus kommt nach Akropong, Stuttgart 1976.

Als mit dem Ersten Weltkrieg die deutschen Missionare die englische Kolonie Goldküste verlassen mussten, beschlossen die Gemeinden dort, ihr Geschick in die eigenen Hände zu nehmen: Sie gründeten die presbyterianische Kirche von Ghana unter eigener Leitung, heute eine der größten Kirchen des Landes. Die Verbindungen zu Basel blieben auch nach dem Selbstständigwerden lebendig. Heute kommen sog. *fraternal workers* aus Europa und helfen bei der Entwicklung des Landes und der Kirche. Die Beziehungen zu Basel sind keine Einbahnstraße mehr: Afrikaner kommen nach Europa, um hier in bestimmten Aufgaben mitzuarbeiten. Eine von ihnen ist *Rose Akua Ampofo,* die seit 1980 für mehrere Jahre im pfälzischen Pfarramt für Mission und Ökumene mitarbeitete.

2. Systematisch

2.1 Umstrittene Mission

Die christliche Mission hat in unserer Gesellschaft großenteils ein negatives Image. Aus den genannten Beispielen erahnt man die Gründe. Menschen weisen auf die vielen Fehler in der Missionsgeschichte hin und beklagen Mission als Zwangsbekehrung, Indoktrination und Fremdbestimmung: Denn die Neubekehrten seien ihrer Gesellschaft entfremdet und ihrer Identität beraubt worden. So richtig diese Vorwürfe sind, so übersehen sie doch, dass es andererseits oft gerade die Missionare waren, die sich um die Kultur der indigenen Völker kümmerten, ihre Sprache erforschten und erlernten und das Evangelium in eine bodenständige Form zu gießen suchten.

Immer wieder, auch das ist richtig, war die Mission eng mit dem Kolonialismus verbunden; man beschimpfte Missionare als »Lakaien des Kolonialismus«. Und doch waren es auch immer wieder gerade die Missionare, die sich zu Fürsprechern der Einheimischen machten und deren Rechte gegenüber der Verwaltung, den Händlern und Siedlern verteidigten.

Es ist leicht, die dunklen Kapitel der Missionsgeschichte an den Pranger zu stellen; schwieriger scheint es, das Mühen um die Einzelnen, das Eintreten für die Unterdrückten, den Dienst am ganzen Menschen darzustellen. Beides hat es in der Missions- wie in der allgemeinen Kirchengeschichte stets gegeben.

2.2 Begründung der Mission

Mission als Wesensmerkmal des christlichen Glaubens wird von *Hans-Werner Gensichen* als »missio Dei«, die Sendung Gottes definiert. Er schreibt: »Mission kann nur darin ihren Grund haben, daß sie primär – wie man es heute vielfach ausdrückt – missio Dei (lat. Sendung Gottes), Gottes eigenste Sache, ist.« Dies setzt dann aber die Aktivität der Menschen, die missio hominum (lat. Sendung der Menschen) in Gang. Diese missio hominum ist »Teilhabe an Gottes eigenem Heilshandeln, so wie er es durch die Sendung Jesu Christi in die Welt grundlegend ins Werk gesetzt hat«.[17] Diese Mission ist biblisch begründet (vgl. Apg 4,1 ff. und Mt 28,18-20).[18] Für Theologie und Glauben kann es darum nicht um die Frage gehen, ob Mission sein soll, sondern allein um die Frage nach dem Wie.

2.3 Ganzheitliche Mission

Schon den ersten evangelischen Missionaren ging es neben der Verkündigung des Evangeliums auch um den Dienst an den Menschen. Sie bauten Schulen, Krankenhäuser und andere soziale Einrichtungen für das Wohl der Menschen. Zwar wurden diese diakonischen Aufgaben oft als zweitrangig angesehen; wichtig bleibt, dass sie überhaupt ins Blickfeld gerieten. Heute wird eher die ganzheitliche Ausrichtung der Mission betont: Zeugnis und Dienst gehören gleichwertig zusammen. Gensichen definiert:

> Und eben darum lautet die Aufgabe [der Mission] heute: Zuwendung zum ganzen Menschen, vornehmlich zu seiner Suche nach Lebenssinn und Hoffnung, eingeschlossen aber auch die Veränderung und Erneuerung der Bedingungen des Menschseins in der Weltgesellschaft, eingeschlossen den Kampf gegen Rassismus, Unterdrückung, Ausbeutung, Ungerechtigkeit in jeglicher Gestalt, eingeschlossen auch der Kampf um die Menschenrechte als die Gabe Gottes des Schöpfers an sein Geschöpf, den Menschen.[19]

Evangelisation und Entwicklung gehören also zusammen. Unter dem Eindruck früherer Fehler werden heute die alten Prioritäten bisweilen sogar umgekehrt, wie ein Statement der äthiopischen Mekane-Yesus-Kirche aus dem Jahr 1972 zeigt:

---

17 *H.-W. Gensichen*, Mission heute. Zustand und Zukunft, in: EvErz 30/1978, 74.
18 Vgl. dazu auch *J. Lähnemann*, Evangelische Religionspädagogik in interreligiöser Perspektive, Göttingen 1998, 279.
19 *H. W. Gensichen*, aaO., 78.

Der bisherige Nachdruck in der Mission der Kirche lag auf der Verkündigung des Evangeliums mit Worten. Alle anderen Tätigkeiten auf dem erzieherischen, medizinischen oder technischen Gebiet wurden als zweitrangig betrachtet oder als Mittel zum Zweck. Der Nachdruck heute liegt auf sozialer Tätigkeit, auf Entwicklung der Gemeinschaft und Befreiung von unmenschlichen Verhältnissen und auf der Mitarbeit am Aufbau der Nation. Die Verkündigung des Evangeliums ist ein Nebenergebnis geworden. Diese zwei extremen Positionen sind in gleicher Weise schädlich für die örtlichen Kirchen in den Entwicklungsländern, die es als ihre Verpflichtung ansehen, dem ganzen Menschen zu dienen.[20]

Ganzheitliche Mission, das ist, was Christus seiner Kirche aufgetragen hat.

2.4 Mission und andere Religionen

Die Welt wächst heute immer schneller und intensiver zusammen. Kulturen und Religionen begegnen sich. Man muss nicht in ferne Lande ziehen, um den Islam oder Buddhismus oder andere Religionen kennen zu lernen; längst haben sie in Europa Einzug gehalten. Daher ist heute die Frage nach dem Wie der Begegnung mit den Religionen allgegenwärtig. Ein Merkmal der kolonialen Epoche war es, den anderen Religionen den exklusiven Absolutheitsanspruch des Christentums entgegenzusetzen: hier ist die wahre, dort die falsche Religion.[21] Ähnlich argumentiert das inklusive Absolutheitsdenken, in dem die Religionen als Annäherungen an das Christentum beschrieben werden, als Vorformen. Manche sehen in ihnen das AT der Völker. Das Christentum darf jedoch nicht allein zum Maßstab der Beurteilung anderer Religionen gemacht werden. *Böttge* fordert: »Um einen Absolutheitsanspruch begründen zu können, müsste es möglich sein, von einem Standpunkt außerhalb der eigenen Religion die Kriterien für die Absolutsetzung einer Religion zu gewinnen.«[22] Dieses zu verwirklichen, scheint unmöglich.

Seit den siebziger Jahren des 20. Jh. gibt es eine »Theologie der Religionen«[23], die überall eine transzendente Wirklichkeit postuliert, die

---

20 Über die Wechselbeziehung zwischen der Verkündigung des Evangeliums und der menschlichen Entwicklung, in: LR 23/1973, 252f.
21 Vgl. *B. Böttge u.a.*, Absolutheit-Toleranz-Mission. Studienbrief V/2 des Fernstudienlehrgangs für evangelische Religionslehrer, Tübingen ²1978, 44–47.
22 *B. Böttge u.a.*, aaO., 45.
23 Vgl. dazu *R. Bernhardt (Hg.)*, Horizontüberschreitung. Die Pluralistische Theologie der Religionen, Gütersloh 1991.

von Menschen allerdings unterschiedlich wahrgenommen wird.[24] Hier kann es nicht mehr um den Absolutheitsanspruch einer Religion gehen, sondern eher um das gemeinsame Ringen um eine Wahrheit, die allen innewohnt. Dies führt zum Dialog der Religionen.

Christen werden an der Einzigartigkeit Jesu Christi festhalten und gleichzeitig den pluralistischen Kontext ernst nehmen.[25] Eine christliche Theologie der Religionen hat »ihr Orientierungszentrum in Jesus Christus, der für Christen der letztgültige Maßstab ist und das entscheidend und unterscheidend Christliche ausmacht, was die potentielle Wirklichkeit von Heil in anderen Religionen nicht ausschließt.«[26]

Christliche Mission findet heute als Dialog statt. In diesen Dialog bringen Christen ihren Glauben an Jesus Christus als *den* Weg und *die* Wahrheit und *das* Leben ein. Die eigene Überzeugung wird also gerade nicht geleugnet und damit die Wahrheitsfrage ausgeklammert. »Der Dialog braucht Teilnehmer, die ihre jeweiligen Wahrheitsansprüche *nicht* aufgeben – worüber sollte man sich sonst austauschen?«[27] Es geht dabei um »eine Wahrheit, die man im Dialog immer tiefer und umfassender zu verstehen hofft. Dialogfähigkeit setzt also ein Wahrheitsgewissen voraus und nicht dessen Vergleichgültigung«.[28]

3. Didaktisch

3.1 Mission: heute ein Reizwort

Auch die Schüler/innen sind vielfach – wenn überhaupt – schlecht auf Mission zu sprechen (s. o.). Es wäre verhängnisvoll, ihre Bedenken nicht ernst zu nehmen. Die Schüler/innen sollten ihre Einwände gegen die Mission nennen dürfen. Mit Recht heißt es etwa im evan-

---

24 Vgl. *W. H. Ritter,* Mission/Absolutheitsanspruch/Theologie der Religionen, in: TLL 1, 240–254, bes. 244.
25 Vgl. *B. Dinkelaker,* Mission oder Dialog, in: Offene Kirche 2001, Nr. 2, 12–15, hier 13.
26 *W. H. Ritter,* aaO., 246. Vgl. dazu auch *R. Bernhardt,* Offen für andere, treu zu sich selbst. Christliche Identität bildet sich im Dialog, in: EvKomm 6/96, 347–349, bes. 348f.: »Christus ist das Identitätszentrum des christlichen Glaubens – das steht außer Frage. Doch darf dieses Zentrum nicht mit der Grenze gleichgesetzt werden, so dass man sagen könnte: Wer sich nicht zu Christus bekennt, ist ausgegrenzt aus Gottes umfassendem Heilswillen.«
27 *R. Bernhardt,* Zwischen Größenwahn, Fanatismus und Bekennermut. Für ein Christentum ohne Absolutheitsanspruch, Stuttgart 1994, 211.
28 *K. J. Kuschel,* Christologie und Interreligiöser Dialog, zit. nach *W. H. Ritter,* aaO., 247.

gelischen Lehrplan (Baden-Württemberg, HS, LPE 7/1 »Mission: Voneinander lernen, miteinander glauben«) »Mission wird oft mit Kolonialismus, Gewalt und Gewinnsucht verbunden.«

Sinnvoll wäre es und sicherlich sehr lebendig, Vertreter der kirchlichen Pfarrämter für Mission und Ökumene (Vertreter der Missionswerke und Entwicklungshilfeagenturen) zum Gespräch einzuladen.

Man sollte sich auch dem Dilemma stellen, dass Menschen hier die Mission in anderen Erdteilen ablehnen, zugleich aber bei uns im Namen der Religionsfreiheit andere Religionen zu missionarischen Tätigkeiten ermutigen. Zugleich hören wir, dass in manchen Ländern den Christen die Ausübung ihrer Religion strengstens untersagt wird. Es geht darum, sich für die in der Charta der Vereinten Nationen festgeschriebenen Religionsfreiheit in *allen* Ländern einzusetzen. Die Begegnung der Religionen ist dann unabdingbar.

3.2 Mission am Beispiel

Um die Geschichte der neuzeitlichen Mission zu behandeln, wäre es wünschenswert, dies an verschiedenen Fallbeispielen aus Geschichte und Gegenwart zu tun. Dies stößt aber auf Schwierigkeiten, da das vielfältige Material meist schwer zugänglich ist.

Für die Sek I/II empfiehlt sich ein Kapitel »Mission zwischen Ausbeutung und Solidarität« in dem Schulbuch »Projekt Ökumene«.[29] Dort werden, ausgehend von der 500-Jahr-Feier der Entdeckung Amerikas durch *Kolumbus*, zunächst die schrecklichen Folgen für die Indios in Mittelamerika aufgezeigt und Gedanken und Arbeit von *Las Casas* in ihren unterschiedlichen Facetten beleuchtet. Die Frage des Sklavenhandels wird ausführlich diskutiert und es werden Linien bis in die Neuzeit gezogen. Die spezifische Mission der Herrnhuter in der Karibik und die Indianerreduktionen in Südamerika werden exemplarisch vorgestellt.

Möglich ist auch, sich auf eine bestimmte Missionssituation zu konzentrieren, etwa auf die Herrnhuter Missionspraxis, die Jesuitenreduktionen oder die Dänisch-hallische Mission.[30]

---

[29] *U. Becker u.a.,* Projekt Ökumene. Auf dem Weg zur Einen Welt. Arbeitsbuch Religion – Sekundarstufe I, Düsseldorf/Stuttgart 1997, 6–27.
[30] Vgl. *J. Thierfelder,* Es begann in Tranquebar, 110–122.

3.3 Geschichte eines Missionswerks

Aus den protestantischen Missionsgesellschaften der Erweckungszeit sind heute die Kirchlichen Missionswerke hervorgegangen. Ihre Anschriften finden sich im Jahrbuch der Mission (siehe die Literaturhinweise!). Sie können Gesprächspartner vermitteln oder bei der Materialsuche behilflich sein. Für die Katholiken gibt die »Aktion Missio« gern Auskunft; sie kann auch Gesprächspartner für Fragen der Mission vermitteln.

3.4 Mission in der Primarstufe

Für den Grundschulunterricht empfehlen sich Unterrichtseinheiten, die stärker narrativ ausgerichtet sind und um eine bestimmte Person oder ein bestimmtes Land kreisen. Eine Unterrichtseinheit »Akua«[31] erzählt z.B. den bisherigen Lebensweg einer afrikanischen Christin aus Ghana, die später für einige Jahre Dienst in der Pfälzischen Landeskirche tat. Im Kennenlernen dieser Biografie können die Schüler/innen einen Eindruck von Ghana und den Lebensverhältnissen dort erhalten. Dazu können sie einen Blick auf die religiöse Situation eines Landes werfen, in dem sich etwa 40% der Menschen zum christlichen Glauben bekennen, während die übrigen Muslime oder Anhänger/innen der traditionellen Religion sind. (Vgl. hier auch die Länderhefte der einzelnen Missionswerke bzw. des EMW; s. Literaturhinweise!).

3.5 Aus Missionsgebieten wurden eigenständige Kirchen

Die Schüler/innen können an Beispielen erfahren, dass in den früheren Missionsgebieten eigenständige Kirchen entstanden sind. Diese sind mit den heutigen Missionswerken und den Kirchen in Deutschland partnerschaftlich verbunden.[32] Sie senden ihrerseits oft sog. fraternal workers nach Deutschland, um hier in einer Landeskirche für begrenzte Zeit mitzuarbeiten, wie Missionare früher und heute in Übersee. Daran wird deutlich, dass Mission keine »Einbahnstraße« mehr ist.

Die Geschichte der afrikanischen Gemeinde am Oberlauf des Okulu stellt diesen Vorgang als eine Art Satire dar. Sie sendet eine

---

31 *G. Hermann/J. Thierfelder,* Akua. Schülerheft und Lehrerbegleitheft, hg. v. *Evangelischen Missionswerk in Südwestdeutschland,* Stuttgart 1989.
32 Vgl. z.B. Kursbuch Religion 2000 (9./10. Schuljahr), 190f.

afrikanische Familie nach Deutschland, nachdem man von der weniger erfreulichen Situation der Kirchen hier gehört hat (z.B. den schlechten Kirchenbesuch). Diese afrikanische Familie soll nun dazu helfen, dass die deutsche Gemeinde wieder von »der befreienden Liebe Gottes angesteckt wird«.[33]

LITERATURHINWEISE

U. Becker u.a., Projekt Ökumene. Auf dem Weg zur Einen Welt. Arbeitsbuch Religion – Sekundarstufe I, Düsseldorf/Stuttgart 1997

H. Chadwick/G. R. Evans (Hg.), Das Christentum, Augsburg 1998, bes. Teil IV, 86ff.

S. Neill, Geschichte der christlichen Missionen, *hg. v. N.-P. Moritzen,* Erlangen ²1990

H.-J. Prien, Die Geschichte des Christentums in Lateinamerika, Göttingen 1978

Jahrbuch der Mission, *hg. vom Evangelischen Missionswerk, Hamburg* (dort auch die Adressen der Missionswerke der Landeskirchen); zu beziehen beim EMW, Normannenweg 17–21, 20537 Hamburg. Für aktuelle Länderhefte, Themenhefte und Unterrichtsmaterialien s.: www.emw-d.de; katholische Materialien unter www.missio.de

---

33 Vgl. *S. Beck u.a.,* Vorlesebuch Ökumene, Lahr/Kevelaer 1991, Nr. 101.

XV. Ökumenische Bewegung

Rainer Lachmann

Signet des Ökumenischen Rats der Kirchen.

Das Symbol der Ökumene, der Ökumenischen Bewegung, des Ökumenischen Rats der Kirchen (ÖRK). Es meint den gesamten bewohnten *Erdkreis*, die gesamte Christenheit als »*Schiff*, das sich Gemeinde nennt«, als »Gemeinschaft von Kirchen«, die den *gekreuzigten* und auferstandenen »Herrn Jesus Christus gemäß der Heiligen Schrift als Gott und Heiland bekennen«,[1] ob in und über den Wellen, immer bewegt, immer in Bewegung, ökumenisch bewegt und bewegend als *ökumenische Bewegung*.

Ekklesiologisch ist »Ökumenische Bewegung« als Streben nach Einheit und Gemeinschaft von allem Anfang an Wesenselement von Kirche, *historiografisch* identifiziert man sie heute für gewöhnlich »mit der modernen Ökumenischen Bewegung der letzten hundert Jahre«,[2] reli-

---

1 So ausschnittsweise die Basisformel des ÖRK.
2 *R. Frieling*, Art. Ökumene, in: TRE XXV, 46–77, bes. 47.

gionspädagogisch sollte sie sich aufgehoben finden in der mächtigen didaktischen Strömung des »ökumenischen Lernens«, die seit den achtziger Jahren des vorigen Jh. zunehmend an Bedeutung gewinnt.

Als für den RU ausgewähltes kirchengeschichtliches Grundthema bedarf es neben der historischen Information über die Ökumenische Bewegung des 19., 20. und beginnenden 21. Jh. und der entsprechenden ökumenisch-theologischen Reflexion vor allem der didaktischen Auseinandersetzung mit dem »Lernen« der Geschichte der Ökumenischen Bewegung als »Ökumene lernen«, wohl wissend, dass ökumenisches Lernen im Verständnis der meisten seiner engagierten Vertreter weit mehr oder gar etwas ganz anderes ist als die Vermittlung ökumenischen Wissens! Das zu beteuern, können sich ökumenische »Lernexperten« gar nicht genugtun. Wenn überhaupt kommt deshalb die Ökumenische Bewegung in der überbordend reichen Literatur zum ökumenischen Lernen eher prohibitiv vor.[3] Was in der Regel fehlt, sind Überlegungen, die den kirchengeschichtlichen Lerninhalt Ökumenische Bewegung daraufhin bedenken, welchen positiven Beitrag seine religionsunterrichtliche Behandlung im Referenzrahmen ökumenischen Lernens leisten kann.[4] Nicht zuletzt im Blick auf die Schülerinnen und Schüler ist das die Frage, die schon die Auswahl und Schwerpunktsetzung der Information leiten muss, wobei bereits hier ein Hauptaugenmerk auf den Grundmotiven und -perspektiven der Ökumenischen Bewegung liegen müsste.

1. Historisch

1.1 Begriff und Bedeutung

Ökumene leitet sich ab vom griechischen Verb »oikein« (= wohnen) und wird schon in vorchristlicher Zeit als Bezeichnung für die bewohnte und bewohnbare Erde gebraucht. Biblisch begegnet der Begriff z.B. in der lukanischen Weihnachtsgeschichte (Lk 2,1 »daß *alle Welt* geschätzt würde«) und meinte dort wohl vor allem das Römische

---

3 Vgl. z.B. *U. Becker*, Ökumenisches Lernen, in: *K. Goßmann (Hg.)*, Glaube im Dialog, Gütersloh 1987, 247–259, bes. 248ff.; *ders.*, Konturen einer ökumenisch-konziliaren und interreligiösen Didaktik, in: *H. Noormann/U. Becker/B. Trocholepczy (Hg.)*, Ökumenisches Arbeitsbuch Religionspädagogik, Stuttgart u.a. 2000, 181–189, bes. 181 u. 185.

4 Eine erfreuliche Ausnahme bildet hier *R. Koerrenz*, Ökumenisches Lernen, Gütersloh 1994.

Reich. Darauf bezogen waren zunächst auch die »ökumenischen« Konzilien und Beschlüsse der Alten Kirche, in deren Zusammenhang sich der Ökumene-Begriff – analog dem ekklesiologischen Prädikat der »Katholizität« – sehr bald ausweitete zu umfassender kirchlicher Bedeutung und Gültigkeit. Entsprechend vieldeutig wird das Adjektiv ökumenisch in den nachfolgenden Jahrhunderten verwendet; es konnte die ganze Erde betreffen, die katholischen Christen auf der ganzen Welt meinen oder auch die christlichen Konfessionen und Kirchen bezeichnen.

Neue Akzente und Perspektiven in Richtung Ökumenischer Bewegung gewann das Wort »ökumenisch« erst im 19. und 20. Jh., als sich angesichts der Spaltungen, Spannungen und Verwerfungen zwischen den Kirchen Einigungsbemühungen und -hoffnungen mit dem Ökumene-Begriff verbanden und so die Geschichte der Ökumenischen Bewegung im eigentlichen Sinne auf den Weg gebracht wurde. Heute umfasst der Begriff »Ökumene« im Wesentlichen drei Bedeutungsdimensionen: *1. interkonfessionell* im Sinne des Zusammenfindens und der »Zusammengehörigkeit konfessionell gespaltener Kirchen«, *2. interreligiös* ausgeweitet »in Richtung auf den Dialog mit den Weltreligionen« und *3. »global«* fortgeschrieben und entgrenzt als Wahrnehmung des großen weltumspannenden Hauses der Erde und des Lebens unter dem Aspekt der Haushalterschaft Gottes und der Menschen.[5]

Die Beschäftigung mit der Ökumenischen Bewegung muss versuchen, diese vieldimensionale Ökumene je in ihrem zeitbedingten Kontext und ihren situationsbezogenen Herausforderungen und Ausprägungen historisch ansprechend nachzuzeichnen, wobei insbesondere die Ausweitung an Bedeutung und Verantwortung, die das Verständnis von Ökumene im Laufe seiner Entwicklung erfahren hat, bemerkenswert ist. Einheit und Vielfalt im Ringen um Wahrheit und Gemeinschaft geben dabei die maßgeblichen Grund- und Eckwerte ab, unter denen sich Ökumene von ihren biblischen Anfängen an bis in die Gegenwart hinein als spannungsvoller Prozess vollzogen hat.

1.2 Ökumenische Vor-Gänge

Auch wenn die Bitte des hohepriesterlichen Gebets um Einheit (Joh 17,21) gleichsam zum Standardprogramm ökumenischer Argumentation gehört, bleibt die von *Ernst Käsemann* 1951 in seinem berühm-

---

5 Vgl. *R. Lachmann*, Religionspädagogische Spuren, Jena ²2002, 52.

ten Vortrag »Begründet der neutestamentliche Kanon die Einheit der Kirche?« getroffene Feststellung gültig, dass bereits in der Urchristenheit und ihrem Testament »eine Fülle verschiedener Konfessionen vorhanden war« (→ TLL 1, Evangelisch-Katholisch 63f.). Auseinandersetzungen, Parteiungen und Spaltungen in Glaubensfragen sind ein nicht wegzudenkender Teil der Kirchengeschichte, die man als »fortschreitenden Differenzierungsprozess des Christseins in multiple Konfessionen, vergleichbar mit einem blühenden Baum, der viele Äste und Früchte trägt, die in Christus einen gemeinsamen Stamm und im Judentum gemeinsame Wurzeln haben«, deuten und lesen kann[6] oder auch – nicht so wohlmeinend – als skandalöse »Ketzerhistorie«.

Die »antiökumenische« Spaltungsgeschichte begann noch im ersten Jahrtausend, als sich »zwei große Hauptäste des Christentums, nämlich die mit Rom verbundene Westkirche und die selbständig gewordene Ostkirche um Konstantinopel« herausbildeten, die sich mit dem Schisma von 1054 für über 900 Jahre – am 7. 12. 1965 wurde der Kirchenbann aufgehoben! – spalten sollten. Im Laufe des 16. Jh. kam es dann zu massiven Auseinandersetzungen »zwischen *Martin Luther* und der herkömmlichen Kirche, woraus sich mehrere Äste der reformatorischen Kirchen bildeten« (→ IX. Reformation). Im weiteren Sinne dazu gehörte auch die anglikanische Kirche, die kurz vor 1530 entstand und ihre Anhänger außer in England vor allem in Schottland, Irland, den skandinavischen Ländern und den USA hat.[7]

Neben dieser kirchengeschichtlichen Trennungshistorie, angesichts derer man erst in jüngster Zeit den großen Reichtum und die bunte Vielfalt »heiliggeistlicher« Schätze zu entdecken lernt, gab es im Verlauf der Geschichte der Kirchen immer auch wieder Christen und christliche Gemeinschaften, die sich der Einheit verpflichtet wussten und der ärgerlichen Zerstrittenheit der Christenheit in ökumenischem Geist und tatkräftigem Engagement entgegenwirkten. Zu denken ist dabei z.B. in vorreformatorischer Zeit an *Franz von Assisi*, der mit seinem Leben, seinen Worten und Werken und nicht zuletzt der von ihm angestoßenen mönchischen Lebensform ökumenische Spiritualität in vorbildlicher Weise verkörperte. Für die Reformation als ökumenisch beispielhaft hat vor allem *Philipp Melanch-*

---

6 *S. Leimgruber,* Ökumenisches Lernen, in: *G. Hilger/S. Leimgruber/H.-G. Ziebertz* (Hg.), Religionsdidaktik, München 2001, 420–432, bes. 423.
7 Vgl. *S. Leimgruber,* aaO., 423.

thons engangiertes Eintreten für die Einheit der Kirche zu gelten, das sich nicht nur in der offiziellen Vorrede zur Confessio Augustana ausdrückte, sondern lebenslang als ökumenisches Wirken in seinen Schriften und Religionsgesprächen lebendig blieb (→ IX. Reformation). Beachtenswert sind dann in der Folgezeit die ökumenischen Tendenzen und Bestrebungen in *Pietismus* (→ XI.) und *Aufklärung* (→ XII.), wobei besonders die neologischen Theologen der Aufklärungszeit mit der Relativierung der kirchlichen Unterscheidungslehren eine Annäherung der Konfessionen bewirkten, die bis zur ökumenischen Integration der Juden gehen konnte. Katholischerseits ist gerade auch in seiner positiven Sicht des Judentums *Ignaz von Döllinger* (1799–1890) zu nennen und im Kontext der Erweckungsbewegung *Johann Michael Sailer* (1751–1832), der mit seinen theologischen Auffassungen so wirkmächtige ökumenische Gedanken und Anstöße vermittelte, dass man in der »sailerschen Linie« sogar eine »geistige Strömung« meinte erkennen zu können, die »positiv auf die Ekklesiologie des II. Vatikanischen Konzils« und seine ökumenischen Ansätze hinführte.[8]

1.3 Ökumenische Impulse im 19. und beginnenden 20. Jahrhundert

Ein wichtiger Impuls für die Ökumene ging von der Erweckungsbewegung und ihrer mit Leidenschaft betriebenen Missionsarbeit aus. Gerade die ersten Missionsgesellschaften überschritten bewusst die konfessionellen Grenzen. So erklärte etwa die Londoner Missionsgesellschaft (gegr. 1795), es sei nicht ihre Aufgabe, »Presbyterianismus, freikirchliche, bischöfliche oder sonst eine Kirchenverfassung zu verbreiten, sondern das herrliche Evangelium Gottes zu den Heiden zu bringen«, und die »Basler Mission (gegr. 1815) verlangt(e) in den ersten Jahren sogar von ihren Missionaren, sich dem Konfessionsstand des jeweiligen Einsatzgebietes anzupassen, also z.B. Anglikaner zu werden, wenn eine Zusammenarbeit mit englischen Missionaren bevorsteht«[9] (→ XIV. Weltmission in der Neuzeit). Auch wenn solch missionarisch-ökumenisches Engagement des Anfangs im Laufe des Jh. immer wieder konfessionell »domestiziert« wurde, waren es doch auch weiterhin die »von den evangelikalen Erwe-

---

[8] F. W. *Kantzenbach*, Einheitsbestrebungen im Wandel der Kirchengeschichte, Gütersloh 1979, 98f; vgl. auch F. G. *Friemel,* Johann Michael Sailer und das Problem der Konfession, Leipzig 1972.

[9] U. *Birnstein u.a. (Hg.),* Chronik des Christentums, Gütersloh/München 1997, 334ff.

ckungsbewegungen« geprägten Kreise, in denen die ökumenische »Einheitsidee« weiter wirkte.[10]

So war das 19. Jh. auf der einen Seite zwar noch massiv bestimmt durch konfessionalistische Abgrenzung und Sonderung – das Erste Vatikanische Konzil mit seiner Dogmatisierung der Unfehlbarkeit des Papstes 1870 mag dafür stehen –, stand aber auf der anderen Seite im Zeichen konfessionsverbindender Missionierung und politischer Internationalisierung zu einer Zeit, in der der Wille zur Einigung und zu konfessionellen Zusammenschlüssen spürbar zunahm. In Deutschland schlossen sich z.B. in einigen Landeskirchen Lutheraner und Reformierte zu sog. Unionen zusammen, und auf Weltebene kam es 1855 in Paris zur überkonfessionellen Vereinigung des Christlichen Vereins Junger Männer (CVJM) und wurde 1895 in Schweden der Christliche Studentenweltbund gegründet. Von solchen und anderen ähnlichen Einheitsbestrebungen und internationalen Zusammenschlüssen gingen entscheidende Impulse und Motive aus, um das 20. Jh. in wachsender Intensität und Dringlichkeit zum Zeitalter ökumenischer Bewegung und Hoffnung werden zu lassen.

Vier Traditionen und Motivationen wurden dabei für die Ökumenische Bewegung ausschlaggebend:

1. Die *Weltmissionskonferenzen* mit ihrer berühmten ersten Konferenz in Edinburgh 1910, die – inspiriert durch den erwecklich-missionarischen Geist des vorangegangenen Jahrhunderts und seinen Wunsch, in den Missionsgebieten mit einer Stimme zu sprechen und zu predigen – gleichsam zur »Initialzündung« aller weiteren ökumenischen Konferenzen vor der Gründung des Ökumenischen Rates im Jahr 1948 werden sollte. Missionarisch motiviert standen sie für Zeugnis, Mission und Sendung.

2. Die *Weltkonferenzen für Praktisches Christentum* (life and work), die unter dem Vorsitz von *Nathan Söderblom* 1925 in Stockholm begannen und 1937 in Oxford fortgesetzt wurden. Unter der Kurzformel von Stockholm »Die Lehre trennt, aber der Dienst vereint« dominierte hier die sozialethische Motivation und wurde verantwortlicher Dienst zum maßgeblichen Stichwort ökumenischer Aktion und Reflexion.

3. Die *Weltkonferenzen für Glaube und Kirchenverfassung* (faith and order), die ihren Anfang 1927 in Lausanne nahmen und 1937 in Edinburgh ihre Fortsetzung erfuhren. Ihnen ging es zentral um die

---

10 *P. Neuner,* Ökumenische Theologie, Darmstadt 1997, 22–27, bes. 27.

Einheit der Kirche, ihr Wesen, ihren Auftrag, ihre Glaubensbekenntnisse und Ämter, und entsprechend war das schwierige Ringen dieser Konferenzen entschieden ekklesiologisch bestimmt.

4. Der *Weltrat für Christliche Erziehung,* der 1947 aus den Weltsonntagsschulkonferenzen entstand und sich 1971 mit dem ÖRK zusammenschloss. Hier liegen die religionspädagogischen Wurzeln für das ökumenische Engagement im Bereich der Erziehung, aus dem nicht zuletzt das ökumenische Lernen wichtige Impulse und Motivationen erfuhr.

1.4 Der Ökumenische Rat der Kirchen

1948 wurde in Amsterdam der *Ökumenische Rat der Kirchen* gegründet, in dessen Aufgaben und Zielvorstellungen sich die aufgezeigten Traditions- und Motivationsströme zusammenfanden. Entsprechend übernahmen die 147 evangelischen und orthodoxen Gründungskirchen für ihr Selbstverständnis die »Basisformel« der Bewegung für »faith and order«, die – präzisiert durch die 3. Vollversammlung in Neu Delhi 1961 – bis heute als gültige Fassung anerkannt ist. Danach versteht sich der ÖRK als »eine Gemeinschaft von Kirchen, die den Herrn Jesus Christus gemäß der Heiligen Schrift als Gott und Heiland bekennen und darum gemeinsam zu erfüllen trachten, wozu sie berufen sind, zur Ehre Gottes, des Vaters, des Sohnes und des Heiligen Geistes«.[11] Während diese programmatische Definition christologisch und trinitätstheologisch klar profiliert ist, bleibt sie in ekklesiologischer Hinsicht offen und neutral. Der ÖRK will keine »Über-Kirche« sein und werden, sondern möchte Raum bieten »für die Ekklesiologie einer jeden Kirche, die bereit ist, am ökumenischen Gespräch teilzunehmen«.[12] Unter dem Dach solcher »ekklesiologischer Neutralität«, die in der Toronto-Erklärung 1950 noch einmal ausdrücklich festgeschrieben wurde,[13] versammeln sich bis heute mehr als 340 evangelische, anglikanische und orthodoxe Kirchen mit über 400 Millionen Christen.

Oberstes Organ des ÖRK ist die etwa alle sechs bis acht Jahre tagende Vollversammlung der inzwischen (2002) 342 Mitgliedskirchen. Zwischen den Versammlungen arbeitet der aus (höchstens)

---

11 *H. Gutschera/J. Maier/J. Thierfelder,* Kirchengeschichte – ökumenisch. Bd. 2: Von der Reformation bis zur Gegenwart, Mainz/Stuttgart 1995, 207.
12 *F.-W. Kantzenbach,* aaO., 108.
13 *R. Koerrenz,* aaO., 143 f.

150 Mitgliedern bestehende Zentralausschuss, dem ein Exekutivausschuss von 16 Personen mit einem sechsköpfigen Präsidium vorsteht. Das Generalsekretariat mit dem Generalsekretär als oberstem Amtsträger des ÖRK hat seinen Sitz in Genf, führt die Geschäfte und koordiniert die Arbeit der verschiedenen Kommissionen und Programme, die sich seit der Strukturreform von 1992 neben dem Generalsekretariat auf vier Einheiten verteilen: 1. Einheit und Erneuerung, 2. Mission, Erziehung und Zeugnis, 3. Gerechtigkeit, Frieden und Schöpfung und 4. Teilen und Dienst. Unschwer lassen sich an diesen Programmeinheiten nicht nur die herkömmlichen Beweggründe der Ökumenischen Bewegung wiedererkennen, sondern auch die neuen Entwicklungen und Herausforderungen ablesen, die dem ÖRK im Laufe seiner inzwischen über 50jährigen Geschichte – vom 1948 gewählten Generalsekretär *Willem Visser't Hooft* bis zum derzeit amtierenden Generalsekretär *Konrad Raiser*, dessen Amtszeit 2003 endet, – zugewachsen sind.

1.5 Ökumenische Bewegung und römisch-katholische Kirche

Die römisch-katholische Kirche verweigerte zunächst jegliche Mitarbeit an der Ökumenischen Bewegung. Papst *Pius XI.* verbot sogar in einer Enzyklika von 1928 den Katholiken ausdrücklich, an ökumenischen Bestrebungen teilzunehmen. Für ihn gab es nur den Weg der »Rückkehr-Ökumene«, d.h. »keinen anderen Weg, die Vereinigung der Christen herbeizuführen, als den, die Rückkehr aller getrennten Brüder zur einen wahren Kirche zu fördern, von der sie sich einst unseligerweise getrennt haben«.

Das änderte sich erst mit *Papst Johannes XXIII.* (1958–1963) und dem Zweiten Vatikanischen Konzil (1962–1965), wo offiziell erklärt wurde, dass sich die katholische Kirche »mit unwiderruflicher Entschlossenheit« der Ökumenischen Bewegung verpflichtet wisse.[14] Der Papst rief dazu auf, zusammenzukommen und den Spaltungen ein Ende zu machen, und genehmigte 1961 die Errichtung eines Sekretariats zur Förderung der Einheit der Christen, dessen Leitung dem deutschen Jesuiten *Augustin Bea* anvertraut wurde. An der Vollversammlung des ÖRK in Neu Delhi Ende 1961 nahmen dann erstmals offizielle katholische Beobachter teil. Entsprechend hoch waren die Erwartungen, als Johannes XXIII. 1959 ein ökumenisches Konzil ankündigte. Zwar wurde das Zweite Vatikanum »kein Uni-

---

14 H.-A. Raem, Art. Ökumenismus II, in: TRE XXV, 80–86, bes. 80f.

onskonzil«, doch eröffnete es wegweisende ökumenische Perspektiven, die in allen 16 Dokumenten, die das Konzil verabschiedete, erkennbar sind. Neben dem Ökumenismusdekret und dem Dekret über die nichtchristlichen Religionen wurde hier besonders die dogmatische Konstitution »Lumen gentium« bedeutsam, wenn sie »von der Kirche Jesu Christi« sagt, »sie sei ›verwirklicht (subsistit) in der katholischen Kirche‹«, und ausdrücklich nicht formuliert, diese »Kirche ist (est) die römisch-katholische Kirche«! Solch ekklesiologische »Selbstrelativierung« ermöglichte dem Konzil die »theologische Wertung der Konfessionen als ›Kirchen und kirchliche Gemeinschaften‹«, womit entscheidende Weichen gestellt und konziliare Räume eröffnet waren, um nach dem Konzil Gewinn bringende ökumenische Gespräche führen zu können.[15]

Das Verhältnis der katholischen Kirche zum ÖRK blieb aber auch in der nachkonziliaren Zeit bestimmt von einer gewissen Zurückhaltung. Trotz Zusammenarbeit auf vielen Gebieten kam ein Beitritt Roms zum ÖRK nicht in Frage; abgesehen von gebliebenen und bleibenden ekklesiologischen Vorbehalten war es »nicht zuletzt auch das Zahlenverhältnis« – die »katholische Kirche hat mehr Mitglieder als alle Gliedkirchen des ÖRK zusammen« –, das gegen einen Beitritt sprach.[16] Als Haupterfolg in ökumenischer Hinsicht haben aber sicher die bilateralen und multilateralen Beziehungen und Gespräche zu gelten, die von dem Konzil angestoßen und auf den ökumenischen Weg gebracht worden sind. Das waren vor allem die Gespräche mit den Ostkirchen und der Anglikanischen Kirche, das waren aber auch und nicht zu vergessen die Gespräche und intensive theologische Arbeit mit der evangelisch-lutherischen Kirche, die am Reformationstag 1999 in der feierlich vollzogenen Unterzeichnung der »Gemeinsamen Erklärung zur Rechtfertigungslehre« (GER) in Augsburg gipfelten (→ IX. Reformation). Wenn es darin heißt, »daß zwischen Lutheranern und Katholiken ein Konsens in Grundwahrheiten der Rechtfertigungslehre besteht«, ist damit ein ökumenischer Meilenstein gesetzt, der in seiner Bedeutung für die Ökumenische Bewegung kaum zu überschätzen ist. Das gilt ungeachtet der theologischen Ambivalenz, die einem solchen Kompromisspapier immer eigen ist, und das gilt vor allem auch ungeachtet des ökumenischen Störfeuers, das bestimmte vatikanische Kreise am 5. September 2000 mit der »Erklärung Dominus Jesus« (lat. Herr

---

15 *P. Neuner*, Ökumenische Theologie, 145 ff.
16 *P. Neuner,* aaO., 154 ff.

Jesus) entfachten, die der von der Kirchenkonstitution »Lumen gentium« (lat. Licht der Völker) eröffneten selbstrelativierenden Interpretation kompromisslos den traditionellen Exklusivitätsanspruch der römisch-katholischen Kirche entgegensetzte. Das heißt im Klartext, dass die »Kirche Christi« voll nur in der römisch-katholischen Kirche »verwirklicht« ist und entsprechend den reformatorischen Kirchen nur die Bezeichnung »kirchliche Gemeinschaften« zugestanden wird.[17] Auch wenn sich dadurch die evangelischen Theologen, welche die »Gemeinsame Erklärung zur Rechtfertigungslehre« abgelehnt hatten, in ihrem (Vor-)Urteil – dass nämlich die römisch-katholische Seite letztlich unverändert auf ihrem Verständnis christlicher Einheit im Sinne eines »Rückkehr-Ökumenismus« beharre – bestätigt sehen konnten, bleibt diese Augsburger Rechtfertigungserklärung ein öffentlich proklamiertes Hoffnungszeichen ökumenischer Gesprächsfähigkeit und Annäherung. Es bewegte nicht nur die Kirchenleitungen, sondern sensibilisierte auch die kirchliche Basis und darüber hinaus eine breitere Öffentlichkeit für ökumenische Prozesse. Hier sind ökumenische Erwartungen geweckt worden, denen sich etwa im Blick auf konfessionsverschiedene Ehen, ökumenische Gottesdienste, ökumenischen RU und Abendmahlsgemeinschaft nicht nur der erste ökumenische Kirchentag in Berlin 2003 wird stellen müssen. Der »Konsensdruck« ist auf allen Ebenen da, verlangt ökumenische Bewegung und ist bei (kirchlichem) Leibe nicht »ohne Perspektiven«!

1.6 Die Vollversammlungen des Ökumenischen Rats der Kirchen

Folgende Vollversammlungen des ÖRK haben seit 1948 an je verschiedenen Orten getagt:

1. Amsterdam 1948
2. Evanston 1954
3. Neu Delhi 1961
4. Uppsala 1968
5. Nairobi 1975
6. Vancouver 1983
7. Canberra 1991
8. Harare 1998.

---

17 Vgl. *U. Rieske-Braun (Hg.)*, Konsensdruck ohne Perspektiven? Der ökumenische Weg nach »Dominus Jesus«, Leipzig 2001, 8 ff.; außerdem *R. Lachmann*, aaO., 110 ff.

Neben der offiziellen Konstituierung des Rates und der damit einhergehenden Diskussion um sein theologisches Selbstverständnis ging es der *Amsterdamer Vollversammlung* angesichts der chaotischen Verhältnisse der Nachkriegszeit in ganz besonderem Maße um die Weltverantwortung der Kirchen. Das Generalthema »Die Unordnung der Welt und Gottes Heilsplan« wurde besonders heftig und kontrovers in den politischen Sektionen des Rats diskutiert. Im Zeichen des zunehmenden Ost-West-Gegensatzes prallten hier die Meinungen, etwa in den Referaten des amerikanischen Außenministers *John Foster Dulles*, der den Rat zum Bollwerk gegen den Kommunismus »umfunktionieren« wollte, und dem tschechischen Theologen *Joseph Hromodka*, der einen solchen Konfrontationskurs auch aus theologisch sozialethischen Gründen ablehnte, hart aufeinander. In weiser Entscheidung ließ sich der ÖRK weder von der einen, noch der anderen Seite vereinnahmen, sondern »empfahl den Kirchen, sowohl die Ideologie des Kommunismus wie die des Kapitalismus zu verwerfen und im Rahmen der sozialen Funktion der Kirche für eine ›verantwortliche Gesellschaft‹ einzutreten«. In Aufnahme und Weiterführung der sozialethischen Impulse der Weltkonferenzen für Praktisches Christentum wurde so das Stichwort der »verantwortlichen Gesellschaft« »für das nächste Jahrzehnt zum Leitbegriff ökumenischer Sozialethik«, der nicht nur das politische und soziale Verhalten des ÖRK, sondern auch vieler seiner Mitgliedskirchen nachhaltig beeinflussen sollte.[18] Die EKD mit ihren zahlreichen sozialethisch thematisierten Denkschriften kann hier durchaus als beispielhaft gelten.

Die *zweite Vollversammlung des ÖKR 1954 in Evanston* bezog sich ausdrücklich auf den Begriff der »verantwortlichen Gesellschaft« und »erklärte dazu, er sei ›kein soziales oder politisches Alternativsystem, sondern ein Maßstab, nach dem wir alle bestehenden sozialen Ordnungen beurteilen, und zu gleicher Zeit eine Richtlinie, die uns den Weg weist bei den spezifischen Entscheidungen, die wir zu fällen haben.‹«[19]

Die *dritte Vollversammlung 1961 in Neu Delhi* war gekennzeichnet durch drei neue Impulse und Entwicklungen. Das war einmal die bereits angesprochene ökumenische Öffnung der römisch-katholi-

---

18 *R. Frieling*, aaO., 61.
19 *K. Scholder*, Die evangelischen Kirchen und die ökumenische Bewegung, in: *R. Kottje/B. Moeller (Hg.)*, Ökumenische Kirchengeschichte. Bd. 3: Neuzeit, Mainz/München ³1983, 345–352, bes. 349 f.

schen Kirche. Das war zum anderen die Integration des Internationalen Missionsrats in den ÖRK mit der Folge, dass etliche Junge Kirchen als neue Mitglieder in den Rat aufgenommen wurden und die bisherige westliche und weiße Vorherrschaft zu schwinden begann. Und das war schließlich die Tatsache, dass die orthodoxen Kirchen aus Russland, Rumänien, Bulgarien und Polen dem ÖRK beitraten – sicher eine Folgewirkung der klugen Amsterdamer Entscheidung! Mit diesen neuen Entwicklungen verbanden sich neue Themen und Probleme, denen sich der Rat mit zunehmender Dringlichkeit annehmen musste. In politischer Hinsicht war das vor allem der Nord-Süd-Konflikt mit der Frage nach dem Verhältnis der reichen Industrieländer zu den armen Entwicklungsländern, in theologischer Hinsicht ließ der hinduistische Kontext von Neu Delhi den Dialog mit den anderen Religionen ins Blickfeld rücken und förderte gerade auch angesichts der Erfahrungen mit und in der Dritten Welt das Verständnis für kontextuelle Theologien.[20]

Zwanzig Jahre nach der Amsterdamer Gründungsversammlung – die Zahl der Mitgliedskirchen war inzwischen von 147 auf 235 Kirchen angewachsen! – fand *1968 in Uppsala die 4. Vollversammlung des ÖRK* statt, die sich unter den Eindrücken des Vietnamkrieges und der weltweiten Studentenproteste engagiert und kontrovers »mit der revolutionären Gärung« ihrer Zeit und Welt beschäftigte.[21] Das brachte eine entschiedene Ausweitung des Ökumeneverständnisses mit sich, das nicht mehr vorrangig auf die Einheit und Mission der Kirche ausgerichtet war, sondern die Zukunft der ganzen bewohnten Erde in den Blick nahm. Wichtiges Thema wurde dabei z. B. die zunehmende Rassendiskriminierung, woraus 1969 das »Programm zur Bekämpfung des Rassismus« entstand. Die erbitterten Auseinandersetzungen, die diese Initiative des ÖRK unter den Gliedkirchen provozierte, resultierten im Letzten aus der theologisch nicht bewältigten Spannung zwischen einer vertikalen und horizontalen Interpretation des Evangeliums, zwischen kerygmatischem Dienst am Wort und sozialem Dienst an der Gesellschaft![22]

Die *5. Vollversammlung des ÖRK 1975 in Nairobi* war sichtlich um Vermittlung der Polarisierungen bemüht. Neben den Aufgaben für Frieden und Gerechtigkeit und – als neue Verantwortlichkeit! – für die Bewahrung der Schöpfung rief sie in »Änderung der Verfassung des

---

20 *R. Frieling,* aaO., 61.
21 *K. Scholder,* aaO., *352.*
22 *H. Gutschera/J. Maier/J. Thierfelder,* aaO., 210f.

ÖRK« die Kirchen dazu auf, das »Ziel der sichtbaren Einheit in dem einen Glauben und der einen eucharistischen Gemeinschaft« als wichtige Aufgabe wahrzunehmen. Folgeprodukte dieses Aufrufs waren einmal die von der Kommission für Glauben und Kirchenverfassung erarbeiteten sog. Konvergenztexte über »Taufe, Eucharistie und Amt« (1981) sowie die sog. Lima-Liturgie, eine neue Gottesdienstliturgie, in die Texte der Orthodoxen, Katholiken und Protestanten eingegangen waren.[23] Unter dem Aspekt ökumenischen Lernens wurde Nairobi insofern bedeutsam, als hier unter dem Motto »Erziehung zur Befreiung und Gemeinschaft« (als Unterthema des christologischen Leitthemas »Jesus Christus befreit und eint«) zum ersten Mal Erziehungs- und Bildungsaufgaben auf der Tagesordnung einer Vollversammlung standen, die über den Rat hinaus eine breite religionspädagogische Wirkung entfalteten.[24]

Die *6. Vollversammlung in Vancouver 1983* knüpfte an diese ökumenische Bildungsinitiative an und forderte »die Kirchen dringend auf, die ökumenische Dimension des Lernens ernst zu nehmen und sie in alle pädagogischen Aktivitäten und Programme einzubeziehen«.[25] Im Übrigen wurde die Konferenz von Vancouver dadurch bekannt und zukunftsweisend, dass sie die Kirchen der Welt zu einem »konziliaren Prozeß für Gerechtigkeit, Frieden und Bewahrung der Schöpfung« aufrief. Unter der drängenden Frage nach der Bedrohung des Überlebens der Menschheit kam hier einmal mehr und dringlicher denn je die ganze bewohnbare Erde mit all ihren Menschen ins ökumenische Blick- und Verantwortungsfeld und verlangte nach eingehender Analyse der politisch, wirtschaftlich und strukturell bedingten Gründe der Bedrohung.[26]

Was von Vancouver angestoßen wurde, fand auf der *7. Vollversammlung in Canberra 1991* seine Fortsetzung, die unter dem Leitthema »Komm Heiliger Geist – erneuere die ganze Schöpfung« nicht nur über das »heiliggeistliche« Referat der südkoreanischen Theologin *Chung Hyun Kyung* stritt, sondern sich genauso engagiert der überlebenswichtigen ökumenischen Aufgabe der Bewahrung der

---

23 H. Gutschera/J. Maier/J. Thierfelder, aaO., 211 f.
24 Vgl. etwa *K. E. Nipkow*, Grundfragen der Religionspädagogik. Bd. 1, Gütersloh 1975, 17 ff. u. *ders.*, Zu den pädagogischen Aufgaben der Kirche im Horizont der Thematik von Nairobi, in: ÖR 24/1975, 48–66.
25 Zit. nach *U. Böhm*, aaO., 19.
26 Vgl. das informative Kapitel »Gerechtigkeit, Frieden, Bewahrung der Schöpfung – Das Programm für die Zukunft« in: *U. Becker u.a.*, Projekt Ökumene. Auf dem Weg zur Einen Welt, Düsseldorf/Stuttgart 1997, 58–73.

Schöpfung annahm. Die Vollversammlung konnte dabei auf die Erfahrungen und Ergebnisse zurückgreifen, die in den Jahren nach Vancouver an konziliarer Arbeit auf nationaler, internationaler und weltweiter Ebene geleistet worden waren. Ökumene entfaltete sich in diesem konziliaren Diskussionsprozess vor allem als ökonomisches, ökologisches und friedenspolitisches Problem, was sich nicht zuletzt an der Diskussion und Dokumentation der Weltkonferenz in Seoul 1990 zeigte, wo die genuin theologischen Klärungen der konziliaren Themen ebenso fehlten wie eine vollmächtige Schlusserklärung.

Im Jubiläumsjahr des Rates fand *in Harare*, Simbabwe, vom 3. bis 14. *Dezember 1998 die 8. – und bisher letzte Vollversammlung des ÖRK* statt, die sich unter das Thema stellte »Kehrt um zu Gott – seid fröhlich in Hoffnung«. Entsprechend plädierte sie für eine »Ökumene des Herzens« mit »Gottesdienst und Spiritualität« als »eine wesentliche ›Methode‹ für unsere ökumenische Reise«. Daraus speiste sich auch die »Vision einer integrativen Gemeinschaft«, die den Blick vor allem auf »die Rolle von Frauen, jungen Menschen, Ureinwohner/innen und Behinderten im Leben der Kirche« richtete, denen der »Zugang zu ökumenischem Lernen« eröffnet werden soll.[27] Besonders im Blick auf »die Zukunft der ökumenischen Bewegung« wird hier die entscheidende Bedeutung von »Jugendarbeit« und »ökumenischer Ausbildung« eigens herausgestellt! In sozialethischer Hinsicht wurden Themen wie Gewaltlosigkeit, menschliche Sexualität, Globalisierung und Schuldenerlass verhandelt, was nicht nur zur Formulierung und Annahme einer sehr deutlichen »Erklärung zu den Menschenrechten« führte, sondern darüber hinaus den ÖRK auch dazu veranlasste, »den Zeitraum 2000–2010 zur ökumenischen Dekade zur Überwindung von Gewalt« zu erklären.[28]

Die hoffnungsfröhliche Losung, die sich die Versammlung von Harare zum 50jährigen ÖRK-Jubiläum gegeben und herbeigewünscht hatte, wurde hinsichtlich der Beziehungen zu den orthodoxen Kirchen, die durch den Austritt der Kirchen von Georgien (1997) und Bulgarien (1998) in eine äußerst kritische Phase eingetreten waren, starken Anfechtungen und grundsätzlichen Anfragen ausgesetzt. Die von der Vollversammlung deshalb eingerichtete »Sonderkommission zur orthodoxen Mitwirkung im ÖRK« hat inzwischen ihre Arbeit beendet und Empfehlungen formuliert, die

---

27 Endgültige Fassung der Dokumente der 8. Vollversammlung des ÖRK, Harare, Simbabwe. Dokument Nr. PG 1, 19 u. 16.
28 Vgl. aaO., Dokument Nr. PU 313, 89–97.

vom Zentralausschuss gebilligt worden sind: Beim ÖRK soll es künftig keine ökumenischen Gottesdienste im herkömmlichen Sinne mehr geben, die »Lima-Liturgie« verliert ihren »offiziellen Status«, die Mehrheitsentscheidungen bei Abstimmungen werden zugunsten eines so genannten Konsensus-Verfahrens aufgegeben, »Assoziierte Mitgliedskirchen« ohne Mitgliedsstatus und ohne die Verpflichtung, die Beschlüsse des ÖRK zu Hause vertreten zu müssen, werden eingeführt, die orthodoxen Kirchen beanspruchen – statt bisher 25 Prozent – künftighin 50 Prozent der Delegierten beim ÖRK …!? Hier kommt man den orthodoxen Kirchen derart weit entgegen, dass es m.E. an die Substanz des ÖRK, seiner Arbeit und seiner ökumenischen Überzeugung geht.

Auf die nächste *Vollversammlung 2006 in Porto Alegre* warten in dieser Beziehung schwere und spannungsreiche Aufgaben und Weichenstellungen, die über Rückschritt oder Fortschritt der Ökumenischen Bewegung im neuen Jahrtausend und Jahrhundert maßgeblich mitentscheiden dürften. Vor allzu pessimistischer Sicht bezüglich der ökumenischen Zukunftsaussichten sollte allerdings das Wissen darum bewahren, dass Ökumene mehr ist als der ÖRK und nicht auf ihn reduziert werden darf; denn das würde das verzweigte ökumenische Netzwerk an Organisationen und Initiativen ignorieren, das sich weltweit auf allen Ebenen bis hinein in den regionalen und lokalen Bereich etabliert hat und seine vielfältigen Blüten treibt. An dieser Stelle ist es denn auch heilsam, sich daran zu erinnern, dass ökumenisches Lernen eben mehr ist, als allein die Beschäftigung mit der Ökumenischen Bewegung – was didaktisch mitzubedenken ist.

2. *Systematisch*

Wenn es auch stimmen mag, dass »die ökumenische Bewegung vielleicht das wichtigste neue Element in der Kirchengeschichte des 20. Jahrhunderts« ist,[29] so gilt genauso, dass sich diese Bewegung auch im 21. Jh. noch auf dem Weg befindet und dieser Weg – das zeigen die derzeitigen Querelen mit der orthodoxen Kirche ebenso wie die oben bereits bedachte römisch-katholische Erklärung »Dominus Jesus« – keineswegs gefeit ist vor Rückschritten und Holzwegen! Angelegt sind die Schwierigkeiten auf dem ökumenischen Weg bereits in der Grundspannung zwischen dem Evangelium, das an »alle Völ-

---

29 So *K. Scholder*, aaO., 345.

ker« und Menschen in all ihrer Vielfalt gerichtet ist, und dem Wunsch und Anspruch, dass »sie alle eins seien« (Joh 17,21). Daraus erwuchs von allem Anfang an ein Ringen um die Einheit der Kirche, das sich verband mit der Frage, welche Einheit wir eigentlich wollen, der Frage, um die es der Ökumenischen Bewegung bis heute zentral zu tun ist. Dabei bildeten sich im Laufe der Geschichte verschiedene Einheitsvorstellungen und -modelle heraus.

2.1 Ökumenische Einheitsvorstellungen und -modelle

An *erster* Stelle ist da *das traditionelle römisch-katholische Modell* zu nennen, wonach die katholische Kirche mit der Kirche Jesu Christi identisch ist und entsprechend der Weg zur Einheit nur darin bestehen kann, dass »alle Christen ... zur Einheit der einen und einzigen Kirche versammelt werden«.[30] Im Sinne einer Wiedervereinigung hieße das dann Wiedereingliederung der anderen Kirchen in die römisch-katholische Kirche, in der unverlierbar die kirchliche Einheit besteht. Damit verbunden wäre u.a. die Anerkennung der apostolischen Sukzession des Episkopats und vor allem des Bischofs von Rom als Papst und seines Lehr- und Jurisdiktionsprimats. Tendenziell läuft das unbestreitbar auf das Modell einer »Rückkehr-Ökumene« heraus, die denn auch, wie oben aufgezeigt, in der Erklärung »Dominus Jesus. Über die Einzigkeit und die Heilsuniversalität Jesu Christi und der Kirche« unverhohlen und uneingeschränkt vertreten wird. Andere Töne schlägt die am 25. 1. 2000 erschienene Studie »Communio Sanctorum« (lat. Gemeinschaft der Heiligen) an, die von der Gemeinsamen Arbeitsgruppe der Kirchenleitung der Vereinigten Evangelisch-Lutherischen Kirche Deutschlands und der Deutschen Bischofskonferenz erstellt worden ist; sie geht in Richtung eines Konzepts der Kirche als Communio mit gestufter Teilhabe. Die Einheitsvorstellung der orthodoxen Kirche ist eine Variante des römisch-katholischen Ansatzes und sieht ihre Einheitsstruktur festgemacht in den altkirchlichen ökumenischen Konzilien, ihrer hierarchischen Ämterordnung und ihren dogmatischen Lehren. Einheit meint dann auch hier Wiedergewinn der verlorenen Einheit durch »›Rückkehr‹ zur ›gemeinsamen Vergangenheit‹«.[31]

Als *2. Modell der Einheit* kann *die traditionell protestantische Position* angesehen werden, wonach »ausschließlich Wort und Sakrament die

---

30 *H.-M. Barth,* Dogmatik, Gütersloh 2001, 677.
31 Ebd.

Kirche konstituieren«.³² Daraus ergibt sich mit dem Augsburger Bekenntnis (1530) Art. VII, dass es »zur wahren Einheit der christlichen Kirche (genügt), daß das Evangelium einträchtig im reinen Verständnis gepredigt und die Sakramente dem göttlichen Wort gemäß gereicht werden.« Nicht nötig »zur wahren Einheit der christlichen Kirche« ist es, »daß überall die gleichen, von den Menschen eingesetzten Zeremonien eingehalten werden ...«.

Aus diesem ekklesiologischen und hermeneutischen Grundverständnis der reformatorischen Kirchen erwuchs im Verlauf der ökumenischen Diskussion und Bewegung als *3. Modell* das der »*Einheit in versöhnter Verschiedenheit*«, das besonders von den konfessionellen Weltbünden vertreten wurde. Danach wird die Einheit der Kirchen durch eine Kirchengemeinschaft wiedergewonnen, »in der sich die einzelnen Gliedkirchen gegenseitig anerkennen bei bleibender konfessioneller Verschiedenheit«. Das zielt auf »Versöhnung und Bejahung der anderen in ihrem Anderssein«,³³ was auf der einen Seite den Herausforderungen unserer pluralen Welt entgegenkommt, auf der anderen Seite aber auch »die Motivation, auf eine ›sichtbare‹ Einheit der Kirche hinzuwirken, erlahmen kann.«³⁴

Ein *4. Modell* kann man in der Vorstellung von der »*konziliaren Gemeinschaft*« sehen, die in den siebziger Jahren des vergangenen Jh. von der Kommission für Glaube und Kirchenverfassung des ÖRK in die Diskussion gebracht wurde. »Sie meint eine Gemeinschaft von untereinander verbundenen Lokalkirchen, denen allen Katholizität zukommt.« Überzeugt von der grundlegenden Gemeinsamkeit in der Leitung durch denselben Geist Gottes, der Feier derselben Taufe und desselben Abendmahls und des gleichen Auftrags Christi zum Dienst an der Welt verstehen und leben sie die Einheit untereinander gleichsam als und in einem großen »Netz der Kirche«.³⁵

2.2 Gemeinschaft in versöhnter Verschiedenheit

Der Umgang mit den beschriebenen Einheitsvorstellungen verspricht gerade auch im Blick auf das ökumenische Lernen weiterführende Perspektiven, wenn wir ihn von der absoluten Fixierung auf den Einheitsgedanken lösen und ihn stattdessen am Leitbegriff

---

32 *H.-M. Barth*, aaO., 677f.
33 *S. Leimgruber*, aaO., 426.
34 *H.-M. Barth*, aaO., 678.
35 *S. Leimgruber*, aaO., 426.

der *koinonia*, der *Gemeinschaft*, orientieren und »relativieren«. Das ist nicht nur »gut« neutestamentlich, wo die Einheit der Kirche als Gemeinschaft beschrieben wird, sondern das ist auch ein Gedanke, der in den Einheitsdiskussionen des ÖRK schon allein auf Grund seines Selbstverständnisses als »Gemeinschaft von Kirchen« immer schon mitschwang. Auf der Vollversammlung von Canberra 1991 rückte dann die Koinonia-Vorstellung in den Mittelpunkt und wurde in der Erklärung »Die Einheit der Kirche als Koinonia: Gabe und Berufung« geradezu programmatisch. Das bedeutete freilich mitnichten eine Eliminierung der Einheitsvision aus dem ökumenischen Programm. Diese vermittelt und »verordnet« vielmehr der Ökumenischen Bewegung gleichsam den eschatologischen Vorbehalt und erinnert so daran, dass die volle Einheit und Einigkeit der Kirche im Letzten ein eschatologisches Ereignis ist, das der Heilige Geist bewirkt. Die solchermaßen »eschatologisch definierte Ökumene«[36] besitzt deshalb die »Einheit je nur fragmentarisch als Angeld und Stückwerk« und ist von da her »immer im Werden, ist Prozeß auf dem Weg zu verheißener Einheit, die uns gleichsam in ökumenischer Propädeutik zur Gemeinschaft in versöhnter Verschiedenheit verpflichtet.«[37]

Dieses neue ökumenische Paradigma von der Kirche als *koinonia* in versöhnter Verschiedenheit richtet das Hauptaugenmerk – darauf hat besonders *Konrad Raiser* immer wieder verwiesen – auf die »Qualität der Beziehungen«. In ekklesiologischer Binnenperspektive heißt das, dass die »Vielfalt« der in dieser Koinonia »vorhandenen Gaben« wichtiger ist »als ihre institutionelle Ausgestaltung«.[38] »Austausch geistlicher Einsichten und Erfahrungen, geschwisterliche Infragestellung und Korrektur, gegenseitige Ermutigung und Inspiration« werden in diesem Sinne zu wesentlichen Elementen in einem Beziehungsnetz, in dem eine »Kirche und Konfession ... der anderen zur Priesterin und Prophetin werden« kann.[39] So wichtig es gerade auch in den gegenwärtigen Turbulenzen für die Ökumenische Bewegung ist, »die Beziehungen zwischen den Kirchen zu stärken«,[40] so dürfen weder Einheitsvision noch Gemeinschaftsintention zum ökumenischen »Selbstzweck« werden, sondern sie müssen

---

36 *M. Bröking-Bortfeldt*, Mündig Ökumene lernen, Oldenburg 1994, 19f.
37 *R. Lachmann*, aaO., 51f.
38 *K. Raiser*, Ernstfall des Glaubens, Göttingen 1997, 58.
39 *H.-M. Barth*, aaO., 678.
40 *K. Raiser*, aaO., *117*.

»im Dienst von Menschen« stehen, »die des Zeugnisses, aber auch der konkreten Hilfe bedürfen«.[41]

Hier wird die ekklesiologische Dimension überschritten und entgrenzt in Richtung der Beziehungen zwischen den Kirchen, Kulturen und Gesellschaften bis hin in die globale Perspektive der Schöpfung als »Lebensraum des Lebendigen und ›Haushalt‹ der bewohnten Erde«.[42] Der konziliare Prozess »Gerechtigkeit, Friede und Bewahrung der Schöpfung« hat diese sozialethische, politische und ökologische Beziehungsdimension des ökumenischen koinonia-Modells bisher am öffentlichkeitswirksamsten in Szene gesetzt und überzeugend demonstriert, dass die Kirchen keinesfalls als sich selbst genügende Gemeinschaften verstanden werden wollen, sondern erst als »Kirche für andere« (*D. Bonhoeffer*) wirklich Kirche sind und werden. In diesem diakonischen Sinne darf die ökumenische *koinonia* auch der »Vision einer Kirche als weltweit teilende Gemeinschaft« anhängen und nachträumen![43]

So sozial und diakonisch abgefedert und korrigiert kann auch das Reizwort »Globalisierung« für die Ökumenische Bewegung zu einem annehmbaren Begriff werden, der in Verpflichtung und Verheißung die weltweit vernetzte Ökumene als Gemeinschaft von Kirchen in versöhnter Verschiedenheit zum Ausdruck bringt. Wenn *Raiser* in dieser Beziehung *oikoumene* als den »*einen* Haushalt des Lebens« deutet, so umgreift und verbindet diese Metapher nicht nur ökumenische Globalisierung und Differenzierung, sondern verhilft auch dazu, »die Vorstellung von *Koinonia / Communio* in ihrer vertikalen wie in ihrer horizontalen Dimensionen (sic!) zu entfalten«.[44] Gerade über die angeführten Bibelbezüge (Eph 1,10 u. 2,19–22; 1 Petr 2,4) vergewissert sich das ökumenische Bild vom Lebens- und Welt-Haushalt in aller Deutlichkeit seines Leben schaffenden und erhaltenden Grundes, des Geistes Gottes, in dem Gott unter seinem Volk wohnt (Eph 2,22) und – wie wir im Credo bekennen – »lebendig macht«. In dieser Gottesbeziehung gründet die Ökumenische Bewegung und versieht ihre Haushalterschaft in Zeugnis und Sendung, Wort und Dienst, Erziehung und Unterricht.

---

41 *H.-M. Barth*, aaO., 678.
42 *K. Gossmann*, Konzeptionen ökumenischen Lernens. Versuch einer Standortbestimmung, in: *ders./A. Pithan/P. Schreiner* (Hg.), Zukunftsfähiges Lernen? Münster 1995, 71–101, bes. 73.
43 *K. Raiser*, Wir stehen noch am Anfang, Gütersloh 1994, 45.
44 *K. Raiser*, Ernstfall des Glaubens, 65 f.

3. Didaktisch

3.1 Ökumenische Bewegung verlangt ökumenischen Religionsunterricht

Der eingangs erwähnten, von den Vertretern ökumenischen Lernens immer und immer wieder geäußerten Beteuerung, dass ökumenisches Lernen mehr oder gar etwas anderes sei als die Aneignung und Vermittlung ökumenischen Wissens, ist im Blick auf unsere kirchengeschichtliche Thematik der »Ökumenischen Bewegung« insofern zuzustimmen, als sie, um wirklich erfolgreich unterrichtet werden zu können, einen religionspädagogischen Kontext verlangt, der die Grenzen des herkömmlichen konfessionellen RU überschreitet und über konfessionell-kooperative Unterrichtsformen langfristig bei einem christlich-ökumenischen RU ankommen muss. Wem es wirklich ernst ist mit dem viel beschworenen ökumenischen Geist, mit ökumenischer Bewusstwerdung und Gewissensbildung im schulischen RU, der muss m.E. an diesem Punkt sein bisher gepflegtes Schweigen, seine konzeptionellen Halbherzigkeiten, kirchlich institutionellen Bedenken und klerikal bedingten Vorbehalte endlich aufgeben und das zutiefst antiökumenische Trennungsgeschehen, das wir konfessionstrennend den Schülern und Schülerinnen wider deren »besseres« Wissen ab dem 1. Schuljahr zumuten, je schneller, je besser beenden. Wenn der Unterricht über die Ökumenische Bewegung, wie allenthalben gefordert und auch von mir nachhaltig vertreten wird, mehr sein soll als bloßes Wissen, als reine Information, als referierte Institutionenkunde, dann braucht es einen RU, der »ganzheitlich« darum bemüht ist, Ökumene als Haltung anzubahnen, haltungsmäßig zu verankern. Das sollte auch für ein scheinbar so trockenes Thema wie die »Ökumenische Bewegung« gelten; auch es sollte nicht nur kognitiv und sprachlich, sondern auch affektiv und handlungsorientiert unterrichtet werden und gemeinschaftlich und dialogisch ausgerichtet sein. Die »hehren« Ziele ökumenischen Lernens – (religiös) Anderes vorurteilsfrei wahrzunehmen, zu verstehen, »zu würdigen und zu respektieren«;[45] »Fremdes zu entdecken, neugierig zu bleiben, und aus bisher Unvertrautem zu lernen«;[46] »Xenophobie« zu überwinden;[47] über Grenzen

---

45 *S. Leimgruber*, aaO., 427.
46 *G. Büttner/U. Kress/J. Thierfelder*, Wie kann das Ökumenische Lernen im Religionsunterricht Fuß fassen? in: EvErz 42/1990, 342–370, bes. 350.
47 *U. Böhm*, aaO., 99.

hinauszuleben und hinauszufühlen und nicht zuletzt trotz Unterschieden und Andersartigkeit Gemeinschaft in Gemeinschaft zu lernen und zu leben – sollten im Rahmen der Möglichkeiten und Themen auch den christlichen RU an der Schule bestimmen. Dass dem die konfessionelle Trennung und Sonderung zu Beginn jeder Religionsstunde widerspricht und widerstrebt, liegt auf der Hand und müsste – wo die Beschwörung des ökumenischen Geistes Glaubwürdigkeit beanspruchen will – längst zu Konsequenzen geführt haben. Was genuin ökumenisch thematisierte Inhalte betrifft, könnte man sogar so weit gehen und provokativ behaupten: Sie sind nicht »richtig« unterrichtet worden, wenn die Schülerinnen und Schüler nicht wenigstens ansatzweise ihren konfessionell getrennt erteilten RU in Frage stellen würden.

3.2 Voraussetzungen auf Schülerseite

Der klassische Weg der Ökumenischen Bewegung – über »konfessionelle Profilierung und Positionalität zum Dialog und zu Formen der Annäherung und (begrenzten) Gemeinschaft« – ist in Zeiten der Entkirchlichung und Entkonfessionalisierung auch religionsunterrichtlich überholt.[48] Das darf freilich nicht zu der Illusion verleiten, als fände nun der Lehrer mit einem ökumenischen Ansatz und Thema bei seinen *Schülern und Schülerinnen* größere Aufgeschlossenheit und größeres Interesse. Der empirische Befund ist auch hier eindeutig: Das Desinteresse an den Konfessionen und allem Konfessionellen bringt es mit sich, dass Ökumene für Jugendliche gleichsam ein »Fremdwort« ist. Was *Roman Bleistein* bereits 1981 anfragte,[49] lässt *Karl Ernst Nipkow* zehn Jahre später zu empirischer Gewissheit werden. Danach scheint »Ökumene im religiösen Alltagsbewusstsein der befragten Jugendlichen nur ein marginales Thema zu sein«.[50] Besonders deutlich fällt hier das Untersuchungsergebnis für unser Thema aus: »Die Ökumenische Bewegung unseres Jahrhunderts ist wahrscheinlich so gut wie unbekannt«; es fehlen hier »jegliche Aussagen«.[51] Nipkow meint, dass hier neben der »umfassenden Relati-

---

48 Vgl. *R. Lachmann*, aaO., 72 f.
49 *R. Bleistein*, Ökumene – ein Fremdwort für Jugendliche?, in: StZ 199/1981, 851–860.
50 *K. E. Nipkow*, Ökumene – ein Thema von Jugendlichen? in: *F. Johannsen/ H. Noormann (Hg.)*, Lernen für eine bewohnbare Welt, Gütersloh 1990, 137–147, bes. 145.
51 *K. E. Nipkow*, aaO., 144.

vierung aller (konfessionellen) Unterschiede« nicht zuletzt die »*Privatisierung* des Religionsthemas im Ganzen das Ökumenethema zum Verschwinden bringt, zumindest ekklesiologisch und dogmatisch: als Frage nach der Einheit der Kirchen und nach den möglichen Verbindungen in der Glaubenslehre«. Gerade diese Distanzierung der Jugendlichen von einem kirchlichen Christentum bis hin zur »Auswanderung des privatisierten Glaubens aus der Kirche« deutet die Schwierigkeiten an, mit denen ein RU über die »Ökumenische Bewegung« bei Jugendlichen rechnen muss. *Nipkow* gibt demgegenüber zu bedenken, ob für Jugendliche nicht »am ehesten noch der Zugang über das ethische Konzept von Ökumene möglich« sei, wobei freilich die anderen Seiten und Motive der Ökumenischen Bewegung nicht ausgeschlossen werden sollten![52]

Wie eine Bestätigung des empirischen Befunds mutet die curriculare Bestandsaufnahme an, wonach dem Thema Ökumene, wenn überhaupt, nur eine sehr marginale Bedeutung zukommt; eine ausdrückliche Thematisierung von Ökumenischer Bewegung und ÖRK begegnet in den Lehrplänen der GS und Sek I gar nicht[53] und kommt auch in der gymnasialen Oberstufe nur vereinzelt vor.[54] Anders stellt sich die Lage auf dem Religionsbuch-Markt dar, der vergleichsweise eine Fülle an didaktischen und methodischen Konkretionen anbietet.

3.3 Konkretionen in Schulbüchern

Die Mehrzahl der Religionsbücher ist dabei für die Sek I konzipiert, gleichermaßen auf katholische und evangelische Bücher verteilt und häufig mit einem interkonfessionell-ökumenischen Autorenteam. Eine Ausnahme aus früher Zeit (1973) bildet das von *I. Baldermann, G. Kittel* und *J. Kluge* herausgegebene »*Arbeitsbuch Religion 3/4*«, das GS-typische und -relevante Zugänge zur Ökumene-Thematik bie-

---

52 K. E. *Nipkow*, aaO., 147. – Das »ethische Konzept von Ökumene« will die Schüler und Schülerinnen bei ihrem Interesse an ethischen Fragen und Themen abholen und sucht deshalb den Zugang zur Ökumene über ethische Aktionen und Aktivitäten des ÖRK wie sein Antirassismus-Programm, seine Solidarisierung mit den Frauen, seinen Einsatz für die Umwelt, sein Engagement gegen Gewalt und für den Frieden u.a.m.
53 Vgl. die Lehrplan-Tabellen bei U. *Böhm*, aaO., 345–402.
54 Im bayerischen Lehrplan für die 11. Klasse Evangelische Religionslehre werden z.B. unter dem Oberthema »Kirche in der gegenwärtigen Gesellschaft« auch die »Ökumenische Bewegung und Ökumenischer Rat der Kirchen« genannt (KWMBl I So.-Nr. 3/1990, 355).

tet.⁵⁵ Unter der Überschrift »Evangelisch und Katholisch« wird diese sinnvollerweise im lokalen Nahbereich angesiedelt und schwerpunktmäßig auf die interkonfessionelle Bedeutungsdimension konzentriert (→ TLL1: Evangelisch-Katholisch, 63–73). Die Öffnung in Richtung auf die weltweite Ökumene erfolgt über das Zeichen der Ökumenischen Bewegung und markiert damit einen bereits für die GS geeigneten symboldidaktischen Weg, um sich mit begleitender und folgender Information wichtige Elemente der Ökumenischen Bewegung zu erschließen.

Damit verwandt bietet besonders in ökumenisch-interkonfessioneller Hinsicht die neue Didaktik der *»Kirchenpädagogik«* viele Möglichkeiten, um die Grundschüler und -schülerinnen durch Begehen, Anschauen und Bedenken des Kirchenraumes, seiner baulichen Gestaltung, Ausstattung und Funktion, ökumenisch zu sensibilisieren und zu interessieren.⁵⁶ Die didaktischen Schätze, die in einem solchermaßen kirchenpädagogisch bewegten RU für schulisch verortetes ökumenisches Lernen liegen, sind, was die spezifisch ökumenische Thematik und Perspektive betrifft, noch nicht gehoben und eigens bearbeitet worden. Gerade der RU an der GS hätte hier die didaktische Chance, sich buchstäblich auf den Weg zu machen in Richtung auf eine spätere kirchengeschichtliche Beschäftigung mit der Ökumenischen Bewegung. Dass bei der Ökumene-Thematik nicht nur in symboldidaktischer und kirchenpädagogischer Hinsicht dem *ökumenischen Erzählen* eine wichtige Funktion zukommt, liegt auf der Hand und muss für die GS, aber auch die Sek I nicht eigens begründet werden.⁵⁷

»Kirchengeschichte. Ein Lehrbuch für den Religionsunterricht Sekundarstufe I«, 1972 von *W. Brüggeboes* im Patmos-Verlag Düsseldorf herausgegeben, kann für sich beanspruchen, ganz am Anfang der neuen Religionsbücher (nach 1970) der »ökumenischen Bewegung« ein eigenes Kapitel gewidmet zu haben, das knapp, korrekt und verständlich informiert und inspiriert von der Vollversammlung in Uppsala gerade auch im Blick auf Rom optimistischen ökumenischen Geist atmet. Das ökumenisch konzipierte »Arbeitsbuch« von *H. Gutschera* und *J. Thierfelder* »Brennpunkte der Kirchengeschichte«

---

55 Vgl. auch das seit 1994 im Patmos Verlag Düsseldorf erscheinende »Religionsbuch Oikoumene für den evangelischen Religionsunterricht« von *D. Steinwede!*
56 Zur Kirchenpädagogik vgl. o. 36f.
57 Vgl. dazu *S. Beck u. a. (Hg.)*, Vorlesebuch Ökumene, Lahr/Kevelaer 1991 und – in ganz anderer Intention und Konzeption – *Chun Sun Lee*, Ökumenisches Erzählen, Münster 1998.

(Paderborn 1976) verhandelt die »Ökumenische Bewegung« als Teilgebiet in seinem 12. und letzten Kapitel »Die Zukunft der Kirche und die Kirche der Zukunft: Kirche heute und morgen«. Die Problematik, die, wie oben bereits angemerkt, in diesem ekklesiologischen Ansatz steckt, versuchen die Verfasser problemorientiert und visionär – »Auf dem Weg zur Einheit« / »Die Kirche der Zukunft«! – aufzufangen. Dazu verhelfen die in die Information eingestreuten Problemfragen und Impulse ebenso wie die Auswahl der Zitate und Texte, mit der die »ökumenische Bewegung« dokumentiert, befragt und übergeleitet wird in die römisch-katholische Schwerpunktsetzung »Rom und die Ökumene« und die spannend angelegte Auseinandersetzung um die »Kirche der Zukunft«.

Mehr dem Binnenbereich kirchengeschichtlicher Arbeit verhaftet bleibt das von *M. u. A. Stupperich* und *J. Ohlemacher* herausgegebene Arbeitsbuch »Zweitausend Jahre Christentum – Die Gegenwart« (Bd. II,2 Göttingen 1984), das zunächst über die Ökumenische Bewegung, ihre Anfänge, den ÖRK, die Vollversammlungen, das Zweite Vatikanische Konzil und die ökumenische Bruderschaft von Taizé – *dem* hoffnungsvoll visionären Inhalt, der so gut wie in keinem Ökumene-Kapitel fehlt! – informiert, um dann in einem zweiten Teil wichtige Quellentexte abzudrucken, die durch Arbeitsaufträge und Fragen zielgerichtet erarbeitet werden sollen. Hier stehen kirchengeschichtliche Informationen und Quellenarbeit im Mittelpunkt, was sicher bei der Beschäftigung mit Inhalten aus der Kirchengeschichte immer notwendig ist, sich darin aber nicht erschöpfen darf. Dieses Monitum gilt auch für die Klassen der Sek II, für die dieses Arbeitsbuch am ehesten geeignet sein dürfte. Ihm entspricht das »Arbeitsbuch Kirchengeschichte Sekundarbereich II« (Hannover 1986), das unter dem Titel »Die Einheit der Kirche und das Überleben der Menschheit – Die Ökumene als neuer Horizont der christlichen Theologie« ebenfalls ausgewählte Quellentexte zur Erarbeitung anbietet, die – inspiriert von Vancouver – die universale Dimension des Ökumeneverständnisses mit ins Blickfeld rücken.

Wie weit es mit der Vollversammlung von Vancouver bzw. der von ihr angestoßenen »Initiative für Frieden, Gerechtigkeit und die Bewahrung der Schöpfung« zusammenhängt, lässt sich nicht genau sagen, fest steht jedenfalls die erfreuliche Tatsache, dass ab Mitte der 80er Jahre des vorigen Jh. kaum ein Religionsbuch für die Sek I mehr erscheint, in dem Ökumene *nicht* zum Thema gemacht ist. Am ausführlichsten und anregendsten ist hier zweifelsohne das von *J. Kluge* (!) herausgegebene Religionsbuch »Entdeckungen machen«

(9/10),[58] das auf 9 Seiten von »Ökumene: Kirche weltweit« handelt und in seiner material- und einfallsreichen Art als vorbildlich und empfehlenswert anzusehen ist:

Um einen erzählten Erlebnisbericht von der Versammlung in Vancouver herum wird informiert über den Ökumenebegriff, den Aufbau des ÖRK, die Motive der Ökumenischen Bewegung, den konziliaren Prozess und das katholische Ökumenismus-Verständnis, wobei diese Informationen immer wieder unterbrochen und durchsetzt sind durch Photos, Schaubilder, Comics und Lieder, die die Gefahr »ökumenischer Verkopfung« wirksam zu verhindern wissen. Das reizt nicht nur »zum Nachdenken« und Diskutieren, sondern regt mit den eingestreuten »Ideenecken« auch an zu eigener Stellung- und Parteinahme und den verschiedensten Aktionen und Aktivitäten im weiten Feld der Ökumene. Dabei ist man nicht an einen vorgegebenen Ablauf gebunden, sondern kann dem Kapitel Bausteine entnehmen und Schwerpunkte setzen, wie vom eigenen Unterrichtskonzept verlangt.

Was im Religionsbuch »Entdeckungen machen« in *einem Kapitel* an ökumenischer Information und Verständnis für die Ökumenische Bewegung vermittelt wurde, findet schließlich *in einem ganzen Buch* seine vielperspektivische Umsetzung. In diesem »Projekt Ökumene. Auf dem Weg zur Einen Welt« genannten Arbeitsbuch für die Sek I wird nicht nur die Ökumenische Bewegung thematisiert, sondern es wird versucht, an ökumenisch relevanten Inhalten das Programm ökumenischen Lernens auch religionsdidaktisch anzugehen und zu erschließen. Wenn dabei als übergreifendes Lernziel angegeben wird: »Gemeinsam in *einer* Welt ›Ökumene‹ lernen und leben«, so ist das sicher eine Lernperspektive, die für die Beschäftigung mit der Ökumenischen Bewegung lernzielmäßig ebenso gilt wie die oben bereits benannten Ziele ökumenischen Lernens, die hier im »Projekt Ökumene« beschrieben werden als »Grenzen überschreiten« / »Von anderen lernen« / »Selbst etwas tun« / »Gemeinsam verantwortlich sein« / »Bereit sein zur Versöhnung«. Diese *Lernziele* wollen mit je unterschiedlicher Schwerpunktsetzung an den zwölf Themen des Arbeitsbuchs umgesetzt werden, die von den Autoren »vier großen Bereichen« zugeordnet werden,[59] die m. E. in vorbildlicher Weise

---

58 Düsseldorf 1988, 92–101.
59 »Grundinformationen« (1)/ethische Verantwortung (2) im Sinne des Nipkowschen »ethischen Konzepts von Ökumene« (s. o. Anm. 52)/»grenzüberschreitendes Lernen«(3)/Ökumene leben heute und in Zukunft (4).

versuchen, die Grundmotive der Ökumene mit den Schülervoraussetzungen und -interessen zu korrelieren! Die Ökumenische Bewegung wird dabei als »Kleine Geschichte der Ökumene« dem Bereich der »Grundinformationen« zugeordnet.

Solch kognitives Kennenlernen kann und darf sicher beim Unterricht über die Ökumenische Bewegung nirgends fehlen, reicht aber nicht aus, wenn die Ökumenische Bewegung als einziges ökumenisches Thema im ansonsten scheinbar so ganz anders thematisierten Curriculum der Lehrpläne erfolgreich unterrichtet werden soll.

Hier geben uns die einschlägigen Kapitel in den Religionsbüchern, wie z.B. im o. vorgestellten Religionsbuch »Entdeckungen machen«, didaktische und methodische Hilfen an die Hand, um durch geeignete Auswahl und exemplarische Konzentration Ökumene und Ökumenische Bewegung für die Schüler und Schülerinnen interessant, anschaulich und lebensrelevant werden zu lassen. Für die Sek I bieten in dieser Beziehung die außer den »Grundinformationen« im »Projekt Ökumene« noch angeführten Themenbereiche gute Anregungen.

Wie nach Vancouver und Seoul allenthalben vorgeschlagen, lässt sich *die sozialethische Dimension* und Motivation der Ökumenischen Bewegung auch heute noch über die gesellschaftspolitische und ökologische Initiative des »konziliaren Prozesses« zu Gerechtigkeit, Frieden und Bewahrung der Schöpfung in den RU einbringen und einholen. *Das missionarische Motiv* könnte zunächst informierend als wichtiger Anfangs- und Beweggrund ökumenischer Aktivitäten einsichtig gemacht werden, sollte dabei aber nicht die kirchen- und missionskritischen Voraussetzungen auf Schülerseite übergehen, sondern müsste sich kritisch und exemplarisch mit der Missionsgeschichte befassen, um gegebenenfalls über diese historische Schiene zur aktuellen Diskussion über Mission und Dialog zu gelangen (→ XIV. Weltmission in der Neuzeit). Dies kann gerade auch im Blick auf die Kirchentrennungen zur *ekklesiologischen Dimension* der Ökumenischen Bewegung führen und könnte schließlich in visionär-realistischer Schau damit enden, die Schülerinnen und Schüler die Bruderschaft von Taizé als gelebte Gemeinschaft in versöhnter Verschiedenheit entdecken und vielleicht sogar erfahren zu lassen.

Literaturhinweise

U. Becker/G. Büttner/H. Gutschera/J. Thierfelder (Red.), Projekt Ökumene. Auf dem Weg zur Einen Welt, Düsseldorf/Stuttgart 1997
U. Böhm, Ökumenische Didaktik (ARP 19), Göttingen 2001
H. Gutschera/J. Maier/J. Thierfelder, Kirchengeschichte – ökumenisch. Bd. 2: Von der Reformation bis zur Gegenwart, Mainz/Stuttgart 1995
P. Neuner, Ökumenische Theologie, Darmstadt 1997

XVI. Kirche und Nationalsozialismus

Thomas Breuer / Manfred L. Pirner

Braunschweiger (Weihe-)Dom, Blick auf den Altarraum, 1941;
Landeskirchliches Archiv Wolfenbüttel.

1. Historisch

1.1 Voraussetzungen

1.1.1 Evangelisch

Im Dunkel der Nacht stapfte eine Schar Männer und Jugendlicher mit einer Fahne voran im Gleichschritt durch das mittelfränkische Windsbach. Dabei war auch der achtzehnjährige Karl Steinbauer, bis vor kurzem Schüler am evangelischen Progymnasium in Windsbach. Sein Vater, Pfarrer Johann Steinbauer, leitete das Gymnasium und marschierte an der Spitze des Zuges. Während hier und da bereits die Silvesterraketen knallten und zischten, um das neue Jahr 1924 zu begrüßen, erreichte die Gruppe ihr Ziel: das Kriegerdenkmal. Karl erinnerte sich noch gut an die Feier zur Einweihung des Denkmals am 25. Juni 1922. Sein Vater hatte eine Ansprache gehalten und ein Gedicht vorgetragen, in dem er die »jüdischen Verräter« für den verlorenen Weltkrieg verantwortlich machte und die aus der Revolution hervorgegangene Regierung in Berlin als »Räuber und Mörder« bezeichnete.

Ein Freundeskreis hatte sich gebildet, der sich geschworen hatte, den Verrat und die Schmach der Niederlage nicht einfach so hinzunehmen. So wie schon in der Silvesternacht des vergangenen Jahres stellten sich die jungen und älteren Männer des Freundeskreises feierlich um das Denkmal herum auf. Nach einer kurzen Ansprache von Karls Vater fassten sie sich an den Händen und gelobten mit feierlicher Stimme: »Hitlers Geist im Herzen darf nicht untergehn! Sturmabteilung Hitler wird einst auferstehn!«[1]

Die Haltung gerade der evangelischen Christinnen und Christen zum Nationalsozialismus lässt sich ohne die Vorgeschichte des »Dritten Reichs« kaum angemessen verstehen. Die Krise des verlorenen Weltkriegs, in den man zunächst begeistert und gläubig (»Gott mit uns!«) gezogen war, erschütterte den Protestantismus ungleich mehr als den Katholizismus: Mehr als dieser hatten sich die zahlreichen und z. T. sehr kleinen evangelischen Landeskirchen mit dem Schicksal der machthabenden Fürsten verknüpft (Bündnis von »Thron und Altar«). Mit der erzwungenen Abdankung von Kaiser und Fürsten verloren sie ihre politische Stütze und zum großen Teil ihre Oberhäupter – denn das waren bis dahin die Fürsten gewesen. Ja, die evangelischen Kirchen mussten zunächst um ihre Existenzgrundlagen fürchten angesichts einer als antireligiös und antichristlich gel-

---

1 Nach *K. Steinbauer*, Einander das Zeugnis gönnen, Bd. 1, Erlangen 1983; vgl. auch *B. Mensing*, Pfarrer und Nationalsozialismus, Göttingen 1998, 31 ff., sowie *M. L. Pirner*, Zwischen Kooperation und Kampf (StTh 17), Würzburg 1998, 24 f.

tenden sozialistischen Regierung. Während die Katholiken mit dem »Zentrum« eine politische Partei hatten, die ihre Interessen im neuen demokratischen Staat vertrat, gab es keine evangelisch orientierte Partei. Als die Nationalsozialistische Deutsche Arbeiterpartei (NSDAP) *Hitlers* sich in ihrem Parteiprogramm von 1920 (Punkt 24) dazu bekannte, auf dem Boden eines »positiven Christentums« zu stehen, verband sich damit nicht nur für Evangelische, aber vor allem für sie, die Hoffnung auf eine politische Alternative zum atheistisch tendierenden Sozialismus und zum politischen Katholizismus.

Über weltanschauliche Grenzen hinweg trugen jedoch auch die bedrückende, demütigende Stellung Deutschlands als Kriegsverlierer, die schwierige wirtschaftliche Lage sowie die politische Zerrissenheit der Weimarer Republik dazu bei, dass viele Menschen nach einem »starken Mann«, einem »Retter« Ausschau hielten, der das Land aus der Krise führen und das deutsche Volk wieder einen würde.

1.1.2 Katholisch
Anders als heute präsentierte sich der deutsche Katholizismus in der Weimarer Zeit im Großen und Ganzen als geschlossene Einheit. Vor allen Dingen der Kulturkampf unter *Bismarck* hatte die Mentalität der deutschen Katholiken nachhaltig geprägt. Die während der ganzen Wilhelminischen Epoche weiterhin latent vorhandene Kulturkampfstimmung hatte einen mächtigen Impuls für die Uniformierung des Katholizismus dargestellt. Die Beurteilung politischer Gruppierungen oder Parteien reduzierte sich in der Folge im Wesentlichen auf die Frage ihres Verhältnisses zu den von der katholischen Kirche erhobenen Ansprüchen. Der Klerus, der in seiner Führerrolle konkurrenzlos blieb, versuchte nach Kräften und mit großem Erfolg das katholische Milieu gegenüber den Gefahren und Verlockungen der pluralistischen Gesellschaft zu immunisieren. Formiert als »acies bene ordinata« (lat. wohl geordnete Schlachtreihe), fochten Geistlichkeit, Presse und Vereine ebenso entschieden gegen die »öffentliche Unsittlichkeit« wie gegen die weltanschaulichen Herausforderungen im politischen Bereich, mochten sie nun Bolschewismus, Liberalismus oder Nationalsozialismus heißen.

Bis Anfang März 1933 stand das Verhältnis von Katholizismus und NS-Bewegung daher im Zeichen einer scharfen Konfrontation. Auch bei den letzten – nur noch halbwegs freien – Wahlen am 5. März blieben die kirchlich gebundenen Katholiken mehrheitlich der von Episkopat, Klerus, Verbänden und katholischer Presse unterstützten Zentrumspartei bzw. der Bayerischen Volkspartei treu. Freilich darf diese Stimmabgabe nicht einfach mit einer unbedingten Ablehnung der politischen Ziele des Nationalsozialismus und mit einem Votum für die Demokratie und für die Republik von Weimar gleichgesetzt werden, da ihr primär religiöse und kulturpolitische Motive zugrunde lagen.

Dass es gerade im Katholizismus schon früh hellsichtige Warner gab, die den politischen Charakter des Nationalsozialismus erkannten, zeigt das Beispiel des Nürnberger Reichstagsabgeordneten *Karl-Joseph Troßmann*, der 1931 in seinem Buch »Hitler und Rom« schrieb:

> Was bliebe uns vom Nationalsozialismus und all seinen Versprechungen, gemessen an den deutschen Verhältnissen? Eine brutale Parteiherrschaft, die mit allen Volksrechten aufräumen würde. Die Aussicht auf einen neuen Krieg, der bei den gegebenen Verhältnissen noch verhängnisvoller enden müßte als der letzte Krieg. Der Ruin Deutschlands und ein nachfolgendes vergrößertes Elend. Dieses drohende Unheil zu verhüten, ist wahrhaft christliche Tat.[2]

1.2 Weichenstellungen 1933/34

1.2.1 Evangelisch

Die NSDAP wurde in den Reichstagswahlen vom 5. 3. 1933 zur stärksten politischen Kraft (Die meisten Stimmen hatte sie in den überwiegend protestantischen Gebieten erhalten!). Um seine Macht bis hin zur autoritären Diktatur auszubauen, brauchte *Hitler* zunächst noch die Unterstützung oder zumindest die Toleranz der Kirchen. Er gab sich deshalb vorübergehend kirchenfreundlich, sicherte einerseits der katholischen Kirche im Reichskonkordat unverbrüchliche Rechte zu und versuchte andererseits über die »Deutschen Christen« (DC) Einfluss auf die evangelische Kirche zu nehmen.

Bereits 1932 hatte diese pro-nationalsozialistisch eingestellte evangelische Gruppierung bei den preußischen Kirchenwahlen die Mehrheit errungen. Nun strebte sie eine einheitliche, von dem DC und Hitler-Vertrauten *Ludwig Müller* geleitete Reichskirche an. Massiv unterstützt durch Staat und NSDAP gewannen die DC die Kirchenwahlen im Juli 1933, woraufhin Müller zum Reichsbischof gewählt wurde. Als in der preußischen Landeskirche im September

---

2 *K.-J. Troßmann*, Hitler und Rom, Nürnberg 1931, 196.

1933 Nichtarier aus kirchlichen Diensten ausgeschlossen werden sollten (durch den »Arierparagraphen« im Kirchengesetz), kam es zur Spaltung der Kirche und zur Gründung des »Pfarrernotbundes« durch *Martin Niemöller* sowie zur Entstehung der »Bekennenden Kirche«, deren theologisches Grundlagendokument, die »Barmer Theologische Erklärung« (von 1934), bis heute als zentraler evangelischer Bekenntnistext angesehen wird. Der politische Kampf war zu einem innerkirchlichen geworden. Trotz massivem, propagandistisch taktierendem und teilweise gewalttätigem Vorgehen Müllers gegen die Bekenntniskirchen und -gemeinden gelang es ihm nicht, sich durchzusetzen. Die Landeskirchen von Bayern, Baden-Württemberg und Hannover blieben »bekenntnistreu«, und in den übrigen, DC-geleiteten Landeskirchen gab es weiterhin widerständige Gemeinden und Gruppierungen.

Der fehlende Erfolg bei der »Gleichschaltung« der evangelischen Kirchen trug mit dazu bei, dass *Hitler* seine wahren kirchenfeindlichen Absichten immer deutlicher hervortreten ließ. Im Lauf des Jahres 1934 trat bei vielen, die sich von der neuen Regierung die Rückkehr zu christlichen Werten und einer christlichen Gesellschaft versprochen hatten, eine große Ernüchterung ein. Die Unvereinbarkeit von Nationalsozialismus und Christentum wurde auf beiden Seiten zunehmend klarer gesehen.

1.2.2 Katholisch
Nach einer durch den Wahlerfolg der NSDAP bedingten kurzzeitigen Verunsicherung wiesen die deutschen Bischöfe mit ihrer Kundgebung vom 28. 3. 1933 den Katholiken den Weg zur Integration in das neu entstandene Staatswesen. Ausschlaggebend für diese Richtungsänderung war die Regierungserklärung *Hitlers* vom 23. März, in der er der Kirche weitreichende Zusicherungen gegeben hatte. Da der Episkopat die NSDAP explizit nur wegen deren kulturpolitischen Vorstellungen verurteilt hatte, konnte er seine Verbote und Warnungen zurücknehmen, als der maßgebliche Führer dieser Partei seine diesbezüglichen Auffassungen in verbindlicher Weise zu revidieren schien. In der Folgezeit keimte in Teilen des Katholizismus die Hoffnung, die Nationalsozialisten erstrebten einen autoritären Staat auf christlicher Grundlage. Besonders nach dem Abschluss des Reichskonkordats im Juli 1933 übertrafen sich führende Katholiken in ihren Lobeshymnen auf die Hitler-Regierung. Doch schon bald sorgten staatliche Gewaltmaßnahmen gegen katholische Organisationen für Ernüchterung.

Dass es auch schon in der Zeit unmittelbar vor dem Abschluss des Konkordats manche Dissonanzen gab und der Vertrag daher auch als kirchlicher Versuch gewertet werden muss, die Existenz der katholischen Organisationen zu gewährleisten, zeigt ein Blick auf die Jugendarbeit. Durch eine Flut von Verordnungen und Schikanen versuchten die Nationalsozialisten, den Jugendvereinen im Laufe des Jahres 1933 die Luft zum Atmen abzuschnüren. Vielerorts kam es zu Auseinandersetzungen zwischen Hitler-Jugend (HJ) und katholischer Jugend, weil diese ihren Öffentlichkeitsanspruch nicht kampflos preisgeben wollte.

1.3 »Kirchenkampf«

1.3.1 Evangelisch

Seit 1934 nahm der Kampf des nationalsozialistischen Regimes gegen die Kirchen immer offenere Formen an. Dabei ging es den Machthabern primär darum, die Kirchen aus dem öffentlichen Bereich zu verdrängen (»Entkonfessionalisierung«), um hier das weltanschauliche Monopol des Nationalsozialismus ungehindert und ohne Konkurrenz entfalten zu können. Exemplarisch lassen sich die Entwicklungen darum gerade im Bereich der öffentlichen Schule gut beobachten. Folgende Maßnahmen und Aktionen von Staat und Partei sprechen für sich:[3]

- Seit 1935 Umwandlung der Konfessionsschulen in Gemeinschaftsschulen;
- Morgengebete, Schulgottesdienste und -andachten werden zunächst eingeschränkt und seit 1939 de facto verboten;
- Geistliche werden nur noch nach gesonderter Überprüfung für den Schulunterricht zugelassen, viele von ihnen »aussortiert«;
- seit 1935 zunehmende Kürzung der Religionsunterrichts-Stunden in den verschiedenen Schularten bis zur vollständigen Abschaffung an beruflichen Schulen (1940) und in den höheren Jahrgangsstufen aller anderen Schularten;
- seit 1938 Schließung und Auflösung der kirchlichen Privatschulen;
- nach dem »Reichskristallnacht«-Pogrom Kampagne des Nationalsozialistischen Lehrerbundes gegen den schulischen RU (zahlreiche Lehrer/innen legen den RU nieder, unter den Schüler/innen kommt es zu einer Austrittswelle);

---

3 Vgl. dazu genauer: *M. L. Pirner*, Zwischen Kooperation und Kampf.

- 1939 in Württemberg Einführung eines nationalsozialistischen Weltanschauungsunterrichts als Alternative zum RU;
- an den neuen Lehrerbildungsanstalten kommt das Fach Religionsdidaktik nicht mehr vor.

Die Auseinandersetzung der evangelischen Kirchen mit dem nationalsozialistischen Regime wurde durch innerkirchliche Richtungsstreitigkeiten zwischen deutschchristlich Gesinnten, »bekenntnistreu« Gesinnten und den dazwischen sich Verortenden erschwert. Insofern waren es vor allem die »intakten« Landeskirchen von Baden-Württemberg und Bayern, die der Bekennenden Kirche eine Stimme gaben und vernehmbar gegen staatliche Maßnahmen wie z.B. die Ermordung von geistig Behinderten (»Euthanasie«) protestierten, freilich ohne ihre grundsätzliche Loyalität dem Staat gegenüber in Frage stellen zu wollen.

1.3.2 Katholisch

Spätestens am Ende des Jahres 1933 wurde klar, dass Verhaftungen missliebiger Geistlicher, Betätigungsverbote für katholische Vereine und die Knebelung der katholischen Presse keine vorübergehenden Erscheinungen der »nationalen Revolution« waren. Auf diese Situation antwortete die Kirchenleitung mit einer Defensivstrategie, die die Bewahrung des Besitzstandes sowie die Aufrechterhaltung der Pfarrseelsorge mit einer weitgehenden Vermeidung von Konflikten bei gleichzeitigem Insistieren auf die verbürgten Rechte zu erreichen suchte. Freilich trug dieses Konzept nur teilweise Früchte, denn über den Fortbestand von katholischen Tageszeitungen, Organisationen und Schulen entschieden Männer, die Willkür an die Stelle von Recht setzten und selbst durch Wohlverhalten nicht gnädig zu stimmen waren. Die NS-Gewaltigen im Reich und in den Ländern waren es daher auch, die mit ihren Anordnungen die wesentlichen Etappen des Kirchenkampfes einläuteten.

Die Kirche war in dieser Auseinandersetzung nur der reagierende Teil.[4] Sie strebte von sich aus eine harmonische Zusammenarbeit mit dem Staat an, doch musste sie den Kampf aufnehmen, wenn sie ihre Interessen und Prinzipien nicht widerstandslos preisgeben wollte. Wann immer man die eigene Identität gefährdet sah, kam es daher zu Konflikten, in denen die Katholiken um ihre Selbstbehaup-

---

4 Vgl. dazu ausführlicher: *T. Breuer*, Verordneter Wandel? Der Widerstreit zwischen nationalsozialistischem Herrschaftsanspruch und traditionaler Lebenswelt im Erzbistum Bamberg, Mainz 1992.

tung als soziale Gruppe mit eigenem Wertsystem und eigener Symbolwelt kämpften. Beispiele für solch oppositionelles Verhalten sind etwa der Streit um den konfessionellen Charakter des Volksschulwesens, der Kampf gegen *Rosenbergs* »Neuheidentum«, das Festhalten an kirchlichen Feiertagen, die rege Teilnahme an Prozessionen und Wallfahrten, Demonstrationen im Anschluss an die Entfernung der Schulkreuze oder das Beharrungsvermögen katholischer Verbände, v. a. der Arbeiter- und Jugendvereine.

Die katholische Jugend erwartete von ihrem Verein, von ihrer Gruppe mehr als nur gemeinsame religiöse Betätigung – so ernst diese zweifellos genommen wurde. Sicherlich war ihr die Teilnahme an der Liturgie ein echtes Anliegen, waren Gemeinschaftsmessen und Wallfahrten zentrale Elemente im Vereinsleben. Doch die Jugendlichen wollten auch Sport treiben, Ausflüge machen und gemeinsam wandern. Immer wieder kam es daher zu Verstößen gegen die entsprechenden staatlichen Verbote.

Gegen die andauernden Verletzungen des Reichskonkordats sowie gegen die nationalsozialistische Rassenideologie protestierte Papst *Pius XI.* 1937 in seiner Enzyklika »Mit brennender Sorge«. Das NS-Regime antwortete darauf mit einer nochmaligen Verschärfung des Kirchenkampfes.

1.4 *Widerstand?*

Der Streit um die Frage, ob die Kirche Widerstand geleistet habe, wird bereits seit Jahrzehnten geführt. Er ist so lange fruchtlos, solange nicht das Verständnis des Widerstandsbegriffs geklärt ist. Wurde in der zeitgeschichtlichen Forschung zunächst nur die unter Gefahr für das eigene Leben durchgeführte Aktivität mit dem Ziel der Ablösung des NS-Regimes als »Widerstand« bezeichnet, so ist in den letzten 25 Jahren die Vielfalt der – auch alltagsweltlich-unspektakulären – Formen von widerständischem Verhalten stärker in den Blick gekommen.[5] Andererseits ist gegen die Versuchung, einen »Volkswiderstand« zu postulieren, an die Gemengelage von Konformität und Verweigerung, Anpassung und Widersetzlichkeit erinnert worden. Aus diesem Grunde ist auch gegenüber dem gerade in di-

---

5 Vgl. zur Diskussion in der Zeitgeschichtsforschung: *P. Steinbach*, Der Widerstand als Thema der politischen Zeitgeschichte. Ordnungsversuche vergangener Wirklichkeit und politischer Reflexionen, in: *G. Besier/G. Ringshausen (Hg.)*, Bekenntnis, Widerstand, Martyrium. Von Barmen 1934 bis Plötzensee 1944, Göttingen 1986, 11–74.

daktischen Materialien gerne herangezogenen Stufenschema von *Gotto/Hockerts/Repgen*, in dem der Risikocharakter einer Handlung zum entscheidenden Kriterium erhoben wird,[6] eine kritische Distanz am Platze.

Blickt man auf die Geschichte der Kirche im »Dritten Reich«, so ergibt sich ein zwar nicht einheitliches, aber in Teilen doch beeindruckendes Bild von Widersetzlichkeiten gegen bestimmte antikirchliche Maßnahmen bzw. Vorhaben des NS-Regimes sowie gegen dessen ideologischen Totalitätsanspruch. Auch gegen die NS-Euthanasie protestierte man öffentlich – wenn auch sehr spät. Die Predigten des Münsteraner Bischofs *von Galen* und die Stellungnahmen des württembergischen Landesbischofs *Wurm* sind zu Recht als leuchtende Beispiele kirchlichen Widerspruchs gegen eine menschenverachtende Aktion bekannt.

Auf der anderen Seite spendete man aber Beifall für die Beseitigung des Pluralismus im Jahre 1933 oder für die revisionistische Außenpolitik bis zum Jahr 1938. Der Beginn des Krieges entfachte zwar keine Begeisterung, doch betrachtete man die Mitwirkung als Gewissenspflicht.[7] Gegen die Verletzung von Menschenrechten protestierte man in der Regel nur, wenn Kirchenmitglieder betroffen waren, während die Verfolgung von Juden, Sozialisten und anderen kirchenfernen Personengruppen weitgehend mit Schweigen beobachtet bzw. überhaupt nicht wahrgenommen wurde. Wenige *Ausnahmen* gibt es:

Die Vorsteherin des Evangelischen Bezirkswohlfahrtsdienstes Berlin-Zehlendorf, *Marga Meusel*, arbeitete 1935 eine Denkschrift über die Aufgaben der Bekennenden Kirche an den evangelischen Nichtariern aus, in der ungeschönt und mit vielen Beispielen die verzweifelte Lage der Juden in Deutschland beschrieben wurde.[8] Von der Synode der Bekennenden Kirche wurde diese Schrift leider vorsichtig »zur weiteren Klärung« vertagt. Mutig, aber wenig wahrgenommen, trat die ein Jahr später von der Bekennenden Kirche verabschiedete Denkschrift

---

6 Vgl. *K. Gotto/H. G. Hockerts/K. Repgen*, Nationalsozialistische Herausforderung und kirchliche Antwort. Eine Bilanz, in: *K. Gotto/K. Repgen (Hg.)*, Die Katholiken und das Dritte Reich, Mainz 1990, 173–190.

7 Vgl. dazu *T. Breuer*, Gehorsam, pflichtbewußt und opferwillig. Deutsche Katholiken und ihr Kriegsdienst in der Wehrmacht, in: StZ 217/1999, 37–44, online unter: http://www.ph-ludwigsburg.de/insphiltheo/hpg_kth/breuer/gehorsam.html.

8 Zur Lebensgeschichte von *Marga Meusel* vgl. *W. Gerlach*, Als die Zeugen schwiegen, Berlin ²1990, 138–159, sowie *M. L. Pirner*, Herausforderungen an die Kirche im 20. Jahrhundert (= Arbeitshilfe Themenfolge 95 der Gymnasialpäd. Materialstelle), Erlangen 1993, 179–183.

an *Hitler* für die Juden ein – in dieser Hinsicht die einzige offizielle kirchliche Verlautbarung auf evangelischer Seite.[9]

Für eine öffentliche Kundgebung des katholischen Episkopats setzte sich Anfang März 1943 der Hildesheimer Bischof *Machens* ein, als katholische »Zigeuner«kinder aus Heimen seiner Diözese abgeholt wurden. In einem Brief an Kardinal *Bertram* fragte er sich, was zu tun sei, »um unsere Glaubensbrüder zu schützen«.[10] Das Ergebnis dieser Initiative war der Hirtenbrief über die Zehn Gebote, in dem u.a. die Tötung von »Menschen fremder Rassen und Abstammung«[11] verurteilt wurde. Dies war die deutlichste Anklage gegen die Verletzung der Menschenrechte, die der Gesamtepiskopat in den 12 Jahren der NS-Herrschaft veröffentlichte. Bekanntlich konnte sich auch Papst *Pius XII.* nicht zu einem deutlichen öffentlichen Protest gegen die Judenverfolgung durchringen.[12]

Fest steht somit für beide Kirchen, dass das mutige Auftreten des Berliner Dompropstes *Bernhard Lichtenberg* sowie die aufopferungsvolle Tätigkeit von Menschen wie Pfarrer *Heinrich Grüber* und seiner Frau *Margarete* (kirchliche Hilfsstelle für evangelische Nichtarier in Berlin), *Katharina Staritz* (Außenstelle des Büros Grüber in Breslau),[13] *Gertrud Luckner* (Freiburger Hilfswerk)[14] und *Margarete Sommer* (Hilfswerk beim Bischöflichen Ordinariat Berlin)[15] nicht darüber hinwegtäuschen dürfen, dass wir »in dieser Zeit des Nationalsozia-

---

9 In ihr heißt es u.a.: »Wenn dem Christen im Rahmen der nationalsozialistischen Weltanschauung ein Antisemitismus aufgedrängt wird, der zum Judenhaß verpflichtet, so steht für ihn dagegen das christliche Gebot der Nächstenliebe.« Abgedruckt ist die Denkschrift in *G. Denzler/V. Fabricius (Hg.)*, Die Kirchen im Dritten Reich, Bd. 2: Dokumente, Frankfurt a. M. 1984, 99–104, bes. 102.
10 *L. Volk (Bearb.)*, Akten deutscher Bischöfe über die Lage der Kirche 1933–1945, Bd. VI, Mainz 1985, Nr. 823.
11 Ebd., Nr. 872/II.
12 Zu *Pacelli*, dem späteren Papst Pius XII., vgl. die unaufgeregte Studie von *M. F. Feldkamp*, Pius XII. und Deutschland, Göttingen 2000.
13 Zur Lebensgeschichte von *Katharina Staritz* vgl. *G. Schwöbel*, Ich aber vertraue. Katharina Staritz – eine Theologin im Widerstand, Frankfurt a. M. ²1993, sowie knapp: *M. L. Pirner*, Herausforderungen, 169–178.
14 Zu *G. Luckner*: *U. Aeschbacher* u.a., Ein Leben im zwanzigsten Jahrhundert: Gertrud Luckner, Tonkassette, Lambertus Verlag 1998; *I. Dickmann-Schuth*, Gertrud Luckner, Freiburg: Institut für Religionspädagogik der Diözese Freiburg 1999.
15 Zu *M. Sommer*: *A. Leugers,* Widerstand oder pastorale Fürsorge katholischer Frauen im Dritten Reich? Das Beispiel Dr. Margarete Sommer (1893–1965), in: Frauen unter dem Patriarchat der Kirchen. Katholikinnen und Protestantinnen im 19. und 20. Jahrhundert. Mit Beiträgen von *I. Götz v. Olenhusen* u.a., Stuttgart/Berlin/Köln 1995, 161–188.

lismus, aufs Ganze gesehen, doch eine kirchliche Gemeinschaft [waren], die zu sehr mit dem Rücken zum Schicksal dieses verfolgten jüdischen Volkes weiterlebte, deren Blick sich zu stark von der Bedrohung ihrer eigenen Institutionen fixieren ließ und die zu den an Juden und Judentum verübten Verbrechen geschwiegen hat«.[16]

Fest steht aber auch, dass für zahlreiche politische Widerstandskämpfer, nicht nur für den bekannten evangelischen Pfarrer *Dietrich Bonhoeffer* und den katholischen Priester *Alfred Delp*, in dieser Zeit ihr christlicher Glaube zu einer Kraft- und Motivationsquelle sowie zu einem kritischen Maßstab für die Beurteilung der politischen Vorgänge geworden ist.

2. Systematisch

2.1 Antijudaismus

Der nationalsozialistische Rassenantisemitismus war nicht identisch mit dem alten religiösen Antijudaismus, er ist aber andererseits ohne diesen auch nicht zu erklären. Der NS-Judenhass war, wie der Theologe *Heinz Kremers* einmal formulierte, eine »antichristlich angefaulte Frucht am Baum des christlichen Judenhasses«.[17] Es sei hier nur kurz an die mittelalterliche kirchliche Gesetzgebung erinnert, die seit dem 13. Jh. staatliche Anerkennung fand (→ V. Christliche Judenfeindschaft – Judenverfolgung). Danach durften Juden z.B. kein öffentliches Amt bekleiden; Ehen zwischen Christen und Juden waren nichtig; den Christen war es untersagt, in jüdischen Häusern eine Mahlzeit einzunehmen oder sich von jüdischen Ärzten behandeln zu lassen; Juden durften nicht an christlichen Begräbnissen und Hochzeiten teilnehmen und mussten in einem abgetrennten Ghetto wohnen. Da ihnen die Ausübung der meisten Berufe verboten war, wurden sie wirtschaftlich in den Geldhandel gezwungen, wodurch das Bild des jüdischen Wucherers entstand. Schließlich bestimmte das 4. Laterankonzil im Jahre 1215, dass die Juden sich durch eine besondere Kleidung, z.B. durch eine spezielle Kopfbedeckung oder durch einen gelben Fleck auf dem Gewand, von der christlichen

---

16 Unsere Hoffnung. Ein Beschluß der Gemeinsamen Synode der Bistümer in der Bundesrepublik Deutschland (= Synodenbeschlüsse 18), Bonn o.J., 40f.
17 *H. Kremers,* Judenmission heute? Von der Judenmission zur brüderlichen Solidarität und zum ökumenischen Dialog, Neukirchen-Vluyn 1979, 31.

Bevölkerung zu unterscheiden hätten.[18] Zu den kirchlichen Vorläufern des nationalsozialistischen Antisemitismus gehörte auch *Martin Luther*, der in seinen Spätschriften ein fürchterliches Zerrbild der Juden zeichnete.

In der NS-Zeit räumten katholische Bischöfe wie der Münchener Kardinal *Faulhaber* dem Staat das Recht ein, »gegen Auswüchse des Judentums in seinem Bereich vorzugehen«, grenzten sich aber zugleich gegenüber dem rassistischen Antisemitismus dadurch ab, dass sie an dem theologischen Grundsatz festhielten, dass getaufte Juden als Christen zu betrachten seien[19] – eine Sicht, die innerhalb des deutschen Protestantismus nur von der Bekennenden Kirche geteilt wurde. Deutsch-christliche Kirchenmänner und Theologen wie der Hamburger Landesbischof *Franz Tügel* und der Berliner Alttestamentler *Johannes Hempel* vertraten hingegen einen explizit rassistischen Antisemitismus. Ganz in diesem Sinne wurde 1939 in Eisenach ein »Institut zur Erforschung und Beseitigung des jüdischen Einflusses auf das deutsche kirchliche Leben« gegründet.[20] Männer und Frauen, die entschieden auf der Seite der verfolgten Juden standen, waren in beiden Kirchen eine verschwindende Minderheit.

Die in den Kirchen fraglos gültige Auffassung, dass die Erwählung Israels der Vergangenheit angehöre und dieses Volk seit der Kreuzigung Jesu von Gott verworfen sei, sowie das stete Bemühen, sich selbst von den Juden positiv abzusetzen, mussten zweifellos tendenziell eine Entsolidarisierung zur Folge haben. Der katholische Limburger Bischof *Antonius Hilfrich* erklärte in einem Hirtenbrief vom 6. Februar 1939,

> daß die christliche Religion nicht aus der Natur dieses Volkes (der Juden) herausgewachsen ist, also nicht von Rasse-Eigenschaften dieses Volkes beeinflußt ist, sondern sich gegen dieses Volk hat durchsetzen müssen. Jesus Christus ist nicht eine Frucht dieses Volkes, sondern in seiner Menschwerdung ein Geschenk des Himmels. [...] Die Geschichte der Offenbarung mit dem nur werkzeuglichen Mitwirken des israelitischen Volkes, die Todfeindschaft der führenden Kreise gegen den Heiland und die Verstocktheit des

---

18 Vgl. *H. Küng*, Das Judentum, München/Zürich 1991, 293 f.
19 Vgl. *L. Volk* (Bearb.), Akten Kardinal Michael von Faulhabers 1917–1945, Bd. II, Mainz 1978, Nr. 569.
20 Zu den »Entjudungsprogrammen« deutsch-christlicher Theologie vgl. *L. Siegele-Wenschkewitz (Hg.)*, Christlicher Antijudaismus und Antisemitismus. Theologische und kirchliche Programme Deutscher Christen, Frankfurt a. M. 1994.

nachchristlichen Judentums zeigen, daß die christliche Religion kein Geist des Judentums ist.[21]

Auch der »bekenntnistreue« evangelische Landesbischof von Bayern, *Hans Meiser*, verteidigte den schulischen RU gegen Vorwürfe, dort werde Jüdisches glorifiziert, mit bedenklichen Argumenten. In einem Brief an den bayerischen Kultusminister schrieb er 1938:

> Die Kirche denkt nicht daran, ein Volkstum zu verherrlichen, das ihren Herrn getötet hat. Wenn Lehrer tatsächlich so gelehrt haben, dann taten sie das im Widerspruch zur Lehre unserer Kirche, denn im Mittelpunkt der Lehre der Kirche steht nicht das Judentum, sondern das Kreuz, das Kreuz aber ist die schärfste Verurteilung alles gottfeindlichen Menschentums, auch und gerade des Judentums, das in der Ermordung des Christus Gottes seine Gottfeindschaft am schrecklichsten bezeugt hat.[22]

Auf der theologischen Ebene – nicht auf der Ebene eines Urteils über den Einzelnen – muss hier scharf widersprochen werden: Ein Christentum ohne jüdischen Geist, ein Christentum, das den Juden Jesus von Nazareth feinsäuberlich aus seinem Volk herausseziert und ihn schnurstracks vom Himmel kommen lässt, ein Christentum, das Gnade vor den Augen des rassistischen Diktators zu finden versucht, indem es sich von seinem angeblich missratenen Bruder Abel distanziert – ein solches Christentum hat sich selbst von seiner Wurzel abgeschnitten und ist zu einer Mysterienreligion mutiert, die sich zu Unrecht auf den Wanderprediger aus Galiläa beruft.

Von *Elie Wiesel* stammt der Satz: »Der nachdenkliche Christ weiß, daß in Auschwitz nicht das jüdische Volk gestorben ist, sondern das Christentum.«[23] Ob es für das Christentum ein Leben nach diesem Tod gibt, hängt, wie der Theologe *Johann Baptist Metz* nicht müde wird zu betonen, davon ab, ob es bereit ist, die Katastrophe von Auschwitz wirklich als solche zu erfassen und seine Identität im Angesicht der jüdischen Leidensgeschichte neu zu entdecken. Was das Christentum braucht, ist jener jüdische Geist, von dem es sich fata-

---

21 Zit. nach *E. Klee*, »Die SA Jesu Christi«. Die Kirche im Banne Hitlers, Frankfurt a. M. 1989, 137.
22 Zit. nach *D. Rossmeisl*, Das Schulwesen im NS-Staat. Regionalgeschichtliche Ergänzungen: Mittelfranken, in: *M. Liedtke (Hg.)*, Handbuch der Geschichte des Bayerischen Bildungswesens, Bd. III, Bad Heilbrunn 1997, 287–294, bes. 290 f.
23 Zit. nach *J. B. Metz*, Kirche nach Auschwitz, in: *W. Stegemann (Hg.)*, Kirche und Nationalsozialismus, Stuttgart/Berlin/Köln ²1992, 65.

lerweise befreien wollte, von dem es sich jedoch nicht lösen kann – außer um den Preis der Selbstaufgabe.

Inzwischen ist in einer Reihe von kirchlichen Dokumenten (z. B. in der Erklärung des Zweiten Vatikanums »Nostra Aetate« und in mehreren Studien der EKD) sowie in zahlreichen wissenschaftlichen Arbeiten und Tagungen an einer theologischen Neuorientierung im Verhältnis zum Judentum gearbeitet worden.

2.2 Schuld

In charakteristischer Weise ist der Umgang der Kirchen mit ihrer Schuldverstrickung in der Zeit des Nationalsozialismus als lehrreich für die christlich-theologische Sicht von Sünde und Schuld generell anzusehen. Zunächst ist festzustellen, dass sich ein öffentlicher Ausdruck von Schuldbewusstsein im Gefolge der Kriege des 19. Jh. und auch noch im Gefolge des Ersten Weltkriegs nicht finden lässt. Vielmehr versuchten die Kirchen in der Regel, die soldatische Hingabe und das Opfer fürs Vaterland religiös-moralisch zu rechtfertigen. Das Stuttgarter Schuldbekenntnis der EKD und der weniger bekannte, allerdings auch weniger eindeutige Hirtenbrief der katholischen Bischöfe[24] – beide aus dem Jahr 1945 – erscheinen insofern als etwas grundlegend Neues. Jedoch zeigen gerade die Stuttgarter Erklärung und die zahlreichen brieflichen Reaktionen auf sie, mit wie viel Missverständnis, Unverständnis und ungenügender Schulderkenntnis sie noch verbunden war.

Die Stuttgarter Schulderklärung der EKD (Oktober 1945):

> ... Mit großem Schmerz sagen wir: Durch uns ist unendliches Leid über viele Völker und Länder gebracht worden. Was wir unseren Gemeinden oft bezeugt haben, das sprechen wir jetzt im Namen der ganzen Kirche aus:
> Wohl haben wir lange Jahre hindurch im Namen Jesu Christi gegen den Geist gekämpft, der im nationalsozialistischen Gewaltregiment seinen furchtbaren Ausdruck gefunden hat; aber wir klagen uns an, dass wir nicht mutiger bekannt, nicht treuer gebetet, nicht fröhlicher geglaubt und nicht brennender geliebt haben. ...

Auch wenn eine solche Erklärung als mutige Tat respektiert werden muss, zeigt sich doch in den komparativischen (»nicht mutiger bekannt, nicht treuer gebetet ...«) und sehr allgemein-nebulösen Formulierungen, dass die Verfasser sich der sehr grundsätzlichen Ver-

---

24 Beide abgedruckt z. B. in *Denzler/Fabricius*, aaO., Bd. 2, 253 f.

fehlungen der Kirche sowie ihrer *ursächlichen* Mitverantwortung für die Judenvernichtung noch gar nicht in vollem Umfang bewusst waren. – Ein sehr viel radikaleres und konkreteres Schuldbekenntnis hatte *Dietrich Bonhoeffer* bereits im September 1940 formuliert.[25] – Zahlreiche ablehnende Reaktionen auf die Stuttgarter Erklärung in den Leserbriefen großer Zeitungen zeigen darüber hinaus, dass sie einerseits als einseitige politische Kriegsschulderklärung missverstanden wurde; andererseits wiesen viele Schreiber eine Mitverantwortung der deutschen Bevölkerung insgesamt sowie vor allem der »Kirchentreuen« für die Gräuel der Nazis vehement zurück. Insofern heben sich die Schuldbekenntnisse der Kirchen trotz aller anzumeldenden Vorbehalte von der allgemeinen Unbußfertigkeit jener Zeit doch ein wenig ab.

Freilich werden bei der Durchsicht von Dokumenten aus der Diskussion um die Schuldfrage in und nach dem Zweiten Weltkrieg auch *vier grundsätzliche Gefahren* beim theologischen Umgang mit Schuld deutlich:

1. Die »evangelische« Gefahr des christlich klingenden Ausbrechens in anthropologische Allgemeingültigkeit, nach dem Motto: Wir sind ja alle Sünder vor Gott. Damit würde aber alle konkrete Schuld eingeebnet und weder echte Schulderkenntnis und Reue noch ein Lernen aus den Fehlern der Vergangenheit möglich.

2. Die »katholische« Gefahr des Differenzierens zwischen Kirche und einzelnen Christen, nach dem Motto: Sicher sind auch manche Katholiken schuldig geworden, die Kirche selbst aber (und unausgesprochen: ihre Führer) ist rein geblieben. Damit würde jedoch der strukturelle Aspekt von Schuld verdrängt.

3. Theologische Dämonisierung und damit Schuldentlastung, nach dem Motto: Die Nazi-Verbrechen waren so grässlich und unmenschlich, dass in ihnen nur dämonische Mächte am Werk gewesen sein können, von denen wir uns nur durch Umkehr zu Gott befreien können. Hinter diesem richtig klingenden Satz steckt jedoch das Abschieben der eigenen Schuld und Mitverantwortung auf den Teufel als das personifizierte Böse.

4. Die Gefahr der »billigen« Gnade und Vergebung, nach dem Motto: Wir sollten jetzt nicht Schuldige suchen, sondern allen Menschen die Vergebung Gottes zusprechen. Auch damit wird lediglich

---

25 Es ist abgedruckt in *M. L. Pirner*, Herausforderungen, 189, sowie in *Denzler/Fabricius*, aaO., Bd. 2, 232 f. – Auch *K. Adenauer* skizzierte 1946 die Schuld der Kirche mit scharfen Worten: vgl. *Denzler/Fabricius*, aaO., Bd. 2, 255 f.

Schuld verdrängt, statt sie aufzudecken und aufzuklären und somit zum Begreifen der Schuldzusammenhänge sowie der je eigenen Verantwortung beizutragen.

Angesichts dieser Gefahren und der historischen Tatsachen wird man sagen können, dass zu einem theologisch verantworteten Schuld*bekenntnis* immer die Bitte um rechte Schuld*erkenntnis* dazu gehört. Die Kirchen haben jedenfalls erst im Laufe der Jahrzehnte erkannt, in welchem Umfang sie – zum Beispiel durch den christlich-theologisch gepflegten Antijudaismus oder durch eine falsche, theologisch begründete Obrigkeitshörigkeit – mit für die Geschehnisse im »Dritten Reich« verantwortlich sind. Dementsprechend kam es erst gegen Ende des 20. Jh. zu wirklich tiefgreifenden und umfassenden Schuldbekenntnissen sowie zu den nötigen theologischen und praktischen Reformen. Beispielhaft lassen sich hier die dreibändige EKD-Studien-Reihe »Christen und Juden« (I = 1975, II = 1991, III = 2000)[26] sowie auf katholischer Seite das »Wort der deutschen Bischöfe aus Anlass des 50. Jahrestages der Befreiung des Vernichtungslagers Auschwitz« von 1995[27] nennen.

2.3 Kirche

2.3.1 Evangelisch

Wie schon erwähnt, waren die evangelischen Kirchen 1918 in eine tiefe Identitätskrise gestürzt. Durch die in der Weimarer Verfassung im Grundsatz durchgesetzte Trennung von Kirche und Staat mussten sie sich organisatorisch neu ordnen und ein neues Selbstverständnis sowie insbesondere eine neue Verhältnisbestimmung zu dem nun demokratischen »Staat ohne Gott« entwickeln. Insofern wundert es nicht, dass in den 1920er Jahren die Kirche verstärkt sich selbst zum Thema wurde und das neue Selbstbewusstsein einer nun »selbständige[n] evangelische[n] Kirche«, wie es *Otto Dibelius* in seinem Buch »Das Jahrhundert der Kirche« (1926) zum Ausdruck brachte, weithin erleichtert begrüßt wurde.

Allerdings zeigte sich in der NS-Zeit deutlich, wie stark die Kirche – selbst die Bekennende Kirche – auch hier auf sich selbst fixiert blieb und in erster Linie ihren eigenen Bestand verteidigte. Insofern erwies sich die bereits 1930 von *Karl Barth* geäußerte Kritik an der

---

26 Herausgegeben vom *Kirchenamt der EKD*, erschienen beim Gütersloher Verlagshaus.
27 Abgedruckt in: Orientierung 59/1995, 26.

»Eitelkeit« und »Sattheit« einer Kirche, die »so unzweideutig wie nur möglich sich selber will, sich selber baut, sich selber rühmt«[28] als prophetisches Wort. Gegen ein solches, hauptsächlich auf die eigene Identitätssicherung bedachtes Kirchenverständnis richtete sich auch das viel zitierte Wort *Dietrich Bonhoeffers*, Kirche sei nur Kirche, wenn sie »Kirche für andere« sei.[29]

Was das Verhältnis Kirche-Staat zu jener Zeit angeht, zeigen sich im evangelischen Bereich – trotz eigenständiger Traditionen – deutliche Parallelen zur katholischen Sicht (s. u.). Durch ein ungeschichtliches Verständnis von Röm 13,1 (»Seid untertan der Obrigkeit«), ein stark ordnungstheologisches Denken (staatliche Institutionen als von Gott eingesetzte Ordnungen) sowie eine falsch verstandene lutherische Zwei-Reiche-Lehre (im Sinne einer Trennung des jeweils autonomen geistlichen und weltlichen Bereichs voneinander) hielt die evangelische Kirche (auch der Großteil der Bekennenden Kirche) bis zum bittern Ende des »Dritten Reichs« am notwendigen Gehorsam gegenüber den staatlichen Autoritäten fest und beschränkte sich in ihrem Handeln weitgehend auf den »geistlichen Bereich«, während sie sich aus der Politik heraus halten wollte. Dementsprechend wurde auch politischen Widerstandskämpfern wie *Dietrich Bonhoeffer* noch Jahre nach Ende des Zweiten Weltkriegs die kirchliche Anerkennung versagt.

Demgegenüber weist die wesentlich von *Karl Barth* inspirierte Barmer Theologische Erklärung von 1934 bereits neue Wege in eine politisch-gesellschaftliche Verantwortung der Kirche. Mit der Zwei-Reiche-Lehre im Hinterkopf wehrte man sich zu Recht gegen die Vermischung von Kirche und Staat bzw. staatlicher Ideologie, wie sie die Deutschen Christen kennzeichnete, hielt aber zugleich in der fünften These fest: »Sie [= die Kirche] erinnert an Gottes Reich, an Gottes Gebot und Gerechtigkeit und damit an die Verantwortung der Regierenden und Regierten.«[30] Hier wird zumindest angedeutet,

---

28 In *K. Barths* vielbeachtetem Aufsatz »Quousque tandem?« von 1930, abgedruckt in: Der Götze wackelt, Berlin 1964.
29 *D. Bonhoeffer*, Widerstand und Ergebung. Briefe und Aufzeichnungen aus der Haft, hg. v. *E. Bethge*, Neuausgabe, München ²1977, 415; vgl. auch *R. Wind*, Dem Rad in die Speichen fallen. Die Lebensgeschichte des Dietrich Bonhoeffer, Weinheim/Basel 1999.
30 Den Hintergrund dieser und anderer Aussagen der Barmer Erklärung bildet *Barths* theologisches Denk-Modell der »Königsherrschaft Christi«, das er nach dem Zweiten Weltkrieg ausformulierte. Vgl. dazu z.B. *H. Zahrnt*, Die Sache mit Gott, München ⁸1988, 192 ff.

was nach 1945 verstärkt erkannt wurde: dass die Kirche nicht nur einen Verkündigungsauftrag, sondern auch einen gesellschaftsdiakonischen Auftrag hat, der politische Verantwortung und kritisch-konstruktive Mitarbeit an der gesamtgesellschaftlichen Entwicklung einschließt. Konkrete Konsequenzen dieser Einsicht sind bis heute z. B. die Arbeit der kirchlichen Akademien, die EKD-Denkschriften und -Studien zu politisch-gesellschaftlichen Themen sowie die als Diskussionsforen fungierenden Kirchentage.

2.3.2 Katholisch
Dass die Förderung der Menschenrechte im Handeln der Kirche eine »zentrale Stellung« einnehmen müsse, wie die römische Bischofssynode 1974 forderte, erscheint uns heute als Selbstverständlichkeit. Für die vorkonziliare Kirche jedoch war es alles andere als das. Wichtige Menschenrechte wie die Religions- und Gewissensfreiheit wurden sogar prinzipiell abgelehnt und von der Kirche nur dann ins Felde geführt, wenn sie sich selbst davon taktische Vorteile versprach. Man kommt deshalb nicht umhin, nach den seinerzeit dominierenden Vorstellungen von Wesen, Zweck und Aufgabe der Kirche zu fragen: Welche handlungsleitende ekklesiologische Konzeption hatte die Mehrheit der katholischen Amtsträger?

Den entscheidenden Hinweis geben uns die Bischofsverlautbarungen selbst. Immer wieder ist davon die Rede, dass Staat und Kirche jeweils eigene Rechts- und Wirkungsbereiche hätten und jeder sich auf seinen Bereich beschränken müsse. Schon im programmatischen Hirtenwort vom 3. Juni 1933 wird explizit gesagt, die Kirche sei eine »vollkommene Gesellschaft«, die für die Verwirklichung ihrer Ziele nicht vom Staatswillen abhängig sein dürfe.[31] »Vollkommene Gesellschaft« ist die Übersetzung des lateinischen Begriffs *societas perfecta*. Die Sicht der Kirche als *societas perfecta* aber spielte in der Kirchenrechtswissenschaft eine zentrale Rolle. Das Kirchenrecht wiederum – und nicht die Dogmatik – war im Zeitalter der neuscholastischen Theologie jene Disziplin, in der bevorzugt über Wesen, Ziel und Aufgabe der Kirche reflektiert wurde. Wer also Aufschluss über das Selbstverständnis der Kirche in der NS-Zeit erhalten will, kommt nicht umhin, sich mit der Societas-perfecta-Lehre zu befassen.

Um naheliegenden Missverständnissen vorzubeugen, sei zunächst darauf hingewiesen, dass mit der Bezeichnung der Kirche als

---

31 Vgl. *B. Stasiewski*, Akten deutscher Bischöfe über die Lage der Kirche 1933–1945, Bd. I, Mainz 1968, Nr. 45.

»societas perfecta« nicht gemeint ist, dass diese ohne Fehl und Tadel sei, sondern, dass die Kirche »ihrem Wesen nach vollständig und unabhängig ist und über sämtliche Mittel verfügt, die notwendig sind, um das ihr gesetzte Ziel zu erreichen«.[32] Ihre maßgebende und bis in die 50er Jahre dieses Jahrhunderts gültige Gestalt erhielt die kirchliche Societas-perfecta-Lehre durch Papst *Leo XIII.* am Ende des 19. Jh. Nach der Auffassung *Leos* bestand in der Rechtsorganisation von Staat und Kirche eine weitgehende Analogie, insofern sie beide Anspruch darauf hätten, unabhängig ihrer jeweiligen Bestimmung nachgehen zu können und Einmischungen in ihr Gebiet nicht zu dulden brauchten. Eben diese Gebiete aber, sagt der Papst, seien grundsätzlich verschieden. Während es die Aufgabe des Staates sei, für das irdische Wohl zu sorgen, habe die Kirche die himmlischen und ewigen Güter zu beschaffen. Bürgerliche und politische Dinge seien deshalb allein der Staatsautorität unterstellt, all das hingegen, was auf das Seelenheil Bezug habe, falle in die Zuständigkeit der Kirche. Jene Angelegenheiten schließlich, die zu beiden Rechtsbereichen gehörten, die sog. *res mixtae* wie Ehe und Erziehung, seien am besten durch Konkordate zu regeln.

Die Societas-perfecta-Lehre beinhaltet also die Aufteilung der Wirklichkeit in zwei verschiedene Sphären, eine natürliche und eine übernatürliche, für die Staat und Kirche jeweils die alleinige Zuständigkeit haben. Politische Dinge liegen somit außerhalb der kirchlichen Verantwortung, weil sie angeblich für das Heil keine Relevanz haben. Die Vermittlung dieses als strikt jenseitig verstandenen Heils erscheint als eigentliche und absolute Priorität beanspruchende Aufgabe der Kirche. Die kirchlichen Amtsträger hatten sich deshalb primär um die Verkündigung der als zeitlos und unwandelbar aufgefassten katholischen Glaubenswahrheiten sowie um die Spendung der Sakramente zu kümmern. Alles andere wurde als zweitrangig angesehen und hatte zurückzustehen, wenn die zentralen Aufgaben gefährdet schienen. In diesem Sinne konnte der Kölner Erzbischof *Frings* im August 1945 erklären:

---

32 *P. Granfield*, Aufkommen und Verschwinden des Begriffs »societas perfecta«, in: Concilium 18/1982, 460–464, bes. 460. Vgl. ferner Vgl. *K. Walf*, Die katholische Kirche – eine »societas perfecta«?, in: ThQ 157/1977, 107–118; *T. Breuer*, Kirche und Fremde unter dem Hakenkreuz. Zur Frage nach dem Selbstverständnis der katholischen Kirche in der NS-Zeit, in: *O. Fuchs (Hg.)*, Die Fremden, Düsseldorf 1988, 183–193.

»Eigentliche und ursprüngliche Aufgabe der Kirche, die ihr Christus selbst übertragen hat, ist die mutvolle Verkündigung der christlichen Glaubens- und Sittenlehre. Hätte die Kirche die Predigt derjenigen Wahrheiten, die dem Nationalsozialismus unbequem waren, hintangestellt, so müßte man sagen: sie hat versagt. In Wirklichkeit hat sie das Gegenteil getan.« Gleichzeitig wehrte Frings weitergehende Erwartungen an die Kirche ab: »Die Kirche ist nicht Kontrollinstanz für den Staat in dem Sinne, daß sie verpflichtet wäre, gegen jedes Unrecht, das die Staatslenker begehen, durch ihre Priester oder Bischöfe öffentliche Verwahrung einzulegen. Wer hätte ihr diesen Auftrag gegeben und wohin sollte das führen?«[33]

Wohin es geführt hätte, wenn die Kirche von Anfang an gegen das Unrecht des NS-Staates aufgetreten wäre, ist in der Tat eine offene Frage. Nicht offen ist indes die Frage, wohin das Selbstverständnis der Kirche als übernatürlicher Obrigkeitsstaat führte. Angesichts der Herausforderung durch die nationalsozialistische Judenverfolgung offenbarte die vorkonziliare Ekklesiologie ihre ganze Unzulänglichkeit. Denn Solidarität mit den Juden und anderen Verfolgten des NS-Regimes war auch deshalb so selten, weil dies theologisch nicht als Wesensmerkmal der Kirche Christi begriffen wurde, sondern allenfalls als akzidentielle Aufgabe galt, der man sich, wie Erzbischof *Frings* es formulierte, »aus Liebespflicht« zu unterziehen hatte, wenn dadurch nicht die eigentliche Sendung der Kirche gefährdet war. Das weitgehende Schweigen zu den nationalsozialistischen Verbrechen war somit *auch* das Resultat des politischen Wirkens einer sich als unpolitisch definierenden Kirche.

3. Didaktisch

Warum und wozu das Thema »Kirche im Nationalsozialismus« im RU? Von der »Sache« her gesehen ist schnell klar: Wie in einem Brennpunkt werden in der außergewöhnlichen (Kampf-)Zeit des »Dritten Reichs« charakteristische Züge von Christsein und Kirche besonders deutlich sichtbar; insofern ist gerade diese Phase der Kirchengeschichte besonders dafür geeignet, bei den Schülern und Schülerinnen Verständnis für das, was Christsein und Kirche ausmacht, anzubahnen. Nicht ganz so einfach ist es, die Relevanz dieses kirchengeschichtlichen Themas für das persönliche Leben der Schülerinnen und Schüler zu erweisen und sie für seine Behandlung im

---

[33] *L. Volk*, Akten deutscher Bischöfe, Bd. VI, Nr. 1020.

RU zu motivieren. Einige mögliche Probleme und didaktische Konsequenzen sollen im Folgenden angedeutet werden.[34]

3.1 Problematische Voreinstellungen der Schüler/innen

- *Fremdheit* (»Adolf Hitler ist für mich genauso weit weg wie Napoleon oder Martin Luther!«). Dass Werte wie Volksgemeinschaft und Vaterland oder Tugenden wie Gehorsam und Opferbereitschaft damals eine große Rolle spielten, ist für die heutigen Schüler/innen nur schwer nachzuvollziehen. Es gilt, die Vorgeschichte und Alltagsgeschichte des »Dritten Reichs« zu beachten und aktuelle Bezüge herzustellen.
- *Verurteilung* (»Wie konnten die Deutschen, vor allem die Christen sich damals nur so verhalten?«). Neben ernst zu nehmenden Fragen kann sich hinter einer solchen Schüleraussage auch eine selbstsichere, besserwisserische Haltung verbergen, die allzu oft durch solche Bücher und Filme verstärkt wird, die schwarz-weiß-malerisch die bösen Nazis und die (wenigen) guten Hitlergegner gegenüberstellen.
Wichtig ist auch in dieser Hinsicht, Vorgeschichte und Rahmenbedingungen menschlichen Handelns zu verdeutlichen und im Unterricht die Kritik an *Personen* von damals zu vermeiden (nicht an deren *Handeln*!). Die »naturgemäße« Überlegenheit der »Nachgeborenen« sollte auch einmal zum Thema gemacht werden. Außerdem hilft die Entdeckung eigener Schuldverstrickungen heute (z.B. Umweltverschmutzung, Ausbeutung der »Dritten Welt«) gegen Hochmut bezüglich der damaligen Generation.
- *Sympathie* (»Hitler hat doch auch viel Gutes getan.«). Diese Einstellung können auch heutige Jugendliche noch von Großeltern und Eltern vermittelt bekommen. Darüber hinaus hat die Figur *Hitlers* für manche immer noch etwas Faszinierendes, und neonazistische Gruppierungen oder Ideologien können mit ihren autoritären Führungsstrukturen und klaren Feindbildern gerade für ich-schwache Persönlichkeiten attraktiv werden.
Wichtig ist, für eine Unterrichtsatmosphäre zu sorgen, in der eventuelle Nazi-Sympathisanten nicht von vornherein vom Rest der Klasse stigmatisiert werden. Zentral ist die Erkenntnis, dass

---

34 Ausführlicher vgl. *J. Thierfelder*, Schwierigkeiten und Chancen bei der Behandlung des Dritten Reichs im Religionsunterricht, in: *GuL* 5/1990, 72–82, sowie *M. L. Pirner*, Herausforderungen, 17–27.

reine Sachinformation bezüglich derartiger Einstellungen wenig bewirkt; es muss darüber hinaus auch emotionale Beteiligung z. B. anhand von möglichst konkreten, beispielhaften Geschichten erreicht werden.
- *Abwehr* (»Wir können doch nichts mehr dafür, man sollte endlich einen Schlussstrich ziehen.«). Hier sollte das Verhältnis der Schuld von früheren Generationen und der heutigen Verantwortung für das Weiterwirken des Geschehenen mit den Schülern und Schülerinnen diskutiert werden, etwa im Sinne des Zitats von Altbundespräsident *Richard von Weizsäcker*: »Die Jungen sind nicht verantwortlich für das, was damals geschah. Aber sie sind verantwortlich für das, was in der Geschichte daraus wird. Wir müssen den Jungen helfen, zu verstehen, warum es für sie lebenswichtig ist, die Erinnerung wach zu halten.«[35]
- *Gleichgültigkeit* (»Was soll das denn bringen, wenn wir uns mit der Zeit des Dritten Reichs beschäftigen?«). Zunächst einmal ist es wichtig zu erkennen, dass (Kirchen-)Geschichte nicht einfach funktionalisiert werden sollte, um heutige Probleme zu bearbeiten; sie gibt auch nicht einfach Antworten auf heutige Fragen. Gerade aber das Sich-Einlassen auf Historisches kann ein besseres Verstehen der Gegenwart, Sensibilisierung für die Hintergründe heutiger Herausforderungen, Ermutigung zu eigenem verantwortlichen Handeln, das Werten, Beurteilen und das Begründen eines eigenen Standpunktes, aber auch das Erkennen der Vorläufigkeit und Begrenztheit menschlichen Handelns sowie ein heilsames Infragestellen des eigenen Glaubens/der eigenen Weltanschauung fördern. Generell gilt es, ein Bewusstsein dafür anzuregen, dass Religion und Glaube kulturell vermittelt sind sowie gesellschaftliche und politische Auswirkungen haben. Religion ist nicht lediglich »Privatsache«!
- *Überdruss* (»Wir haben schon in Deutsch, Geschichte und Sozialkunde über das Dritte Reich gesprochen; muss das jetzt auch noch in Reli sein?«). Es ist wichtig, die Vorerfahrungen und Voreinstellungen der Schüler/innen einer bestimmten Lerngruppe zum Thema, am besten zu Beginn einer UE, zu erheben. Das Vorwissen sollte möglichst als Chance genutzt und entsprechend aktiviert werden, so dass sich für die Schüler/innen eine positive Verstärkung ergibt und zugleich Neues und Interessantes auf Bekanntem aufbaut. Es empfiehlt sich, Bezüge zu anderen Fächern

---

35 Zit. nach *J. Thierfelder*, aaO., 79 f.

zu beachten, aber auch deutliche *kirchen*geschichtliche Akzente zu setzen. Als eine mögliche zentrale Perspektive, die das Thema sowohl religionspädagogisch profiliert als auch zur Lebenswelt der Schüler/innen hin öffnet, bietet sich die Frage an, inwieweit der *Nationalsozialismus als (Ersatz-)Religion* fungierte. Hierzu sind gerade in jüngerer Zeit etliche Untersuchungen und Filmdokumentationen erschienen.[36]

3.2 Didaktische Grundsätze

Im Anschluss an das eben Ausgeführte und darüber hinaus lassen sich folgende didaktischen Grundsätze für die religionsunterrichtliche Behandlung des Themas »Kirche im Nationalsozialismus« benennen, die letztlich eine *wechselseitige Erschließung* von kirchengeschichtlichen Inhalten und dem Leben der Schüler/innen anzielen:

1. Es geht mehr um ein exemplarisch-fundamentales Verstehen von Zusammenhängen als um eine möglichst genaue, differenzierte Darstellung des historischen Verlaufs.

2. In diesem Sinn und im Interesse der Schüler/innen sollten immer wieder die in der Geschichte aufscheinenden existenziellen und gesellschaftlichen Grundthemen wie Individualität/kulturelles Geprägtwerden, Umgang mit Minderheiten, Nächstenliebe/Gewalt, Wahrheit/Lüge, Umgang mit Schuld, Politik/Religion/Kirche, Loyalität/Widerstand besonders herausgearbeitet und berücksichtigt werden.

3. Die Geschichte der Kirchen im Nationalsozialismus ist ohne ihre Vorgeschichte (über Weimar hinaus) nicht zu verstehen. Hier sollten zumindest die wichtigsten Entwicklungslinien verdeutlicht werden.

4. Unter dem Gender-Aspekt ist vor allem die Geschichte von Frauen in der NS-Zeit neu zu entdecken und mit einzubeziehen, auch um den Schülerinnen Identifikationsfiguren anzubieten.[37]

---

36 Vgl. z.B. *C.-E. Bärsch*, Die politische Religion des Nationalsozialismus, München ²2002; *M. Rissmann*, Hitlers Gott. Vorsehungsglaube und Sendungsbewusstsein des deutschen Diktators, Zürich 2001; *A. Lanz*, Mein Krampf – Herrn Hitlers Religion (2 Video-VHS-Kassetten), Komplett-Media-Vlg. 1996.
37 Hilfreich dazu: *H. Wiese u.a. (Hg.)*, Christliche Frauen im Widerstehen gegen den Nationalsozialismus, Stuttgart 1999.

5. Neben der »großen« Geschichte der bedeutsamen Erwachsenen ist die Kirchengeschichte von Kindern und Jugendlichen neu zu entdecken und als didaktische Chance zu nutzen.[38]

6. Mindestens ebenso wichtig wie eine sachlich richtige Darstellung der Fakten ist es, die emotionale Beteiligung der Schüler/innen zu erreichen und sie so in die Geschichte zu involvieren, dass sie selbst zum Neubedenken, Weiterdenken oder ggf. Umdenken für heute kommen.

7. Jegliche Verurteilung von historischen Personen aus der Sicht heutiger »Besserwisser« sollte nicht nur unterbleiben, sondern selbst kritisch zum Thema gemacht werden. Wichtiger ist es, typische Verhaltensmuster sowie die anthropologischen Wurzeln und gesellschaftlichen Rahmenbedingungen zu erkennen, die zum Schuldigwerden von Personen geführt haben.

8. Eine Unterrichtseinheit sollte weder einseitig kirchenapologetisch noch einseitig kirchenkritisch ausfallen; beides, Versagen und Bewährung, Zerrbild und Vorbild sind in dieser Zeit unter Kirchenvertreterinnen und -vertretern, unter Christinnen und Christen zu finden und sollten auch in dieser Ambivalenz vermittelt werden. Um der Wahrhaftigkeit willen und aus pädagogischen Gründen sollte es weder zur Glorifizierung christlicher »Helden« des Widerstands noch zur Bestätigung unkritischer Vorurteile über Kirche auf Seiten der Schüler/innen kommen. Gerade der kirchlich-christliche Umgang mit Schuld sowie der Versuch der Kirchen, aus ihrem Versagen zu lernen, könnte ein Schlüssel zur Anbahnung eines differenzierteren Kirchenverständnisses bei den Schülern und Schülerinnen sein. Dabei werden sich die Religionslehrenden bewusst sein müssen, dass sie in der Regel selbst von den Schülerinnen und Schülern als Vertreter der Kirche betrachtet werden und somit die Schüler/innen im RU ansatzweise erleben, wie »Kirche« mit eigenem Versagen umgeht.

---

38 Ansätze dazu finden sich in dem Schulbuch-Kapitel zum »Dritten Reich« in *Richardt/Spitzenpfeil/Pirner*, Erkennen – Entscheiden. Hier wird für jeden Abschnitt eine eigene Rubrik »Jugend damals« eingeführt. Außerdem gibt es mittlerweile zahlreiche Jugendbücher zum Thema bzw. Bücher über die Jugend im »Dritten Reich«; wichtigstes Standardwerk: *A. Klönne,* Jugend im Dritten Reich. Die Hitler-Jugend und ihre Gegner, Köln 1999; eine Fundgrube für den Bereich der kath. Jugend: *Chr. Beilmann,* Eine katholische Jugend in Gottes und dem Dritten Reich. Briefe, Berichte, Gedrucktes 1930–1945; Kommentare 1988/89. Mit einem Nachwort von A. Klönne, Wuppertal 1989; didaktisch: *L. Tetzner,* War Paul schuldig? Kindheit und Jugend im Dritten Reich, Stuttgart 1996.

3.3 Zu Methoden und Medien

Da es zum Thema »Drittes Reich« inzwischen eine unübersehbare Fülle von methodischen Vorschlägen und Material gibt, ist eher eine gezielte und bedachte Auswahl das Problem als die Suche. Generell gilt, wie für die Kirchengeschichtsdidaktik insgesamt, dass die Vielfalt sonstiger Zugänge und Methoden, wie sie etwa in der Bibeldidaktik oder bei problemorientierten Einheiten genutzt werden, bislang nur wenig Anwendung in diesem Bereich gefunden hat; die meisten Unterrichtsmodelle sind nach wie vor textlastig. Demgegenüber wären z.B. *symboldidaktische* Zugänge über die verschiedenen Kreuzsymbole (Judenstern, Hakenkreuz, Christuskreuz) denkbar, auch *ästhetische* Zugänge über Bilder, Filme, Karikaturen und künstlerische Darstellungen oder selbst gestaltete Collagen sollten stärker als bisher genutzt werden.[39] Die Bedeutung von *rituellen* Handlungen kann sich als eigener Zugang zum Thema anbieten.[40] Von der oben geforderten emotionalen Beteiligung der Schüler/innen her sind auch provozierende *Inszenierungen* denkbar wie z.B. die folgende:

Im verdunkelten Raum erklingen düstere, dissonante Klänge. Dazu liest die Lehrkraft eine pessimistisch-negative Beschreibung unserer Lebenswirklichkeit vor, die so allgemein bleibt, dass sie auch in eine andere historische Situation passt. Mit dem Wandel der Musik in helle, freundlich-harmonische Klänge wird der Overhead-Projektor angeschaltet. Nacheinander werden schriftliche Aussagen (als Folienschnipsel) von Menschen aufgelegt, die auf einen Heilsbringer verweisen (z.B. »Er hat mir wieder Mut gegeben.« – »Er hat mir den Sinn des Lebens gezeigt.«) Dann wird zunächst ein Bild von Jesus aufgelegt, danach dafür ein Bild *Hitlers*, schließlich dafür ein Bild von einem aktuell verehrten Popstar.

Besondere Chancen bietet das Thema »Kirche und Nationalsozialismus« für – idealerweise fachübergreifende – *Unterrichtsprojekte*, die eventuell auch einem außerschulischen Publikum präsentiert werden. So können z.B. regional- oder lokalgeschichtliche Recherchen im lokalen Stadtarchiv, im Dekanats- oder Pfarrbüro, im Zeitungsarchiv sowie durch Befragung älterer Gemeindeglieder durchgeführt und zu einer Ausstellung, Bild- oder Filmdokumentation zusammengestellt werden. Die Schüler/innen können einzeln oder in Gruppen Informationen und Material zu bestimmten Persönlichkei-

---

[39] Die kirchlichen Medienzentralen bieten hier eine Fülle von guten Medien an.
[40] Vgl. hierzu *J. Thierfelder*, Der Nationalsozialismus und seine Rituale, in: GuL 13/1998, 67–74.

ten aus der Kirchengeschichte des »Dritten Reichs« sammeln und in der Lerngruppe oder auch an einem Elternabend, in der Schülerzeitung oder in der lokalen Tageszeitung vorstellen. Das Internet bietet heute nicht nur eine Fundgrube für Recherchen zum Thema, sondern auch Kommunikationsmöglichkeiten mit Institutionen oder Projektgruppen von anderen Schulen sowie gute und motivierende Möglichkeiten der öffentlichen Präsentation von Projekt- oder Gruppenarbeitsergebnissen, die genutzt werden sollten.[41]

LITERATURHINWEISE[42]

G. *Besier/G. Ringshausen (Hg.)*, Bekenntnis, Widerstand, Martyrium. Von Barmen 1934 bis Plötzensee 1944, Göttingen 1986

G. *Denzler/V. Fabricius*, Christen und Nationalsozialisten, Frankfurt/M. 1995

V. *Fabricius*, Kirche im Nationalsozialismus. Zwischen Widerstand und Loyalität (= Arbeitsmaterial Religion, Sekundarstufe II), Frankfurt/M. 1982 (Materialband und Lehrerhandbuch)

B. *Gruber/H. Mendl*, Zivilcourage im Dritten Reich! Und heute? Lernzirkel für den Religions-, Geschichts- und Ethikunterricht der Klasse 8 bis 11, Donauwörth 2000

M. L. *Pirner*, Herausforderungen an die Kirche im 20. Jahrhundert, Erlangen 1993. (Zu beziehen über die Gymnasialpädagogische Materialstelle der Evang.-luth. Kirche in Bayern, Marquardstenstr. 2, 91054 Erlangen)

E. *Röhm/J. Thierfelder*, Evangelische Kirche zwischen Kreuz und Hakenkreuz, Stuttgart [4]1990

J. *Thierfelder/D. Petri (Hg.)*, Vorlesebuch Kirche im Dritten Reich – Anpassung und Widerstand, Lahr 1995

---

41 Exemplarisch sei hier verwiesen auf M. L. *Pirner*, Internet/Computer, in: G. *Adam/R. Lachmann (Hg.)*, Methodisches Kompendium für den Religionsunterricht 2. Aufbaukurs, Göttingen 2002, 322–332, sowie die dortigen Literaturangaben.

42 Als AV-Medien sind folgende Filme zu empfehlen:
Bonhoeffer – Die letzte Stufe (D/USA/Kanada 1999), ab 14 Jahre
Das Leben ist schön (Italien 1998), ab 14 Jahre
Schindlers Liste (USA 1993), ab 14 Jahre
Warum haben 1933 so viele Protestanten Adolf Hitler gewählt? (D 1981), ab 16 Jahre
Die Welle (USA 1981), ab 12 Jahre.

XVII. Kirche im Sozialismus

Manfred L. Pirner

Pax Christi, Schwerter zu Pflugscharen.

Vorbemerkungen

»Kirche im Sozialismus« – hier eingegrenzt auf die ehemalige Deutsche Demokratische Republik (DDR) – als Thema des RU und eigenes Kapitel in einem kirchengeschichtsdidaktischen Kompendium? Dagegen ließen sich eine Reihe von *Bedenken* vorbringen:

- Die (kirchen-)historische Forschung zu diesem Thema ist noch längst nicht zu einer befriedigenden Gesamtsicht und einem verantwortbaren abschließenden Urteil gekommen.[1]

---

[1] Vgl. die Forschungsüberblicke von *H. Schultze*, Die Geschichte der evangelischen Kirchen in der DDR. Beobachtungen zur neuesten Entwicklung, in: *C. Lepp/K. Nowak (Hg.)*, Evangelische Kirche im geteilten Deutschland, Göttingen 2001, 277–294; *C. Kösters*, Katholische Kirche und Katholizismus in der SBZ/DDR. Eine Bilanz neuerer Forschungen, in: Historisches Jahrbuch 121/2001, 532–580.

- Entsprechend gibt es bislang auch kaum Unterrichtsmodelle oder didaktische Überlegungen dazu für den RU.
- Geht es bei dem Thema lediglich um ein weiteres Unterkapitel im großen Bereich »Kirche im Totalitarismus«, so könnte man mit Recht fragen, ob dieser Aspekt nicht prägnanter und anschaulicher bereits mit der Behandlung des »Dritten Reichs« entfaltet ist.
- Geht es bei dem Thema in erster Linie um die kirchenhistorische »Brücke« zur Gegenwart, dann müsste die Geschichte der Kirche und der Christen in Westdeutschland ebenso mit im Blick sein.

Generell stellt sich somit die Frage, welche Besonderheiten oder »Brennpunkte« dieser kirchenhistorischen Phase es rechtfertigen, sie zum Gegenstand des RU zu machen. Da von der Beantwortung dieser Frage bereits die Aufbereitung der Informationen und Reflexionen dieses Kapitels wesentlich abhängt, soll ihr hier im Vorfeld nachgegangen werden. Folgende *Aspekte* lassen sich benennen:

- Indem der RU sich, in West wie Ost, mit der Geschichte der Kirchen und Christen in der ehemaligen DDR beschäftigt, leistet er einen Beitrag zum besseren Verständnis der je eigenen bzw. je anderen Sozialisation und der auch gegenwärtig noch bestehenden Unterschiede zwischen alten und neuen Bundesländern. Gerade für den RU in den neuen Bundesländern dürfte es besonders wichtig sein, immer noch kursierende Meinungen und Einschätzungen, die sich auf die atheistisch-kirchenkritische Propaganda der DDR-Zeit zurückführen lassen, durch Informationen zu korrigieren und in den historisch-gesellschaftspolitischen Rahmen zu stellen. Allerdings ist ein Vergleich mit der westdeutschen Geschichte bei der Behandlung im RU auf jeden Fall wichtig.
- In der Zeit der DDR haben Kirchen, Christinnen und Christen zum Teil ein Selbstverständnis entwickelt, das in manchen Aspekten interessante und anregende Alternativen zur westlichen »Normalität« aufweist (Stichworte: »Minderheitskirche« bzw. »Freiwilligkeitskirche« im Osten gegenüber »Volkskirche« im Westen).
- Trotz aller nötigen kritischen Differenzierung wird man davon ausgehen können, dass die evangelischen Kirchen als »Wegbereiter der Wende«[2] eine wichtige Rolle beim Zustandekommen der

---

2 So der Titel des Buches von *B. Alsmeier*, Wegbereiter der Wende. Die Rolle der Evangelischen Kirche in der Ausgangsphase der DDR, Pfaffenweiler 1994.

deutschen Wiedervereinigung gespielt haben. In anderer Weise als im »Dritten Reich« wird hier brennpunktartig eine Widerständigkeit und ein politisches Engagement deutlich, das auch für heutiges Christsein und Kirchesein wegweisende Impulse geben kann.
– Die oben herausgestellte Unabgeschlossenheit der zeitgeschichtlichen Forschung sollte die Behandlung des Themas im RU nicht verhindern, wohl aber zur Vorsicht gegenüber pauschalisierenden und mythisierenden Klischeebildungen mahnen. Immerhin gibt es aber mittlerweile etliche zusammenfassende Darstellungen und Einzeluntersuchungen.[3] Gegenüber der bislang im Vordergrund stehenden »großen« Kirchenpolitik gilt es jedoch, gerade für religionspädagogische Kontexte, den »kleinen« Alltag und die »Kirchengeschichte« der Jugendlichen (z.B. Jugendarbeit, RU, Jugendweihe) wo immer möglich zu entdecken und einzubeziehen. Hier bietet gerade die Kirchengeschichte der DDR besondere Chancen.[4]

1. Historisch

1.1 Der Ausgangsbefund: Die DDR als Beispiel gelungener Säkularisierung?

Im Jahr 1946 gehörten 81,5 % der Bevölkerung in der Sowjetischen Besatzungszone (SBZ), also der späteren DDR, zur evangelischen, 12,2 % zur katholischen Kirche. Im »Nachwendejahr« 1990 ist nach

---

3 Neben den schon angemerkten Forschungsüberblicken vgl. als knappe Gesamtdarstellung G. *Besier*, Kirche, Politik und Gesellschaft im 20. Jahrhundert, München 2000, 46–58; genauer: ders., Der SED-Staat und die Kirche, 3 Bd., München/Berlin 1993/1995; politikgeschichtlich orientiert: S. *Gerlach*, Staat und Kirche in der DDR, Frankfurt 1999, sowie H. *Heinecke*, Konfession und Politik in der DDR, Leipzig 2002; konfessionsspezifisch: M. *Höllen*, Loyale Distanz? Katholizismus und Kirchenpolitik in SBZ und DDR. Ein historischer Überblick in Dokumenten, 4 Bd., Berlin 1994–2000; B. *Schäfer*, Staat und katholische Kirche in der DDR, Köln u.a. ²1999; J. *Braun*, Katholische Kirche im sozialistischen Staat DDR, Paderborn ²1997; H. *Dähn*, Der Weg der Evangelischen Kirchen in der DDR. Eine erste Bilanz, München 1993; R. F. *Goeckel*, Die evangelische Kirche und die DDR, Leipzig 1995; gute zusammenfassende Abschnitte zur Entwicklung des Verhältnisses von ev. Kirche und Staat enthält: C. *Fischer*, Wir haben euer Gelöbnis vernommen. Konfirmation und Jugendweihe im Spannungsfeld, Leipzig 1998.
4 Vgl. dazu v.a. H. *Dähn/H. Gotschlich* (Hg.), »Und führe uns nicht in Versuchung ...«. Jugend im Spannungsfeld von Staat und Kirche in der SBZ/DDR 1945 bis 1989, Berlin 1998.

nicht ganz einheitlichen Schätzungen mit 21 % Protestanten und 3,6 % Katholiken zu rechnen.[5] Diese dramatische Entwicklung der Mitgliederzahlen hebt sich gegenüber den kontinuierlich und nach wie vor recht hohen Zahlen in Westdeutschland signifikant ab (1989 gehörten hier 41,6 % der evangelischen, 42,9 % der katholischen Kirche an[6]).

Dass es hier nicht lediglich um institutionelle Mitgliedschaft geht, sondern auch um persönliche Einstellungen, zeigt die Tatsache, dass 1989/90 nur 21 % der ostdeutschen Bevölkerung angaben, an Gott zu glauben; in Westdeutschland waren es 61 %.[7] Noch in der Shell-Studie 2000 wird ein markanter Unterschied in der Einstellung der Jugendlichen deutlich: Im Osten bezeichneten sich 78 % der Jugendlichen als »nicht religiös«, im Westen dagegen nur 47 %.[8] Damit gehören die neuen deutschen Bundesländer zu den »säkularisiertesten« Gebieten Europas, und es stellt sich die Frage, wie es zu einer solchen Entwicklung gekommen ist.

1.2 Gegenseitige Toleranz von Kirche und Staat (ca. 1945–1950)

Die sowjetische Besatzungsmacht ließ den Kirchen zunächst große Freiheit, so dass ihre Neuordnung und Stabilisierung nach dem Zweiten Weltkrieg wie im Westen auch in der Sowjetischen Besatzungszone (SBZ) ungehindert voranschritt. Die 1946 aus dem zwangsweisen Zusammenschluss von SPD und KPD hervorgegangene Sozialistische Einheitspartei (SED) gab sich zunächst religiös tolerant. Schließlich wurden auch in der Verfassung der am 7. Oktober 1949 gegründeten »Deutschen Demokratischen Republik« weitgehend die kirchenrechtlichen Regelungen aus der Weimarer Verfassung übernommen.

Allerdings wurden auch schon bald erste Spannungen zwischen den neuen Machthabern und den Kirchen sichtbar. Die 1946 erlassenen Schulgesetze erklärten die schulische Erziehung zu einer ausschließlichen Aufgabe des Staates; der RU wurde an den Schulen lediglich als freiwilliges Angebot in alleiniger Verantwortung der Kirchen ermöglicht, was von diesen jedoch auch als Chance zur eigenen Gestaltung (»Christenlehre«) aufgefasst wurde.

---

5 Zahlen nach *D. Pollack*, Von der Volkskirche zur Minderheitskirche. Zur Entwicklung von Religiosität und Kirchlichkeit in der DDR, in: *H. Kaelble u.a. (Hg.)*, Sozialgeschichte der DDR, Stuttgart 1994, 271–294, bes. 272.
6 Nach *B. Alsmeier*, aaO., 6.
7 Vgl. *D. Pollack*, aaO., 288.
8 Vgl. *Deutsche Shell (Hg.)*, Jugend 2000, Bd. 1, Opladen 2000, 173.

Fehlende Rechtssicherheit für die Kirchen und den einzelnen Bürger sowie die Aktivität der »politischen« Volkspolizei forderten die kirchliche Kritik heraus. So verglichen z. B. die evangelischen Bischöfe *Ludolf Müller* und *Otto Dibelius* die Missstände in der SBZ mit dem NS-Staat. Der Staat war zunächst noch auf Ausgleich und gegenseitige Toleranz bedacht. So wurde z. B. die Einführung der Jugendweihe von der SED noch 1950 abgelehnt.[9]

1.3 Kirchenkampf (ca. 1951–1958)

Zu einer dramatischen Verschärfung der Situation kam es Anfang der 1950er Jahre im Gefolge der zunehmend marxistisch-leninistischen Ausrichtung der DDR-Gesellschaft und der Vertiefung des politischen Grabens zwischen West und Ost.

Bereits 1951 waren die Schulen und alle ihre Unterrichtsfächer sowie die Hochschulen durch eine Entschließung des Zentralkomitees der SED auf die »Grundlage des Marxismus-Leninismus« gestellt worden. Die kirchliche Kritik am weltanschaulichen Monopol des SED-Staats führte zu weiteren kirchenfeindlichen Maßnahmen:

1953 fiel die staatliche Unterstützung beim Einzug der Kirchensteuer weg und die *Junge Gemeinde* wurde systematisch als »verlängerter Arm der Terrororganisation BDJ« und »Tarnorganisation für Kriegshetze« diffamiert[10] und mit Repressionen belegt. Jugendliche, die sich als Christen bekannten, wurden im gesellschaftlichen Leben zunehmend verunglimpft und benachteiligt; sie sollten insbesondere nicht mehr zu den Hochschulen zugelassen werden. Das Tragen von »Bekenntniszeichen« wurde ebenso verboten wie die Herausgabe und Verbreitung von kirchlichen Jugendzeitschriften. Auch die Evangelischen Studentengemeinden waren in die Verleumdungskampagne einbezogen, einzelne Pfarrer wurden verhaftet und teilweise zu Zuchthausstrafen verurteilt, Übergriffe auf diakonische Einrichtungen fanden statt, so dass *Gerhard Besier* den staatlichen Aktionen »Züge eines ›Kirchenkampfes‹« attestiert.[11]

Nach einer kurzen staatlichen »Befriedungspolitik« auf Intervention Moskaus hin, die u. a. dazu führte, dass der Volksaufstand vom 17. Juni 1953 von den Kirchen nicht unterstützt wurde, wurde der Kampf um die Jugend mit der Einführung der *Jugendweihe* entschei-

---

9 Vgl. *C. Fischer*, aaO., 34.
10 *C. Fischer*, aaO., 37.
11 *G. Besier*, aaO., 48.

dend verschärft. Die Kirchen reagierten betroffen und betonten die Unvereinbarkeit von Konfirmation und Jugendweihe.

Vor dem politischen Hintergrund des NATO-Beitritts der Bundesrepublik Deutschland (BRD) im Mai 1955 und der Gründung des Warschauer Paktes sowie des zwischen der BRD und der EKD 1957 geschlossenen Militärseelsorgevertrags und der weiterhin von den Kirchen vorgetragenen Forderung nach einer deutschen Wiedervereinigung eskalierte die Auseinandersetzung zwischen ostdeutschem Staat und Kirche weiter. Es kam zu einer Vielzahl von Verhaftungen und Prozessen gegen kirchliche Amtsträger, die Durchführung der Christenlehre und des Konfirmandenunterrichts wurde beträchtlich erschwert. Öffentlich wurde der christliche Glaube nun von der SED als Aberglaube bezeichnet, den es zu überwinden gelte.

Wie in einem Schreiben der evangelischen DDR-Kirchenleitungen deutlich wird, waren die Diskriminierungen von Christen im Alltag vielfältig: »Insgesamt fühlen sich Christen als Bürger minderen Rechts. Lehrern wird gekündigt, weil sie sich weigern, für die Jugendweihe zu werben. Kinder werden in der Regel nur dann zur Oberschule zugelassen, wenn sie an der Jugendweihe teilnehmen, unabhängig vom Notendurchschnitt. Die Krankenhausseelsorge ist kaum mehr möglich. Richtigstellungen zu Presseverlautbarungen werden nicht veröffentlicht.«[12]

1.4 Klärung der Fronten und leichte Entspannung (ca. 1958–1968)

Seit 1958 kam es zu begrenzten, aber nicht unbedeutenden Annäherungen zwischen Staat und Kirche. Ministerpräsident *Otto Grotewohl* versprach beispielsweise, die Jugendweihe nicht länger mit staatlichen Mitteln zu propagieren, und sicherte den Kirchen erneut volle Glaubens- und Gewissensfreiheit zu. Im Gegenzug sagten die evangelischen Kirchen 1958 zu, die Entwicklung der DDR zum Sozialismus grundsätzlich zu respektieren und zum friedlichen Aufbau des Volkslebens beizutragen – eine Zusage, die in der Folgezeit vom Staat als Grundlage für eine Verbesserung der Beziehungen angesehen wurde.

Auch angesichts des Erfolgs der Jugendweihe (1958 nahmen über 40 % aller DDR-Jugendlichen daran teil) und der zunehmenden Gewissenskonflikte von christlichen Eltern und deren Kindern wichen

---

[12] So gibt *C. Fischer* die wichtigsten Punkte des Schreibens wieder: *C. Fischer,* aaO., 60.

die Kirchen langsam von der absoluten Unvereinbarkeit von Jugendweihe und Konfirmation ab: Jugendliche, welche die Jugendweihe lediglich über sich ergehen ließen, um sich den Zugang zur höheren Schulbildung nicht zu verbauen, wurden konfirmiert, wenn sie bzw. ihre Eltern dies glaubhaft aus christlicher Überzeugung heraus wünschten.

Vor allem der Machtgewinn von *Walter Ulbricht* seit 1960 bedeutete eine Wende in der staatlichen Kirchenpolitik. Ulbricht wollte die Kirche zwar so weit wie möglich aus der Öffentlichkeit in die Privatsphäre verdrängen, schränkte aber die bisherige aggressive Atheismuspropaganda ein und versuchte (zumindest offiziell), die Christen der DDR für die Sache des Sozialismus zu gewinnen, indem er die Gemeinsamkeiten zwischen Christentum und Sozialismus herausstellte: »Das Christentum und die humanistischen Ziele des Sozialismus sind keine Gegensätze. Nur ist das Christentum, einst als Religion der Armen und des Friedens begründet, seit Jahrhunderten von den herrschenden Klassen missbraucht worden.«[13] Die meisten Repressionen gingen allerdings nur wenig vermindert weiter.

In den evangelischen Kirchen suchte man nun immer mehr einen theologisch verantwortbaren Weg zwischen bloßer Opposition gegen den atheistischen Staat und Rückzug in den Raum frommer Innerlichkeit oder kultischer Vollzüge. Es mehrten sich jene Stimmen, die forderten, auch den atheistischen SED-Staat als Obrigkeit und als gesellschaftliche Wirklichkeit anzuerkennen, das Christsein in diesem Staat als besondere Herausforderung zu sehen und den Minderheitenstatus der Christen nicht nur zu beklagen, sondern auch als Chance zu begreifen.[14]

Durch den Mauerbau 1961 wurde die Trennung zwischen West- und Ostdeutschland endgültig vollzogen. Damit sowie durch die »Ausbürgerung« des in Ostberlin lebenden Vorsitzenden des (noch gesamtdeutschen) Rats der EKD, *Kurt Scharf,* wurden auch die ostdeutschen Landeskirchen gezwungen, sich neu zu ordnen.

---

13 Ulbricht in einer programmatischen Rede vor der Volkskammer am 4. 10. 1960, zit. nach *C. Fischer,* aaO., 100.
14 Die innerkirchlich durchaus kontroversen Positionen spiegeln sich u. a. in den von der Konferenz der Kirchenleitungen der evangelischen DDR-Kirchen 1963 verabschiedeten »Zehn Artikel über Freiheit und Dienst der Kirche in der DDR« und den von einem Weißenseer Arbeitskreis formulierten »Sieben Sätzen« von der »Freiheit der Kirche zum Dienen«. Vgl. *G. Besier,* aaO., 51.

Nach der Einführung einer neuen DDR-Verfassung 1968 – in der die Kirchenartikel der 1949er Verfassung radikal zusammengestrichen wurden – entstanden schließlich die »Vereinigte Evangelisch-Lutherische Kirche in der DDR« (VELKDDR) und 1969 der von der EKD unabhängige »Bund der Evangelischen Kirchen in der DDR« (BEK). Im Art. 4,4 seiner Bundesordnung hielt der BEK allerdings gegen vehemente Kritik von SED und staatsloyalen Kirchenmitgliedern fest: »Der Bund bekennt sich zu der besonderen Gemeinschaft der ganzen evangelischen Christenheit in Deutschland.«[15] Vorsitzender der Kirchenleitungskonferenz (KKL) wurde *Albrecht Schönherr*, Leiter des Sekretariats des Kirchenbundes der gelernte Jurist *Manfred Stolpe*.

1.5 Kooperation zwischen Staat und »Kirche im Sozialismus« (ca. 1969–1981)

Die neue Phase im Verhältnis zwischen Kirchen und SED-Staat lässt sich am besten als gekennzeichnet von einem neuen Realismus auf beiden Seiten beschreiben. Für die Kirchen war nun klar, dass die DDR keine kurzfristige Übergangserscheinung auf dem Weg zur Wiedervereinigung darstellte, sondern als eigenständiger Staat mit einer eigenständigen gesellschaftlichen Realität ernst zu nehmen war. Für Staat und Partei wiederum hatte sich gezeigt, dass die Religion nicht – wie marxistisch-ursprünglich gedacht – mit der Gestaltgewinnung des Sozialismus absterben würde; man hatte statt dessen realistischerweise davon auszugehen, dass die Kirchen auch weiterhin eine gewisse Rolle in der sozialistischen Gesellschaft spielen würden, und versuchte sie nun nicht mehr lediglich zu unterdrücken, sondern ihre Kräfte auch für die eigenen Ziele zu instrumentalisieren.

Der BEK definierte sich auf seiner Synode 1970 bewusst als eine »Zeugnis- und Dienstgemeinschaft von Kirchen«, die sich *in* der sozialistischen Gesellschaft der DDR – nicht neben ihr und nicht gegen sie – bewähren müsse (»Kirche im Sozialismus«).[16] Daraufhin wurde der BEK vom SED-Staat anerkannt. Man betonte verstärkt die mögliche Zusammenarbeit von Christen und Marxisten beim Aufbau des Sozialismus bei grundsätzlicher Toleranz des religiösen Glaubens und der kirchlichen Eigenständigkeit. Ein Treffen der evangelischen Kirchenleitungen mit dem Staatsratsvorsitzenden

---

15 Zit. nach *G. Besier*, aaO., 52.
16 Vgl. *C. Fischer*, aaO., 181.

Erich Honecker 1978 sollte das verbesserte Klima zwischen Staat und Kirche auch nach außen hin demonstrieren und führte zur Vereinbarung einer Kooperation im Lutherjahr 1983. Im gesellschaftlichen Alltag verbesserte sich die Situation der Christen allerdings kaum.

Das Interesse der Kirchenleitungen an einem guten Verhältnis zum Staat brachte andererseits eine distanzierte bis ablehnende Haltung gegenüber staatskritischen Stimmen in den eigenen Reihen mit sich. Wohl stellvertretend für viele innerkirchliche Kritiker der neuen Gemeinsamkeit von Staat und Kirche protestierte der politisch unbequeme Pfarrer *Oskar Brüsewitz* 1976 durch seine Selbstverbrennung gegen den Plan seiner Kirchenleitung, ihn zu versetzen.

1.6 Die evangelischen Kirchen als Schutzraum von Oppositionsgruppen (ca. 1982–1989)

In der ersten Hälfte der 1980er Jahre entstanden, zum großen Teil im kirchlichen Umfeld, vermehrt Initiativgruppen, die sich der Friedensthematik, ökologischen sowie Menschen- und Bürgerrechtsfragen widmeten. Obwohl sie häufig zu einem guten Teil aus Christen bestanden und von kirchlichen Gemeinden an der Basis unterstützt wurden, gestaltete sich ihr Verhältnis zu den Kirchenleitungen durchaus spannungsvoll. Dennoch gelang es den Basisgruppen im Lauf der 1980er Jahre immer besser, brisante gesellschaftliche Probleme der DDR in die öffentliche Diskussion und auch in die Kirchensynoden zu bringen.

Der Staat reagierte, auch unter dem zunehmenden Druck einer ernsten Wirtschaftskrise, mehr und mehr gereizt und aggressiv auf diese Entwicklungen. Kirchliche Räume wurden durchsucht, es kam zu Verhaftungen und Abschiebungen, der regelmäßige Kontakt zu den evangelischen Kirchen wurde abgebrochen. Gleichzeitig verweigerten die Machthaber – trotz der neuen, demokratischen Töne aus Moskau – jeglichen Dialog mit den Basisgruppen und werteten Kritik an Staat und Gesellschaft grundsätzlich und ausschließlich als Feindschaft gegenüber dem Sozialismus. Damit aber wuchs die Bereitschaft zur Solidarisierung mit den oftmals übermäßig hart behandelten protestierenden Basisgruppen-Mitgliedern. Die Kirchen führten den Dialog z. T. geradezu stellvertretend für den sich verweigernden Staat, stellten sich aber auch tendenziell zunehmend auf die Seite der gesellschaftskritischen Kräfte. Die KKL nahm recht eindeutig Stellung zu den Fälschungen der Kommunalwahlergebnisse im Mai 1989, und die Synode des BEK forderte im September 1989 offen grundlegende demokratische Bürgerrechte ein.

Die Massendemonstrationen im Herbst 1989 schließlich starteten, zunächst in Leipzig, dann auch in anderen Großstädten, fast immer im Anschluss an ein Friedensgebet in einer evangelischen Kirche. Hier wurde auch beharrlich zu Gewaltlosigkeit aufgerufen und den Demonstranten Mut gemacht, trotz Polizeieinsatz und Verhaftungen weiterzumachen – mit einem Erfolg, den auch die meisten Kirchenführer nicht für möglich gehalten hätten.

1.7 Die besondere Entwicklung der katholischen Kirche

In der katholischen Kirche hielt sich die weltanschauliche Gegnerschaft und Distanz gegenüber dem sozialistischen Staat beharrlicher durch als in den evangelischen Kirchen. Eine katholische »Kirche im Sozialismus« hat es nicht gegeben, allerdings durchaus einen pragmatischen »modus vivendi« mit Absprachen und Regelungen, welche die weit gehend politisch abstinenten, auf Kult und Frömmigkeit begrenzten kirchlichen Aktivitäten gewährleisten sollten. Hatten die Berliner Bischöfe *Preysing* und *Döpfner* in den 1940er und 50er Jahren noch einen »strikte[n] antitotalitäre[n] öffentliche[n] Konfrontationskurs«[17] gefahren, so vertrat der Berliner Bischof und Vorsitzende der Ordinarienkonferenz *Alfred Bengsch* in den 1960er und 70er Jahren demgegenüber programmatisch eine kirchliche Haltung genereller öffentlicher politischer Abstinenz – eine Haltung, die vom Staat mit einem gewissen pragmatischen Entgegenkommen beantwortet wurde.

»Innerkirchliche synodale Aufbrüche [...], die sich nach dem [Zweiten Vatikanischen] Konzil auch in der DDR abzeichneten, wurden der erforderlichen inneren Geschlossenheit [...] rigoros untergeordnet.«[18]

In den 1980er Jahren betonte Bischof *Joachim Meiser* stärker als Bengsch das spezifisch christliche Menschenbild und damit die Distanz zum SED-Staat. Er versuchte so auch, der zunehmenden innerkirchlichen Erosion entgegenzuwirken. Ebenso wie bei den evangelischen Kirchen versuchte der Staat durch eine »Differenzierungspolitik« – d.h. durch die unterschiedliche Behandlung von staatsloyaleren und staatskritischeren Kirchenvertretern – die Geschlossenheit der katholischen Kirche aufzubrechen, was trotz einzelner Erfolge insgesamt nicht gelang.

17 C. *Kösters,* aaO., 546.
18 C. *Kösters,* aaO., 542.

Nach *Bernd Schäfer* gehörte zu den Kehrseiten katholischer Geschlossenheit und politischer Abstinenz eine zu zögerliche Öffnung für gesellschaftliche Veränderungen in der DDR und eine späte Wahrnehmung der revolutionären Ereignisse 1989.[19] Basisgruppen fanden offensichtlich unter den Katholiken in der DDR »vergleichsweise wenig Akzeptanz«.[20] Entsprechend unsicher und verhalten fielen die meisten Stellungnahmen katholischer Kirchenvertreter zum Herbst 1989 aus. Eine Ausnahme bildete der Magdeburger Bischof *Johannes Braun*, der sich bereits im September 1989 offen für die Bürgerrechtsgruppen einsetzte.

2. Systematisch

2.1 Minderheitskirche – die »bessere« Kirche?

Unter dem Druck der politisch-gesellschaftlichen Verhältnisse, aber auch im theologischen Rückgriff u.a. auf *Bonhoeffers* Vorstellungen von einer »Kirche für andere« sowie auf das »Darmstädter Wort« von 1947 entwickelte sich im evangelischen Bereich in der DDR das Konzept von einer Kirche, die durch den Verlust ihrer traditionellen Vorrechte wieder neu lernt, in erster Linie ihrem Herrn zu dienen, ihre herkömmlichen Herrschaftsstrukturen durch neutestamentlich-geschwisterliche zu ersetzen sowie die Menschen mit ihren Nöten, Fragen und Problemen wieder besser in den Blick zu bekommen. Die drastische Verringerung der Kirchenmitgliedszahlen im Osten konnte so auch als Zusammenschmelzen der Gemeinden auf den Rest wirklich überzeugter und engagierter Christinnen und Christen verstanden werden, während im Westen eine hohe Zahl von opportunistischen Mitläufern und kirchlichen »Karteileichen« die Volkskirche aufrecht erhielt.

In der Tat sprechen soziologische Erhebungen von 1989 dafür, dass das Verbundenheitsgefühl der Mitglieder mit ihrer Kirche und das kirchliche Engagement vor allem der Jugendlichen im Osten größer als im Westen war.[21] Auffällig ist außerdem, dass – im Gegensatz zum Westen – im Osten Bildungsstand und Kirchennähe miteinander korrelierten. Der Leipziger Religionssoziologe *Detlef Pollack* macht anhand der Untersuchungsergebnisse ein protestantisches

---

19 Vgl. *B. Schäfer,* aaO., 436–452.
20 So *C. Kösters,* aaO., 548.
21 Vgl. *D. Pollack,* aaO., 280ff.

Großstadtmilieu aus, »das vor allem von nicht-konventionellen, sozial engagierten, politisch motivierten, hochgebildeten Jugendlichen getragen wurde, die den DDR-Verhältnissen kritisch gegenüber standen«.[22] Offensichtlich hatte die Kirche in der DDR der 1980er Jahre einen deutlich alternativ-gesellschaftsoffenen Charakter angenommen.

2.2 Die evangelischen Kirchen – Wegbereiter der Wende oder Kumpane des Staates?

Die evangelischen Kirchenleitungen nahmen, wie schon angedeutet, im Konflikt zwischen Basisgruppen und Staat oftmals eine vermittelnde Haltung ein. Sie setzten sich – meist erfolgreich – für Inhaftierte ein und forderten den Staat zum Dialog mit den Bürgerinitiativen auf, distanzierten sich allerdings teilweise auch von den provokativen Aktionen der Gruppen. »Was Kirchenleitung und Gruppen trennte, war nicht die Frage, ob die Gesellschaft der DDR verbesserungswürdig sei, sondern, wie Verbesserungen zu erreichen seien.«[23] Lange Zeit lehnten die Kirchenleitungen Demonstrationen und Provokationen als Mittel ab und bauten statt dessen auf eine leise Diplomatie der kleinen Schritte.

Innerhalb der Kirchen und ihrer Leitungen gab es ein breites Spektrum von Haltungen, die von offener Sympathie mit den Basisgruppen bis hin zu eher staatsloyalen Einstellungen reichten. Mancher besonders heftige kirchliche Kritiker der Basisgruppen entpuppte sich nach der Wende als »Inoffizieller Mitarbeiter« (IM) des Staatssicherheitsdienstes (in der Kirchenleitung z.B. *Günter Krusche*).[24]

Die Kirchen waren in der DDR, ähnlich wie im Dritten Reich, die einzigen staatsunabhängigen Institutionen und haben insofern in der Tat zur Entwicklung einer bürgerlichen Opposition und somit zur Wiedervereinigung beigetragen. Allerdings waren nicht alle Basisgruppen, die sich unter ihrem Dach formierten, christlich motiviert oder der Kirche verbunden. Für manche Gruppen bot die Kirche eben den alternativlos einzigen Freiraum im ideologisch monopolisierten Staat. Dass die Kirche diesen Freiraum bot und sich für solche Gruppen einsetzte, kann jedoch wiederum aus ihrem

---

22 *D. Pollack*, aaO., 287.
23 *B. Alsmeier*, Wegbereiter der Wende, 39.
24 Vgl. *B. Alsmeier*, aaO., 30.

christlichen Selbstverständnis verstanden werden. »Die kirchlichen Räume waren eine Schule der Demokratie.«[25]

Von einer »protestantischen Revolution«[26] zu sprechen, überschätzt sicher die Bedeutung der evangelischen Kirchen im Umbruchsprozess und unterschätzt andere Einflussfaktoren. Diese Rede überschätzt auch das Protestantische an der Entwicklung; in Polen hat die katholische Kirche schließlich eine ganz ähnliche Rolle beim Umbruch gespielt wie die evangelische in der DDR. Am ehesten kann man wohl mit *Detlef Pollack* davon sprechen, dass die evangelische Kirche als »Ferment sozialen Wandels« gewirkt hat, und zwar gerade dadurch, dass sie eine Mittelstellung zwischen Anpassung und Kritik einnahm, »die sie weder integrierbar noch ausgrenzbar machte«.[27]

Allerdings hat die evangelische Kirchenleitung in der DDR selbst ihre eigene Rolle in einer Art Schulderklärung Ende Dezember 1989 kritischer eingeschätzt: »Niemand, auch wir nicht, können unsere Hände in Unschuld waschen. Wir haben schon vor Jahren öffentlich geredet als viele noch schwigen. Aber wir haben auch oft geschwiegen, wo wir hätten reden sollen.« Und Kirchenleitungsmitglied *Manfred Stolpe* kommentierte dazu: »Wir haben zu lange Geduld gepredigt, statt entschlossener Gerechtigkeit und Gleichheit zu fordern. Wir haben Unruhe beschwichtigt, wo es richtiger gewesen wäre, sich ihren Protest zu eigen zu machen.«[28]

3. Didaktisch

Generell ist damit zu rechnen, dass die Geschichte der DDR insbesondere bei westlichen Jugendlichen, aber teilweise auch schon bei den Schülerinnen und Schülern im Osten Deutschlands, kaum noch präsent ist, ja zum großen Teil weniger bekannt ist als die Geschichte des Dritten Reichs. In den meisten Geschichtslehrplänen wird die DDR erst in der 10. Jahrgangsstufe behandelt. Nach eigenen Befragungen von Jugendlichen einer neunten Jahrgangsstufe richtet sich deren Hauptinteresse, wenn überhaupt, auf die Geschehnisse um die Wiedervereinigung. Unter anderem deshalb sollte, wie bereits einlei-

---

25 So die Einschätzung von *G. Rein*, Die Kirchen im Umbruch der DDR, in: entwurf o. Jg. / 1990, H.1, 10–13, bes. 11.
26 Vgl. *E. Neubert*, Eine protestantische Revolution, Osnabrück 1990.
27 So fasst *B. Alsmeier* die Position *Pollacks* zusammen. Vgl. *B. Alsmeier*, aaO., 90.
28 Zit. nach *G. Rein*, aaO., 11.

tend angedeutet, eine Unterrichtseinheit zur Kirchengeschichte der DDR nicht einfach als chronologische Geschichte der politischen Entscheidungsträger dargestellt, sondern – *v. a. in der Sek I* – möglichst von jugendnahen Zugängen und Alltagserfahrungen her entwickelt werden. Mögliche *Ansatzpunkte bzw. Aspekte* einer solchen Einheit:

- *Jugendliche in Ost und West* in ihrer Einstellung zu Religion und Christentum (z. B. nach der Shell-Studie[29] oder nach *Barz*[30]). Wie lassen sich die Unterschiede erklären? Welche unterschiedlichen Erfahrungen und historischen Entwicklungen stehen dahinter?
- *Die Diskriminierung jugendlicher Christen in der DDR.* Hier können insbesondere Erfahrungen der Unterdrückung und Benachteiligung im Bildungsbereich anhand konkreter Beispiele zur Sprache kommen und in den historischen Kontext gestellt werden. Auch der aus der Schule verbannte RU (und die alternative Christenlehre) kann in diesem Zusammenhang erwähnt werden.
- *C. Fischer* gibt die Wortgutachten aus seinen eigenen Schulzeugnissen wieder. Im Schulzeugnis der siebten Klasse aus dem Jahr 1967 heißt es: »Seine Leistungen sind sehr gut. ... Durch sein gutes Verhalten wird er im Klassenkollektiv allgemein anerkannt, obwohl er sich in ideologischen Grundsatzfragen vom Kollektiv entfernt. ... ist er als einziger nicht Pionier.« Im Abschlusszeugnis der zehnten Klasse wird 1970 u.a formuliert: »... war seinen Mitschülern in seiner Einstellung zur Schule ein echtes Vorbild. ... Obwohl er ... durch seine starke Bindung zur Kirche in seiner Freizeit hoch beansprucht war, nahm er in der Schule an der gesellschaftlichen Arbeit teil und entwickelte dabei Eigeninitiative.«
Sowohl von der siebten als auch von der zehnten Klasse aus wäre der Übertritt in die Oberschule möglich gewesen. Trotz der von den Noten her sehr guten Zeugnisse wurde dem Schüler dieser Zugang in beiden Fällen verweigert.[31]
- *Jugendweihe – Konfirmation.* Die DDR-Jugendweihe war ein zunehmend massiveres Instrument ideologischer Beeinflussung und wurde mit großem Druck und Propaganda durchgesetzt, wogegen die Kon-

---

29 Siehe die Zahlen in der Einleitung.
30 *H. Barz,* Jugend und Religion, Bd. 2: Postmoderne Religion. Die junge Generation in den Alten Bundesländern, Bd. 3: Postsozialistische Religion: Am Beispiel der jungen Generation in den Neuen Bundesländern, Opladen 1993.
31 *C. Fischer,* aaO., 153, Anm. 70. Anschauliche Fallbeispiele finden sich auch in *C. Griese,* »Bin ich ein guter Staatsbürger, wenn ich mein Kind nicht zur Jugendweihe schicke ...«, Baltmannsweiler 2001.

firmation ein Risiko für den weiteren Bildungsweg des Betroffenen darstellte. An der Geschichte der Jugendweihe entlang lässt sich auch die Kirchengeschichte der DDR rekonstruieren. Interessanterweise erfreut sich allerdings die Jugendweihe auch nach der Wende in Ostdeutschland (und nicht nur dort) als säkularer, (nun nicht mehr sozialistisch ausgerichteter) alternativer Übergangsritus großer Beliebtheit.[32] Im RU diskussionswürdig: Sind die Motive zahlreicher Konfirmanden und Konfirmandinnen und ihrer Eltern heute nicht weit weg von religiösen Überlegungen, und ist es da nicht ehrlicher, mit einer säkularen Feier den Übergang ins Erwachsenenleben zu begehen und entsprechende Geldgeschenke zu kassieren, als sich der alternativlosen Zwangskonfirmation auszusetzen, nach der man endlich nie wieder in den Gottesdienst zu gehen braucht?

Nach Einführung der bewusst sozialistischen Verfassung der DDR 1968 sollte auch die Jugendweihe noch stärker als vorher »der sozialistischen Bewusstseinsbildung« dienen, weshalb das Gelöbnis inhaltlich erweitert und akzentuiert wurde. Auszüge:[33]

Liebe junge Freunde!

Seid ihr bereit, als junge Bürger der Deutschen Demokratischen Republik mit uns gemeinsam, getreu der Verfassung, für die große und edle Sache des Sozialismus zu arbeiten und zu kämpfen und das revolutionäre Erbe des Volkes in Ehre zu halten, so antwortet: Ja, das geloben wir! ...

Seid ihr bereit, als wahre Patrioten die feste Freundschaft mit der Sowjetunion weiter zu vertiefen, den Bruderbund mit den sozialistischen Ländern zu stärken, im Geiste des proletarischen Internationalismus zu kämpfen, den Frieden zu schützen und den Sozialismus gegen jeden imperialistischen Angriff zu verteidigen, so antwortet: Ja, das geloben wir!

Wir haben euer Gelöbnis vernommen. Ihr habt Euch ein hohes und edles Ziel gesetzt. Feierlich nehmen wir Euch auf in die große Gemeinschaft des werktätigen Volkes, das unter der Führung der Arbeiterklasse und ihrer revolutionären Partei, einig im Willen und Handeln, die entwickelte sozialistische Gesellschaft in der DDR errichtet. ...

– *Kontakte zwischen (jugendlichen) Christen in der DDR und der BRD.* Informelle Beziehungen zwischen Christen auf beiden Seiten der

---

32 Vgl. dazu *H. M. Griese (Hg.)*, Übergangsrituale im Jugendalter. Jugendweihe, Konfirmation, Firmung und Alternativen, Münster 2000; *G. Diederich u.a.*, Jugendweihe in der DDR. Geschichte und Bedeutung aus christlicher Sicht, Schwerin 1998.
33 Zit. nach *C. Fischer*, aaO., 175.

deutsch-deutschen Grenze bis hin zu offiziellen Patenschaftsbeziehungen zwischen Kirchengemeinden trugen wesentlich dazu bei, dass Kontakte zwischen Ost und West weiterhin gepflegt wurden.[34] An persönlichen Erlebnisberichten kann heutigen Schülerinnen und Schülern die Unterschiedlichkeit der historischen Situationen im Osten und Westen bewusst werden, gerade auch auf religiösem Gebiet.[35]

Es war ein mulmiges und zugleich prickelndes Gefühl, mit dem wir in unserem voll bepackten VW Variant auf die deutsch-deutsche Grenze zufuhren. Keiner von uns dreien hatte jemals etwas geschmuggelt. Ob wir wohl gut durchkommen würden?

Etwa zehn Kilometer vor der Grenze ›präparierten‹ wir uns: Matthias und Jürgen schoben die Musik-Kassetten mit neuen christlichen Liedern, die für die Jugendkreise in Bad Blankenburg und Umgebung bestimmt waren, in ihre Stiefel, so dass sie beim Laufen nicht klapperten. Jürgen versteckte dann noch die drei christlichen Jugendbücher unter seinem Hemd, und ich klemmte mir die beiden zu den Cassetten gehörigen Liederbücher unter Unterhemd und Hemd in meine Hose. Noch ein kurzes Stoßgebet, dann fuhren wir weiter.

Die Grenzanlagen, die wir bald sehen konnten, machten einen düsteren, bedrohlichen Eindruck. Die bundesdeutschen Grenzbeamten winkten uns durch, die DDR-Beamten wiesen uns mit stoischen Gesichtern auf eine Haltespur ein. Ernst und geschäftsmäßig fragten sie nach unseren Papieren, wo wir hin wollten und was wir vor hätten. Offiziell besuchen wir Verwandte im Rahmen des ›kleinen Grenzverkehrs‹. Dazu durften wir nur einen Tag bleiben und uns nur im grenznahen Bezirk aufhalten. Dass wir einen Pfarrer und Gemeindemitarbeiter besuchen und unterstützen wollten, sagten wir natürlich nicht.

Unser Auto wurde gründlich untersucht. Aus dem Kofferraum mussten wir alles ausräumen, vom Waschpulver bis zum Bohnenkaffee, von der Babykleidung bis zu Zement und Ziegelsteinen. Eine Tageszeitung und ein ›Stern‹-Magazin, die auf dem Rücksitz lagen, wurden einkassiert – wir könnten sie auf dem Rückweg wieder bekommen, hieß es. Mir klopfte das Herz bis zum Hals, als die Liederbücher in meiner Hose zu rutschen anfingen. Was, wenn sie auch noch eine Leibesvisitation machen wollten? Wir versuchten, so unbefangen und freundlich wie möglich zu wirken.

---

34 Vgl. dazu *J. Thierfelder*, Deutsch-deutsche Kontakte im Schatten der großen Politik. Geschichte einer kirchlichen Patenschaftsbeziehung zwischen 1964 und 1968, in: *H. Raisch (Hg.)*, Auf dem Weg zur Einheit. Aspekte einer neuen Identität, Idstein 1994, 46–61.
35 Dieser Erlebnisbericht ist von mir selbst verfasst. Die geschilderte Reise fand im Jahr 1980 statt; die Namen meiner beiden Mitreisenden sind geändert.

Zum Glück ging alles gut. Wir durften unsere zahlreichen Mitbringsel wieder in den Kofferraum einpacken, erhielten unsere Papiere zurück und konnten weiter fahren, hindurch durch das breiteste und am strengsten bewachte Grenzgebiet in ganz Europa. Obwohl das Wetter gut war, wirkte die Szenerie gespenstisch: Zuerst ein zweireihiger Metallgitterzaun, dann ein Kontrollstreifen mit aufwändiger Beleuchtungsanlage, Beobachtungstürme rechts und links, und schließlich, nach ein paar Kilometern Fahrt durch unbewohntes Gebiet noch einmal ein Zaun und eine Kontrollstation. Dann hatten wir es geschafft! Als wir durch die ersten Dörfer und kleineren Städtchen fuhren, kamen wir uns vor wie in einer anderen Welt; eine Welt mit grauen, oftmals verfallenen Fassaden, mit schlechten, löcherig-holprigen Straßen, auf denen altmodisch und klapperig wirkende Autos fuhren – auch das war Deutschland!

– *Jugendliches Engagement führt zur politischen Wende.* Die spannenden und dramatischen Ereignisse des Jahres 1989 können zur genaueren Betrachtung der Rolle der primär von jungen Menschen geprägten kirchlichen Basisgruppen in den 1980er Jahren der DDR führen. Dabei kann auch die Bedeutung des christlichen Glaubens für gesellschaftliches Engagement und Widerstand in den Blick kommen. Erlebnisberichte und Dokumente können die politische Entwicklung veranschaulichen.[36]

Für den RU in der *Sek II* ist ein grundsätzlicherer Blick auf das Thema Kirche im Sozialismus möglich. Es könnte gut in übergreifende Themenbereiche wie »Gottesglaube und Atheismus«, »Verhältnis Kirche-Staat« oder »Christsein und politische Verantwortung« integriert werden. In solchen Zusammenhängen werden Aspekte aus dem systematisch-theologischen Teil (Minderheitenkirche oder Volkskirche, Kirche als Hort des Widerstandes oder Verbündete des Staates) wichtig. Auch die starke Beteiligung von Kirchenleuten an der politischen Arbeit im Osten Deutschlands nach der Wende kann hier bewusst gemacht und diskutiert werden.

Methodisch sollte bei diesem Thema, insbesondere in den neuen Bundesländern, möglichst die eigenständige Schüler-Recherche mit Interviews z.B. von Pfarrern und Gemeindemitgliedern zum Zuge kommen. Fächerübergreifende oder RU-interne Projekte können durch Ausstellungen, schriftliche Dokumentationen, selbst erstellte Filme oder Internet-Präsentationen veröffentlicht werden. Bislang gibt

---

36 Vgl. z.B. *H.-J. Sievers*, Stundenbuch einer deutschen Revolution. Die Leipziger Kirchen im Oktober 1989, Göttingen 1990; *G. Rein*, Die protestantische Revolution 1987–1990. Ein deutsches Lesebuch, Berlin 1990.

es leider nur wenig didaktisch aufbereitete *Medien und Materialien* (s. Literaturhinweise), was allerdings gerade auch als Herausforderung zur Eigentätigkeit empfunden werden kann. Immerhin lassen sich einige Filme recht gut einsetzen, v. a. in der höheren Sek I und in der Sek II.[37]

LITERATURHINWEISE

B. Alsmeier, Wegbereiter der Wende. Die Rolle der Evangelischen Kirche in der Ausgangsphase der DDR, Pfaffenweiler 1994

B. Böttge, Damals im Herbst. Erinnerung an eine fast vergessene Revolution, in: forum religion o.Jg./1990, H. 4, 2–5

M. Rosowski, Kirche und Sozialismus. Lehrer gestalten ihr Religionsbuch selbst, in: Religion heute o.Jg./1991, H. 8, 234–247

B. Schäfer, Staat und katholische Kirche in der DDR, Köln u. a. ²1999

M. Stupperich u. a., Zweitausend Jahre Christentum, Bd. II,2, Göttingen 1983, 29–55 (Schulbuch; Kapitel »Die ev. Kirche in Deutschland nach dem Zweiten Weltkrieg«)

Themaheft »Kirche in der DDR«: entwurf o. Jg./1990, H.1 (gute Überblicke, vielfältige Materialien, Stellungnahmen, Erlebnisberichte und Unterrichtsvorschläge)

---

[37] Zu empfehlen: Christen in der DDR, zweiteiliger Dokumentarfilm (D 1999); interessant, aber lang: Nikolaikirche, Spielfilm (D 1995, 168 Min.), dazu ›The making of‹: Nikolaikirche Leipzig, Dokumentarfilm (D 1995, 61 Min.), der die Entstehung des Spielfilms dokumentiert und mit Zeitzeugeninterviews verbindet.

XVIII. Anhang

Rainer Lachmann

1. Abkürzungsverzeichnis

1.1 Biblische Bücher (nach den Loccumer Richtlinien)

Altes Testament

Gen	Genesis (1 Mose = Das 1. Buch Mose)*	Est	Das Buch Ester [mit griechischen Zusätzen]
Ex	Exodus (2 Mose = Das 2. Buch Mose)	1 Makk	Das 1. Buch der Makkabäer [griechisch]
Lev	Levitikus (3 Mose = Das 3. Buch Mose)	2 Makk	Das 2. Buch der Makkabäer [griechisch]
Num	Numeri (4 Mose = Das 4. Buch Mose)	Ijob	Das Buch Ijob (Hiob = Das Buch Hiob)
Dtn	Deuteronomium (5 Mose = Das 5. Buch Mose)	Ps	Die Psalmen
Jos	Das Buch Josua	Spr	Das Buch der Sprichwörter (= Die Sprüche Salomos)
Ri	Das Buch der Richter		
Rut	Das Buch Rut	Koh	Das Buch Kohelet (Pred = Der Prediger Salomo)
1 Sam	Das 1. Buch Samuel		
2 Sam	Das 2. Buch Samuel	Hld	Das Hohelied (= Das Hohelied Salomos)
1 Kön	Das 1. Buch der Könige		
2 Kön	Das 2. Buch der Könige	Weish	Das Buch der Weisheit (= Die Weisheit Salomos) [griechisch]
1 Chr	Das 1. Buch der Chronik		
2 Chr	Das 2. Buch der Chronik		
Esra	Das Buch Esra	Sir	Das Buch Jesus Sirach [griechisch]
Neh	Das Buch Nehemia		
Tob	Das Buch Tobit (= Das Buch Tobias) [griechisch]	Jes	Das Buch Jesaja
		Jer	Das Buch Jeremia
Jdt	Das Buch Judit [griechisch]	Klgl	Die Klagelieder des Jeremia

* In der Tradition der Lutherbibel werden die in runden Klammern angegebenen Bezeichnungen und Abkürzungen gebraucht.

Bar	Das Buch Baruch [griechisch]	Apg	Die Apostelgeschichte
		Röm	Der Brief an die Römer
Ez	Das Buch Ezechiel (Hes = Das Buch Hesekiel)	1 Kor	Der 1. Brief an die Korinther
Dan	Das Buch Daniel [mit griechischen Zusätzen]	2 Kor	Der 2. Brief an die Korinther
Hos	Das Buch Hosea	Gal	Der Brief an die Galater
Joël	Das Buch Joël	Eph	Der Brief an die Epheser
Am	Das Buch Amos	Phil	Der Brief an die Philipper
Obd	Das Buch Obadja	Kol	Der Brief an die Kolosser
Jona	Das Buch Jona	1 Thess	Der 1. Brief an die Thessalonicher
Mi	Das Buch Micha		
Nah	Das Buch Nahum	2 Thess	Der 2. Brief an die Thessalonicher
Hab	Das Buch Habakuk		
Zef	Das Buch Zefanja	1 Tim	Der 1. Brief an Timotheus
Hag	Das Buch Haggai	2 Tim	Der 2. Brief an Timotheus
Sach	Das Buch Sacharja	Tit	Der Brief an Titus
Mal	Das Buch Maleachi	Phlm	Der Brief an Philemon
		Hebr	Der Brief an die Hebräer

Neues Testament

		Jak	Der Brief des Jakobus
Mt	Das Evangelium nach Matt(h)äus	1 Petr	Der 1. Brief des Petrus
		2 Petr	Der 2. Brief des Petrus
Mk	Das Evangelium nach Markus	1 Joh	Der 1. Brief des Johannes
		2 Joh	Der 2. Brief des Johannes
Lk	Das Evangelium nach Lukas	3 Joh	Der 3. Brief des Johannes
		Jud	Der Brief des Judas
Joh	Das Evangelium nach Johannes	Offb	Die Offenbarung des Johannes

1.2 Zeitschriften / Reihen

ARP	Arbeiten zur Religionspädagogik, Göttingen 1982 ff.	GWU	Geschichte in Wissenschaft und Unterricht, Offenburg 1950 ff.
Concilium	Internationale Zeitschrift für Theologie, Einsiedeln 1965 ff.	HRU	Handbücherei für den Religionsunterricht, Gütersloh 1965–1977
EvErz	Der Evangelische Erzieher, Frankfurt a. M. 1949 ff.	JRP	Jahrbuch der Religionspädagogik, *hrsg. v. P. Biehl u.a.*, Neukirchen-Vluyn 1984 ff.
EvKomm	Evangelische Kommentare, Stuttgart 1968 ff.	KatBl	Katechetische Blätter, München 1875 ff.
GuL	Glaube und Lernen. Zeitschrift für theologische Weiterbildung, Göttingen 1986 ff.	KWMBl	Blätter des bayerischen Kultus- und Wissenschaftsministeriums

LexRP	Lexikon der Religionspädagogik, *hrsg. v. N. Mette u. F. Rickers,* 2 Bd. Neukirchen-Vluyn 2001		Tübingen 1956 – 1965; 4. Aufl., *hrsg. v. H. D. Betz u. a.,* Tübingen 1998 ff.
LR	Lutherische Rundschau, Stuttgart u. a. 1951 ff.	RpB	Religionspädagogische Beiträge. Zeitschrift der Arbeitsgemeinschaft Katholischer Katechetikdozenten, Kaarst 1978 ff.
LThK	Lexikon für Theologie und Kirche. 3. völlig neubearbeitete Auflage, Freiburg u. a. 1993 ff.	ru	ru. Zeitschrift für die Praxis des Religionsunterrichts, Stuttgart/München 1971 ff.
ÖR	Ökumenische Rundschau, Stuttgart 1952 ff.		
PB	Pädagogische Beiträge, Donauwörth	ThQ	Theologische Quartalschrift, Tübingen 1918 ff.
Quatember	Evangelische Jahresbriefe der Michaelsbruderschaft, Kassel 1952/53 ff.	TRE	Theologische Realenzyklopädie, *hrsg. v. G. Krause u. G. Müller,* Berlin/New York 1975 ff.
Reliprax	Praxis des Religionsunterrichts, Bremen 1971 ff.	StTh	Studien zur Theologie, Würzburg 1987 ff.
RGG	Die Religion in Geschichte und Gegenwart. Handwörterbuch für Theologie und Religionswissenschaft, 3. Aufl., *hrsg. v. K. Galling,*	StZ	Stimmen der Zeit, Monatsschrift für das Geistesleben der Gegenwart, Freiburg i. Br. 1915 ff.

1.3 Sonstiges

Art.	Artikel	Hg.	Herausgeber
AT	Altes Testament	HS	Hauptschule
Bd.	Band/Bände	Jh.	Jahrhundert(s)
CA	Confessio Augustana = Augsburger Bekenntnis	KAB	Katholische Arbeitnehmer Bewegung
EKD	Evangelische Kirche in Deutschland	Kl.	Klasse
		LPE	Lehrplaneinheit
EG	Evangelisches Gesangbuch	NT	Neues Testament
		ÖRK	Ökumenischer Rat der Kirchen
epd	Evangelischer Pressedienst		
GER	Gemeinsame Erklärung zur Rechtfertigungslehre	OS	Orientierungsstufe
		RL	Religionslehrkräfte
GOF	Gemeinsame Offizielle Feststellung zur GER	RU	Religionsunterricht(s)
		Sek	Sekundarstufe
GS	Grundschule	sog.	sogenannt
H.	Heft	UE	Unterrichtseinheit(en

2. Namenregister

Abaelard 33
Adam, G. 11, 36, 214, 323, 348
Adenauer, K. 312
Aeschbacher, U. 307
Afra 34
Aland, K. 172
Albertus Magnus 82
Alexander der Große 62
Alexander VI. 19, 196
Alexios I. Komnenos 94, 96, 104
Alsmeier, B. 325, 327, 335f., 341
Althaus, P. 114
Ambrosius 69f., 75, 110
Ampofo, R.A. 264
Angermeyer, H. 217
Antonius 72f.
Aristoteles 162, 185, 215
Arius 63
Arndt, J. 202ff.
Arnulfo, O. 33
Atatürk, K. 62
Athanasius 72f., 75
Augustin 65ff., 70, 75, 77, 99
Augustus 62

Baader, F. v. 240
Bärsch, C.E. 320
Bahrdt, C.F. 223
Baldermann, I. 292
Balduin v. Boulogne 96
Balduin v. Flandern 96
Bannach, H. 177
Barth, H.-M. 286ff., 289
Barth, K. 179, 313
Barz, H. 337
Basedow, J.B. 223
Basilius der Große 74
Bauer, D.R. 135, 137
Bauerle, A. 32
Baumgartner, A. 246
Baus, K. 66
Bea, A. 278
Beck, S. 270, 293
Becker, U. 29, 46, 218, 268, 270, 272, 283, 297, 347f.
Behringer, W. 131f.
Beilmann, C. 321

Bejick, U. 90, 140, 217
Benedikt v. Aniane 77f.
Benedikt v. Nursia 33, 75f., 78, 91
Benedikt XIV. 257
Bengel, J.A. 210, 214, 217
Bengsch, A. 333
Benrath, G.A. 159
Benz, E. 12
Bergmann, K. 17, 23, 31, 35, 38f.
Bernhard v. Clairvaux 79, 89, 97, 104f., 134
Bernhardt, R. 266f.
Bertram, A. 307
Besier, G. 181f., 305, 323, 326, 328, 330f.
Bethge, E. 117, 314
Betz, H.D. 345
Beyreuther, E. 207f., 261
Biehl, P. 15f., 22, 26f., 38, 144, 344
Bielefeldt, H. 36
Biemer, G. 18f.
Biesinger, A. 18f.
Binder, H.-O. 83
Birnstein, U. 124f., 151, 254, 275
Bismarck, O. v. 300
Bizer, C. 37
Blarer, M. 32
Bleckmann, B. 61, 70
Bleistein, R. 291
Boccacio, G. 82
Bochinger, E. 214
Bodelschwingh, F.v. 244
Böhl, W. 39
Böhm, U. 283, 290, 292, 297
Böttge, B. 140, 266, 341
Bohemund v. Tarent 96
Bonaventura 81
Bonhoeffer, D. 19, 21, 33, 57, 117, 289, 308, 312, 314, 323, 334
Bonifatius 77
Bonifaz VIII. 146, 148ff., 151, 154
Borcherdt, H.H. 166
Borchert, B. 145
Bornkamm, G. 46
Bornkamm, H. 12, 42
Borries, B. v. 31, 141
Bosch, H. 73, 75

Bosch, R. 240
Brakelmann, G. 241f., 251
Brandstetter, A. 41
Braun, J. 326, 334
Brecht, M. 164, 182, 206f., 210, 213f., 218
Breuer, T. 238, 298, 304, 306, 316, 347
Brigitta v. Schweden 135
Bröking-Bortfeldt, M. 288
Brüggeboes, W. 293
Brüsewitz, O. 332
Bubenheimer, U. 169
Bucer, M. 161, 194
Buddha 87
Büttner, G. 29, 32, 129, 181, 214, 218, 290, 297, 347
Büttner, H. 218
Bultmann, R. 212
Burbach, K.H. 197
Burkhard v. Worms 128
Burkhardt, J. 12
Buß, F.J. 245, 249

Cajetan 164
Calvin, J. 28, 171f., 178, 180f.
Campe, J.H. 223
Canstein, C. H. Freiherr v. 205
Carter, J. 193
Chadwick, H. 14, 58, 70, 191, 270
Cherbury, H. of 220
Chodowiecki, D. 219
Chrodegang v. Metz 77
Cisneros, J. de 184
Clara 81, 90
Clemens V. 150
Clemens VII. 149, 173, 186
Clemens XI. 257
Clemens XIV. 190, 257
Coelestin V. 149
Constantinus 61
Cranach, L. 163
Cross, D.W. 155
Cyprian 72

Dähn, H. 326
Dam, H. 90
Decius 50
Degen, R. 37, 90
Delp, A. 33, 308
Denzler, G. 307, 311f., 323

Deschner, K. 130
Dibelius, O. 328
Dickmann-Schuth, I. 307
Diederich, G. 338
Diefenbach, M. 90
Dierk, H. 133, 347
Dieterich, V.J. 218
Dietz, W. 32, 181
Dillmann, R. 247
Dinkelaker, B. 267
Dinzelbacher, P. 135, 137, 139, 144
Diokletian 50, 60
Dirks, W. 60
Döllinger, I. v. 275
Döpfner, J. 333
Dörries, H. 62
Dominikus Guzmann 82
Donatus 66
Drehsen, V. 12, 61, 127, 185, 253
Duchrow, U. 169
Dürer, A. 36
Dulles, J.F. 281
Duns Scotus 81

Ebach, J. 105
Ebeling, G. 12, 14
Eck, J. 164
Eckhard (Meister) 138
Eco, U. 150, 156
Edward VI. 173
Eggenberger H. 33
Ehmer, H. 210
Eicher, P. 139, 247
Elisabeth I. 173
Elisabeth v. Thüringen 16f., 32, 105
Elm, K. 76
Emanuel 253
Endres, E. 153
Engelhardt, I. 131
Engels, F. 245
Erasmus v. Rotterdam 161, 181
Ess, J. v. 105
Eugenius 153
Evans, G.R. 14, 191, 270

Fabricius, V. 232, 307, 311f.
Farel, G. 171
Faulhaber, M.v. 309
Feil-Götz, E. 89, 180
Feldkamp, M.F. 307

Namenregister

Feldmann, C. 242
Feller, G. 202
Ferroli, F. 253
Feys, C. 242
Fiedler, P. 120
Fikenscher, K. 30, 105
Fischer, C. 326, 328 ff., 331, 337 f.
Fischer, K.M. 109
Flaccus, M.194
Fliedner, F. 243
Fliedner, T. 243
Francke, A.H. 204 ff., 207 f., 212 ff., 217
Frank, K.S. 72, 78, 92
Frank, S. 32
Franz v. Assisi 33, 80 f., 90 f., 102, 134, 154
Franz, G. 263
Franzen, A. 19, 65, 191, 257
Freytag, G. 12
Friedeburg, L. v. 18
Friedrich Barbarossa 101
Friedrich der Große 234
Friedrich der Weise 164, 166
Friedrich II. 111, 124, 220
Friedrich IV. 258
Frieling, R. 175, 182, 271, 281 f.
Friemel, F.G. 275
Fröhlich, R. 192
Fry, E. 243
Fuchs, O. 316
Fuhrmann, H. 64, 149, 156, 186
Fulcher v. Chartres 95

Gäbler, U. 212
Galen, C.A. Graf v. 306
Galli, M. v. 80
Galling, K. 345
Ganzer, K. 12, 185
Gedat, G.A. 108
Gehrung, S. 89
Gelasius 147
Gellert, C.F. 223, 235
Gensfleisch, J. 158
Gensichen, H.-W. 265
Gerhardt, P. 211
Gerlach, S. 326
Gerlach, W. 306
Gertrud v. Helfta 136
Gierke, O. v. 244
Gladen, A. 243

Glaser, H. 239
Glockzin-Bever, S. 37
Gobineau, J.A. 116
Goeckel, R.F. 326
Goecke-Seischab, M.L. 90
Goedeking, F. 102, 250
Göhrum, V. 250
Görner, R. 241, 245
Gössmann, E. 153
Gollwitzer, H. 25
Gossmann, K. 289
Gotschlich, H. 326
Gottfried v. Bouillon 96
Gotto, K. 306
Granfield, P. 316
Gregor der Große 75
Gregor VII. 78, 99, 147, 151 ff.
Gregor v. Nyssa 63
Gregor IX. 81
Greschat, M. 116, 242 ff., 245
Griese, C. 337
Griese, H.M. 338
Grolle, J. 100
Groß, E. 141
Großmann, K. 272
Grotewohl, O. 329
Gruber, B. 323
Gruber, S. 53
Grüber, H. 307
Grüber, M. 307
Grünewald, M. 54, 73, 159
Guedj, D. 253
Guggenberger, B. 62
Gutenberg, J.158
Gutschera, H. 11 f., 18, 22, 27, 29, 38, 43 f., 46, 53, 59, 70, 73, 80, 85, 89, 92, 101, 104, 106, 115, 121, 129, 131, 146, 149, 154, 169, 183, 194, 198, 218, 227, 232, 237, 252, 277, 282 f., 293, 297, 347, 349

Haag, H. 126
Haag, K.F. 232, 234, 237
Haas, D. 19, 21, 34, 40, 217
Hackeborn, M. v.136
Hadewijch 136
Hadrian VI. 185 f.
Härle, W. 177
Hahn, H.-W. 239
Hahn, P.M. 217

Hakim, K. 94
Halbfas, H. 22 f., 131, 144
Hallinger, A. 132
Hannibal 68
Hansen, I. 37
Harms, M. 34
Hassius 260
Hauff, A. v. 217
Hehl, E.-D. 93
Heimbach-Steins, M. 248
Heinecke, H. 326
Heinrich IV. 147
Heinrich VIII. 173
Helbing, H. 90
Heloise 33
Hempel, J. 309
Henhöfer, A. 217
Henrix, H.H. 115, 120
Hermann, G. 269
Hermle, S. 115
Hernegger, R. 60, 70
Heussi, K. 75
Heydemann, G. 347
Hieronymus 65
Hilberg, R. 111
Hildegard v. Bingen 32, 33, 90, 133, 136, 140, 143 ff., 247
Hilfrich, A. 309
Hilger, G. 16, 274
Hirsch, E. 114
Hitler, A. 113 f., 299 ff., 302, 307, 310, 322 f.
Hochgrebe, V. 34
Hockerts, H.G. 306
Höllen, M. 326
Hörberg, N. 39
Hörner, A. 90
Hofmann, K. 150
Hofmann, M. 174
Hofmeister, K. 34
Honecker, E. 332
Honecker, M. 182
Honorius, 110
Hooft, W.V. 278
Hromodka, J. 281
Huber, V.A. 244
Huch, R. 131
Hübner, P. 18
Hürten, H. 246
Hug, W. 100

Hummel, K.-J. 85
Hus, J. 33, 155, 160, 166
Husserl, E. 84

Ignatius v. Antiochia 109
Ignatius v. Loyola 184, 189 f., 195 ff., 198, 255
Innozenz II. 100
Innozenz III. 81, 91, 147 f., 151, 154
Innozenz VIII. 124, 186
Iserloh, E. 12, 245

Jaide, W. 17
Jeanne d' Arc 33
Jedin, H. 12, 65 f., 191
Jendorff, B. 20, 22, 40, 142
Jenkins, P. 263
Jentsch, W. 175
Johanna 153, 155
Johannes Cassianus 75
Johannes Chrysostomus 110
Johanncs III. 153
Johannes Paul II. 11, 84, 103, 115
Johannes v. Kreuz 82
Johannes XXII. 81
Johannes XXIII. 118, 278
Johannsen, F. 28, 31, 46, 291
Jolberg, R. 217
Joseph II. 220, 234
Jüllig, C. 243
Jürgens, H. 166 f.
Justin 109
Justinian 62

Kaelble, H. 327
Käsemann, E. 273
Kaiser, J. 116
Kampen, W. v. 39
Kant, I. 221 f.
Kantzenbach, F.W. 60, 65, 169, 275, 277
Karl der Große 77, 152
Karl V. 129, 166, 170, 255
Karlstadt, A. 167
Katharina v. Aragon 173
Katharina v. Bora 83, 91, 169, 180
Katharina v. Siena 33, 90, 135, 137
Ketteler, W.E. v. 242, 245 f.
Kettenacker, L. 347
Kieckbusch, W. 34
Kiefer, K. 326

Namenregister

Kiesewetter, H. 239
King, M.L. 57
Kittel, G. 292
Kittel, H. 17
Klafki, W. 26
Klee, E. 310
Klein, W. 87
Kleinmann, D. 169, 242
Klie, T. 37
Kliemann, P. 243, 250
Klönne, A. 321
Kluge, J. 292
Köhler, O. 60
Köhnlein, M. 214
König, K. 141
König, Y. 31
Köpf, U. 84
Koerrenz, R. 272, 277
Kösters, C. 324, 333f.
Kötting, B. 60
Kolping, A. 242
Kolumbus, C. 158, 254, 268
Konstandin, K. 181
Konstantin 59f., 62, 64ff., 68, 110
Kopernikus 158
Korff, W. 246
Kottje, R. 60, 66, 69, 72, 78, 159, 179, 188, 281
Kramer, I. 140
Kraus, K. 22, 24
Krause, G. 345
Kremers, H. 308
Kress, U. 290
Krupp, A. 240
Krusche, G. 335
Kühner, H. 26, 61, 149, 156, 186f.
Küng, H. 45, 64, 176, 185, 187, 191, 198, 257, 309
Küppers, W. 17
Kürn, G. 40
Kürn, I. 40
Kuhn-Rehfus, M. 123
Kurze, D. 76
Kuschel, K.J. 267
Kyung, C.H. 283

Lachmann, R. 11, 36, 177, 219, 227, 236, 273, 280, 288, 291, 323, 343, 348
Lähnemann, J. 92, 265
Läpple, A. 60, 66, 256

Lamparter, E. 114
Lanz, A. 320
Las Casas, B. de 254f.
Lautemann, W. 96, 101
Lee, C.S. 293
Lehmann, A. 258
Lehmann, H. 244
Leibniz, G.W. 220
Leiden, J. v. 174
Leimgruber, S. 16, 38, 274, 287, 290
Lenk, P. 154
Leo I. (der Große) 147
Leo III. 152
Leo V. 158, 161
Leo XIII. 246, 316
Lepp, C. 324
Lerle, E. 218
Lessing, G.E. 221
Leugers, A. 307
Lichtenberg, B. 307
Lichtenberg, G.C. 34
Licinius 61
Liedtke, M. 310
Lienkamp, A. 248
Lilienfeld, F. v. 82ff., 86, 88
Linnemann, E. 24, 29
Lioba 34
Locke, J. 220
Löffler, U. 145
Lohrbächer, A. 119
Lohse, B. 18, 159, 163, 165, 178, 182
Loisy, A. 45
Looks, C. 33f.
Lorenz, E. 90
Lortz, J. 102
Luckner, G. 32, 307
Ludewig, C. F. 16
Ludwig der Fromme 77
Ludwig v. Thüringen 105
Ludwig, E. 209
Lullus, R. 101, 106
Lunkenheimer, T. 244
Luther, H. 162
Luther, M. 16f., 21, 29, 33, 39, 44, 60, 75, 82f., 87, 89, 91, 102, 112, 119, 127, 152, 158f., 161ff., 164ff., 167ff., 170ff., 174f., 178ff., 181f., 185, 191, 194, 204, 208, 211, 213f., 274, 309
Luyken, J. 121
Luz, U. 218

Maas, H. 34, 119
Macauly, D. 21
Machens, J. 307
Magalhães, F. 253
Maier, J. 44, 46, 115, 118, 131, 149, 169, 227, 237, 277, 282 f., 297, 347, 349
Mallinckrodt, P. v. 242
Mani 75
Mantz, F. 174
Maria Theresia 234
Markion 49
Marsilius v. Padua 194
Martin v. Tours 75
Martin V. 155
Marx, K. 245
Marxsen, W. 49
Maurer, H.-H. 123
Maurer, W. 174
Maxentius 61
Mayer, H.E. 94, 98, 106
Mechthild v. Magdeburg 136
Meiser, H. 310
Meiser, J. 333
Meiwes R. 242
Melanchthon, P. 161, 168, 170, 274
Melia, B. 258
Menchu R. 19, 34
Mendelsohn, M. 224
Mendl, H. 323
Mensching, G. 105
Mensing, B. 299
Mercator, I. 64
Merzbacher, F. 130
Mette, N. 247, 345, 349
Metz, J.B. 38, 310
Meusel, M. 306
Meyer, D. 31, 207, 261
Mieth, D. 18, 139
Mikat, P. 192
Minorita, A. 71
Moeller, B. 60, 66, 69, 72, 158 f., 174, 179, 182, 188, 281
Mokrosch, R. 136
Molay, J. de 150
Moritzen, N.P. 270
Müller, G. 345
Müller, L. 301 f., 328
Müntzer, T. 32, 169
Muir, P.H. 193

Napoleon 102, 152
Nehru, J. 259
Neidhart, W. 33
Neill, S. 270
Nero 49, 66
Neubert, E. 336
Neuner, P. 176, 182, 194, 276, 279, 297
Nichtweiß, B. 245
Nicklas, H. 90
Nicolai, P. 258
Niemöller, M. 302
Nigg, W. 67, 86
Nightingale, F. 31
Nipkow, K.E. 283, 291 f., 295
Noack, C. 141
Noormann, H. 28, 31, 46, 272, 291
Nowak, K. 324

Oberle, R. 31
Oberman, H.A. 63, 112, 185
Oetinger, F.C. 210, 217
Ohlemacher, J. 90, 158, 200, 212, 218, 294
Olenhausen, I.G. v. 307
Ortmann, E.A. 175, 182

Pacelli 307
Pachomius 73 f.
Pandel, H.-J. 35, 141
Pankoke-Schenk, M. 85
Pastor, L. 186
Paul III. 186, 189, 192, 195
Paul IV. 186 f., 192
Paul VI. 193
Paul, E. 18, 27
Pernoud, R. 95 f., 106
Peter der Eremit 95
Petri, D. 23, 46, 119 f., 180, 323
Peukert, D. 23
Pfeiffer, M. 90, 140
Pfisterer, R. 110
Pfliegler, M. 196 f.
Philipp der Großmütige 171
Philipp der Schöne 150
Philippus Arabs 50
Pierenkemper, T. 239
Pirckheimer, C. 33
Pirner, M.L. 298 f., 303, 306 f., 312, 318, 321, 323 f., 348
Pithan, A. 289

Pius IV. 187
Pius V. 187, 192
Pius XI. 278, 305
Pius XII. 307
Plinius der Jüngere 50
Plütschau, H. 206, 258 ff.
Pöhlmann, H.G. 176, 178
Pohlmann, D. 181 f.
Pollack, D. 327, 334 ff.
Post, W. 51, 56
Postel, R. 243
Preysing, K. Graf v. 333
Prien, H.J. 270
Prinz, F. 77

Rabe, H. 195
Raem, H.-A. 278
Rahner, H. 197
Rahner, K. 12
Raimund v. Toulouse 96
Raisch, H. 339
Raiser, K. 278, 288 f.
Rang, M. 169, 209, 216
Ranke, H. 186
Raske, M. 31
Ratzinger, J. 11
Reents, C. 31, 348
Reihlen, C. 199, 214
Reimarus, H.S. 221
Rein, G. 336, 340
Reinhard, W. 185,
Remmert, H.-J. 130
Rendtorff, R. 115, 120
Repgen, K. 306
Reuchlin, J. 112
Ricci, M. 256
Richardt, M.W. 321
Rickers, F. 345, 349
Riemenschneider, T. 159
Rieske-Braun, U. 280
Rijs, A. 263
Ringshausen, G. 17, 181 f., 305, 323
Rissmann, M. 320
Ritter, W.H. 267, 348 f.
Röhm, E. 95, 111, 113, 120, 181, 323
Röper, U. 243
Roger, F. 86
Rohlfes, J. 20, 141
Roloff, J. 45
Romero, O.A. 34

Rosa v. Avila 84
Rosenberg, A. 305
Rosenhagen, U. 244
Rosowski, M. 341
Rossmeisl, D. 310
Roth, H. 17
Rothgangel, M. 349
Rousseau, J.J. 220
Rubens, P.P. 183
Rüther, G. 241, 245
Ruf, J. 53
Ruf, W. 217
Ruh, K. 145
Ruhbach, G. 17, 26
Rumpf, E. 100
Runciman, S. 106
Rupp, H. 14, 178, 181
Ruppert, G. 11 ff., 14 f., 17, 20, 28, 35, 38 ff., 227, 234, 348

Sachs, H. 157 f.
Sailer, J.M. 275
Saladin 97
Salzmann, C.G. 223 ff., 226, 236, 348
Savonarola, G. 19, 33, 160
Schäfer, B. 326, 334, 341
Schäfers, M. 246, 251
Schall v. Bell, A. 256
Schalom Ben-Chorin 47
Scharf, K. 330
Scheible, H. 168
Scheilke, C.T. 90
Schenke, M. 96, 101
Schimmelpfennig, B. 148 f., 156, 186
Schindler, A. 72 f., 76
Schlegel, F. 11
Schmid, J. 67
Schmidt, E. 35
Schmidt, H. 14, 91, 178
Schmidt, H.R. 237
Schmidt, M. 112, 201 f., 205, 215 f., 218
Schmierer, W. 123
Schneider, G. 38
Schönau, E. v. 136
Schönherr, A. 331
Scholastica 33
Scholder, K. 114, 169, 242, 281 f., 285
Scholl, S. 32
Schott, A. 118
Schottrof, L. 58, 247

Schreiner, P. 289
Schuchardt, F. 166
Schütz, J.J. 203f.
Schultze, H. 22, 324
Schutz, R. 85
Schwaiger, G. 132
Schwebel, H. 37
Schwegelin, M.A. 126, 131
Schwöbel, G. 307
Seeliger, H.R. 12f.
Semler, J.S. 226
Servet, M. 33, 172
Seuse, H. 138
Siegele-Wenschkewitz, L. 309
Sieveking, A. 243
Sievers, H.J. 340
Sigismund 155
Siller, H.P. 19
Silvester 64
Silvester II. 152
Simon, E. 196, 198
Simons, M. 174
Sixtus V. 187
Smid, M. 116
Söderblom, N. 276
Sölle, D. 58
Solomon Bar Simson 95, 111
Sommer, M. 307
Sonntag, F.P. 18, 27
Spalding, J.J. 222, 226
Spee, F. v. 125, 131f.
Spener, P.J. 112, 200, 203ff., 207, 209, 213f., 217
Spieker, M. 241
Spitzenpfeil, C. 321
Sprenger, J. 124
Sproll, H. 120
Stachel, G. 18
Staedtke, J. 182
Staritz, K. 307
Starke, E. 349
Stasiewski, B. 315
Staupitz, J. v. 162
Stayer, J.M. 174
Stegemann, W. 247, 310
Steimer, B. 14
Stein, E. 33, 84f., 91
Steinbach, P. 305
Steinbauer, K. 299
Steinwede, D. 46, 195, 198, 293

Stemberger, G. 47, 81, 109f., 192
Stephan, G. 120
Sterck, A.M. 122, 131
Sterck, J. 122, 131
Stielow, R. 197
Stoecker, A. 113, 244
Stöhr, M. 112
Stoll, C. 245
Stollberg-Rilinger, B. 237
Stolpe, M. 331, 336
Streib, H. 218
Strohm, C. 85
Strohm, T. 244
Stupperich, A. 158, 200, 218, 294
Stupperich, M. 158, 200, 218, 294, 341
Sturm, E. 17, 26, 182
Süssmuth, H. 16
Suhard, E. 66
Symeon d. Ältere 74
Symmachus 68

Talazko, H. 242
Tanner, K. 244
Tarnowski, W. 132
Tauler, J. 138
Teresa v. Avila 82, 84f., 90f., 184
Tersteegen, G. 211
Tetzel, J. 82
Tetzner, L. 321
Thadden, E. v. 32
Theißen, G. 30, 58, 117, 119,
Theodosius 60, 65, 69, 110
Thiele-Winkler, E. v. 31
Thierfelder, B. 102
Thierfelder, J. 11f., 14, 18, 22f., 27, 29f., 32, 38, 44, 46, 53, 70f., 73, 80, 85, 88f., 91ff., 95, 101, 104, 106f., 111, 113, 115, 117, 119f., 131, 149, 154, 157, 166, 169, 180f., 194, 198f., 214, 217f., 227, 232, 237, 244, 252, 259f., 268, 277, 282f., 290, 293, 297, 318f., 322 f., 339, 347, 349
Thomasius, C. 125
Thomas v. Aquin 82
Thümmel, H.G. 72
Todt, R. 244
Track, J. 177
Trajan 50
Trapp, E.C. 223
Trautwein, J. 211

Namenregister

Trocholepczy, B. 272
Troßmann, K.J. 301
Tutu, D. 34

Uffelmann, U. 80, 88f.
Uhlhorn, G. 100
Ulbricht, W. 330
Ulrich, G. 31
Ulrichs, H.G. 217
Urban II. 94f., 98, 104, 106
Urban VI. 149
Ursula 34

Venetz, H.J. 45
Villiers-le-Duc, A. de 150
Vinzenz v. Paul 83
Volk, L. 114, 307, 309, 317
Voltaire 220
Voltmer, R. 127
Vones, L. 124

Wagner, R. 253
Waldenfels, H. 182
Walf, K. 316
Wallmann, J. 201ff., 205, 207f., 210ff., 218, 258, 261
Walls, A.F. 258
Walz, H. 136
Weber, H. 30
Weerda, J. 171
Wegenast, K. 24, 27, 36
Wehler, H.-U. 239
Weippert, M. 105
Weizsäcker, R. v. 117, 319
Werner, G. 244, 250

Werner, Z. 102
Wertz, R. 89
Weyer, J. 125
Weyer-Menkhoff, M. 210, 217
Wichern, J.H. 33, 242f.
Wiclif, J. 160
Widmann, M. 22, 25, 27, 32, 58, 70, 110, 214
Wiese, H. 320
Wiesel, E. 310
Wilhelm v. Aquitanien 78
Wilhelm v. Nogaret 148, 150
Wilhelm v. Ockham 162
Wilhelm v. Tyrus 96, 101
Williams, J. 98
Wind, R. 21, 314
Wölfing, W. 30, 117
Wolf, E. 179
Wolff, C. 215, 220f.
Wurm, T. 306

Xaver, F. 256

Zahrnt, H. 314
Zeeden, E.W. 191, 198
Zell, K. 32
Ziebertz, H.-G. 274
Ziegenbalg, B. 206, 258ff.
Zimmerling, P. 209, 261
Zinzendorf, N. L. Graf v. 207ff., 213, 215, 217, 261f.
Zollikofer, G.J. 222
Zwingli, H. 161, Abendmahl 49, 170f., 177f., 180, 188, 261, 283

3. Sachregister

Abendmahl 49, 170f., 177f., 180, 188, 261, 283
Ablass 99, 160, 164
Absolutheitsanspruch 30, 266f.
Akademien, kirchliche 315
Albigenser
　s. Katharer
Amt 172, 283
Antijudaismus 108, 116f., 119f., 179, 308–311, 313
Antisemitismus 113f., 116, 119, 307, 308–311
Apostelkonvent 46
Arbeit 73, 75f., 207, 240f.
Arbeiterbewegung 238f., 241
Arierparagraph 114, 302
Armut 74, 80, 84, 93, 96, 247
Armutsbewegungen 134, 248
Askese 71f., 75f., 88
Atheismus 50, 340
Aufklärung 27f., 60, 113, 125, 201, 204, 215, 219–239, 275
– curricular 230ff.
– Merkmale 224ff.
– philosophische 220f., 235
– volkstümliche 222ff., 235
Augsburger Bekenntnis 170
Augsburger Interim 170
Augustinereremiten 162
Auschwitz 310, 313

Barmer Theologische Erklärung 302, 314
Barmherzigkeit 205
Bauernkrieg 21, 39, 159, 168, 179f.
Bayern 310
Bekehrung 205, 208, 213
Bergpredigt 46, 87, 173f.
Bibelanstalt 205, 212
Bibelübersetzung 161, 166
Bilder 167
Bildung 167, 211, 225f., 230, 283
Biografien
　s. Lebensbilder
Bischöfe 189, 286, 311, 313
Bolschewismus 300
Brüdergemeine 207ff., 217f., 261
Buddhismus 87f., 92, 266

Bund der Evangelischen Kirchen in der DDR (BEK) 331f.
Bürgerrechtsgruppen 332, 334, 340
Byzanz
　s. Konstantinopel

Chiliasmus 204, 209f., 214
Christenlehre 327, 329, 337
Christenverfolgungen 27, 49ff., 52ff., 56, 94
Christusmonogramm 54, 68
Collegium pietatis 203, 207

Deutsche Demokratische Republik (DDR) 324–341
Demokratie 160, 301, 336
Deutsche Christen 114, 301, 309, 314
Deutschunterricht 231, 319
Diakonie 24, 100, 212, 243, 247
Dialog 267, 290, 296
Drittes Reich 21, 39, 114, 298–323, 324ff., 335f.

Einheit 108, 170, 286ff.
Entwicklungshilfe 23, 268
Eremitentum 72, 76, 86
Evangelische Kirche in Deutschland (EKD) 311, 313, 315, 330
Entkonfessionalisierung 303
Enzyklika »mit brennender Sorge« 305
Erster / Zweiter Weltkrieg 311, 314
Erweckungsbewegung 212, 216, 262, 275f.
Erzählen 38f., 293
Ethikunterricht 231
Exkommunikation 166
Euthanasie 304, 306
Exkursionen 36f.

Fegefeuer 159f.
Frauenkongregationen 81, 83, 242f.
Frauenmystik 135ff., 143f.
Freiheit 87, 165
Freikirche 208
Frieden 91, 283, 289

Sachregister

Gebet 73, 75
Gegenreformation 183–198
Gehorsam 87, 96, 196f., 314, 318
Gender-Aspekt 30ff., 90, 153ff., 320
Gerechtigkeit Gottes 162, 204
Geschichtsunterricht 16f., 21f., 26, 31, 35, 88, 92, 103, 119, 180, 231, 249, 319
Gesellenvereine 242f.
Getto 111
Gewalt 30, 66f., 102f., 105, 174, 191f., 268, 284
Gewissensfreiheit 172
Glaubensbekenntnis 63f.
Globalisierung 248, 284
Gütergemeinschaft 174

Heiden 108, 260
Heiliger Krieg 99, 103, 105f.,
Heiligenverehrung 159
Heiligung 202
Hellenismus 46
Hexenverfolgungen 27, 30, 121–132
Hinduismus 259f.
Hirtenbrief/-wort 309, 311, 315
Hitler-Jugend 303
Humanismus 127, 161, 171, 184

Index 191ff.
Idustrielle Revolution 239ff.
Inquisition 11, 66f., 81f., 123f., 128, 150, 172, 184, 187, 192
Internet 323
Investiturstreit 69, 147, 153
Islam 88, 95, 97f., 105, 184, 266

Jerusalem 44ff., 47, 94, 96f., 99f., 104, 108, 110
Jesuiten 89, 189ff., 195f., 255ff.
Jesus 44f., 48f., 53f., 63, 67f., 107, 221, 247, 310
Juden 9, 44ff., 48f., 69f., 107f., 184, 306–308, 310, 313, 317
Judenchristen 47f., 108f.
Judenfeindschaft/-verfolgung 27, 47, 95, 104, 107–120, 192, 307f., 312, 317
– didaktisch 119f.
– im Mittelalter 111, 119, 148, 308
– in Reformationszeit 112, 119
– Neuzeit 112ff., 192
– Shoa 115, 117

Judenmission 112, 203
Jugendweihe 328ff., 337f.
Junge Gemeinde (DDR) 328
Jugendarbeit 216

Kaiserkult 49f., 109
Kanon 48f.
Kartäuser 79
Katakomben 54
Katechismus 167, 189
Katharer 123, 148
Keuschheit 86, 96, 160
Kinderarbeit 240, 249
Kirche 45
– anglikanische 173
– Bekennende 302, 304, 306, 309, 313f.
– evangelische 313ff., 335f.
– für andere 289, 314, 334
– im Sozialismus 324–341
– Minderheitskirche 334f.
– orthodoxe 62, 74, 98, 277, 282f., 284f.
– reformierte 170, 181
– römisch-katholische 278ff., 315ff.
– Staatskirche 60, 173, 178f.
– u. Nationalsozialismus 298–323
– u. soziale Frage 27f., 238–251
Kirchengeschichte 7, 11–42, 249
– außerdeutsche 28f.
– Definitionen 12ff., 227
– didaktisch 14ff., 20, 22ff., 24f.
– »dunkle Stellen« 7, 29f., 32f., 37, 103, 130, 192, 264
– Frömmigkeitsgeschichte 140f.
– Regionalgeschichte 22f., 142
Kirchengeschichtsunterricht 11–42
– entwicklungspsychologisch 16ff.
– geschlechtsspezifisch 30ff.
– Intentionen 24f.
– methodisch 34–40
– ökumenisch 7, 27f.
– Themen u. Stoffe 26–34
Kirchenkampf 303ff., 328
Kirchen(raum)pädagogik 16, 23, 36f., 90, 293
Kirchenreform 195
Kirchenregiment, landesherrliches 159, 168, 178f., 248
Kirchentage 315
Kirchenväter 47
Kirchenzucht 172

Kloster
  s. *Mönchtum*
Koinobitentum 73 f., 86
Kolonialismus 264, 268
Kommunität 85, 89
Konfessionsschulen 303
Konfirmandenunterricht 329
Konfirmation 203, 330, 337 f.
Konkordat 301, 316
Konstantinische Schenkung 64 f., 70
Konstantinische Wende 27, 39, 59–70, 86, 152
Konstantinopel 61 f., 94, 148
Konventikel 203
Konversen 79 f.
Konziliarismus 151, 161
Kreuz 44, 51, 55 f., 67 f., 97, 102, 107, 310, 322
Kreuzfahrer 95, 105
Kreuzzüge 27, 79, 93–106, 123, 148, 150, 153
Kriegsdienst 174
Kulturkampf 300
Kunstunterricht 92

Laterankonzile 111, 192, 308
Lebensbilder 15 ff., 18, 25, 33 f., 38, 141 f., 235
Leuenberger Konkordie 176, 178
Liberalismus 300

Märtyrer 52, 65, 84
Marxismus 243, 245, 328
Mauer (Berlin) 330
Mennoniten 174
Menschenbild 225 f., 235
Menschenrechte 11, 284, 306 f., 315
Messe 167
Minnemystik 135 f.
Mission 27 f., 89, 208, 217, 252–270
– didaktisch 267 ff.
– evangelische 258 ff.
– Innere 212
– katholische 253 f.
– theologisch 265 ff.
– unter Indios 254 f., 268
Missionsgesellschaften, -orden, -werke 212, 258 ff., 262 f., 268 f., 275
Mittelalter 134, 138
Mönchtum 27, 71–92
– als Vorbild 91
– Benediktiner 75 ff., 91
– Cluniazenser 78
– didaktisch 88–92
– Dominikaner 82, 148
– Franziskaner 80 ff., 86, 91, 148, 154
– Frauenorden 81, 84 f., 90 f.,
– Gebet 83
– Gelübde 74, 83, 86 f., 96, 162
– im Buddhismus 87 f., 92
– Kloster 36, 74 f., 79, 89, 92
– Jesuitenorden 83, 89
– Noviziat 74, 76
– reformatorisch 83, 85 f.
– Regel 74 ff., 77, 79, 81
– Zisterzienser 71, 79 f., 88 f.
Musikunterricht 92, 231
Mystik 27, 82, 84, 88, 133–145, 169, 211 f.

Nachfolge 45
Nationalsozialismus 27, 38, 113 f., 119, 132, 298–323, 299, 328
NATO 329
Neologen 222 f., 275

Ökumene 28, 85, 194, 226, 235, 263 f., 268, 272 f., 289 ff.
Ökumenische Bewegung 27 f., 212 f., 271–297
– didaktisch 290–296
– Einheitsmodelle 286 ff.
– in Schulbüchern 292 ff.
– Motivationen 276 f.
– ÖRK 277 f., 280–286
– Vollversammlungen 280–285
Ökumenisches Lernen 27 f., 272, 277, 283 f., 290 f., 293, 295
Orthodoxie, theologische 201, 215

Pädagogik 206
Papsttum 27, 146–156, 160, 170, 175, 186 ff., 191
Pfarrernotbund 302
Philanthropen 223 f., 236
Pietismus 27, 60, 199–218, 229, 275
– didaktisch 215 ff.
– reformierter 211
– u. Mission 258, 261 ff.
– u. Pädagogik 206, 209, 211

Pluralismus 306
Positives Christentum 300
Praxis pietatis 205, 229
Priester 170, 189
Priestertum der Gläubigen 165
Projektunterricht 322
Prophetie 138 f., 247
Protestanten 169
Prädestination 172
Prämonstratenser 79
Puritanismus 201

Quellenarbeit 35 f.

Rationalismus 212, 220 ff., 224, 227 ff.
Rechtfertigung 163, 176 f., 188, 202, 213, 279 f.
Reformation 21, 27 f., 124, 157–182, 184 ff., 190, 248, 274 f.
Reichsacht 166
Reichsbischof 301
Reichskonkordat 301 f., 305
Reichskristallnacht 303
Religion(en) 105, 266 ff., 292, 319
Religionsfreiheit 170, 268, 315
Religionsunterricht
– historisch 303, 310, 327, 337
– ökumenischer 290 f.
Reliquien 65, 159
Renaissance 127, 186
Ritterorden 96, 100, 104
Rituale 322
Rom 48 ff., 59 f., 64, 68, 94, 149, 186, 194, 301

Sakramente 160, 165, 188, 190, 316
Säkularisierung 326 f.
Schöpfung 283 f., 294, 296
Schuld 311 ff., 318 ff., 336
Sklaven 62, 110, 252, 254 f., 257, 261 f., 263, 268
Societas-perfecta-Lehre 315 f.
Sonntag 250 f.
Sozialistische Einheitspartei Deutschlands (SED) 327 ff., 331
Soziallehre 246
Sowjetische Besatzungszone (SBZ) 327 f.
Sozialismus 38, 244, 324–341

Spiel 39 f.
Spiritualität 198
Stuttgarter Schuldbekenntnis 311 f.
Sünde 11, 98 ff., 160, 175, 188, 225, 311 f.
Symboldidaktik 143 f., 322
Synagoge 47, 69 f., 110, 119

Täufer 33, 173 f.
Taizé 85, 87, 89, 92, 294, 296
Talmud 110
Taufe 53, 61, 63, 173 f., 259, 261, 283
Templer 33, 97, 150, 156
Teufel 122 ff., 125, 128 f.
Theologie
–d. Aufklärung 222, 226
– d. Ordnung 242, 248, 314
– moderne 212 f.
– reformatorische 216
– d. Religionen 266 f.
Thron u. Altar 299
Toleranz 11, 68 f., 226, 235
Tora 47, 108, 247
Totalitarismus 325
Trienter Konzil 187 ff., 190

Urgemeinde 45 ff., 51 f., 54, 78, 108

Vaterunser 55
Vatikanisches Konzil, Erstes Zweites 28, 189, 242, 276, 278 f., 294, 311, 333
Vernunft 227 ff., 231, 233 ff.

Waldenser 33, 123, 148
Wallfahrten 94, 98, 104, 159
Warschauer Pakt 329
Weimarer Republik 300 f., 313, 327
Wende (dt. Revolution 1989) 325
Widerstand 57, 179, 305–308, 320, 326, 340
Wiedergeburt 213
Wiedervereinigung 326, 329, 335 f.
Willensfreiheit 214

Zeitleiste 40, 234
Zentrumspartei 300 f.
Zölibat 160, 189
Zwei-Reiche-Lehre 102, 169, 180 f., 314

4. Autorenverzeichnis

Breuer, Dr. Thomas; geb. 1960 – Oberstudienrat für Katholische Theologie/ Religionspädagogik an der Pädagogischen Hochschule Ludwigsburg.
Im Möhriger Feld 54, 74613 Öhringen.
Veröffentlichungen:
Verordneter Wandel? Der Widerstreit zwischen nationalsozialistischem Herrschaftsanspruch und traditionaler Lebenswelt im Erzbistum Bamberg, Mainz 1992
Kirchliche Opposition im NS-Staat. Eine Basisperspektive, in: G. Heydemann / L. Kettenacker (Hg.), Kirchen in der Diktatur. Drittes Reich und SED-Staat, Göttingen 1993, 297–312
Gehorsam, pflichtbewußt und opferwillig. Deutsche Katholiken und ihr Kriegsdienst in der Wehrmacht, in: StZ 217/1999, 37–44
Der Kampf zwischen Staat und katholischer Kirche um die Volksschule im Wandel der politischen Systeme 1918–1949, in: Theophil-online (14. 1. 2002): http://www.theophil-online.de/philipp/mfphil1.htm

Dierk, Dr. Heidrun; geb. 1963 – Oberstudienrätin für Evangelische Theologie und Religionspädagogik an der Pädagogischen Hochschule Karlsruhe.
Bierhelderweg 7, 69126 Heidelberg.
Veröffentlichungen:
Kirchengeschichte – unverändert ein Randphänomen im Religionsunterricht? Erfahrungen aus der Ausbildungspraxis, in: entwurf 3/99, 3–5
Impulse für die Praxis: Kirchengeschichte neu erschließen, in: GuL 1/2001, 80–94
Co-Autorin des Unterrichtswerks »Kursbuch Religion 2000«, 7/8 und 9/10 (1998ff.)

Gutschera, Dr. Herbert; 1942 bis 2003 – Professor für Katholische Theologie/ Religionspädagogik an der Pädagogischen Hochschule Ludwigsburg.
Seitenstr. 24, 71409 Schwaikheim.
Veröffentlichungen:
Brennpunkte der Kirchengeschichte (gem. mit J. Thierfelder), Paderborn 1976; Lehrerkommentar 1978
Geschichte der Kirchen. Ein ökumenisches Sachbuch mit Bildern (gem. mit J. Maier und J. Thierfelder), überarb. Neuausgabe Freiburg i. Br. 2003
Art. Reformation und Gegenreformation (gem. mit J. Thierfelder), in: U. Birnstein u. a. (Hg.), Chronik des Christentums, Gütersloh/München 1997, 214–263
Projekt Ökumene. Auf dem Weg zur Einen Welt. Arbeitsbuch Religion – Sekundarstufe I (gem. mit U. Becker, G. Büttner u. J. Thierfelder), Düsseldorf/Stuttgart 1997

Lachmann, Dr. Rainer; geb. 1940 – Professor an der Universität Bamberg, Lehrstuhl für Evangelische Theologie mit Schwerpunkt Religionspädagogik und Didaktik des Religionsunterrichts.
Hetzerstr. 3, 96049 Bamberg.
Veröffentlichungen:
Ethische Kriterien im Religionsunterricht, Gütersloh 1980
Grundsymbole christlichen Glaubens. Eine Annäherung (Biblisch-theologische Schwerpunkte Bd. 7), Göttingen 1992
Religionsunterricht in der Weimarer Republik. Zwischen liberaler und deutscher Religionspädagogik (StTh 12), Würzburg 1996
Theologische Schlüsselbegriffe. Biblisch – systematisch – didaktisch (TLL 1; gem. mit G. Adam u. W. H. Ritter), Göttingen 1999
Religionspädagogische Spuren. Konzepte und Konkretionen für einen zukunftsfähigen Religionsunterricht (Göttingen 2000), Jena ²2002
Elementare Bibeltexte. Exegetisch – systematisch – didaktisch (TLL 2; gem. mit G. Adam u. C. Reents), Göttingen 2001
Die Religions-Pädagogik Christian Gotthilf Salzmanns (Frankfurt/M. 1974), Jena 2. völlig überarb. u. erw. Aufl. 2003

Pirner, Dr. Manfred L.; geb. 1959 – Professor für Evangelische Theologie und Religionspädagogik an der Pädagogischen Hochschule Ludwigsburg.
Ellenbergstr. 34, 71729 Erdmannhausen.
Veröffentlichungen:
Zwischen Kooperation und Kampf. Evangelischer Religionsunterricht und christliche Erziehung in bayerischen Schulen während der Zeit des Nationalsozialismus (StTh 17), Würzburg 1998
Musik und Religion in der Schule. Historisch-systematische Studien in religions- und musikpädagogischer Perspektive (ARP 16), Göttingen 1999
Fernsehmythen und religiöse Bildung. Grundlegung einer medienerfahrungsorientierten Religionspädagogik am Beispiel fiktionaler Fernsehunterhaltung (Beiträge zur Medienpädagogik 7), Frankfurt a. M. 2001
Werbung, Religion, Bildung. Kulturhermeneutische, theologische, medienpädagogische und religionspädagogische Perspektiven (Beiträge zur Medienpädagogik 8; gem. mit G. Buschmann), Frankfurt a. M. 2003.

Ruppert, Dr. Godehard; geb. 1953 – Professor an der Fakultät Katholische Theologie der Universität Bamberg, Lehrstuhl für Religionspädagogik und Didaktik des Religionsunterrichts; zurzeit Rektor der Universität Bamberg.
Steinig 12, 96158 Frensdorf.
Veröffentlichungen:
Geschichte ist Gegenwart. Ein Beitrag zu einer fachdidaktischen Theorie der Kirchengeschichte, Hildesheim 1984
Glaubst du eigentlich an Gott? Kind und Religion – Ein Ratgeber für Eltern und Erzieher (gem. mit U. Becker u.a.), Gütersloh 1989

Zugang zur Kirchengeschichte. Entwurf einer elementaren Propädeutik für Religionspädagogen, Hannover 1991
Kirchengeschichte und Religionspädagogik. Exemplarität oder Vollständigkeit?, in: W. H. Ritter / M. Rothgangel (Hg.): Religionspädagogik und Theologie. Enzyklopädische Aspekte, Stuttgart 1998, 340–351
Kirchengeschichte, Kirchengeschichtsdidaktik, in: Lex RP 1, 1043–1048

Thierfelder, Dr. Jörg; geb. 1938 – Professor für Evangelische Theologie/Religionspädagogik an der Pädagogichen Hochschule Heidelberg, Honorarprofessor an der Universität Heidelberg.
Im Greut 29/3, 73770 Denkendorf.
Veröffentlichungen:
Das Kirchliche Einigungswerk des württembergischen Landesbischofs Theophil Wurm, Göttingen 1975
Brennpunkte der Kirchengeschichte (gem. mit H. Gutschera), Paderborn 1976; Lehrerkommentar 1978
Geschichte der Kirchen. Ein ökumenisches Sachbuch mit Bildern (gem. mit H. Gutschera u. J. Maier), überarb. Neuausgabe Freiburg i. Br. 2003
Juden – Christen – Deutsche (gem. mit E. Röhm), bisher 5 Bd., Stuttgart 1990 ff.
Mitherausgeber des Unterrichtswerks »Kursbuch Religion«, Stuttgart/ Frankfurt 1976 ff.
Projekt Ökumene. Auf dem Weg zur Einen Welt. Arbeitsbuch Religion – Sekundarstufe I (gem. mit U. Becker, G. Büttner u. H. Gutschera), Düsseldorf/Stuttgart 1997